U0857804

New History Salon

新史学沙龙

陈启能
王学典
姜芃
主编

文化与文明史比较研究

何平 著

Comparative Studies of Cultures and Histories of Civilizations

山东大学出版社

图书在版编目(CIP)数据

文化与文明史比较研究/何平著．—济南：山东大学出版社，2009．3
(新史学沙龙/陈启能等主编)
ISBN 978-7-5607-3825-3

Ⅰ．文...
Ⅱ．何...
Ⅲ．文化史－对比研究－中国、西方国家
Ⅳ．K203　K500．3

中国版本图书馆 CIP 数据核字(2009)第 038599 号

出版发行：山东大学出版社
地　　址：山东省济南市山大南路 27 号(250100)
经　　销：山东省新华书店
印　　刷：山东新华印刷厂
规　　格：720×1010 毫米(1/16)
印　　张：21
字　　数：351 千
版　　次：2009 年 3 月第 1 版　第 1 次印刷
定　　价：38．00 元

《新史学沙龙》编委会

总　序

毋庸讳言，眼下的中国史学正经历着一场巨变，这一巨变因同时构成为中国社会巨变的一部分而显得异常深刻。

事实上，这一巨变已延续了近三十年之久。只是，在进入新世纪后，巨变在悄然加速。巨变不要紧，关键是要有个基本的方向。而此时的中国史学，却失去了度量变动的参照本身，如同茫茫大海中的一叶扁舟，正不知该划向何处。

方向不明，且道路崎岖，我们不得不承认，这就是当前的史界情势！

“历史学往何处去？”从“文革”结束后就一直是个问题。最初我们想回到前“文革”时代，很快发现不行。上世纪八十年代我们急切地拥抱现代化，“反传统”，向往所谓的“西方文明”。九十年代，“西方”虽未淡出，但“传统”却卷土重来，与传统互为表里的“国学”也随之复兴重光。出于对所谓“国学”的向往，九十年代的知识界集体向民国学术走去。近若干年，我们的学风又在调整之中，回归考据的势头有所减弱，“西学”特别是其中的“西方汉学”或美国中国学重又抬头，乃至有成为“显学”的迹象。但“西方汉学”能成为未来史学界的稳定方向吗？回答显然无法立刻作出。

实际上，史学界仍处在摸索和徘徊之中。

史家的天职让我们懂得，巨变的时代，巨变中的史学，需要一份清楚的历史记录，或者说一份实录。这份记录或实录必须要贴近时代，要同“本土化”与“全球化”交相辉映的学术现实共脉动；要尽可能多地容纳大家对其历史去向的望闻问切，尽可能全面地反映人们特色各异和角度不同的病情诊断与症候分析；还要能引领史学走出当下的迷茫，要竭尽所能地寻找中国史学前行的新航向。其中，富有洞察力、穿透力和概括力的审视和扫描必不可少，而基于不同审视和扫描的批评与专深分析显得尤为重要。当然，第一位的,是必须要有一份对中国史学存续承继的厚重责任感和使命感,这应是人们进行相关思考的起码的心理基础或共识。

我们发现,能同时体现上述追求的期刊和出版物,不是说没有,而是太过其少。对于巨变中的史学而言,这不能不说是一种遗憾!

因此,“新史学沙龙”出焉。

陈启能　王学典　姜　芃

2008年4月

目录

第一部分　文化和文明研究的概念

第二部分　文明史及其比较研究

第三部分　西方史学理论和中国历史研究

第一部分
文化和文明研究的概念

概念是对研究对象的理性意义上的把握，它包含对研究对象的主要特征的描述，同时也体现了研究者对研究对象的观察角度，并暗含了对分析路数的提示。概念的含义和阐释往往也标示着研究者对问题的把握深度和对其复杂性的认识。关键概念范畴的界定往往是研究工作的首要任务。正如英国著名哲学家罗素所说的那样，许多哲学和认识论上的错误都是由概念和语义的混淆不清所引起的。20世纪欧洲哲学的重要流派——语义分析哲学的兴起在很大程度上就是为了使分析性研究能更有效地进行。

从一定意义上来讲，当今世界上的人文社会科学的研究范畴，包括自然科学，其知识体系、概念、范畴、研究方式和判断知识的成就的标准是由欧洲人所首先创立的，这种知识体系的范畴也被西方学者认为是客观的。然而，我们仍然可以看到世界上存在不同的学术传统，而且，不同的文化和学术传统对概念的界定是有差异的。西方知识体系的实践成效诱使非西方学者向其学习和借鉴，但这种接受并不是盲目的和无选择的。

本部分的几篇文章是在大约10年间写成的，它们对本书研究的核心概念作出界定。

第一篇文章《中国和西方思想中的"文化"概念》对文化作出了一种传统的社会科学意义上的定义分析，把概念看作是分析性的范畴，注意到结构主义的阐述要求。而"文化杂交"的概念更多考虑到后现代文化世界和结构主义思潮对社会科学概念的实质主义内涵的颠覆性挑战。

人类学意义上的"文化"概念指称一个特定社会群体的行为方式，以及深层的观念基础和这个社会群体创造出的社会制度和物质层面上的成就。

“文明”的概念同“文化”概念在定义上有重合，并时常被替换使用。在这种形势下，文明是一个社会精神和物质成就的特殊形态。但是，文明在更多情况下是指社会发展到一定阶段后所形成的物质和精神成就。它表现为人的行为的教养和优雅（脱离野蛮）的程度、制度的复杂性和合理性以及技术成就等等。观察一个社会如何去教化人们遵守一个有较高伦理表尊和优雅程度的社会规范，以及那些伦理规范被这个社会认为是重要的，可以帮助我们认识不同文明的特征。

第三篇文章讨论哲学问题，而且还对当代中国文明建设提供了一个历史的反思。

第四篇文章《东西方比较研究的概念和意义》更进一步提醒我们注意文明和文化比较研究这一学术领域的知识学的特征。

中国和西方思想中的"文化"概念

"文化"概念可能是我国近年来历史社会研究中最热门的概念。特别是在 20 世纪 80 年代,出现了许多文章探讨它的内涵。"文化"概念被运用于历史社会研究中的几乎每个学科领域。到 90 年代,文化仍是许多学者乃至社会所关注的重要课题之一。实际上,这种对文化的浓厚兴趣并不是中国学者情有独钟的表现。20 世纪初以来,在西方学术界,作为分析范畴的"文化"概念的提出也被认为是"现代社会科学……的最主要成就之一",围绕这个概念"产生了一整套解释和理解人类行为的原则"①。著名的美国人类学家克里弗德·格尔兹曾这样描述"文化"在 19 世纪末叶被作为人类学的中心概念提出来后,对 20 世纪社会科学的巨大影响:

> (人类学意义上的"文化"概念)在思想的地平线突然喷薄而出,帮助解决了如此多的根本性问题。因此,它似乎也能解决所有根本性的问题。每个人像抓住那使阿拉伯神话中的宝藏洞开的"芝麻开花"的咒语一样抓住它,把它当成是打开新的实证科学的钥匙,当作是可以在其上建立一套新分析方法的中心概念。"文化"概念的突然流行和声势显赫是由于每个敏感而活跃的思想家都采用它,在各种学术环境中、为各种目的运用它,并采用无论是进一步抽象或是派生的方式去发展它的内涵。②

由此可见,我国学者在 20 世纪 80～90 年代对它的热衷是有道理的。但是,应当看到,直到目前为止,国内仍未出现一篇能从各种不同角度探讨其

---

① Adam Kuper & Jessica Kuper, eds., *The Social Science Encyclopedia*(《社会科学百科全书》),上海译文出版社 1989 年版,第 161 页。

② Clifford Geertz(克里弗德·格尔茨), *The Interpretation of Culture* (《对文化的解释》), London: Fontana Press, 1993, p. 3.

内涵的文章。本文试图在这方面作一尝试。文章的第一部分将讨论西方社会科学中的“文化”概念,第二部分则分析在中国思想中的“文化”概念内涵。

一、西方社会科学中的文化概念

“文化”概念的内涵非常难以界定。不同的人以不同的含义使用“文化”。例如,在《牛津英语词典》中,“文化”被定义为“精神心灵受到细致培养的结果……欣赏口味的高尚化;文明的思想层面”;“特殊的思想智慧发展形式,一个民族的文明状况”;“由于训练和经验,人的身心精神的发展”;“人类社会在人文学科和自然科学以及思想智力发展方面的证据”;“对文学艺术、音乐等的高度发达的理解”。而在《现代汉语词典》中,文化则指:“(1)人类在社会历史发展中所创造的物质财富和精神财富的总和,特指精神财富,如文学、艺术、教育、科学等。……(3)指运用文字的能力及一般知识。”

在人类学家林登看来,“社会遗传即文化。文化作为一般词语意味着人类的全部社会遗传,作为特殊词意味着一种特殊社会遗传”[①]。而对像吕希安·佩恩这样的政治学家,文化是“指导一政治制度(运行)的那些政治态度、信念和规则”[②]。毛泽东同志则把文化解释为“是一定社会的政治和经济在观念形态上的反映”[③]。

“文化”的含义尽管是多种多样的,我们仍能区分其两种基本运用:第一,作为一般词语;第二,作为分析性范畴。可以看出,“文化”作为一般词语主要是指人类的某些兴趣、活动和成就。上述英语词典和汉语词典的大部分定义表现了这种概念内涵。著名英国文化马克思主义学者、已故剑桥大学教授威廉·雷蒙对作为一般性词语的“文化”概念有独到的阐述。他认为这些含义是在“对人心灵的培养”这一概念的基础上发展起来的。它们可分为三层意思:“(1)人心灵的一种发展了的状态;(2)这种发展心灵的过程本身;(3)发展过程所需的手段、方法、工具等。”[④]在这里,如果“文化”指一个人

---

① R. Linton(林登), *The Study of Man* (《对人类的研究》), New York: D. Appleton Century, 1936, p. 78.

② N. Abercromibe, S. Hill and B. Turner, eds., *The Dictionary of Sociology* (《社会学词典》), London: Penguin Books, 1988, p. 185.

③ 《毛泽东选集》第 2 卷,人民出版社 1991 年版,第 694 页。

④ William Raymond(威廉·雷蒙), *Culture*(《文化》), Glasgow: Fontana Press, 1986, p. 11.

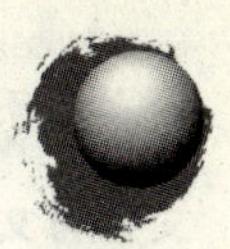

或社会在智慧和道德上所达到的发展水平，就不是一个中性概念，而含有一定的价值判断。它假定人类的一些活动（文化活动）高于另一些人类的活动，因此需要维持或保护。

“文化”作为分析性范畴，其内涵的定义更多强调它作为概念框架在分析过程中的实用性。因此，在这里，它是描述性的，并避免带价值判断。美国人类学家克鲁伯在《今天的人类学》一书中对“文化”的定义即如此：“文化是一整套行为的和有关行为的模式，该模式在某一特定时期内流行于某一群体，并且，从研究的角度和研究所覆盖的范围来看，这些模式即使在与其他模式相关联中仍显现出非连续性和可被观察性。”①这种定义力图给研究者说明该概念的对象范围，在运用该概念研究其对象时应采取的观察角度和分析原则。作为分析范畴的“文化”被运用于各门社会科学中，包括人类学、社会学、心理学、政治学甚至发展经济学。

在英文中，“文化”一词起源于古拉丁词“colere”，意思是指“居住，培植，保护，尊崇”。后来，从“colere”派生了另一个词“cultura”，意思是“耕种土地”。罗马政治家西塞罗把“精神修养”比作“耕耘了的生长果实的土地”。文艺复兴时期，随着对古希腊罗马学术的浓厚兴趣，西塞罗对“cultura”的用法获得了传播。到了16世纪，“cultura”开始同人的发展的概念紧密相连了。德国学者塞缪尔·冯·普芬多夫（1632～1694）用“cultura”指个人或社会的智慧和情操方面的发展，包括所有那些人创造的而不是自然给予的。18世纪中叶，“文明”一词在法国被广泛使用。德国人用“cultura”作为法语“文明”的同义语，也指“成为文明的人和受到教育的人的一般过程”②。在赫尔德（1744～1803）的著作中，“cultura”即包含“对人的心智慧力的发展和培养”③。

另一位德国学者克里斯托佛·魏兰德（1733～1813）用“Bildung”代替西塞罗的“Cultura animi”词组，指对人的精神的培养。从这里，“文化”也开始含有一种指上层文化活动或形式的意思。在英国，“文化”的这种含义在马修斯·阿诺德于1869年出版的《文化与无政府主义》一书中也出现了。阿诺

① A. Krober（克鲁伯），ed.，*Anthropology Today*（《今天的人类学》），Chicago：University of Chicago Press，1953，p. 536.

② William Raymond，*Keywords：A Vocabulary of Culture and Society*（《关键词：文化和社会词汇》），New York，1976. p. 78.

③ A. Kroeber and C. Kluckhohn（克鲁伯和克拉克洪），*Culture：A Critical Review of Concepts and Definitions*（《文化，对其概念和定义的批判性评述》），New Yorks，1952，pp. 32，39.

德把"文化"理解为个人的一种活动,"一种通过求知来追求自我完善的活动,即了解和认识所有那些与我们密切相关的事物和世界上那些曾经被思考过和表述过的最好的思想"[①]。到19世纪,特别是在德国,"文化"一词和"文明"一词的词义相分离了。后者指人类社会在基础层面即技术和物质层面上的发展,前者指人类社会在高层次即精神方面的发展。

在西方思想中,"文化"概念演化的一个最重要阶段是在18世纪。德国思想家赫尔德在其著作中的"文化"一词的词尾后面开始加复数。"文化"作为一个名词被理解为某一特定社会的生活方式总和。在赫尔德看来,每一个民族都有自己固有的和特殊的文化形式。赫尔德的这种"文化"的概念就非常接近于人类学和民族学的"文化"概念。到19世纪中叶,赫尔德的"文化"概念开始被许多德国学者所接受。文化始作为一个描述性范畴被使用,包括"某一社会人类活动的物质的、技术的、智慧的和艺术的诸方面"的总和。[②] 在克莱蒙(1843～1852)的著作中,"文化"也被理解为一个特殊民族(或人群)的生活方式。卡尔·郎普莱希特(1856～1915)受到雅可布·布克哈特的强烈影响[③],把"文化"理解为"人类生活的总体,其中,每一个民族有其具体表现形式"[④]。恩斯特·伯恩海姆在他1889年出版的《历史方法论教程》一书中,把"文化"定义为"社会生活的形式和程序的总和,精神和体力劳动的手段和结果的总和"。

德国思想界中的这种人类学意义上的"文化"概念在19世纪末叶,经由英国人类学家E·泰勒传入英国学术界。在他那本著名的《原始文化》书中,泰勒写到:"从人种学的广阔角度来理解……文化是人作为一个社会成员所获得的那些能力和习惯的复杂整体,包括知识、信念、艺术、道德观、法制观念、习俗等等。"[⑤]自那以后,无数的学者按照自己的理解使用"文化"这一概

---

① A. Kroeber and C. Kluckhohn(克鲁伯和克拉克洪), *Culture: A Critical Review of Concepts and Definitions*(《文化:对其概念和定义的批判性评述》), New York, 1952, p. 54.

② Harry Ritter (里特), *Dictionary of Concepts in History* (《历史学概念词典》), New York: Greenwood Press, 1986, p. 95.

③ 雅可布·布克哈特在他的《意大利文艺复兴时期的文化》(1860)一书中,通过描述中世纪晚期和近代初期的意大利社会文化生活的相关模式,更进一步扩散了这种"文化"概念。

④ Karl Weintraub(卡尔·魏恩特劳伯), *Visions of Culture* (《对文化的看法》), Chicago, 1966, p. 170.

⑤ A. Tylor(泰勒), *Primitive Culture*(《原始文化》), London: John Murray, 1871, p. 1。泰勒更早的一本书是 *Researches into the Early History and Development of Civilization* (《对早期人类历史和文明的研究》), London: John Murray, 1865。"文化"作为一个分析性概念是他的人类学的中心概念。

念，并对它下定义。今天，作为分析性范畴的“文化”概念不仅在英语国家和德语国家中，也在北欧和斯拉夫人国家中被广泛使用。

我们在这里主要讨论“文化”作为分析性范畴在西方人类学和社会学中的含义。在讨论作为分析性范畴的“文化”概念的内涵不能不再次提到美国人类学家克鲁伯和克拉克洪的那本著名著作。在该书中，他们搜集和分析了在英语学术文献中所见到的160个“文化”定义，并把它们分为四类：

(1)描述性的，如“文化囊括一个社会风俗习惯的所有表征，包括个人行为受到他所生活的社群习俗影响的反应形式，以及受到这些习俗制约的该群体社会活动的产物”①。

(2)历史的，如“社会遗传即文化。文化作为一般词语意味着人类的全部社会遗传，作为特殊词意味着一种特殊社会遗传”②。

(3)规范论的，如“那超有机体世界的文化层面，由意义、价值、规范组成，包括当它们在经验的社会文化世界中通过实际的行为或其他手段被客观化(对象化)而显现的它们之间的关系及互相作用，以及组合和非组合的形式”③。

(4)结构性的，如“文化是一套从历史上获得的关于生活的公开的或含蓄的设计图样。它们会被所有社会成员或某个特殊社群所采用”④。

克鲁伯和克拉克洪还给出了一个他们认为包括了大多数社会科学家认可的那些内涵要素的标准定义：

> 文化由明确的或含蓄的行为模式和有关行为的模式构成，它通过符号来获取和传递，它涵盖该人群独特的成就，包括其在器物上的体现；文化的核心由传统(即历史上获得的并经选择传下来的)思想，特别是其中所附的价值观构成；文化系统一方面是行为的产物，另一方面又是下一步行动的制约条件。⑤

---

① F. Boas(波埃思), “Anthropology”, in E. Seligman, ed., *Encyclopedia of the Social Sciences*(《社会科学百科全书》), New York: Macmillian Co., 1930, Vol. 2, p. 79.

② R. Linton(林登), *The Study of Man* (《对人类的研究》), New York: D. Appleton Century, 1936, p. 78.

③ P. Sorokin (索罗金), *Society, Culture, and Personality* (《社会、文化和国民性》), New York: Harper & Brothers, 1947, p. 313.

④ C. Kluckhohn & W. Kelly (克拉克洪和凯利), “The Concept of Culture” (《文化的概念》), in R. Linton (林登), ed., *The Science of Man in the World Crisis* (《在世界危机中的人文科学》), New York: Columbia University Press, 1945, p. 98.

⑤ A. Kroeber & C. Kluckhohn(克鲁伯和克拉克洪), *Culture*, *A Critical Review of Concepts and Definitions*(《文化，对其概念和定义的评述》), Papers of the Peabody Museum of American Archeology and Ethnology, vol. 47, no. 1, 1952, p. 181.

克鲁伯和克拉克洪的定义和上述其他定义大部分是人类学家所给出的,从中可以总结出人类学意义上的"文化"概念的主要特征。大多数人类学家所研究的文化是指某一个社会(很多几乎是处于原始状态的)文化,即使该社会区别于其他社会的那些思想的、行为的或显现在物质层面上的模式。

社会学家的"文化"定义同人类学家有一些差别,从下面几位社会学家的定义中可以看出:"文化是在社会交往中直接地和非直接地"学会的,包括至少五个层面:(1)认知层面,关于物质世界和人类社会的知识;(2)信念;(3)价值和规范;(4)符号;(5)行为的非规范方式。[①] 文化体现为三个主要方面:(1)物质文化;(2)语言,"艺术,科学,运动和宗教";(3)"所有具有象征性价值的东西——是非观念、信念、规则和规范、符合身份的适当的文化定义、道德的和审美的价值"[②]。

不难看出,社会学家对"文化"概念的把握有如下一些特点:

(1)在社会学家的心中,文化是由一套要素构成的。而人类学家则把文化的各个方面看作是一个有机整体。这就是为什么许多社会学家认为泰勒的定义是所有人类学家提供的定义中最可接受的。

(2)尽管社会学家和人类学家都把行为看作是"文化"概念的主要内涵,人类学家趋向于把这种行为模式以及与这种行为模式相联系的那些哲学的、伦理的和美学的模式一起加以解读,并且认为这些行为模式在不同的民族社会是不同的,因而从其体现了民族社会个性的角度来研究这些行为模式。而社会学家则更多的是从行为模式对社会关系结构的意义,或者说行为模式所表现出的行为规范上的意义来研究行为模式。

著名社会学家帕森斯的"文化系统"定义可作为例证:

> 一个文化系统是由那些引导行为者作出选择并限定行为者之间交往方式的那些价值观、行为规范和象征符号所组成……(文化系统)不是与人格系统或社会系统相似的经验性系统,因为它表现出是从这些系统中特殊抽象出的因素组合。[③]

---

① H. Johnson(约翰逊), *Sociology, A Systematic Introduction*(《社会学,系统的介绍》), London: Routledge & Kegan Paul, 1961, pp. 84, 86, 89.

② J. Goldthrope(葛德斯罗普), *An Introduction to Sociology*(《社会学导论》), Cambridge University Press, 1985, p. 14.

③ Harold Bershady(哈罗德·贝尔谢德), *Ideology and Social Knowledge*(《意识形态和社会知识》), Oxford: Basil Blackwell, 1973, p. 103.

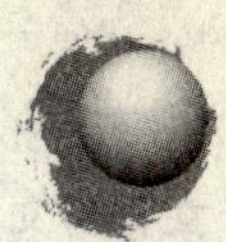

因此，在社会学家看来，文化之所以重要是因为它表现为那些帮助行为者确定自己身份以及与其他社会成员关系的规则。文化的变化通常伴随着、引起或构成社会关系的变化。社会学家探讨文化，重点在研究文化——“行为模式和社会规范（怎样在一个社会内部、在不同社会群体的相互作用中）出现、相互关联、起作用和被修改”①。

社会学家强调文化指导行为的思想规范层面也可以从下面的定义看出：“文化可以被定义为是一套从社会活动中习得并传递的判断标准、信念、行为以及因此出现的行为的习惯模式和其物质的和象征意义上的产物。”因此，文化是“行为规范体系。它规定人们行为应当是怎么样的，他们的义务、责任、权利和特权”②。雷德菲尔德的定义也具有同样特征：“文化是由社会传递，并由社会各阶层所分享的知识。它包括实际存在的知识和行为规范的知识，并体现在器物和行为上。”③

（3）更为重要的区别是：人类学家的兴趣在于那贯穿于整个个别社会的独特的模式，而社会学家则主要关注流行于某一社会阶层或群体中的模式，换句话说，所谓“亚文化”。因此，从某种意义上可以说，社会学家是从平行的角度观察社会文化现象，而人类学家则从垂直的角度考察社会文化现象。

从斯宾格勒的《西方的没落》一书中可以看出这种从垂直的角度考察社会现象的倾向。斯宾格勒在世界历史中区分了八种有代表性的文化个体，认为每种文化有其独特的模式，生长、发育、衰落和消亡的历程。另一位以人类学家的眼光来研究世界历史的是汤因比。汤因比反对所谓“统一文明”的观点。他认为即使在现在，世界的政治和经济似乎已西方化时，各地区的文化仍然存在“实质上的”差异。在他看来，文化即“一个社会中社会成员行为（内在的和外部的）规则”④。

社会学家从平行的角度观察社会文化现象的特征可以从下面这位社会学家关于社会文化的研究方法的论述中看到：“在现代世界中，我们不能简单地把民族性等同于文化有两项原因：第一，正如我们所看到的，在现代国家的民族文化中存在各种各样的亚文化。第二，无论如何，相当多的文化现

---

① G. Lundberg（林登贝格），etc.，*Sociology*（《社会学》），Tokyo：J. Weatherhill，Inc.，1968，p. 171.

② G. Lundberg，etc.，*Sociology*，Tokyo：J. Weatherhill，Inc.，1968，p. 172.

③ E. Wilson（威尔逊），*Sociology*，*Rules*，*Roles and Relations*（《社会学、规则、角色和关系》），Illinois：The Dorsey Press，1961，p. 51.

④ A. Toynbee（汤因比），*A Study of History*（《历史研究》），XII，Oxford University Press，1961，p. 272.

象可以跨过国界(在其他国家社会中找到)。"[1]在许多社会学家看来,这种"亚文化"即阶级或阶层文化。

从这种观点(平行角度)出发,社会学家倾向于认为所有社会都具有或多或少相似的结构和总体文化模式。林登贝格认为:"社会学家通过考察行为体系和它们之间的相互关系来理解人和社会。在这样的制度中,人并不以偶然的、没有规范模式的方式追求实现自己的目标;相反,他的行为往往是对关于应当怎样做和不应当怎样做的理解的反应和行动。换句话说,一种规定人在某种情势下应当或不应当思考,表述和行动的规范制度成为所有人类的社会关系的(思想)基础,或显现于其中。"[2]

在这里,值得注意的是,林登贝格使用的是"人"和"人类"这样一个抽象词汇,而不是"某一社会人群"或"民族社会"等。因此,大多数社会学家在工作时的一个观念假设是存在一个抽象社会——所谓"理想类型(ideal type)——一个干净利落的不同世界上任何实际存在的社会完全吻合的社会的概念。社会学家之所以这样做或许是因为社会学的目的是要发现其研究对象的结构和规则。著名社会学家如韦伯、杜克海姆都以提出了这样一些横跨社会的抽象性理论而著称。例如,韦伯的"新教伦理"和杜克海姆的"机械性联合"和"有机联合"(相当于"传统性社会组合模式"和"现代社会组合模式")的概念。

最后,应该看到,虽然我们能够区分这些对"文化"概念定义的不同点。在实际中,许多学者往往是在混合的意义上使用"文化"概念。

二、中国思想中的文化概念内涵

现在尚不清楚,是谁首先使用"文化"这两个字来表达西方思想中的"culture"和"Kultur"的意思。有可能是明治时期的日本人首先使用这两个中国字来翻译英语和德语中这两个词。在汉语中,"文化"一词是由意思分别为"纹身"和"转化"的两个字发展出来的。在金文和甲骨文中,"文"字的

---

① J. Goldthrope(葛德斯罗普), *An Introduction to Sociology*(《社会学导论》), Cambridge University Press, 1985, p. 120.

② G. Lundberg, etc., *Sociology*, Tokyo: J. Weatherhill, Inc., 1968, p. 171.

最早形式是象征一个人前胸被纹以图案或挂了一串贝壳。[①] 从这种最初形式,发展出了"纹身"、"符号,交叉线条"、"象形文字"以至"文章"等意思。尽管后来另一个字"纹"被用来特指"纹身"[②],"文"字似乎仍然包含这些意思。

从纹身或修饰人身的基本含义,"文"字在使用中开始具有抽象含义,包括一个人修饰自己的外表行为和内在感情。在《易经》"观乎人文,以化成天下"中,"文"在此句中即为通过创作和分享诗、书、礼、乐等来提高人的道德情操。战国前后,"文"逐渐开始附上更为抽象的含义,包括:(1)指与暴力性或武力相对的,诉诸于思想或道德感召力的,或具有和平性和人性的那些特质。(2)指与粗糙的形式相区别的、人类的行为、风俗,社会制度中被修饰过的特征、性质。例如在《论语》中,"周监于二代,悠悠乎文哉!吾从周";"文王既没,文不在兹乎?天之将丧斯文也,后死者不得与于斯文也";"文之于礼乐,亦可以为成人矣";"故远人不服,则修文德以来之"[③]。

按《说文解字》,"化"字是从"匕"字转化而来。"匕"在甲骨文中,像一个人倒立,象征在子宫中孕育时期的人。在《说文解字》中,"匕"字的众多含义包括:(1)倒立的人;(2)变化。后来在左边加了一"人"字旁,意为"站立的人"。[④] 新的"化"在保留原来含义的基础上增添了抽象意义,开始指称生命的一种能动的被塑型的过程或教化的过程,或者说,通过受教育和思想灌输而使一个人的内在和外在符合社会规范。"教化"一词的形成可能即与此义有关。因此,"化"包含了一个人从孕育、出生、成长并在遗传和社会的影响下逐渐成熟,而成为一个被社会接受的人的整个过程。

"文"、"化"二字连在一起作为一个词来使用在晋代的文献中已可以找到。当然,"文化"在这里是作为一个政治道德概念而不是社会科学的概念。它由其两个构成字的含义合成。在《易经》中我们已看到这两个字含义的相关联系性:

> 天文也,文明以止,人文也。观乎天文以察时变,观乎人文以化成天下。

王弼在《十三经注疏》中解释"文明以止,人文也……观乎人文以化成天

---

① 参见李孝定编《甲骨文字集释》,台北"中央研究院"语言历史所出版,1982 年,第 2857～2858 页;周发高编《金文诂林》,香港中文大学出版社 1957 年版,第 523～527 页。

② 许慎著,许玄修订:《说文解字》,中文出版社 1965 年版,第 177 页。

③ 《论语》,八佾"、"子罕"、"宪问"、"季氏",见张海婴译注《论语》,中华书局 2008 年版,第 24～39、116～132、203～229、249～260 页。

④ 参见(汉)许慎著,(清)段玉裁注释《说文解字》,上海古籍出版社 1981 年版,第 384 页。

下”为“止物不以威武而以文明人之文也……用此文明之道裁止于人是人之文德之教”，“以化成天下者言圣人观察人文则诗书礼乐之谓当法此教而化成天下也”[①]。在《说文解字》中有“礼乐天地之化也”。

在汉代如刘向的文章（指武《说苑》）中有：

> 圣人之治天下，先文德而后武功，凡武之所兴为不服也。文化不改，然后加殊。

此段中，“文”和“化”作为副词和动词，意指以非武力的方式来教化转变人。至少在晋朝和南齐的文献中，“文化”已开始被作为一词使用，内涵即包括以非强制性的方式（道德说教）来建立和维持一种政治伦理秩序，也指那些体现了以这种方式建立起来的文明社会的成就和特征，如礼、乐、典章、制度等。例如在下面的诗中：“文化内辑，武功外悠。”[②]“设神礼以景俗，敷文化以柔远。”[③]可以看出，“文化”一词在中国思想中，首先是以一个政治道德概念而出现的。它指以非暴力的、非强制性的方式来实现人的社会化，或者说实现一种政治道德秩序。但它也含有现代“文化”概念的某些内容，如指体现了发达文明（中国）成就的行为方式、社会组织原则和观念等等。

近代意义上的“文化”概念在中国思想中的出现是西方概念中国化的产物，也是中国人在认识变化了的世界时，通过创造新概念来概括现实的结果。意指文明的智慧方面或一个民族社会的整个生活方式的西方“文化”概念在中国古典思想中并不存在。中西“文化”概念的根本性差异是在中国古典的一元论世界观中，西方观念中的那种具有多个文化（文明）的观点并不存在。在中国古典哲学家看来，真正符合道德伦理的生活方式只有一种，那就是主要由儒教所阐明的生活方式及其中国学术。因此，现代的“文化”概念在中国的萌生必须有待于打破这种单元文化论。1840 年以后，随着西方列强的入侵和西方文化的传入，这种观念的基础动摇了。现代“文化”概念的另一重要观点是认为每个社会都有独特的精神气质和生活方式。这种观点在中国传统思想中已经以一种变形的方式存在。中国传统思想中的文化中心主义实际上是建立在把中国社会与其他周边社会相比较，并认为中国社会具有一种更高的，即独特的精神文明的基础上。

非常有趣的是，现代“文化”概念的形成产生于保守主义对现代西方文

---

① 王弼：《十三经注疏》（附校勘记）上册，中华书局 1979 年版，第 25 页。

② 束皙：《补亡诗》，“由仪”，见逯钦立缉校《先秦汉魏晋南北朝诗》，中华书局 1982 年版，第 641 页。

③ 王融：《齐诗》序。

明挑战的应战过程中。剑桥大学教授威廉曾就英国的情况写到：

> 作为抽象和绝对物的文化（的概念）诞生了。这种诞生以一种极为复杂的方式综合了两大思想响应。首先，承认某些道德和智力活动同新型社会的动力是分离的；其次，强调这些活动作为人性的上诉法庭高于实际社会判断过程，以及这些活动作为某种能减轻（现代化）阵痛并加强社会团结的替代物的作用。[①]

在晚清保守主义的现代化思想家如张之洞等人的"体"和"国粹"的概念中，中国社会具有与西方物质文明不同的独特的精神文化活动的思想出现了。在张看来，中国的"体"不仅包涵中国的伦理道德哲学原则，也包括被认为体现了中华民族道德理想的中国学术。在后来的"国粹"概念中，张更进一步发展了这种思想。"国粹"被解释为中华文明的精髓，那些在起源上具有民族独特性的，并对整个社会的生存发展具有重要意义，同现代西方社会政治现实格格不入的内容。

现代"文化"概念形成的第二阶段是由"国粹主义史学"来完成的。20世纪初叶，国粹主义史学及其代表人物，如刘师培、邓石等，试图从学术上摧毁满清政府的合法性，并寻找到一能取代分崩离析的儒教正统的非西方来源的文化意识形态。因此，他们转而去研究早已湮没的非正统的中国思想体系，去探索中国传统的古代根源及其演变，并编辑中国社会史。"国粹"被他们看作是解释中国人共有经验的框架。[②] 这种用"传统"这个内涵更广泛的概念来取代正统儒家政治伦理哲学来研究中国的民族文化遗产，以及在更广泛的社会生活中去探寻这种传统的努力代表了"文化"概念发展的最重要阶段。正是由于"国粹主义史学"，一个与"文化"概念多少相似的，意指一个民族的特殊精神遗产，过去和现在的风习、行为方式的观念出现了。[③]

世纪之交，由于以康有为、梁启超、严复、谭嗣同、章炳麟和王国维等人为代表的一代人坚持不懈的努力，西方思想被大量引进，传统思想分崩离

---

① R. Williams（雷蒙 威廉），*Culture and Society*，*1780－1950*（《1780～1950年的社会和文化》），New York：Harper & Row，1958，p.16.

② 邓石和刘师培认为，国粹是一个民族的独特精神，是表现在一个民族的风俗、习惯和气质中的特殊精神。

③ "（国粹主义）运动引进了一种观察文化（传统）的新方式。文化被看作是独立于社会政治现代化进程之外，但却提供了评判该进程的绝对标准和价值体系。'文化'的概念同宇宙进化论的批判学说互相补充，为新型的建立在精神与物质相对立的二元论世界观的出现开辟了道路。"［J. K. Fairbank（费正清），ed.，*The Cambridge History of China*（《剑桥中国史》），Cambridge University Press，1983，Vol.12. p.361］

析。中国思想发生了天翻地覆的变化。不仅现代化论者，甚至连传统主义者和保守派都开始使用西方概念和观点来审视中国的过去。传入的西方的概念术语被中国化了。而中国语言中的旧词汇的传统含义被改造，并被添附上新的含义。新术语被创造出来了。正是在这个过程中，中国古典语言中的“文化”一词被作为西文“culture”和“Kultur”的对等词。

20世纪初叶，意指艺术或文明的智力方面状况的现代意义上的“文化”概念开始广泛地见诸报纸杂志中。“五四”前后的“东西方文化论战”中，社会学和人类学意义上的“文化”概念成为许多学者讨论中国文明的历史和发展前景的概念出发点。著名作家如梁漱溟的“文化”定义同泰勒的“文化”定义相似。而胡适则接近于从功能主义的立场对“文化”下定义。胡认为文化是一个民族的生活方式和对环境的适应方式。1907年编辑的《词源》对“文化”的界定揭示了当时的“文化”概念。“文化”被解释为：“(1)文治；(2)与英文‘文化’相同，指一个民族文明的进展，社会学家指代代相传的生活方式为文化。”[①]这个定义承上启下，既包括古典含义也包括新义。在1908年鲁迅所发表的一篇题为《文化偏执狂》的文章中，“文化”一词既包含其一般含义，指文明的智力方面，也包含其作为分析性范畴的某些含义，指一个民族生活方式的某些方面，如社会政治组织的形式和社会关系的类型等等。[②]

1949～1976年期间，“文化”概念被政治化了。它的社会科学范畴的含义不再被提及了。“文化”成为一个政治文化学的概念，权威性的定义是毛泽东同志提出来的。“一定的文化是一定社会的政治和经济在观念形态上的反映。”[③]在毛泽东同志看来，文学、艺术、音乐、戏剧、哲学、伦理理论等文化现象与一定的阶级利益和阶级观点相联系。一定社会的文化往往处于两种情况：要么它服务于该社会的政治经济制度，要么它破坏占统治地位的政治经济制度。“文化大革命”的发动应当说是与这种理论有联系的。

20世纪80年代兴起的文化研究热潮中，大量文章对“文化”概念的内涵进行重新探讨。引人注目的趋势是1949～1976年流行的“文化”概念被扬弃了。而人类学意义上的“文化”概念则被重新引进，并作为一个分析性范畴而被越来越多的学者所采用。1988年似乎是一个重要的分界线。1988年以前，许多学者是在传统的一元单线论历史观的框架内探讨“文化”概念的

---

① 《词源修订本》，商务印书馆1950年版，第307页。

② 参见王思齐编《鲁迅早期五篇论文字义》，天津人民出版社1978年版，第96～138页。

③ 《毛泽东选集》第2卷，人民出版社1991年版，第694页。

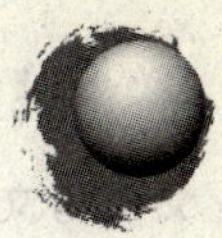

内涵。表现在他们的定义中使用诸如“人类”(物质文明、精神文明)而不是“某一特定人群或社会”这样的关键词。1988年前后,许多学者开始意识到人类学意义上的、适合于他们的研究目标——比较社会历史研究——的“文化”概念的一个重要内涵是强调文化的民族性[①],同时必须区分“文化”概念和“社会经济形态”概念。[②] 因为这两个概念从不同的角度观察社会。“文化”概念研究社会的差异,“社会经济形态”的概念研究社会发展的共同规律。过去把文化看作是一元单线而不是多元的是不正确的。

为什么1949～1976年流行的“文化”概念在80年代文化研究热中会被许多学者所扬弃,而人类学意义上的“文化”概念开始被广泛采用?这主要是由于旧的作为一定社会政治经济的观念形态反映的“文化”概念所存在的问题。首先,在旧的概念中,“文化”被简单等同于文学、艺术、戏剧和音乐等。虽然“文化”可以被理解为意指“含有某些特定价值观的一套艺术的和智力的作品”,包括“创造和分享这些艺术作品的活动过程”。“文化”也可被看作是“一套正在被实践的文学的、美学的、神学的、社会政治的价值的复杂体系”[③]。但是如果把“文化”仅仅理解为文学、艺术、戏剧和音乐这样一些人类精神创造的部门或活动领域,那就是缩小了作为一般概念和分析范畴的“文化”的内涵。

另一方面,把“文化”理解为反映社会政治经济的意识形态,并具有维护或破坏这种社会政治经济制度的作用,那就是把“文化”(特别是所谓“通俗文化”)的许多与政治并无很大关系的内涵政治化了,同时也把许多文化现象的起源和形成过程机械化地理解了。从广义的角度来理解,“意识形态”这一范畴可以非常接近唯心主义文化理论的“贯穿精神”(informing spirit)的概念。[④] 但是把“所有文化产品都看作是意识形态或受意识形态指导”,那就是看不到“那些意识形态本身被创造出来的真正复杂的过程”,并且“排除

---

① 参见庞朴《近代以来中国人的文化认识历程——兼论文化的时代性与民族性》,载《文化研究》1988年第2期。庞争论说,一定的文化总是属于一定的民族,文化使一个社会区别于另一个社会。

② 参见秋守娟《苏联哲学界对文化问题的讨论》,载《文化研究》1988年第3期。

③ Terry Eagleton & Brian Wicker (特里·伊格尔顿和布莱恩·威克尔), ed., *From Culture to Revolution*(《从文化到革命》), London: Sheed & Ward Ltd., 1968, pp. 6,36.

④ 广义的“意识形态”概念可被理解为“一个社会群体或阶级的世界观或一般看法”。他们的那些“正式的和被意识到的信念和成见”以及那些“不那么被形式化、不那么被意识到的态度、习惯和感情”(William Raymond, *Culture*, Glasgow: Fontana Press, 1986, p. 24)。

了那些并不首先是或仅是正式的、意识到的信念的表现的(文化)区域"[①]。可以看出,我们称之为"文化"的某一社会的那许多信念,价值观、习惯、(行为的、思想的、组织的)形式和象征符号,它们的起源、作用和意义不能说都与政治有关。这种对"文化"概念政治化的一个严重后果是在"文革"中把许多并无政治含义的文化现象和作品从政治上去加以曲解,并实行严格的政治控制,从而导致了文化生活的极度贫乏和文化专制主义。

其次,由于这个定义被认作是权威的或唯一正确的,人们便不能去探讨新的适合于自己的学科研究领域的"文化"定义,这就阻碍了在社会科学其他领域,诸如比较社会学、比较历史学、比较文化学等领域内的研究工作的展开。

20 世纪 80 年代人类学意义上的"文化"概念作为新的定义最后被大多数学者所推崇,在一定意义上是与当时的研究热点——就中国的现代化问题进行比较社会历史研究——有关的。文化人类学意义上的"文化"定义比旧的定义更适用于这种研究性质。旧的"文化"定义非常接近于狭义的"意识形态"概念[②],并同文明发展的一元单线论苏联版模式相联系。这种观察社会的概念框架多少与社会学家的角度相似,即从平行的角度观察,并认为不同社会具有某些相似的结构和制度。换句话说,如果不发达国家的政治经济相同,那么反映这种政治经济制度的观念形态,即文化也相同。这样一来,许多我们称之为"不发达国家"间就没有文化区别了。这种观念就显然不适宜作为一个研究社会间文化差异的概念框架。而人类学意义上的"文化"概念则能提供一更好的框架,使用它能更好地把握、概括、研究那些区分社会的文化现象。

旧的"文化"定义的另一问题是关于文化(价值、观念)与其他社会现象(如已有的经济政治条件)的关系。在旧的反映论的"文化"概念看来,文化是社会存在的政治经济制度的观念意识形态上的反映。作为观念意识,它是被基础所决定的,尽管有时它有能动的反作用。但是,近年来对世界各国现代化的研究表明,在现代化的过程中,价值和观念的变化往往是经济和政

---

① William Raymond, *Culture*, Glasgow: Fontana Press, 1986, p. 29.

② 狭义的"意识形态"指"构成某一社会政治纲领的那些有机组合起来的信念、理论和目标,通常包含为了宣传的目的而设计出来的意思"[Glifford Geertz(克里弗兰·格尔兹), *The Interpretation of Culture*(《对文化的解释》), London:Fontana Press, 1993, p. 193]。阿尔都塞把广义的意识形态界定为"一个人可以通过它对他所发现他所生活于其中的物质条件进行解释,发现其意义,并总结出经验的概念性框架"[Graeme Turner(葛莱姆·特纳), *British Cultural Studies*(《英国文化研究》), London: Routledge,1996, p. 24]。

治制度开始变革的先导。对此，即使是能动的反作用的补充理论也不是能很好地解释这种现象的。而人类学意义上的“文化”概念则能较好地描述这些变量之间的关系，请看下面的进一步说明。

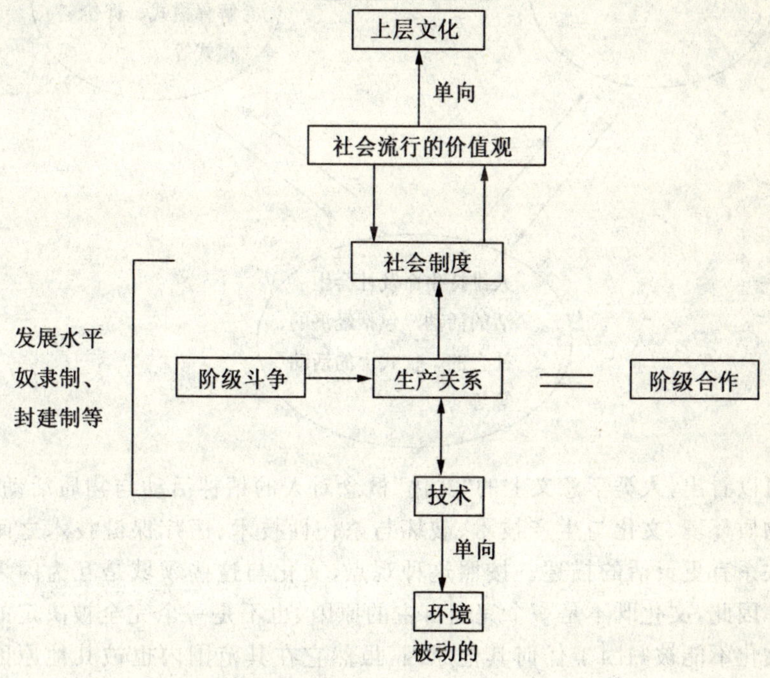

旧的关于文化与其他社会现象之间关系的理论图

在这个动态模式中，生产关系的变化是关键性的。它的变化既可以是由技术的提高引起的生产力的发展所造成的，也由于阶级斗争的作用。生产关系本身也会对技术的发展有影响。生产关系的变革引起社会制度的变化。新的社会制度形成相应的新的社会价值观，使更高层次的文化（世界观、哲学、政治、法律、道德等观念体系）发生变化。在这里流行的社会价值的变化，诸如革命理论、意识形态的提出与传播也能引起社会制度的变化。但与现存的占统治地位的社会物质基础不同的价值观、意识形态起于何处似乎并无解释，而且同意识作为物质存在的反映的理论相矛盾。人类学意义上的“文化”概念对文化、意识形态与社会其他层面和现象之间的关系则提供了更好的动态模式。请看下图：

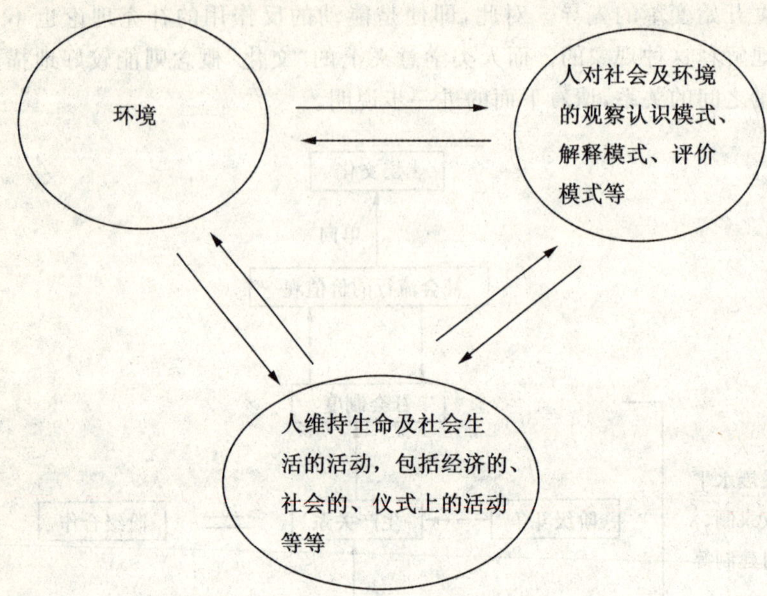

可以看出，人类学意义上的“文化”概念对人的精神活动与物质活动、文化与物质环境、文化与生产技术、破坏与杀伤性技术、医疗保健技术之间的相互关系有更灵活的描述。按照这种观点，文化与这些领域是互为因果的关系。因此，文化既不是一个完全自主的原因，也不是一个完全被决定的结果。文化不能被归因于任何其他原因，虽然它在其范围内也被其他原因所制约，而这些其他原因也能够变化。换句话说，文化（价值）本身可以在不被经济基础决定的情况下变化。更为重要的是，人类学意义上的“文化”概念把人置于主导地位，而不是宿命论的其意识被决定的地位。按照这种观点，人对其周围世界的观察与评价虽然是透过文化来实现的，但人并不是被动地从他周围的文化世界中吸取价值观和意义，他也有意识地选择、评价和继承。因此，人是有条件地拥有主动权的。①

20 世纪 80 年代后期许多中国学者心中的文化人类学意义上的“文化”概念或许可以在如杨知勇这样学者的文章中看出。在杨看来，文化是“行为方式”和“思想方式”。不同的语言、服饰、建筑物、风俗、习惯、宗教信仰等构成文化的民族特点，并区分不同的民族。但这些模式内容仅是文化的表现而不是内核。文化的决定性层面是观念世界、激情和价值倾向。它们决定

① 这种观点在当时中国的许多学者的著述中都可以看到。参见司马云杰《文化价值论——关于文化建构价值意识的学说》，人民出版社 1988 年版，第 1～3 页。

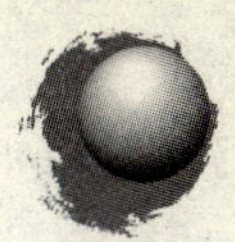

民族文化的不同表现。不同的文化同时也产生不同的国民性格。文化以动态的形式存在。在其发展过程中，新的规范出现了，导致人的行为方式及文化的其他方面改变，而一个民族的核心精神价值则可能保持不变。[①]

可以看出，“文化”一词的含义是多种多样的，需要我们对它进行清楚的界定。20 世纪 80 年代，我国学者对“文化”概念的探索无疑具有重要意义。它在一定程度上推动了我国社会科学的发展和文化的兴起，也有益于我国社会主义现代化事业的发展。“文化”概念之所以重要是因为它为我们进行比较社会历史研究，包括对单个社会的思想方式、行为方式和制度等的研究提供了一个有效的新概念框架。同“文化”这个核心概念相联系的又是社会科学家近一个世纪以来对人类社会的制度及其生活方式进行长期研究而得出的一整套概念、范畴、理论和方法。在西方，“人类学意义上的‘文化’概念对 20 世纪历史写作和历史（题材）的概念化产生了巨大影响”[②]。自 20 年代末期起，文化史成为美国史学界的热门课题。二战以后，“文化”的概念更推动了所谓“区域研究”的兴起。在英国，人类学（“文化”是其核心概念）被认为是与历史学关系最密切的社会科学。文化人类学的概念和方法对历史学的渗透推动了历史学的发展。现在，不论是在西方或在中国，对“文化”概念内涵的探讨并没有结束。这种努力使我们对人类社会文化有日益深刻的理解。

（本文原载《史学理论研究》1999 年第 2 期）

① 参见杨知勇《归属感、认同感与历史选择——论文化的民族性与时代性》，载《文化研究》1989 年第 3 期。

② Harry Ritter（里特），*Dictionary of Concepts in History*（《历史学概念词典》），New York：Greenwood Press，1986，p. 96.

中外思想中的文化“杂交”观念

这篇论文探讨了“杂种性”概念的主要含义，包括它在社会认同上的表现以及它的词源历史，分析了“文化杂种化”现象与当代全球化运动的内在联系和它在正确对待当代文化问题上的进步意义。

论文也讨论了中国思想中与“hybridity”概念极为相近的“和而不同”思想，注意到这个古典观念与当时主张以理性主义态度对待文化和政治差异的思想流派的联系。论文描述了与文化多元主义和宗教宽容精神并存的集权主义和文化中心主义思想，揭示了中国历史上种族、文化交融的概况和“会通之学”对中国哲学发展的影响。

杂种文化（hybridity）、文化杂种性（化）、社会认同的杂种化成为近来社会学和跨文化研究的新内容，虽然目前的研究尚不够深入，但由于该概念能较好地概括现代世界复杂的文化交融情况，并且它所包含的立场似乎能对极端民族主义、原教旨主义和文明冲突论起到一种批判的作用，正受到一些学者的注意。本文试图对国内外有关“hybridity”的概念的研究作一初步的评价，特别是对中国思想中与“hybridity”和“hybridization”极为相近的“和而不同”的观念进行讨论，以期丰富目前在该领域的研究。

一、“杂种文化”的概念及其意义

“杂种文化”的概念因墨西哥学者卡西亚·堪克里尼（Garcia Canclini）1989年出版的名著《杂种文化——兼论进入和离开现代性的策略》而受到广泛注意。卡西亚的书描述了拉美国家试图保持文化的“纯粹性”和自我特征，同时又现代化，结果加剧了社会不平等，引进启蒙思想，实施理性化和世俗化时，又造成既非现代亦非传统、本土文化和外域文化杂陈的一种特殊的社会形态——“杂种文化”(hybrid cultures)的状态。[①]

卡西亚从社会形态上为转变中的拉美国家画像，并进而认为杂交是人类文化的持续状态，从学术上挑战了传统人类学的文化观念。“hybridity”一词后来被广泛运用于指那些多种文化杂交而形成的文化特征，经济结构的二元化，落后的农业经济和现代扩张的工业部门的并存，西方资本主义的个人主义、世俗理性、消费主义的流行，传统在现代形式下的延续[②]，社会认同的多重化和分裂，艺术风格、语言和人种的杂陈等等。[③]

“杂种文化”指两种不同的纯粹文化的中间形态。它的形成过程(hybridization)也从拉美国家的非西方化的现代化扩展而指现代化过程中第三世界国家发生的文化重构，即对外来文化的吸收不是整体移入，而是选取“融合文化的片断特征”[④]和多种文化的杂交，有别于“文化同化”和“文化移入”的概念。在文化同化(assimilation)中，被纳入的群体必须在某种程度上学会要求做到行为方式、服饰、语言和其他日常生活的规范。[⑤]

(一)“杂种”一词的语义学背景

“杂种”和“杂种化”由此成为社会学中的一个重要分析性范畴。“杂种”并不是一个高雅的词，它源于生物学和植物学，拉丁语中主要指家养母猪和野公猪的交配后代，后扩展而指异种动物交配的后代。17 世纪出现对该词在上述意义上的少量使用，到 19 世纪才被较多使用。Webster 字典(1962

---

① Nestor Garcia Canclini, *Hybrid Cultures, Strategies for Entering and Leaving Modernity*, trans. by Christopher L. Chiappari and Silvia L. Lopez, Minneapolis: University of Minnesota Press, 1997.

② Ted Leweller, *The Anthropology of Globalization—Cultural Anthropology Enters the 21st Century*, London: Bergin & Garvey, 2002, p. 101.

③ 种族和文化杂交和交融并不只是带来不利后果，它也促成文化繁荣和创新。1846～1930年，美洲接纳了约 5200 万欧洲移民。他们带来不同文化，杂交产生了诸如爵士音乐、探戈、加勒比风格、巴西音乐风格以及南美建筑风格等等。参见 Nestor Garcia Canclini, “The State of War and the State of Hybridization”, in Paul Gilroy, Lawrence Grossberg and Angela McRobbie, eds., *Without Guarantees—In Honour of Stuart Hall*, London: Verso, 2000, p. 46。

④ Nestor Garcia Canclini, “The State of War and the State of Hybridization”, in Paul Gilroy, Lawrence Grossberg and Angela McRobbie, eds., *Without Guarantees—In Honour of Stuart Hall*, London: Verso, 2000, pp. 102, 99.

⑤ Gerand Postiglione, *Ethnicity and American Social Theory Toward Critical Pluralism*, London: University Press of America, Inc., 1983, p. 26.

年版)定义该词为“马骡或杂种狗,由两个不同种植物或动物交配的新种”。至迟于1861年,牛津词典已经载有该词被用于指不同种族交配的后代。19世纪后半叶,该词也已用于指一个由多种语言词根合成的词。[1] 同一语系中不同语种和方言的杂交混融,被认为是语言变化发展的主要途径。[2]

19世纪人类学家注意到,“hybridity”用于指马骡和驴骡时,含有缺乏生育能力的意思,同样,白人和黑人的后代,生育能力也呈下降的趋势。围绕杂种交配是否有利曾展开辩论,达尔文在《物种起源》中有专章论述“hybridism”(杂交)是否导致生育能力下降,他未作结论,但他的整个理论认为物种是进化的,也就是说杂交变异是进化的一种形式。诺克斯1862年出版《人类种族》一书,有专章“对人类杂交性法则的探讨”。他认为人种杂交导致种族繁荣的证据很少,相反,种族杂交导致人类社会的下降则有墨西哥、秘鲁和中美洲国家的现状来佐证。[3]

较早把该词运用于文化讨论的是英国学者马修斯·阿诺德,他在19世纪60年代提出英国文化是多种文化合成的观点。当时,一些德国学者指斥英国人为克尔特人、撒克逊人、诺曼人和丹麦人的混血儿。1861年,《伦敦评论》作为响应宣称英国人对此感到自豪。进化论者赫伯特·斯宾塞几年后也声称英国“居住着亚利安人种的不同分支,提供了一个种族混合推动社会进步的范例”[4]。由英国的例子,斯宾塞总结出:“杂交社会不能完美组织起来,并发展出相当稳定的社会制度形式,而由几乎同种的族群混合而成的社会则能维持稳定的社会结构,并有变革的优势。”[5]

“杂种文化”的概念受到当今社会学家的关注,反映了思想家们力图理解当代世界复杂的文化现实。当代世界,“即使构成各个地区的基本单位的那些小的社群,也同其他许多文化有复杂的和模糊不清的联系,语言上的,宗教信仰和教仪上的,政治归属关系上的”[6]。这特别表现在文明和国家“交

---

① Robert J. C. Young, *Colonial Desire—Hybridity in Theory, Culture and Race*, London and New York: Routledge, 1995, p. 6.

② M. Bakhtin, *The Dialogic Imagination: Four Essays*, trans., Carry Emerson and M. Michael, Austin: University of Texas Press, 1981, pp. 358—359.

③ Robert Knox, *The Races of Men: A Philosophical Enquiry into the Influence of Race over the Destinies of Nations*, London: Renshaw, 1862, p. 497; Nederveen Pieterse, “Globalization as Hybridization”, *International Sociology*, vol. 9, 1994, pp. 161—184.

④ H. Spencer, *Principles of Sociology*, Vol. 1, London: Williams & Norgate, 1868, p. 593.

⑤ H. Spencer, *Principles of Sociology*, Vol. 1, London: Williams & Norgate, 1868, p. 594.

⑥ E. Gellner, *Nations and Nationalism*, Oxford: Blackwell, 1983, p. 139.

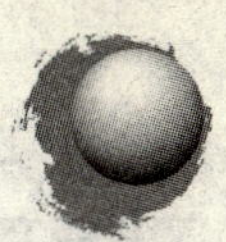

界”的地区。

“杂种化”的概念被许多学者所运用也与后殖民主义时代学术思潮有关，主流的“文化”概念强调文化的纯粹性、一致性和整体性，对非主流的和反叛性的文化则予以轻视。后殖民主义学者挑战这种思想，力图唤醒人们注意到非主流的、异己文化的积极意义。Salman Rushdie 的评述颇具代表性：我们应当“庆贺杂种性、非纯粹性，融合和转变，从中产生的新的、意料不到的人种、文化、思想、政治、影片和歌曲的结合……为混杂感到高兴吧，畏惧纯粹的绝对主义……杂烩，混融，这么一些，那么一些，这就是新事物如何在世界上产生的方式”①。

“hybridization”、“杂种化”涵盖了“多样性”、“相异性”、“杂交”和“宗教融合”这些概念所包含的内容，它也特别指传统与现代、精英和大众文化的交织。从政治的角度它也应与“现代性(化)”、“社会整合”、“种族融合”、“社会不平等”这些概念相联系来理解。从文化杂交论的多元倾向来看，这种思想有助于在当今世界建立多元的民主的政治文化和对抗种族冲突的逆流。

(二)“文化杂种化”概念的政治意义

20 世纪 90 年代后迅速扩展的经济全球化把人类各民族间物质和文化的交流提升到新阶段，各民族相互依存提高，另外，文化的对峙更加复杂。对全球化可能带来的后果，有两种看法：一种认为全球化使世界进一步整合，种族和国家间的文化差异将逐步消弱；另一种认为全球化使各民族共现一个舞台上，种族、宗教和文化差异更趋突出，全球化带来文明冲突的加剧。②

卡西亚对此提出不同看法，他认为全球化不会消除各民族文化的差异，也不会仅导致民族文化间的冲突，而更多地会造成文化的杂种化。文化杂交不是新的文化现象，当今许多国家都是由融合不同文化而形成的。在过去，民族文化的统和常常是在压制社会内部文化的差异性的情况下以精英文化传统为象征标准而实现的。在今天的民主社会中，内部文化的多样性

---

① S. Rushdie, *Imaginary Homelands*, London: Granta, 1991, p. 394.

② Clifford Geertz, *Works and Lives*, *The Anthropologist as Author*, Cambridge: Polity Press, 1988, p. 147; Ien Ang, *Representing Social Life in a Conflictive Global World*: *From Diaspora to Hybridity*, LEWI Working Paper Series, p. 1.

和差异性有可能得到承认和表现[①]，就能够避开民族主义和原教旨主义以及宿命论的文明冲突论。文化的杂交共存不会必然导致种族和民族间的协调或民主的文化交往，但在正确对待文化差异的情况下，文化交织或融合引起的是文化繁荣而不是衰亡。[②] 卡西亚的“文化杂种化”的进步意义似乎在此，从学术意义上来讲，用“文化扩散”、“文化移入”、“二元文化”和“宗教融合”等概念也已不足以理解和分析当今世界的文化现实。

主张文化杂种化的思维是由既想维持文化联系又想保持文化独立性的双重愿望所推动，文化的杂交融合是一个复杂的重组和换位的过程，它卷入不同种族和国家的政治目标，波斯尼亚战争暴露出它的暴力性，文化相对主义和武力都不足以解决种族文化冲突问题，形成在文化差异中生活的习惯观念是卡西亚带给我们的启示。

“文化杂交”的概念非常接近中国古典思想中的“和而不同”的观念。马提尼的三位知识分子 Jean Bernabe，Patrick Chamoiseall，Raphael Lonfiant 把“和而不同”的立场称为是“非极权的保持多样性的意识”，当全球性的霸权政治试图混同文化符号和一统社会实践规范来定义自己和巩固其霸权的合法性时，承认差异性和支持文化对话的立场有助于处理多种文化认同和改变单极政治。

“杂种文化”的概念对认识后殖民时代的文化政治现实有积极意义。杂种性是后殖民文学和文化的特征。殖民地社会中，语言文化的杂种化有着挑战居于霸权地位的话语的作用，殖民地话语的杂种化使被压制的知识体系能够进入主流话语，杂种化因此是对霸权文化话语的反抗。本土文化和殖民文化交互影响下形成的话语空间，巴哈巴哈称之为“杂交替换空间”(hybrid displacing space)，它剥离强权维系的帝国主义文化的权威和其真实性。[③] 这个“第三空间”挑战双方文化话语的词汇和领域。按萨伊德的话，杂种性成为文化差异的一种形式，它把差异的文化混杂一体，以杂交而产生的反叛能量，以分离的模糊空间所有的骚动和困惑挑战居于中心的统治性文

---

① Nestor Garcia Canclini, "The State of War and the State of Hybridization", in Paul Gilroy, Lawrence Grossberg and Angela McRobbie, eds., *Without Guarantees—In Honour of Stuart Hall*, London: Verso, 2000, p. 41.

② Nestor Garcia Canclini, "The State of War and the State of Hybridization", in Paul Gilroy, Lawrence Grossberg and Angela McRobbie, eds., *Without Guarantees—In Honour of Stuart Hall*, London: Verso, 2000, p. 49.

③ Homi Bhabha, "The Postcolonial Critic", *Arena*, vol. 96, 1991, p. 61.

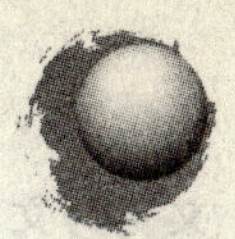

化规范。[①]

(三)社会认同的杂种化

文化的杂种化和全球化使像“种族性”、“民族”和“社会认同”等概念变得更难以把握,“社会认同”已成为近来许多社会学家研究的问题。“杂种化”被用来描述全球化时代的社会认同的形式,特别是用来描述那些有复杂的旅居或侨居生活的文化经历,以及随之而产生的批判的文化意识和多重的社会认同。

全球化意味着世界时空的缩小和日益强化的世界整体感,它源于资本主义世界体系的扩张、信息高速公路和交通运输的发展。与这种世界紧密相连的是意识到他者——移民、外国劳务人员和游客等等的存在。[②] 迁居和旅居生活也使许多人的社会认同分裂和多重化。文化的杂种化也会带来某些文化特征的消失,例如移民的后代个人认同和文化习惯的改变,在杂种文化状况下生活而形成的人格,表现为人格认同的变动性,在特殊的地区、民族和小区环境中的生活经历凝结成多重文化认同,“个人可能支离破碎地吸收不同文化的片断,然后有选择地用于不同的环境中”[③]。

弗里德曼和勒维伦对21世纪人格认同的传统主义和现代主义状况进行了分析。传统主义的人格认同与宗教相联系,更尊重权威和连续性,束缚在家庭、宗教和小区关系网中。而现代性则是以个人主义标榜,并支持变革。现代人的人格文化特征(identity)是自我的不断扩张,这种人格认同依赖于个人和社会的发展的可能性、流动性,以及从非资本主义的固化的生存架构,如家庭、小区和宗教中的解放。[④]

后殖民时代,种族、语言和宗教差异的突出。冷战的终结结束了以阶级、民族、国家和超级意识形态为基础的社会认同,社会和个人认同趋于多元化甚至分裂。全球化极大地增加了社会群体和个人的跨地区流动,“家”的含义、所属小区的认知、国家所属感都不再是单一和静止的。多重的、分

---

① Edward Said, *Culture and Imperialism*, London: Chatto & Windus, 1993, p. 406, cited in H. Bhabha, *Nation and Narration*, London: Routledge, 1990, p. 312.

② Chan Kwok Bun, “Imaging/Desiring Cosmopolitanism, Global Change”, *Race and Security*, vol. 15, no. 2. June 2003.

③ Ted Leweller, *The Anthropology of Globalization-Cultural Anthropology Enters the 21st Century*, London: Bergin & Garvey, 2002, pp. 98—99.

④ Jonathan Friedman, *Cultural Identity and Global Processes*, London: Sage, 1994, pp. 91—95.

裂的、依赖于环境的认同在相当一部分人中流行，认同杂种化了，传统的实质主义的文化认同观被解构了。

全球化对发达国家的工作和职业的构成产生深远的影响，在发达国家中，工作职业可大体分为三类：制造业（runtine production services）、服务业（in-person services）和符号分析处理业（symbolic-analytic services）。制造业卷入大量白领和蓝领工作人员；服务业是对人服务，包括零售人员、文秘人员、理发师、出租车司机、保安、房管等社会服务人员；符号分析部门包括科学家、大学教师、工程师、投资顾问、律师、出版商、作家、音乐家、电视电影制片人等。

以处理符号——数据、词语、音像等为主的第三产业工作人员的任务是发现和解决问题，兜售战略性的构想。他们依靠自己积累的知识和丰富经验，具有独立自主性，而不从属于特定的地域或单位。他们的工作和利益更多和全球范围的企事业相联系，而不依赖于个别国家的经济生产。

他们的认同已超越本民族国家，他们的世界性眼光改变了他们对自己的社会责任和身份的理解。[①] 霍布斯鲍姆认为，从符号分析工作者社群中，能更清楚地了解到民族国家分野的消退，世界主义不会取代国家认同，但会形成一种认同的新形式。肯里奇・欧麦在《无边界的世界》中谈到跨国公司已成为一种替代性的跨国社群的认同体，在跨国公司的世界中，民族国家等同于区域性市场。跨国公司甚至有它的历史、杜撰的神话和未来，或者说完整的故事，而文化实质上就是关于一群人的故事。[②]

19世纪人类历史大多以民族国家的建立为主线来撰写，20世纪末以来的世界历史表现为国家和种族群体在世界跨国性重构中撤退，国家要么与之相适应，要么被错置和整合。霍布斯鲍姆以历史学家的眼光预言民族国家为主体的发展已越过巅峰。[③] 当黑格尔哲学中的猫头鹰已在民族国家和民族主义头上盘旋时，以国家为基础的社会认同不再是唯一的和实在的。"后国家"和个人经历跨国化的时代，社会认同的复杂化使"认同"概念的理解也趋于深化。斯图亚特・赫尔以他的经历对"社会认同"的概念的一个侧面进行了诠释，认为它不是个人经历的终点，而是一个不断对存在的认知，它不会完成，但总是会在一个特殊的环境中临时定位，并需要个人对环境进

---

① Robert Reich, *The Work of Nations*, New York: Knopf, 1991, p. 252.

② Kenichi Ohmae, *The Borderless World*, New York: Harper Business, 1990, pp. 91—96.

③ Eric Hobshawn, *Nations and Nationalism since 1780*, Cambridge University Press, 1990, pp. 182—183.

行富于想象和适应性的诠释。

“认同因而是一个创造自我的反思的行为，它不再是表现了一个深层的实在的内核，而被看作是随机的、由社会实践所不断塑造的。流动性、多重性、重复性、可替代性和杂交性，而不是固定性、自然性、与个人和社会历史无关的本质，成为当代社会认同的特征。”①陈国贲以他的个人生活经历为认同的复杂性提供了一个例证。

（四）“文化杂种化”的概念与传统“文化”概念

“hybridity”作为一个适合于分析全球化时代文化状况的概念，正日益受到运用，它与原有描述文化交流的概念，诸如“同化”、“文化移入”等相比增加了多少新内容？“hybridity”被运用的限度如何？这些都是值得探讨的问题。作为分析性范畴的旧的“文化”出现于19世纪60年代。当时人类学从历史和社会哲学中分离出来，文化成为这门新兴学科的主要研究对象，被定义为一个社会群体生活方式的总和。早期人类学家摩根和斯宾塞研究人类社会及文化从原始到文明的演化规律。19世纪末叶起，人类学家如里维尔和波伊斯不满于这种简单的进化论，而把注意力转向从文化扩散和历史发展的角度研究文化的成长、文化发明以及文化模式的扩散。20世纪20年代起对文化之间的接触和文化移入、文化的历史性变异等的研究成为重点。

尽管研究路数变化，人类学家对“文化”的定义似乎非常强调文化的有机整体性和区别于其他社会文化的性质。文化不是被视为是孤立的行为模式的集合，而是社会成员所分享的后天习得的行为特征的有机整体，“the integrated sum total”和“a set of patterns”。人类学家泰勒第一次给“文化”定义就强调文化的整体性：文化是一个社会成员从社会中获得的知识、信念、习俗的复杂整体(complex whole)。② 克虏伯和克拉克洪从英语中160多个“文化”定义中区分的六大类中的第一、第二和第五类定义似乎也都强调它的有机整体性、继承性和结构性。“文化包括一个小区习俗的全部表现形式”；文化意指“社会被传承下来的，或社会传统”；文化是一整套历史上传承

---

① Kian Tajbakhsh, *The Promise of the City, Space, Identity, and Politics in Contemporary Social Thought*, Berkeley: University of California Press, 2001, pp. 5－6; Also see Antony Giddens, *Modernity and Self-identity*, Stanford University Press, 1991.

② E. B. Taylor, *Primitive Culture*, London: John Murray, 1871, p. 1.

下来的关于生活的公开的和暗含的设计方案。[①] 后一类定义突出文化要素的整体性和系统性，"systematic quality"，"the organized interrelation of the isolable aspects"和"logical construct"。

文化内涵的界定也由于对研究范围的设想而不同。社会学家区分"次文化"，即宗教、宗族、区域或特殊社会环境影响下形成的民族文化的一个分支。旧的人类学"文化"概念把文化看成是全社会成员表现出的行为的共同特征。人类学家林顿认为这种多少相似的文化习惯和人格特征的形成是由于共享相同的历史、语言、社会制度、地理环境和生产方式等。文化的形成显然需要长期植根于特定的地域，并经连续不断的实践，才能形成延续的行为模式和清晰的世界观。社会认同也与社会现存的一整套信念、神话、价值观、历史记忆以及语言、法律制度和仪式有关，民族国家最能提供一个使这些内容完整体现的载体。[②]

"文化混杂"(cultural hybridity)的概念是对旧"文化"概念的修正。旧"文化"概念把文化视为一个藉以界定整合社会实践的规范准则，这些准则使该社会能维持连续的社会认同，并把自己的生活方式与其他社会相区别。这些具有独特性的文化价值观的传播和被遵守的范围也同该社会的疆域重合。新的关于一个文化在大多数情况下都表现为多种异文化因素的杂陈的观念是对旧"文化"概念关于民族文化具有整体性的观念的挑战。大多数文化是由本外文化因素混杂而产生的文化变体的观念也是对存在所谓"国粹"或纯净的文化传统的观念的解构。

然而围绕这个新概念，仍存在许多争议的问题。例如，从母体文化中分离出来的片断或与外来文化杂交形成的变异是否能构成新的文化及认同的基础？一些学者认为，在欧洲和美国那些有大量移民的社会中，文化多元性似乎并没有成为现实；相反，移民小区正日益失去他们对原有语言和文化习惯的执著。另一些学者质疑移民小区已被同化的说法，认为这是不同文化的新形式的混合，也不可以把杂种文化视为全球化进程中空前的文化交融形势下出现的文化整合滞后现象[③]，应当区分"同化"(compliant hybridity)

---

① F. Boas, "Anthropology", in E. R. A. Seligman, ed., *Encyclopedia of the Social Sciences*, New York: The Macmillan Co., 1930; R. Linton, *The Study of Man*, New York: D. Appleton Century, 1936, p. 78; W. H. Kelly, "The Concept of Culture", in R. Linton, ed., *The Science of Man in the World Crisis*, New York: Columbia University Press, 1945, p. 98.

② A. D. Smith, *National Identity*, London: Penguin, 1991, pp. 143—144.

③ Niederven Pieterse, "Hybridity, So What? The Anti-hybridity Backlash and the Riddles of Recognition", *Theory, Culture & Society*, vol. 18, 2001, pp. 2—3.

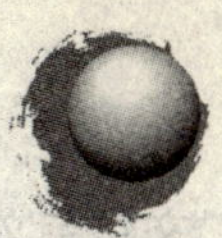

和"和而不同"(critical hybridity)。后者承认而不是压制内部的文化差异性。

另外,在当代高度制度化和模式化的社会中,怎样做到"和而不同",或者说,社会群体的不同价值观、行为模式、审美观在哪些层次上可以得到自我表达?许多不同文化的价值观是互相冲突的。例如,美国文化和法律禁止父母体罚子女,而中国文化中父母对子女的体罚则很正常,伊斯兰妇女佩戴头巾是长久的社会习俗,法国政府则不允许在校学生穿戴特殊的宗教服饰,这表明社会在公众场所可能只允许一种行为模式和价值观的实践。

奎瑟佩·塞沃特罗认为移民社会增加了西方社会文化和宗族差异性的说法的证据不足。大多数美国全国性的调查仅显示在一些公共价值观念如民主、机会平等、社会流动、人权、以爱情为基础的婚姻、宗教多元和成年子女居住单人房间等上的变化,而不是发展出截然不同的或互相冲突的生活方式。美国的调查显示移民并不主动抗拒同化,而且,移民逐渐迁居出种族聚居区域,后代讲本民族语言的能力逐渐丧失,跨种族通婚增多,移民文化的延续仅是因为新移民的到来。[①] 此外,不应当忘记,任何一个社会都有一套鼓励遵守社会规范和惩戒违规的制度。"霸权文化制度试图把所有与之竞争的其他的关于世界的定义置于自己的框架之内"[②],葛兰西的话从一个方面说明了一个社会的文化具有同化自己内部多样性的趋势。当然意识到这些统治性的束缚,正是坚持"hybridization"的理由。

尽管对"hybridity"的内涵的理解和界定仍有极大争议,对它的研究开辟了一个有意义的领域。到目前为止,大多数研究仅把"hybridity"和"hybridization"运用于描述一种状态和过程,杂乱和多样性的状态。然而,人类认识的根深蒂固的习惯倾向是要在混乱中发现结构和秩序,而不仅是解构和否认秩序。Homi Bhabha、陈国贲、Georgette Wang、Emilie Yueh-yu Yeh 试图在理论构建上作出尝试。他们提出"hybridity"是一个抵御权威的"第三空间",它通过表达与另两个空间不同的话语和内容,创造新的文化形式。第

---

① Giuseppe Scirotino, "From Homogeneity to Difference? Multiculturalism as a Description and as a Field for Claim-Making", Unpublished manuscript, p. 6, cited in Kwok-bun Chan, "Inner Hybridity in the City: Toward a Critique of Multiculturalism", *Global Economic Review*, vol. 32, 2003, p. 97.

② Stuart Hall & Tony Jefferson, eds., *Resistance Through Rituals: Youth Subcultures in Post-War Britain*, London: Hutchinson, 1976, p. 39, cited in Richard E. Lee, *Life and Times of Cultural Stories*, *The Politics and Transformation of the Structures of Knowledge*, Durham: Duke University Press, 2003, p. 115.

三空间本身的出现需要对对立的观念、价值和意义进行反思、妥协和谈判。因此,"hybridity"不是简单地从表面上混和不同的文化因素。它需要去除或中立己方文化中为他方文化所不能接受的内容和形式(deculturation),同时纳入或接受他方文化的形式(reculturation),与跨国公司产品在世界其他地方的推广和销售需要卷入"去产地文化特征化"和"适合销售地文化化"相似。

中国当代哲学家汤一介对不同文化交流时如何实现"和而不同"的论述值得注意,他提出四种模式:(1)在对话中发现其他文化中的观念与本土文化观念相近,因而接受并保留各自特点;(2)在其他文化中发现本土文化没有的但却可以接受的新观念,通过改造而纳入,导致丰富本民族的文化内容;(3)在其他文化中发现与本民族文化旧观念不兼容的有意义的新观念,放弃本土的旧观念而接受外来新观念,推动社会文化的发展;(4)在交流中创造出双方或多方都不曾有的新文化观念。[①] 汤一介先生所谈到的不同文化观念相遇,可以由异趋同,达到共识与共存,是植根于这样的事实:不同的文化观念和行为方式只不过是人类应对自然和社会环境问题的方式。这些方式,如莱维—斯特劳斯所说,只是人类面对同样问题的几种可能选择的方式的一种。

"hybridity"概念显然也有助于我们分析和正确对待20世纪末以来的文化现实。因为它突出现实中文化交融的复杂性,而不固执绝对的文化认同,后者是原教旨主义分离主义的信念基础。"和而不同"的观念使我们得以挣脱原教旨主义的诱惑和文明冲突悲观论论调。[②]

---

① 参见汤一介《"和而不同"原则的价值资源》,载汤一介《非实非虚集》,华文出版社1999年版,第253页。

② Nestor Garcia Canclini,"The State of War and the State of Hybridization", in Paul Gilroy, Lawrence Grossberg and Angela McRobbie, eds., *Without Guarantees—In Honour of Stuart Hall*, London: Verso, 2000, p. 48; Ulf Hannerz, *Transnational Connections*, London: Routledge, 1996; Ien Ang, *Representing Social Life in a Conflictive Global World: From Diaspora to Hybridity*, LEWI Working Paper Series, no. 12, 2003, p. 7.

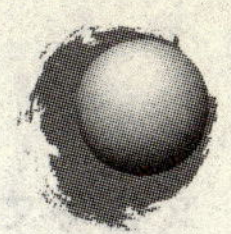

二、中国历史思想史上的文化交流观念

(一)“和而不同”的观念

主张不同文化“和而不同”和文化一元化两种观点在中国思想中都存在。而且,“和而不同”(接近英文“hybridity”和“critical hybridity”)还曾一度是中国文化的主流思想,它同中国的文化发展有密切关系。早在西周末年,周王权的衰落,地方封国经济文化的发展,多样性的生活风俗、音乐和艺术风格已呈现在中国大陆。《尚书・禹贡》把当时的中国大陆分为九州岛,并对九州岛不同地域的文化特征有了描述。《诗经》中的《国风》是按周南、卫、王、郑、齐、魏等15个诸侯国和地区来分别汇编民歌。曾侯乙编钟乐律铭文中,对楚、曾、齐、晋等国和地区的律名的异同进行比较,并梳理出其对应关系。《礼记・王制》已注意到中原及四方诸族文化的差异,主张尊重风俗,但在政制和教化上推行中国化。这样的社会现实是具有“世界主义”思想的中国古典哲学家们肯定多样性、主张异质文化“和而不同”观点的背景。

“和而不同”的原意是指不同的事物、思想文化和社会生活方式调和在一起,它构成社会生活和事物存在的常态,以及新事物成长的途径。当政治家和思想家在西周末年思考如何面对多种不同的文化观念和风俗时,对保持多样性和追求单一性的利弊就有了讨论。西周末年的所谓“和同之辨”中,周太史史伯对“和”(接近“hybridization”)的哲学含义进行了辨析:“夫和实生物,同则不继”,多种不同质的因素和合形成新事物,同质的事物混合不能产生新事物。这种观念极可能是看到自然界阴阳动物交配而延续,以及文化和经济活动的丰富性赖以出现的基础而产生的朴素观念。史伯对“和”以及不同质事物混合而生成的效果的阐述颇能说明问题:

> 夫和实生物,同则不继。以他平他谓之和,故能风长而物归之。若以同裨同,尽乃弃矣。故先王以土与金木水火杂以成百物。是以和五味以调口,钢四肢以卫体,和六律以聪耳,正七体以役心,平八索以成人,建九纪以立纯德,合十数以训百体……于是乎先王聘后于异姓,求财于有方,择臣取谏工,而讲以多物。务和同也。声一无听,物一无文,味一无果,物一无讲。①

① 《国语・郑语》。

在这段中国古典话语特有的讲究语句对称和运用讽喻的格调中，史伯以单调同一不能形成丰富多彩的万事万物，和合多种不同的音乐风格、意见、人群和产物，社会生产得到发展，国家得到治理的阐述，呼吁统治者看到多样性的创造性意义，甚至用人种学的例子“先王聘后于异姓”来加以说明。

从词源学上，可以看出“和”字后来为什么被运用于文化交融的话语中。“和”与“龠”有词源上的亲缘关系。按《说文解字注》从“龠”到“龢”的释义，后字是从前字演化而来，或者说同前字有紧密关系，龢“从龠”。“龠”字不仅与龢有源沿关系，而且“龠”也有传播“伦理”之意。[①]“经传多假和为龢。”[②]在张永言编《古汉语字典》中，“和”与“龢”也被列为同义条目。[③]“龠”在汉语中原意是指两根苇竹管制成的笙管乐器，甲骨文中写为“”，篆文写为“”。《说文解字注》解释其定义：“龠，乐之竹管，三孔，和众声也。”[④]由两根或三根竹管协奏出和谐的乐曲，引申出名词“和声”、形容词“和谐”和动词“调和”。

多样性的和谐并存被认为是自然和社会生活的常态，“万物负阴而包阳，充气以为和”[⑤]。“和曰常，知常曰明。”[⑥]《淮南子·天文训》有“道始于一，一而不生，故分为阴阳，阴阳合和而万物生”。《管子·内业》也写道：“和乃生，不和不生。”

“和”后来被用来讨论文化融合同它与“乐”的关联有关。“乐”、“礼”是中国古代文化话语的两大范畴之一。乐被认为能表达和陶冶思想情操，感化人心，是达到社会不同人群思想感情协调的重要文化手段。中国古代经典常说，先王“制礼作乐”，礼、乐代表了中国文化传统，“乐者，通伦理者也”[⑦]，“兴于诗，立于礼，成于乐”[⑧]，在《说文解字》中有“礼乐天地之化也”，礼、乐是天地间用以教化民众的文化手段。

周太史史伯的议论表现了中国文化形成期的那种朴素的“有容乃大”的思想。后来的晏婴则从正反意见相反相成来说明应该允许思想观点差异和被表达。《左传》昭公二十年记载晏婴关于“和”的议论：

> 齐侯至自田，燕子待于遄台，子犹驰而造焉。公曰：唯据与我和夫！

---

① 参见《说文解字注》，上海古籍出版社 2001 年版，第 85 页。
② 《说文解字注》，上海古籍出版社 2001 年版，第 85 页。
③ 参见张永言编《古汉语字典》，四川人民出版社 2004 年版，第 239 页。
④ 《尔雅》，见李学勤主编《十三经注疏》中《尔雅注疏》，北京大学出版社 1999 年版，第 156 页。
⑤ 《老子》第四十二章。
⑥ 《老子》第五十五章。
⑦ 《礼记·乐记》。
⑧ 《论语·泰伯》。

晏子对曰：据亦同也，焉得为何？公曰：合与同异乎？对曰：异。和如羹焉，水火醯醢盐梅以烹鱼肉，燀之以薪，宰夫和至，齐之以味，济其不及，以泄其过。君子食之，以平齐心。君臣亦然，君所谓可，而有否焉，臣献其否，以成其可。君所谓否，而有可焉，臣献其可，以去其否。是以政平而不干，民无争心。……今据不然，君说谓可，据亦曰可；君所谓否，据亦曰否。若以水济水，谁能食之？若琴瑟之专一，谁能听之？同之不可也如是。[①]

晏婴从不同的原料的配合才产生美味佳肴，不同意见的互相参考妥协，相济相成，有利于国家治理来阐述差异性的正面意义。这样一种承认差异性，并把它视为是一种正常状态的思想在孔子那里得到经典的表述："君子和而不同，小人同而不和。"[②]

这种思想可能是由于中国哲学家认识到"同"不能导致事物以及文化的多样性和延续，"同，重复也"[③]，"同则不继"，因而主张"以和对多"，"和众声"[④]，它后来又和"非寡"、"尚多"和"非乱"的思想相联系。古典文化理论家们认为不同的人群生活在一起，可以"礼以道其志，乐以和其声"[⑤]。《说文解字注》诠释说："和，相应也。"它的含义同英文"hybridization"有一定差异，因为它试图用礼乐规范不同的志向和话语风格。

(二)"求同崇儒"对"和而不同"的否定

新石器时代中国大陆呈现的多元文化发展的趋势，在周代形成15个不同地区的风土人情和诗歌音乐风格。《汉书·地理志》把各地区的民风民俗的差别归于地理环境和统治者的引导。"泛民函五常之性，而其刚柔缓急，音声不同，系水土之风气……好恶取舍。动静之常，随君上之情欲。"[⑥]九州岛人情风俗差异，"潇湘(人民)……清慧而文"[⑦]，"吴越之君尚勇，故其民好用剑"[⑧]，"浙东多山，故刚劲而邻于亢；浙西近泽，故文秀而亡靡"[⑨]。

---

① 《左传》昭公二十年。
② 《论语·子路》。
③ 《说文解字注》。
④ 《说文解字注》。
⑤ 《礼记·乐记》。
⑥ 《汉书·地理志》。
⑦ 刘禹锡:《送周鲁儒序》。
⑧ 《汉书·地理志》。
⑨ 旧《浙江通志》。

春秋时代的所谓七大文化圈在语言文字、风俗习惯、政治和经济诸方面的确存在差异。[①] 那个时代的哲学思想流派也与不同的地理区域相联系，儒、墨以鲁为中心，道源于楚、陈、宋，法家源于三晋，纵横家出于周、卫。周秦之际，区域文化始融合汇聚于中原，形成中国文化主流。这种文化的"组合"到秦始皇时代方"大一统化"。[②]

春秋战国时期的"和而不同"的思想被战国后期的"求同"愿望所替代。《吕氏春秋·不二》篇即明确表达这种思想："听众人议以治国，国危无日矣。""故一则治，异则乱，一则安，异则危。"在这种思想的指导下，秦始皇除异求同，追求"行同伦"、"书同文"、"度同制"、"地同域"，借助政治霸权推行规范化，建立大一统文化，结束了中国思想文化的多元繁荣局面。

文化整合在汉代达到新阶段。武帝时，董仲舒高举"崇儒更化"的旗帜，鼓吹一统宗教哲学伦理思想："今师异道，人异伦，百家殊方，指意不同……臣愚以为诸不在六艺之科、孔子之术者，皆绝其道，勿使前进，邪辟之说灭息，然后统纪可一而法度可明，民知所从矣。"[③]秦皇汉武横扫六合，文化一统的举措显示中国专制皇权是用抬高一种价值文化体系和压制另一些的形式来调和社会内部不同的异质文化。

古典"和合"的思想在大一统社会中的内涵已发生重大改变，"和"被强调的是它的包容性，差异性的统一不再受到重视。宋明理学后来从宇宙论的高度对"和"的论述颇能说明问题，"和"是新事物赖以萌芽的方式，也是宇宙物质的原初状态。张载议论说："由气化，有道之名"，"太和所谓道"[④]。王夫子诠释说："太和，和之至也。……阴阳异撰，而其絪蕴于太虚之中……未有形气之先，本无不和；既有形器之后，其和不失，故曰太和。"[⑤]没有差异性的和的观念明显，"和而不同"的思想被整合进无差异的原初宇宙状态的观念中。金耀基认为，中国社会强调社会整合，而不是目的之追求。唐君毅先生也指出，中国传统文化思想重融合贯通于一统，不利于差异化之发展。然而，"和而不同"的思想仍有重大影响，它为中国文化吸收异己的宗教如佛教和纳入不同种族的人群提供了思想基础。

---

① 参见李学勤《东周与秦代文明》，文物出版社 1984 年版。

② 参见黄新亚《三秦文化》，载《中国地域文化丛书》，辽宁教育出版社 1998 年版，第 5～6 页。

③ 《汉书·董仲舒传》。

④ 张载：《正蒙·太和篇》。

⑤ 《张子正蒙注》。

（三）宗教融合论

“hybridity”的概念包含宗教融和的思想，宗教融和论在中国思想中很突出。“分久必合，合久必分。”秦汉四百年的统合局面被汉唐间的外族入侵和内部分裂替代。如何处理种族文化的差异性再次成为这段时间的思想和政治话题。隋文帝执政后，对当时多元的种族、宗教和文化采取了十分开明的政策。他注意到，“佛法深妙，道教虚融”，主张三教并存，合流。唐朝也大都奉行三教并存，不推行文化偏执主义。

汉以后，佛教的入侵和流行，催生了中国的宗教融合思潮和所谓“会通之学”。主要的中国文化和宗教流派互相兼收并蓄十分明显，道教吸取方仙道、黄老道以及经学、墨家的观点方法，表现出“杂家”的面貌。“会同”精神在佛教中称为“判教”，“其总的趋势是佛教各宗派与禅宗的融合”[①]，天台宗、华严宗和禅宗的合流并蓄。宋明儒学融合佛道思想，佛教也用儒家伦理观念来解释佛教内涵，僧人们把佛教的“五戒”说成儒家的“五常”，佛教用老庄思想对教义比附、“格义”。佛、道自称可以“辅助王化”，而儒家则在三教归儒的口号下，吸收佛道。三教在中国文化中的并存，宋以后被形象地表述为“以儒治国，以道治身，以佛治心”。

唐代佛学思想家宗密（780～841）的宗教融合论特别值得注意，他所提倡的融合不是排斥异己，而是相互承认合理性。宗密所生活的盛唐时期，儒、佛、道三教内外竞争激烈，在佛教内有诸宗，禅宗又分为各派，佛教后面还有与中国传统思想相异的印度宇宙论和文化哲学。宗密试图以佛教的话语来融合并存竞争的诸种不同的宗教文化派系。宗密认为各种不同的宗教流派和文化理论在思想上的会通，只要找到一个基点和一种方法，就是可能的。在共同的基础上可以存同避异，和而不同。宗密会通三教的基础是“真心”的概念。他从万法归于真心、三教流出圣人之心来“判教”，解构各教修生养性，追求人生真谛的方法和途径，来寻找融合贯通之路数。

裴休评价宗密的融合论说他“以如来三种教义，应禅宗三种法门，融瓶盘钗钏为一金，搅酥酪醍醐为一味，振纲领而举者皆顺，据会要而来者同趋……世尊为禅教之主，吾师为会教之人，本末相扶，远近相照，可谓毕一代时教之能事矣”[②]。这段评论颇有春秋之际的史伯、颜婴之文风。

---

① 张岂之编：《中国传统文化》，高等教育出版社1994年版，第101页。

② 转引自董群《融合的佛教》，宗教文化出版社2002年版，第335页。

宗密的融合论对中国后来的宗教思想的发展产生深远影响,成为唐宋以后佛教发展的策略。当佛教内部出现新的教派并处于衰退之际,融合会通是一种常采用的方法。在净土宗成为和禅宗竞争的一大佛教教派时,禅宗思想家从修行活动的目的入手,提出"参禅"和"念佛"都是为了寻求生死之道,获得"真心",以求同存异,二宗归一。[1] 宗密以后,经契嵩(1007~1072)大力倡导,儒、释、道三教合一成为佛教求生存、谋发展的基本理念。后来的高僧都要对三教合一论述。大慧宗杲(1089~1163)声称:"三教圣人立教虽异,而其道同归一致。"[2]永觉和尚提出:"儒释虽分途……其教似分而实合也","儒释同源,似太虚而岂分疆界"[3]。

高僧憨山德清(1546~1623)也从儒释道对人生的意义和作用来论证三教合一的基础:"为学有三要,所谓不知《春秋》,不能涉世,不精《老》、《庄》,不能忘世,不参禅,不能出世。此三者,经世、出世之术备矣。缺一则偏,缺二则狭,三者无一而称人者,则肖之而已。"[4]中国佛教的这种求同存异,在避免冲突中求生存和发展同欧洲历史上基督教与伊斯兰教、新教和天主教多次因宗教纷争而流血冲突形成鲜明对比。

宗密的这种和合三教九流的精神在宋代理学得到继承。宋代理学家几乎都有入于佛教而返求于儒教的经历,并通过批判佛老思想而建立自己的新儒学体系。张载和朱熹在自己的理论中糅和、改造佛老的哲学范畴和理念。

(四)杂种宗教:中国化的佛教与禅宗

中外文化在汉唐之间和明末清初的两次杂交中,外来文化都处于弱势,因此都首先依附、适应中国本土文化,甚而改头换面,以在中国得到传播。[5]佛教的成功落土中国和基督教在明清之际的传播最终未能成功是由于教廷和耶稣会士未能让其教义适应君权至上的中国霸权意识形态。

公元5~7世纪,佛教大举传入中国,到唐代达到顶峰。魏晋时,玄学兴起,关注"本末有无",同佛教般若学的中心问题"空"和"有"接近。玄学对佛教持欢迎态度,佛教般若学流行。宋齐以后,涅盘学兴起,至梁大盛,两者有

---

① 参见董群《融合的佛教》,宗教文化出版社2002年版,第308页。

② 转引自董群《融合的佛教》,宗教文化出版社2002年版,第345页。

③ 转引自董群《融合的佛教》,宗教文化出版社2002年版,第345页。

④ 转引自董群《融合的佛教》,宗教文化出版社2002年版,第345页。

⑤ 参见汤一介《文化的双向选择》,载汤一介《非实非虚集》,华文出版社1999年版,第193页。

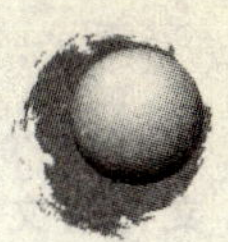

前后相继的关系。南北朝时期的佛教破除世间虚幻假象后，涅盘的“佛性”学说得以彰显。佛教在征服中国的同时，佛教教义发生了转化。[①]

佛教与中国本土的宗教伦理有冲突，最引起争议的问题是“沙门应否敬王者”。其次，佛教徒出家修行的观念是以对神佛的崇拜依附否定家庭亲情，同中国孝道观念矛盾。在佛教的核心故事中，佛陀离家去国所代表的价值观同中国伦理的根本基点“忠”的观念也相违背。佛教把个人精神的超越放置在社会责任与血缘亲情之上。然而，中国社会没有教权超越世俗政治权力的观念，也没有一个高居于社会金字塔顶端的祭师阶层。这种理念和实践因此就得不到支持。

在专制王权和中国传统思想的强势下，佛教不得不承认中国传统核心价值的合理性，并在这范围内调整佛教的说法。无论是佛教僧团与世俗政权的关系，还是佛教戒律与中国的社会道德伦理的关系，佛教的立场都在挪移。符合中国伦理观念的佛经被特意挑选出来，并广为传播。

当时颇为流传的伪经就是佛教教义同中国伦理价值观相调和的文献证据。对孝道非常褒扬的《父母恩重经》就可能是编造的疑伪经。《父母恩重经》出现于7世纪后期，到8世纪下半叶的贞元年间已十分流行，敦煌莫高窟156、170、238和449窟中，绘有《父母恩重经变相》。佛经中佛陀还通过阿难向世人宣说：“人有父母，不可不孝。”[②]疑经和伪经表现了佛教基本教义在中国语境中的转换和中国信佛者在中国文化背景下对佛教的重新诠释。[③]

Georgette Wang谈到全球化过程中的文化“和而不同”的杂交过程中“deculturalization”和“acculturalization”现象认为：前一过程把产品所包含的种族的、历史的或宗教的这些阻碍其他文化群体接受该产品的文化特征消融于其他群体所熟悉的叙述模式中，由此减弱文化差异，并保证不同文化群体的观众能够理解，这就是他所称之为的“acculturalized”文化产品，如好莱坞的全球畅销的电影片。

禅宗的发展是佛教进一步和中国文化相融合而逐步中国化和世俗化的过程。隋唐期间，印度佛教被中国文化吸纳，出现若干中国化的佛教宗派，如天台宗、华严宗和禅宗。由南朝宋末的菩提达摩创立，经六祖慧能发展成

---

① Kenneth K. S. Chen, *The Chinese Transformation of Buddhism*, Princeton University Press, 1973.

② 转引自葛兆光《中国思想史》第1卷，复旦大学出版社2000年版，第445页。

③ 参见葛兆光《中国思想史》第1卷，复旦大学出版社2000年版，第448页。

形的禅宗保留了一些源于印度佛教的仪规戒律，又把庄子的“任自然”和儒家的“忠孝”观念混糅在自己的学说中。

禅宗之前的各个佛教学派把坐禅、渐悟当成修行成佛的重要方法和途径。禅宗则主张人先天具有本性及佛性，反对坐禅，认为可以通过顿悟成佛，依靠自己内心的自觉做到“无念”，就可以禅定。它破除对佛经的迷信，使修行和提高道德意识同中国传统哲学所主张的方式接近，为经院佛学的终结和佛学的民间化和大众化开辟了道路。经禅宗的改造，佛教大大地中国化了。

佛教在中国发展的过程中不仅肯定儒教孝亲的思想，也接受忠君的思想，并使之制度化和仪规化。宋真宗时，杨亿向朝廷呈进《百丈清规》，经批准成为官方规则，得到全国丛林寺庙的遵受。元朝元统三年(1335年)朝廷命江西百丈主持德辉禅师重校《清规》，后以《敕修百丈清规》颁行全国寺庙，沿用至今。分为九章的《清规》，首章即是关于国忌、祝圣祈祷的内容，规定凡皇帝生日、帝王后妃忌日，佛教和道教都要在供奉有历代诸皇帝画像的寺院设斋行香，做法会，诵经行仪，祈福或超度。一旦有皇帝诏书，僧尼道士均须排队听诏，甚至还有专为祝祷国运昌盛而设的“仁王护国法会”。明代梵琦更明确提出“皇法高于佛法，国恩深于佛恩”的说法。①

在中国的农耕社会条件下，印度佛教的戒杀生、不准垦殖的戒律，也被农禅制度所代替。唐朝始，政府便颁田给僧尼耕种，以使其自食其力。怀海创立《百丈清规》，倡导“一日不作，一日不食”的农禅生活。中国化的佛教找到其适应中国文化的制度形式。

在中国宗族制和孝道思想的影响下，原始印度佛教的那种“依法不依人”变成了中国佛教的“依人不依法”，师徒关系如同子承父业，世代相传，形成门派世系，犹如世俗社会的族系宗谱，并由此建立“衣钵”传授制度。② 这种情况颇像经济全球化过程中营销全球的产品中所出现的异质文化的杂交。C. C. Lee用“非本地化”和“本土化”两个概念来描述全球化生产及其产品销售中所发生的双向文化现象。“非本地化”是指为使产品尽可能为更广大地域和更多的人群所接受，而在产品的形式和内容上尽可能减少本地文化特征；“本土化”指在国际化的生产过程中生产的产品中加入适应地域特

---

① 转引自何锡蓉《佛学与中国哲学的双向构建》，上海社会科学院出版社2004年版，第213页。

② 参见何锡蓉《佛学与中国哲学的双向构建》，上海社会科学院出版社2004年版，第211～212页。

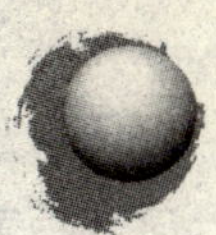

点的文化形式和内容。[①]

印度佛教立场挪移，靠近并纳入中国核心伦理价值观，建立起中国式的寺院农禅制度，而且像儒家那样，一度成为官方化的宗教意识形态。但佛教的核心故事及其象征意义、原始大义、寺庙菩萨雕塑、色彩和服饰、佛经话语词汇仍保留下来。

中国对佛教的传入是开放的，同时又用本位文化解释它、改造它，形成文化的双向选择，这种实践和理论颇像"hybridization"含义。[②] 反观明清之际基督教东来，中国对耶稣会士传来的科学技术持欢迎态度，而对其天主教宇宙观和社会政治观念则不欢迎。上帝高于世俗统治者和家庭的观念与中国的核心价值观忠孝观相佐，而天主教又拒绝作出调整，终于导致其被禁和逐出中国。

（五）种族和文化的杂交

经汉隋和唐宋之间两次异族大规模入侵、印度佛教与中亚文化的传入，中国文化的杂交性已形成。汉末以来，匈奴、鲜卑、羯族、羌族和氐族五个少数民族内迁中原，同当地人在人种上融合，史称"五胡乱华"。唐太宗鼓励民族融合，声称："自古皆贵中华，贱夷狄，朕独爱之如一。"[③]宋代，北方辽、夏、金、元少数民族政权入主中原，中原人民南迁，"扶携南渡，不知几千万人"[④]。中原人民同北方游牧民族和南方山地游耕民族的交融，表现为双向的影响，不仅蛮夷汉化，中原一些地区也"胡化"和"夷化"。钱穆先生就曾指出，南北朝以后，中国人已不是纯粹的"华夏"种族了。

元朝时，黄河流域属元朝中书省直辖之腹地，大批蒙古人、色目人迁入与汉人杂居。元朝开国皇帝朱元璋进军中原时，下令禁止"胡服、胡语、胡姓"，于是蒙古人和色目人等多改汉姓，"百多年的胡俗悉复中国之旧"。一千多年间发生的种族文化的杂交融合，使政治上"胡汉越夷共　家"，血缘上"华宗上姓与毡裘之种相乱"，习俗上"相忘相化，而亦不易两别"[⑤]。

---

① C. C. Lee, "Media Business Strategies in the Global Era: From a 'Connectivity' Perspective", *Mass Communication Research*, vol. 75, no. 1, 2003, p. 36.

② 参见汤一介《在有墙与无墙之间——文化之间需要有墙吗？》，载《中国文化》创刊号，1993年秋之卷，第258页。

③ 《资治通鉴》卷一九八。

④ 转引自安作璋、王克奇《黄河文化与中华文化》，载《文史哲》1992年第4期。

⑤ 转引自安作璋、王克奇《黄河文化与中华文化》，载《文史哲》1992年第4期。

汉末到盛唐之间是中国对外来文化艺术兼收并蓄的重要时期。中国与中亚的塔吉克斯坦和乌兹别克斯坦、南亚的阿富汗和印度等地通商，文化上受到这些游牧民族的影响很深。现今留存下来的许多当时的青铜器、玉器、石雕和丝绸等都可看到外来艺术风格的痕迹。2004 年 10 月在纽约大都会博物馆展出的唐代骆驼和人的雕像，雕刻是中国式的，而人的外貌则是鲜卑人。展出的一块金饰板是文化融合的象征，它有中国传统象征的龙凤吊坠，但制作风格却与 1 世纪的阿富汗艺术品类似。

印度的佛教、历法、医学和音乐美术，中亚的音乐舞蹈，西亚和欧洲的景教、摩尼教、伊斯兰教，都传入唐帝国。《旧唐书·舆服志》描写当时的风尚："太常乐尚胡典，贵人御馔尽供胡食，士女皆竞衣胡服。"唐开元、天宝年间，京城长安的文化社会生活表现多种文化影响的特征，"胡化盛极一时"[①]。唐代开放繁荣的文化状况同诸如"海纳百川"、"有容乃大"这样的中国古典观念似乎很吻合。[②]

佛教与中国文化的融合，异质的艺术形式、象征符号、宗教观念同中国传统价值观、审美情趣和制度的相混合，改变了中国文明的面貌。唐代的文化社会生活便出现了前所未有的丰富性。佛教的意境影响了中国画风，东晋画家顾恺之和唐代画家吴道子等人的画就是例证。印度的宇宙论、医药知识和方术也融入进中国知识思想中。中国传统的方术吸收了婆罗门与佛教的按摩和坐禅。

唐宋以后，中国哲学中的许多新的范畴是由印度佛学引入，或在佛学观念的基础上发展起来的。佛教的哲理强有力地影响中国伦理哲学思维，对宋明理学的形成贡献甚巨。禅宗的"识心见佛"、"见性成佛"的观念上接先秦"心性之说"，下可开启宋明理学的"心性学说"。

（六）文化交融的"体"、"用"二分思维

宋以后，在如何处理主流文化价值与边缘文化和外来文化的关系上，"体"和"用"范畴至关重要。"体"被用于指中国社会中最重要的伦理原则和行为规范，它与边缘和外来文化的关系是处于不对称的地位。

"体"和"用"成为中国古代哲学话语的重要概念可追溯至先秦。孔子曾

---

① 转引自吴小如主编《中国文化史纲要》，北京大学出版社 2003 年版，第 137 页。

② 参见张岱年、方克立编《中国文化概论》，北京师范大学出版社 2003 年版，第 391 页。

谈到"礼之用,和为贵"①。荀子议论说:"君子有常体"②,指君子有做人的基本原则。魏晋玄学把"体用"与"有无"范畴相联系。唐代佛教文献谈到"体用"颇多,"体"指精神实体。宋初胡瑗的弟子刘彝阐释胡瑗"明体达用之学":"圣人之道,有体有用有文。君臣父子仁义礼乐历世不可变者,其体也;《诗》、《书》、史传子集,垂法后世者,其文也;举而措之天下,能润泽斯民归于皇极者,其用也。"③这里把行为规范和伦理原则视为体,沿本荀子之义。胡瑗的另一弟子陈颐把理视为体,以象为用。"至微者理也,至著者象也。体用一源,显微无间。"④这里,"象"指天象、象征或现象。朱熹承继了陈颐的思想,阐述说:"理者,天之体;命者理之用。"⑤

实际上,从汉代起中国哲学思想中就有一股强大的思潮,把中国社会居于霸权的政治伦理原则视为中国文化的核心、中国区别于其他社会的本质特征,并且认为中国文化是完善和优越的,美国汉学家费正清称之为中国的"文化中心主义"。

清末出现的新一轮的大规模中外文化交流中,张之洞提出的"中学为体,西学为用"的模式中把中国的伦理道德哲学原则和传统学术看作是"体",西方的法制、器械和工艺是"用"。这种"和而不同"区分精神文明和物质文明,力图避免中国精神文明的"杂种化",其影响直到现在仍然感觉到。20世纪80年代大陆对中外文化交融有"中体中用"、"西体西用"和"西体中用"的理论。其中李泽厚的"中体西用"模式受到广泛注意。李的理论是"西体"即现代西方的经济和科技以及"民主"制度形式,在马克思主义的指导下为中国所移植。

吴仲明对李泽厚的批评为中国当代文化交融的"体用"模式作了比较清楚的注解。吴认为每一种文化都有它的"体"和"用",前者他称为"特殊文化模式",后者他称为"一般文化模式",即以生产方式及其发展相联系的模式,包括科学技术和社会制度等。"特殊文化模式"与民族认同、民族心理特征和哲学抽象思维方式有关,是民族文化的真正的"体",它不可移植和输出。吴还区分了文化移入的两个阶段:(1)机械式的混合,李泽厚提供了一个模

---

① 《论语·学而》。

② 《荀子·天论》。

③ 《宋元学案·安定学案》。

④ 《易传序》。

⑤ 《朱子语类》卷五。

式;(2)有机融合,本土的文化模式和外来的文化模式有机合成一个新的文化模式。[①] 吴仲明显然没有意识到社会认同本身也可以是多重的和流变的。

文化认同——我们是谁?这个问题又可以回答为我们从哪里来,正走向何处。它的答案显然是一个有关历史的、不断更新的流变的过程。20世纪80年代在大陆极有影响的电视剧《河殇》把中国描写为黄河文明,正试图融入蓝色的海洋文明,这是中国当代文化认同变迁的一个显明例子。由此还导致对中国文化的核心价值观念的反思和对传统的重新诠释。

汤一介对民族文化的实体性和排他性的限度作出了很有意思的讨论。他认为,一种有生命力的文化一方面表现为有规定性(非虚)才可以延续,另一方面为无规定性(非实)才可以适应环境,借鉴其他文化成就。文化在与其他文化处于有墙和无墙之间发展,更为理想。[②]

一个半世纪以来,欧洲、日本、前苏联和美国的文化与中国文化交流,中国文化的变异是明显的。

首先是语言的杂种化。19世纪和20世纪之交,康有为、梁启超、严复、谭嗣同、章炳麟和王国维等人所生活的那个时代,西方文化与思想观念的引进,在汉语中产生许多新的词汇。一些西方词汇被用汉字音译,另一些通过日本人用汉字首译,再传入中国,如"干部",其他一些则通过改造中国的旧词义,附上西方含义,例如,"文化"一词,由"文治教化"转为指称一个民族的生活方式或文学艺术等精神领域的成就。

其次是政治经济法律制度上的变异。国共两党都采用欧美首创的制度形式。20世纪80年代以后,维持经济增长的愿望使中国在更广泛的领域移植西方现代政治经济文化形式。当代大陆社会中出现的许多新的文化制度、行为规范是建立在模仿或移植在相同社会环境下发达国家所采用的被证明是行之有效的行为规范之上的。加入世贸组织后,中国正按照市场经济和自由贸易的原则来修改各项法规,许多旧条例被废除了。国际社会所普遍认同的思想观念、原则和法制,例如WTO规则、法制社会、契约精神、公民权利、政府责任、公平竞争、新闻监督、社会保障等等正日益得到认同。关于司法、教育、贸易法规等应和世界接轨等等的说法表明中国大陆正转向一个前所未有的接纳外国文化的过程,然而,在政治文化的核心价值观念上仍

---

① 参见吴仲明《"西体中用"评议》,载《文化研究》1998年第2期。

② 参见汤一介《在有墙与无墙之间——文化之间需要有墙吗?》,载《中国文化》创刊号,1993年秋之卷,第262页。

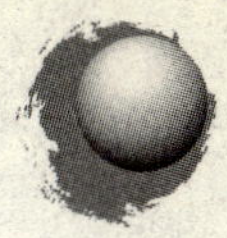

保持着中国的特征。

当中国还在探索经济和文化的现代性时，中国的历史学家和文学家已在谈论后现代性，而在广大的内陆，贫穷和落后的农耕生活方式仍在持续。在一些中国电影中，我们可以看到三种异质文化因素奇妙的糅合：中国古典传奇、传统苏式社会主义的制度和话语以及现代西方发达国家才有的经济和政治故事。

结　语

杂种文化的观念告诉我们人类文化发展的本身就是不同的文化接触、互相影响和交融的过程，杂种化是文化发展的常态。现存的大多数文化很少是纯粹本土的文化，国粹主义和民族主义论调是经不起历史推敲的。人类历史上文化的发展总会面临不同文化的碰撞交织，如果互相妥协，和而不同，就能导致新的文化形式的诞生。这种历史意识对我们思考如何面对当今世界的民族和文化冲突有借鉴意义。

倡导"非寡"、"非同"，追求多元和谐的儒家文化的"和而不同"的理念和中国古典文化中一度出现的"海纳百川，有容乃大"的思想，是对关于不同文化或文明间存在不可调和性，并必然导致冲突的理论的反驳。中国古代的文化实践表明，异域文化与本土文化的接触交流可以是互动的、改变双方的。汤一介对此作了颇有意义的诠释："和而不同"应是寻求"全球伦理"的一条原则。[①] "和而不同"首先是承认不同，然后再"商讨中找到交汇点"，或"双方能接受的普遍原则，它并不要抹杀任何一方特点"，"在此基础上推动双方文化的发展"[②]。在今天，这种观念下的文化交流融合能够脱离了西方中心论所架构的西方—非西方的对立[③]和避免文明冲突论。

（本文原载香港浸会大学《东西方研究所论文集》，2005 年 12 月）

---

① 参见汤一介《寻求"全球伦理"的构想》，香港中文大学"传统文化与社会变迁"国际会议（2000 年）论文。

② 汤一介：《和而不同原则的价值资源》，载汤一介《非实非虚集》，华文出版社 1999 年版。第 25 页。

③ M. M. Kraidy, "Hybridity in Cultural Globalization", *Communication Theory*, vol. 12, no. 3, 2002, pp. 316—339.

文明的观念和教化:中国和欧洲

本篇文章探讨了"文明"的词义在中国和欧洲的演化。论文认为,"文明"表现为人类的自我教化,是人类行为向着美、善、理性、优雅和秩序的发展,以及由此而形成的社会形式。论文描述了欧洲在两性关系、饮食起居、旅行和对待他人诸方面从野蛮和粗野到文明的演变,也回顾了中国古代文明是如何强调教化,注重培养人的行为的外在礼仪和内心的道德意识。论文认为准确地理解"文明"词义对推动当前我国社会主义精神文明建设和社会科学研究有重要意义。

"文明"是世界史、考古学、人类学、社会学和国际政治学等许多领域的核心词,其含义众说纷纭,各取所需。研究"文明"的定义及其在相关学科领域的运用的著作枚不胜举。值得特别提到的有雷蒙·威廉斯的《文化和文明》和《关键词——文化与社会的概念》[①]、弗洛伊德的《论文明》[②]、弗里德里克·伯纳德的《近代的文化和文明》[③]、安德鲁·怀特的《通史和文明史研究》[④]、埃里克·沃尔夫的《理解文明》[⑤]以及罗吉尔·威斯卡特的《文明的阐

---

① 参见 Raymond Williams, "Culture and Civilization", in Paul Edwards, *The Encyclopedia of Philosophy*, Vol. 2, New York, 1967, pp. 273—276;[英]雷蒙·威廉斯《关键词:文化与社会的词汇》,刘建基译,三联书店 2005 年版。

② 参见[奥]弗洛伊德《论文明》,徐洋等译,国际文化出版公司 2004 年版。

③ Frederick Bernard, "Culture and Civilization in Modern Times", in Philip P. Wierner, ed., *Dictionary of the History of Ideas*, Vol. 1, New York, 1973, pp. 613—621.

④ Andrew White, "On Studies in General History and the History of Civilization", Papers of the American Historical Association, I, 1885, pp. 49—72.

⑤ Eric Wolf, "Understanding Civilizations: A Review Article", *Comparative Studies in Society and History*, vol. 9, no. 4, 1967, pp. 446—465.

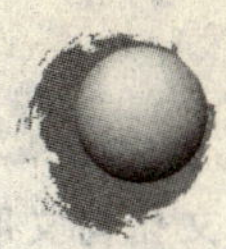

释》①。威斯卡特的书罗列了对"文明"含义的解说和文明分类的各种不同的方式。另一本是1959年加利福尼亚大学出版的题为《文明》的论文集，包含诸如《文明的理念》、《文明的概念》和《历史视野下的文明》等多篇讨论"文明"含义的文章。布罗代尔在其《文明史纲》中也讨论了该书的关键词"文明"的词义。② 本文第一部分探讨中国和西方思想中的文明观念，第二和第三部分回顾中国和欧洲从野蛮走向文明和优雅的一些重要事件。

一、"文明"的概念：中国和欧洲

（一）西方思想中的"文明"概念

按牛津高级词典，"文明"(civilization)的含义主要分两层次：第一，指人类社会发展的较高级的阶段，这个阶段始于人类脱离蒙昧和野蛮阶段后，演化出与城市生活相联系的、讲究礼仪的生活方式。在使用中，这一含义又常和"文化"混同，指一个民族或地区脱离野蛮状态后所形成的那些社会生活方式及特征，例如"西方文明"、"中国古代文明"等。恩格斯在《家庭、私有制和国家的起源》中沿用摩尔根的"蒙昧时代"、"野蛮时代"和"文明时代"的划分，认为文明社会始于第三次社会大分工。第二，指个人行为带有文雅特征的状态。例如，使某人变得文明起来，这层意思与"文明"(civilization)的词根"civil"的含义相联系。"civil"形容人的行为的彬彬有礼以及对他人关心的特征。"civil"与拉丁文"civitas"(城市)同词源。

《牛津词典》仅从一般含义上解义"文明"，"文明"作为一个分析性范畴，在学术研究中，尤其是在历史学和社会学以及人类学研究中，可以至少有三方面的含义：(1)指称以复杂的社会结构、技术和行政体制的发展、精湛的艺术和抽象的思想为特征的社会发展的较高级的阶段；(2)人类社会在技术、行政、思想和审美诸方面达到如此高水平发展的过程；(3)作为"文化"的同义词，指称一个社会的物质和精神生活的总的形态。

在英文和法文中的"文明"(civilization，civilisation)的现代词义确立于

---

① Roger Wescott, "Enumeration of Civilizations", *History and Theory*, vol. 9, 1970, pp. 59—75.

② 参见[法]布罗代尔《文明史纲》，肖昶等译，广西师范大学出版社2001年版。

18世纪中叶，它同“文化”(culture)一词的词义和演化相生相伴。词源上，“civilization”源自古拉丁词“civis”(公民)、“civitas”(城邦国家)以及“civilitas”(“公民资格”和“彬彬有礼”)。在中世纪的拉丁语中，“civilitas”的社会意义扩大。但丁在《帝制论》(*De Monarchia*)中用“humana civilitas”指称“最大的复杂的社会单位”。①

1560年，法国学者开始以“civilization”的现代含义使用“civilite”来取代“police”，指通向人类行为、法制和政府体制的复杂化的社会演化过程。② 16～17世纪的法文中，已广泛使用“使文明”(to civilize)和“文明的”(civilized)这些用语。③ 著名学者费弗尔对“文明”的这些词义进行了开拓性的研究。费弗尔认为上面这两个用语指称人的行为举止的文雅，以及社会发展从低级的野蛮状态到有教化的高级阶段(politesse)的演变。“police”指拥有复杂的行政体制和法律的那种社会发展状况。

按照费弗尔的解释，“civilization”在这种词义上的使用服务于18世纪思想界的一个特殊的需要：创造一个词来表达“理性不仅在宪法和政府行政领域，而且也在道德和思想领域扩散并取得支配地位情况”④。例如，1766年，M.波兰赫尔在《从习俗审视古代的面貌》(Antiquité dévoilée par ses usages)就使用“文明”一词，指称由野蛮发展到更高级阶段的生活方式的过程。而在1757年，米拉波侯爵出版的《人类之友，或论人民》(*L'Ami des Hommes ou Traité de la population*)书中，“civilisation”一词则指人类社会生活的文雅化和相关活动，以及这一过程所达成的状况。“文明”或“文明化”这个词及义不久传入英文和德文中，指称人类在完善道德和社会中的进步趋势。当时，西欧有教养的阶层及其生活方式被认为处于这个文明进程的最前端。

文明观念由此成为启蒙运动历史进步观的基石，它也是18世纪晚期以后世界史和文化史的编纂理论基础。欧洲话语中的“文明”词义显然与欧洲

---

① A. L. Kroeber & Clyde Kluckhohn, *Culture: A Critical Review of Concepts and Definitions*, New York, 1952, p. 15.

② George Huppert, "The Idea of Civilization in the Sixteenth Century", in Anthony Molho and John A. Tedeschi, eds., *Renaissance Studies in Honor of Hans Baron*, Dekalb: Northern Illinois University Press, 1971, pp. 757－769.

③ Lucien Febvre, "Civilisation: Evolution of a Word and a Group of Ideas", in Peter Burke, ed., *A New Kind of History: From the Writings of Febvre*, New York, 1973, pp. 219－257.

④ Lucien Febvre, "Civilisation: Evolution of a Word and a Group of Ideas", in Peter Burke, ed., *A New Kind of History: From the Writings of Febvre*, New York, 1973, p. 228.

中心论有关。[①] 欧洲史家如吕贝尔也认为,“文明”与否是根据欧洲的文明规范来判断的,因此带有欧洲中心论色彩。[②] 法国历史学家基佐表达了西方历史学在第一次大战前的那种文明优越论的观点:“我相信有关人类具有共同目的之类的东西,以及需传播人类的(文明)成果和有一需要记载和描述的文明通史。……进步的观念和发展对我来说就是‘文明’这个词包含的基本观念。”[③]黑格尔在《历史哲学》中更明显地表露出他对欧洲文明的优越性和她在全球的使命的信念:“欧洲人在世界各地航行,对他们来说地球是他们活动的范围。”“那些还未被置于他们的影响之下的社会,要么他们认为不值得去麻烦,或者他们认为迟早要落入他们的控制之下。”[④]

19 世纪始,“文明”的词义与民族个体的概念相关联了,它概括地指称任一民族社会的文化思想传统,例如“中国文明”和“法国文明”。这种用法为 19 世纪后期考古学和人类学意义上的“文化”概念的出现作了铺垫。1814 年英国下议院文献中已使用“印度人的文明”。同年德国探险家洪堡提到苏门答腊岛上马来亚人五个世纪的文明。法国哲学家皮埃尔·西蒙·巴兰歇在 1819 年出版的《年轻人和老年人》使用法文“Civilisation”的复数形式,他谈到“古代文明”和“以前所有文明的遗产”。[⑤] 这种用法暗指任何一个人类群体,无论它的物质和思想发展水平多高都有自己的文明形式。1860 年后,英文中也出现复数形式。

同时,还出现一种把民族的思想文化传统和伦理价值判断联系起来的倾向,“文明”的词义开始涵指一个民族或国家世代相传的文化遗产中那些在政治、文化和道德上是对人类贡献的内容。这种关于存在特定民族和文明的观念与总体意义上的人类文明的观念并存。“民族文明”和“人类文明”的概念的关系宛如支流汇总入一条大河。然而,在西方中心论者的眼中,

---

① Gerhard Masur, “Distinctive Traits of Western Civilization: Through the Eyes of Western Historians”, *American Historical Review*, vol. 67, 1962, pp. 591—608.

② Helen Liebel, “The Historian and the Idea of World Civilization”, *The Dalhousie Review*, vol. 47, 1967—1968, pp. 455—466.

③ Lucien Febvre, “Civilisation: Evolution of a Word and a Group of Ideas”, in Peter Burke, ed., *A New Kind of History: From the Writings of Febvre*, New York, 1973, p. 241.

④ Gerhard Masur, “Distinctive Traits of Western Civilization: Through the Eyes of Western Historians”, *American Historical Review*, vol. 67, 1962, p. 607.

⑤ Lucien Febvre, “Civilisation: Evolution of a Word and a Group of Ideas”, in Peter Burke, ed., *A New Kind of History: From the Writings of Febvre*, New York, 1973, pp. 235—236.

"文明"目前只是少数社会才达到的成就。[1] 美国学者比尔斯分析了 19 世纪晚期以来文明观念的几个主要理论流派，认为这个带有西方中心论色彩的用法至今仍在美国大学的诸如《法国文明史》、《英国文明》等教材中表现出来。[2]

在德语世界中，"文明"一词开始是在米拉波所界定的那个意义上使用，后来同"文化"(Cultur, kultur)一词混在一起。到 19 世纪，许多德国学者已是把"文明"的概念和"文化"的概念相区别后再使用，文明被界定为社会生活的物质的、机械的和人为的层面上的表现，以及通过文字、商业和农业技术这些"理性"技艺而获得的成就。"文化"则被理解为是"人类生活的更主观的层面，包括观念和理想、艺术和文学、道德和伦理以及哲学和宗教，文化被认为不会在社会生活中不断积累，也不能被外人借用或学习"[3]。这种词义的区别也被一些英语作家所采用，但在法国并不被广泛接受。

19 世纪末考古学、社会学和人类学的确立同把文明看作是科学研究的对象同时出现，结果产生了许多内涵相重叠的定义。达尔文的《物种起源》使学术界对"进化"的观念十分感兴趣，它影响了斯宾塞和美国人类学家路易斯·摩尔根等人。他们都认为世界各地区的社会可以按照一个发展的标准分列在从最低级的野蛮状态到最高级的"文明"形态序列，并依次划分出"先进的"("文明的")和"落后的"民族。一系列与"文明"相联系的特征如文字、有组织的农业、钱币的使用和大城市的存在等等被作为判断是否处于文明阶段的标尺。

20 世纪初，把"文明"同都市的发展和城市生活的特征相提并论很流行，例如英国考古学家戈登·柴尔德的著作提出所谓"城市革命"。[4] 1968 年出版的《国际社会科学百科全书》中把"文明"列为"城市化"下的子条目，由此产生了把"文明"的概念与城市生活的习俗、价值观和制度相提并论的通行做法。[5] 这种定义为不少学者区分"文明"和"文化"的概念提供了一个便利

---

① Robert Bierstedt, "Indices of Civilization", *The American Journal of Sociology*, vol. 71, 1966, pp. 483—490.

② Carl Schneider, "Civilization", in Joseph Dunner, ed., *Handbook of World History*, London, 1968, p. 188.

③ Carl Schneider, "Civilization", in Joseph Dunner, ed., *Handbook of World History*, London, 1968, p. 187.

④ Gordon Childe, *Man Makes Himself*, London, 1936.

⑤ Carl Schneider, "Civilization", in Joseph Dunner, ed., *Handbook of World History*, London, 1968, p. 186.

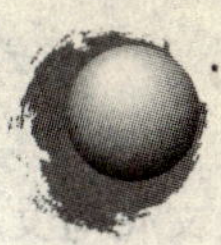

的办法。任何一个社会不论它的物质和思想的发展如何都拥有一种文化；而文明的形成则需要相当程度的城市化，并与社会组织的复杂化和技术的较高发展相联系。

在通史、艺术史和某些社会学的著作中，“文明”则常被松散地定义。20世纪上半叶，这种松散定义的“文明”概念成为斯宾格勒和汤因比的世界史的理论基础。[①] 在他们的影响下，一大批作家也把“文明”理解为“人类历史上可以识别的最完整的单元”，写出一些通俗性的历史读物。对文明的兴起和衰落的研究兴趣是同当时所看到的希腊罗马和基督教传承的西方文明的衰落有关。[②] 二战以后，在考古学、人类学和社会学等学术领域中，“文化”和“文明”几乎是同义词。在历史学中，这两个词并不被认为是同义，通常历史学家认为“文明”指社会进化的一个较高级阶段后所形成的那些精神和物质生活形态，文化更多地突出各个社会的价值观念和生活方式的特殊性。“文明”的词义包含“文化”的以上含义，但它也涵指发展到较高阶段（文明阶段）后各个社会都形成的那些物质的、精神的和制度上的共有的表象特征。“文明”逐渐成为一个相对中性的词，指涉任何确立的社会秩序和生活方式[③]，尤其在国际关系和世界历史研究中，被用于概括地指称某一民族国家或社会集团的物质和精神生活的总的表现形态，美国学者亨廷顿的“文明冲突论”就是在上述意义上使用该词。

（二）中国思想中的“文明”概念

中国思想中的“文明”词义的源起和演化与西文中的“civilization”大体相似。它所含有的“教化”和“使人文雅”的词义最初是由“文”字的含义派生出来的。金文中，“文”最初的两个基本含义“文字”和“纹身”，含有引申义“修饰”的意思。

后来，“文”开始具有多种在不同的话语环境下的含义：(1)与文字相联系的那些提炼了的或诉诸说服的社会实践和文化形式，例如道德文章（“儒以文乱法，而侠以武犯禁”[④]），“文教，指礼乐法度”（“故远人不服则修文德以

---

① Oswald Spengler, *The Decline of the West*, London, 1918－1922; Arnold Toynbee, *A Study of History*, Oxford, 1934－1961.

② David Marcell, “Charles Beard: Civilization and the Revolt Against Empiricism”, *American Quarterly*, vol. 21, 1969, p. 74.

③ 参见[英]雷蒙·威廉斯《关键词：文化与社会的词汇》，刘建基译，三联书店 2005 年版，第 50 页。

④ 《韩非子·五蠹》。

来之"[①]),"法令条文"和"礼节仪式";(2)指称人的行为的较为优雅的特征,如"文采"("文质彬彬,然后君子"[②])和"文雅"。[③]《甲骨文字典》解释:"文,美也。"[④]"文"显然已包含人通过参与文学艺术和音乐的创造与欣赏,并领会其中所包含的伦理道德和理想规范,使自我修养得到提高的活动。

"明"在古汉语中,有明亮、彰明的含义。《甲骨文合集》解释"明",以夜间月光射入室内会意为明。"文明"一词在中国古代思想中因而具有"文"所含的丰富内涵得到彰明而造成的那种人的行为和社会生活状况。它同西文中的"civilization"的词义重叠,这也许是为什么近人用"文明"来释义西文"civilization"的原因。中国古典思想中,"文明"也指社会生活中,是"文"而不是"武"得到彰明和发扬。王弼《十三经注疏》中的解释颇说明问题,他解释《易经》中那段话"文明以止,人文也……观乎人文以化成天下"为"止物不以威武而以文明人之文也……用此文明之道裁止于人是人之文德之教","以化成天下者言圣人观察人文则诗书礼乐之谓当法此教而化成天下也"[⑤]。

"文"显然含指与处在自然秩序中的野蛮和蒙昧状态相对立的那些更美、更多彩特征,以及人与人的更为友善的关系。《礼记》写道:"文,彩也,美也,善也。"中国古代思想中的"文明"词义已含有我们今天赋予"文明"的那些内容。《易经》中有"内文明而外柔顺",《礼记》有"情深而文明",《乐记》解释说"志起于内,思虑深远,是情深也;言之于外,情由言显,是文明也"。在中国传统思想中,"文明"显然在相当程度上指称具有较高情操和带文雅特征的行为举止,它同德国学者洪堡关于"文明"是一国民众的内在情操和外显行为习惯所表现出的受到教化的特征观念相似。

应该指出,中国古典思想的"文明"观虽然包含本文开头所梳理的前两种主要含义,但它不包含第三个含义,即一个民族社会的物质和精神生活的总的形态。在中国古典世界观中,世界上存在除中国外其他多个文明社会形态的观念似乎尚未成熟。然而,在这种单一文明视野的世界观中,中国思想家对中国文明形成的诸多诠释读起来,至今仍使我们受益良多。

---

① 《论语·季氏》,杨伯峻译注《论语译注》,中华书局 2004 年版,第 172 页。

② 《论语·雍也》,杨伯峻译注《论语译注》,中华书局 2004 年版,第 61 页。

③ 参见刘明涛主编《新编古汉语常用字字典》,黑龙江人民出版社 2001 版,第 710 页。

④ 徐仲舒主编:《甲骨文字典》,四川辞书出版社 2005 年版,第 995 页。

⑤ 王弼:《十三经注疏》(附校勘记)上册,中华书局 1979 年版,第 25 页。

二、欧洲的文明和教化

"文明"是人类的自我教化，是人类行为向着优雅、美、善、理性和守秩序的发展，以及由此而形成的社会状况。文明的发展源于人类尝试调节人的社会关系或人际关系。在前文明时代，强壮的人根据自己的利益和本能欲望冲动来行动，那时的社会关系带有弱肉强食、强者逞强的特征。当集体的力量开始制约这种野蛮的个体力量，并产生某种集体的行为规范或法律，文明便迈出了决定性的第一步。文明需要秩序和公正，"要求所有的人都必须受到制约"①。世俗的法律、宗教和道德戒律是调节文明社会关系的基本法则的最初体现。巴比伦的《汉谟拉比法典》、古罗马的《十二铜表法》都是它们所在的文明的基石和重要标志。文明的进一步发展使法律不再成为一个等级或阶层的意志。

文明的建立需要抑制人的反社会的本能，需要制定一套使人脱离粗野的行为举止的规范。《十二铜表法》的制定使罗马社会从粗野走向文明迈出一大步。《十二铜表法》对偷盗和杀人作了严厉的处罚规定，前者被钉死于十字架上，后者被装入大口袋中投入大海。它还规定解除婚约须有丈夫公开声明。而在这之前，罗马社会五百年间无结婚和离婚的法规。那以后，结婚前一般要订婚，结婚时在大祭司和十位证人前签订婚约。结婚仪式最后一幕的"送亲"是以文明的形式演绎原始的野蛮风俗，在送亲的仪式中，新娘假装逃到母亲身边寻求保护，丈夫假装是从母亲的保护下夺走新娘。②

在古典时期，世界上许多文明都是以宗教教义为基础，人类社会的秩序的维持是以大多数人对教义的信仰为基础的。他们被教导世界上存在全能和公正的神，世界秩序是神授的。这些观念构成了促使人们遵守文明戒律的精神枷锁。缺乏宗教信仰，许多人都会在法律不明朗或管辖不到的地方听凭本能的驱使，追逐私利，而破坏文明秩序。③ 犹太基督教经典中的"摩西十戒"就是这样的拥有宗教外衣的制约人类行为的基本戒律。"仁、义、礼、智、信"以及"三纲五常"这些儒家信条是中国古代文明秩序赖以维持的伦理

---

① [奥]弗洛伊德：《论文明》，徐洋等译，国际文化出版公司2004年版，第94页。

② 参见[德]奥托·基弗《古罗马风化史》，姜瑞璋译，辽宁教育出版社2000年版，第13～15、30、92页。

③ 参见[奥]弗洛伊德《论文明》，徐洋等译，国际文化出版公司2004年版，第33页。

规范。

古代文明的发展从城市开始，高度文明多出现在沿海城市，因为沿海城市同周边地区有频繁的商贸交往。[①] 内陆城市没有发达的商贸交往，自然经济及其生活方式占优势。雅典尤其是罗马由于从周边夺取大量奴隶和资源建立起高度的物质文明，建筑艺术、城市生活以及政府行政体制等方面达到了很高水平。罗马社会中尽管一些奴隶也被解放或成为教师和办事员，但罗马人对待战俘和囚犯时常极端野蛮，他们发明各种刑罚，以观赏受刑人的被残酷折磨致死为乐。[②] 死刑犯被带进竞技场内，让猛兽撕咬成碎块。奴隶成了普遍存在的施虐狂的对象，其受到的非人道待遇只能用"暴行"来形容。有个奴隶在韦迪乌斯·波利奥宴请奥古斯都皇帝的宴席间打碎了一个水晶盘子，波利奥命令将奴隶处死，刑法是扔进鱼塘让七鳃鳗吃掉。奴隶扑到皇帝脚下，请求用其他方法就死，奥古斯都震惊于波利奥如此残忍，命人赦免奴隶。

帝国时代起，罗马政府开始采取措施制止残酷迫害奴隶。帝国初期的法律禁止判处奴隶与猛兽搏斗。哈德良皇帝废除了奴隶主任意杀害奴隶的权利。君士坦丁皇帝则把杀死奴隶和杀人同罪。早期基督教教父奥古斯丁在《忏悔录》中曾讲到一个故事：在罗马进修的一个基督徒多少年来都绕过罗马竞技场，以免见到里面残酷的人兽搏斗和角斗士演出而使自己的灵魂受到折磨。奥古斯丁以这个故事谴责罗马文明的残忍，宣扬基督教的人道主义思想。

针对罗马人的残忍和骄奢淫逸，基督教返本古代人性道德法则，提出对待人生和同胞的新见解。它教导人们谦逊、友爱、互助、容忍和宽恕，反对以征服他人为乐，号召即使对最卑微的人也心怀同情，并且轻视财富和权力，以上帝的人格形象为楷模，虔信他的教义。基督教的伟大意义在于它为欧洲文明注入了一种内在的更加严格的道德意识。

然而，总的来说，即使在基督教盛行的中世纪，欧洲社会生活仍带有野蛮和不文明的特征，"猎巫运动"、教派争端、封建领主之间的战争中对犯人和敌人的酷刑等等就是例证。日常生活习惯也极不文明，在中世纪，旅客在旅馆里往往是合睡一张床，人睡时一般还脱光衣服。寝室并不具有现代意

---

① John Boardrman, Jasper Griffin & Oswyn Murray, *Oxford History of the Classic World*, Oxford University Press, 1986, pp. 756—757.

② C. Brinton, J. Christopher & R. Wolff, *A History of Western Civilization*, Eagle Wood, New Jersey: Prentice-Hall Inc., 1967, p. 130.

义上的私人空间的含义。人们只是被劝导脱衣时举止适度，选床时让长者为先，睡眠时保持安静，身躯不要弯曲。当时的绘画和文学作品还显示人们在公共浴室集体裸浴不感到羞耻。性行为没有羞耻感，还带有猥亵的意味，在一些地区还有宾客为新郎新娘解衣裳，并把他们放在婚床上的习俗。[①]

在意大利，自罗马帝国衰落后，意大利就处在动乱、衰败和繁荣的轮回中。1350 年前后的意大利，雇佣军和武装团伙横行，城镇被公开买卖，法制崩溃，人们失去对文明秩序能有效维持的信心。[②] 1500 年的意大利，没有完善的政府机构，统治者都是小暴君，通常靠暗杀和毒药篡权，人们对敌人或难缠的债主总是想尽早结束了对方。[③] 那时，意大利城市中斗殴凶杀司空见惯，并渗透到市民的行为中。马基雅弗里的《君主论》所描绘的那些尔虞我诈和不择手段的狡诈和自保，同下层社会的这些行径相比其实还更为"文明"些。在《君王论》中，马基雅弗里就把维护社会秩序作为执政者的目标之一。他告诫说，中世纪的思想家从基督教道德立场出发去讨论政治家应如何行动同现实世界相差甚远，现实社会中的人都以自我为中心，趋利避祸，欺诈，虚伪，毫无感激之心。[④]

饮食习惯上，欧洲直到 16 世纪用餐才广泛使用叉，之前人们用手或勺从盛食的公用锅盆里取食，并用桌布擦油腻的手指，小便不回避他人，在众目睽睽下也不感到羞耻。伊拉斯谟就在书中规劝说别人大小便时打招呼不礼貌。17 世纪以后，欧洲人才开始习惯于在隐秘处大小便。中世纪的欧洲人一般用手拧鼻涕，到 17 世纪上层阶级才用手巾，中世纪随地吐痰和用脚擦痰习以为常，许多地方直到 20 世纪还在用痰盂。

文明在逐渐演进，11 世纪以后以骑士风度追求贵妇和淑女在贵族和骑士阶层变得很时髦。对贵妇和淑女的浪漫理想主义的追求促使贵族和骑士自我改善。为追求理想中的情人，骑士勇武的形象中融入了谦逊、彬彬有礼、忠诚、献身精神和为了爱情而完善自身性格的气质。上层社会的女性也由于在社交和文学语言中被讴歌为尽善尽美，而在潜移默化中变得举止优

---

① Norbert Elias, *The Civilizing Process*, *Vol. 1*: *The History of Manners*, Oxford: Blackwell, 1978, pp. 177－178, 214.

② J. K. Hyde, *Society and Politics in Medieval Italy-The Evolution of the Civil Life*, *1000－1350*, Macmillan Press, 1973, pp. 178－179.

③ "9 月 20 日，罗马城里一片骚乱"，"原本脆弱的社会约束力也崩溃了，人们又回到了野蛮状态"。"抢先下手把仇家杀掉，白天和夜间发生不少命案，没有相互残杀的平平安安的一天极为难得"。参见[法]丹纳《艺术哲学》，张伟译，北京出版社 2004 年版，第 33～34 页。

④ 参见[意]马基雅弗里《君王论》，徐继业译，西苑出版社 2004 年版，第 115～118 页。

雅。这种追求把基于性爱的男女爱情提升到前所未有的文雅高度，给中世纪那种本质上是恃强凌弱、强者逞强的文化增添了风雅的气息。男女关系的这种文雅的想象和实践也一定程度上改变了宫廷和贵族府邸中的生活习俗、礼仪和对艺术以及优美诗文的高雅情趣被培养起来，并影响到社会其他阶层。13 世纪起，写爱情诗成为贵族受到推崇的嗜好。至少在上层阶级中，发祥于法国南部普罗旺斯的这种文学想象和浪漫主义的典雅爱情实践升华了欧洲文明涉及两性关系的行为。①

宫廷在欧洲人从带有暴力倾向的行为转向注重礼仪规范和富有艺术审美感的文雅举止的转变中扮演了中心角色，在很多欧洲国家，宫廷文化对社会文明的形成都起到表率作用，它为这些国家的民族文化的许多方面，例如语言、艺术、礼仪和情感结构打下烙印。埃利亚斯对欧洲从中世纪到近代社会中有关礼貌、教养和文明等观念及相关行为的演化的考察表明，中世纪后期，欧洲人的心理和社会行为从这之前的相对简单而又具有暴力性转向更紧密的相互依存和日益平和的模式。那时，互相竞争的领主的斗争开始受制于一个更高的权力机构，并学会了自我控制。人们间的相互依赖加深并仰仗中央政府所维护的和平局面，暴力便被边缘化了。统治机构推行文明行为又使那些有抱负的体制外的人安分守己。在法国，11 世纪以后，宫廷推行更文雅的行为准则。② 法国宫廷是社会控制的关键性机构和对社会生活起表率作用的地方，那里表现出的心理平衡和束缚性行为规范首先在资产阶级等中上层社会中普及。中上层社会中的礼仪规范又为城市生活的秩序提供了一种模仿的范例。③ 法国的贵族文化影响了欧洲社会。在中国的春秋时期，繁复的文明礼仪似乎也首先在王宫贵族中传播。

人文主义思想也开始影响欧洲贵族和上层阶级。1528 年出版的鲍德塞·卡斯特莱恩（Baldesar Castiglione，1478～1529）的《廷臣手册》（*The Book of Courtier*）对欧洲贵族的自我教养和行为的“文明化”产生很大影响。卡斯特莱恩是一个举止优雅的贵族，曾在乌尔宾洛的宫廷服务，并一度做过外交官。他在书中期望贵族具有三种品质：首先，出身高贵，天赋无瑕疵，举止优雅，才能卓著。其次，受到古典式教育，能从事音乐和艺术活动，在军事

---

① 参见朱伟奇《中世纪骑士精神》，陕西人民出版社 2004 年版，第 207～231 页。

② 例如 1589 年布鲁斯维克宫廷的一项法令规定“所有的人不得在楼梯下、走廊里或储柜里大小便”。这些禁令后来逐渐被宫廷成员内化为自觉遵守的行为准则，并传播到中产阶级。

③ Norbert Elias, *The Civilizing Process*, *Vol. 1*: *The History of Manners*, Oxford: Blackwell, 1978, pp. 137, 131.

和体育方面取得成就。卡斯特莱恩认为文艺复兴时期全面发展的人的形象应成为贵族的人生理想。最后，贵族还应遵从一定的行为准则，给世人留下良好印象，例如谦逊、优雅，并以完美的性格为君主服务。[①] 这些人格理想据说直到20世纪仍影响欧洲贵族的人格发展。

社会生活的文明化也反映在语言中。14世纪起，"civil"一词出现在英文里，到16世纪，其词义已发展出"受过教育的"和"有秩序的"含义。17世纪，英文里已使用"civil society"（公民社会）和"civility"（井然有序的社会）等等词组和派生词。围绕"to civilize"（使文雅和教化），近现代含义的"文明"的两个基本词义层面——教化和文雅化的过程和状态在18世纪被发展了。18世纪末以来，包含教化和文雅化过程以及所达到的状态这两方面含义的新词"civilization"便被普遍使用。在启蒙时代思想界关注人的自我完善以及认为社会进步已达到优雅和有秩序的状态的氛围下，把"文明"与"优雅的礼仪"相提并论，并与"野蛮"相对立很普遍，例如，伯克在《对法国大革命的反思》中写道："我们的礼仪、文明及所有与礼仪和文明相关的美好事物。"[②] 1830年，英国学者穆勒和诗人柯勒律治把"文明"与"举止和态度的优雅"等同起来。意指优雅的行为和礼仪以及相应的社会组织和知识体系的现代意义上的"文明"词义在19世纪初得到确立。

三、中国古代文明及其教化观念

文明是人类把自己提升到动物生存状态之上的那些生活特征，包括人类控制自然、获取资源以满足人类需求过程中获得的知识和能力，以及调节人与人关系和财富分配的规章制度。在中国，由原始蒙昧状态进入农耕文明的过程在中国的古籍中被故事化，文明的初期成就被附会到传说中的人物伏羲氏。"自伏羲以来，五礼始彰；舜之时，五礼咸备。"[③]《尚书》宣称："古者伏羲氏之王天下，始画八卦，造书契，以代结绳之政，由是文籍生焉。"[④]据说伏羲还指导农业，修房舍，制作衣裳，似乎是中国文明之父。从传说中的

---

① Baldesar Castiglione, *The Book of the Courtier*, London: Penguin Classics, 1976.

② 转引自雷蒙·威廉斯《关键词：文化与社会的词汇》，刘建基译，三联书店2005年版，第48页。

③ 《通典·礼一》。

④ 李学勤主编：《十三经注疏·尚书正义》，北京大学出版社1999年版，第1页。

神农伏羲直到制礼作乐的周公姬旦连续数千年的时间中，中国古人终于从蛮荒原始状态中开创出中国古典文明雏形。炎帝或神农的传说反映，公元前五千年左右定居农业和医药已出现。河南王城岗和平粮台古城遗址显示，公元前两千年左右农业已能支撑小型城镇的发展。河南偃师二里头夏文化遗址表明，以城堡、宫殿和仪仗器具的出现为特征的国家政权已形成。

公元前1300年左右，物质文明有了突破性的发展，殷墟商都城出土的大量青铜器和甲骨文，反映了商代已建立起复杂的国家政权组织形式，发展出了较为高级的宗教崇拜仪式、精美的艺术造型，以及以宫廷和都城为中心的城市文明生活方式。后来的西周进一步发展出了宗法制和分封制的政治统治形式，以及以太师、太保为首脑，以卿事寮为中心，以"诸尹"为基础的中央政权宫制，还制定了一系列相当于行政法、刑事诉讼法和民法以及日常生活伦理规范和人际关系的礼节仪式的成文法典。"礼"被升华为中国古典文明的核心规范表明，在当时王室、贵族和中上层阶层中，社会交往已达高度的文明化。

《礼记》描述了夏、商、周三代，世风和民风逐渐文明化的情形。"夏道尊命，事鬼敬神而远之，其民之敝，蠢而愚，乔而野，朴而不文。""殷人尊神"，在殷商的巫史文化中，"其民之敝，荡而不静，胜而无耻"[①]。皇帝如太甲"即立之年，不明，暴虐，不遵汤法，乱德……"[②]灭掉殷商后的西周鉴戒于商之灭亡，吸收了伊尹、傅说与箕子所倡导的德统，高度强调礼制文化，用礼来规范政治制度和君臣父子人伦关系以及社会生活的方方面面。周人相信"礼者，君之柄也"，它能够"别嫌明微，傧鬼神，考制度，别仁义"，并"治政安君"[③]。所以，"周人尊礼尚施……其赏罚用爵列，亲而不尊。其民之敝，利而巧，文而不惭，贼而蔽"[④]。

宫廷雅乐制度使西周文明具有非常典雅的特征。祭祀天地神明祖先有六代乐舞，在其他欢庆场合有羽舞、皇舞、手舞、人舞和诗乐的演奏和表演。众多数量的编钟、编磬的制造和使用衬托出雅乐的辉煌和奢侈，当时还设立大司乐掌管对贵族子弟的音乐教育、培训音乐专职人员，承担和实施庆典仪式的音乐表演任务。贵族和知识阶层普遍重视自身的音乐修养，并把它看成是参与社会生活的必备能力之一。

---

① 李学勤主编：《十三经注疏・礼记・正义》，北京大学出版社1999年版，第1584～1585页。
② 《史记・殷本纪》。
③ 《礼记・礼运》。
④ 李学勤主编：《十三经注疏・礼记・正义》，北京大学出版社1999年版，第1486页。

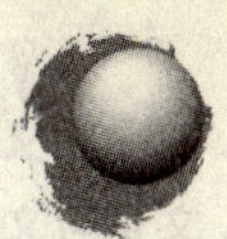

(一)儒家哲学及其礼教观念

在雅斯贝斯看来,“轴心时代”是世界上若干古典文明发展的关键阶段,各大文明的生活实践和社会秩序在哲学和伦理层次上被抽象,其传统影响至今。这个时代在中国是春秋前后。春秋是所谓“礼崩乐坏”的时代,周朝权力中枢日渐式微、业已发展的文明秩序受到严峻的挑战。的确,正如弗洛伊德所说,在没有文明启迪的情况下,绝大多数人都会表现出破坏性的和反社会的倾向。孔子深知强调封建礼仪是恢复文明秩序的关键,他因而宣扬“克己复礼,天下归仁”,并倾力编纂体现对人的本能和利己心的压制和使人类生活脱离野蛮争斗状态的那些繁文缛节及其文本典籍。

孔子及其他儒生在那个关键年代便把对统治阶层和民众进行文明启迪的任务承担起来。他们认为“礼”和“礼教”是使人的社会行为文明化的重要影响手段。“乐以治内而为同,礼以修外而为异;同则和亲,异则畏敬;和亲则无怨,畏敬则不争。揖让而天下治者,礼乐之谓也。”[①]同“刑”、“政”一起,“礼”和“乐”被认为是社会得以实现文明化的四大要素。孔子编纂的《礼记》等书中可以看出他对“礼教”的重视。

《仪礼》、《周礼》、《礼记》描述记载古代中国社会日常生活礼节和守则,以及大量结构完整的对这些文明生活规范的哲学性诠释,对中国古人社会行为的文明化起到极其重要的作用。“礼制”规范了中国文明社会秩序的基本习俗。《礼记》、《周礼》和《仪礼》详细描述了各种社会场合的繁文缛节,包括贵族出门的穿戴、婚嫁的礼节程序等等。贵族男子 20 岁成人后,戴冠授礼。行冠礼后,出门均需戴冠,否则视为非礼。周朝上层阶层婚嫁需经“纳采”、“问名”、“纳吉”、“纳征”、“请期”和“亲迎”六道礼节程序。

宾礼教导与朋友及外邦宾客交往时“礼尚往来”,往而不来或来而不往均“非礼也”[②]。诸侯卿大夫互相交往,须以微言相感,当揖让之时,必称《诗》以谕其志。外交酬酢均有对仪容、辞令、揖让的礼节规定。常需以赋诗言志的形式要求双方对赋。朋友往来和士相见,有“三传语”和“三揖让”等礼节,遵从谦德规范,否则被认为是无礼。“礼”和“乐”包含着使个人行为优雅、符合文明礼仪的伦理规范。[③]“礼也者,理也;乐也者,节。君子无礼不动,无节

---

① 《汉书·礼乐志》。

② 《礼记·典礼上》。

③ “《礼》、《乐》,德之则也。”(《左传》僖公二十七年)

不作。”[①]读书识礼，“恭俭庄敬”领会和浸染文章中所包含的伦理道德是个人修身养性的基本途径。那时非常重视参与创作和欣赏音乐和诗文的活动。“乐”被认为是陶冶情操的重要手段。“诗”与“乐”在西周至春秋中叶词义重叠[②]，“乐以诗为本，诗以声为用”[③]，诗文构成乐曲的歌词文本，包含有文化修养的人的高风亮节，而乐又以激昂抑越的曲调表达诗文所载的道德情操。“礼乐交错于中，发形于外，是故其成也怿，恭敬而温文。”[④]

如是，“礼乐制度”成为中国文明的象征。孔子等儒生还抽象出中国文明的基本伦理规范。孔子以知、仁、勇为三达德，又提出礼、孝、悌、忠、怒、宽、信等德目。“文明的发展是由于那个社会能够调动所有人内在的善的品质和活力。”[⑤]孔子和孟子十分正确地强调人性善，把“仁”视为最重要道德规范，对中国社会脱离人与人关系的野蛮争斗而文明化起到关键作用。孟子以仁、义、礼、智为四个基本道德规范，号召父慈子孝、兄友弟恭、夫义妇顺、朋友有信。管仲提出礼、义、廉、耻四维。这些伦理规范被后人总结为“六德”和“八德”[⑥]，后来，董仲舒又确立“三纲五常”，成为帝制时代调节中国社会人际关系的主要“文明”规范。“三纲”虽不平等，但它在维系中华帝制时代文明上起到了重要作用。

由于儒生，特别是孔子和孟子的宣传，以礼乐为主要内涵的文明教化，在春秋和汉代及其以后获得进一步发展。以董仲舒为代表的西汉学者把春秋之际学者有关中国社会生活文明化的理想转变为受到国家政权支持的社会行为实践。在文明发展的初期，“最重要的精神创造是宗教观念”[⑦]。儒家哲学作为广义上的宗教、一种信仰体系，一旦被创造出来，并由某种权力体制来维持它所包含的道德教条，便对那个文明起到调节的作用。自董仲舒推“六经”，“崇儒更化”，倡文抑武，提倡“三纲五常”，以礼教为中心的儒家文明秩序就逐渐被确立。董仲舒所推崇的作为世人尤其是士大夫修身养性、积累社会行动知识的“六艺”——诗、书、礼、乐、易、春秋，同中世纪西欧教育的“七艺”多少相似。如前所述，在欧洲，大约相对晚些，也出现最初起于民间的伦理宗教学说（基督

---

① 《礼记·仲尼燕居》，见李学勤主编《十三经注疏》，北京大学出版社1999年版，第1387页。

② 参见顾颉刚《〈诗经〉在春秋战国期间的地位》，载许洁《中国文化史论纲》，广西师范大学出版社2003年版，第114页。

③ 郑樵：《通志·乐略》。

④ 《礼记·文王世子》。

⑤ Schweitze, *The Philosophy of Civilization*, Macmillan Press, 1960，转引自周春生《文明史概论》，上海教育出版社2006年版，第310页。

⑥ 参见张岱年、方克立编《中国文化概论》，北京师范大学出版社2006年版，第212页。

⑦ ［奥］弗洛伊德：《论文明》，徐洋等译，国际文化出版公司2004年版，第10页。

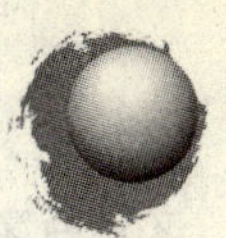

教)获官方支持,而成为使社会行为向更文明方式转化的运动。

(二)宋明儒学:探寻文明的人性论基础

汉代学者总括先秦诸子百家政治伦理哲学,建立以儒家哲学为核心的中国文化主流意识形态。魏晋以降,佛、道思想风靡,侵蚀儒家所维系的中国文明的核心价值观。宋代学者面临的局势是魏晋之乱,晚唐藩镇割据,五代受制于北方少数民族,王道政治式微,士家大族衰落,社会趋于平民化,形成"上无教化,下无廉耻"的社会局面。他们承继韩愈以来重振儒家伦理的愿望,力图以儒家人生观为核心,吸纳佛道思想,对中国文明的自然和伦理哲学进行重构。宋明新儒学对"性理之学"的研究,推动了"道学"和"理学"的发展,促使中国文明传统伦理价值体系之更化。

很多情况下,只是在外部强制的压迫下,而且当强制能够行之有效,并为人们所畏惧时,多数人才会遵守文明禁律。中国古代文明规范最初是在帝制的威权下推广的。中国文明的卓越之处在于它强调德治,也把文明秩序的维系寄予社会成员的内心的自觉和建立在理性基础上的认知,试图把对人的教化从外在强制转变为内在的自觉。反击佛教和道教促使儒生反思何以释道不依赖强制而能节制人心。宋明的"心性之学"或"性理之学"因而着手从更深的哲学和宗教层次上对先秦到汉代形成的文明伦理哲学进行再诠释。从周敦颐、张载、程颢、程颐、朱熹、陆九渊到王阳明,有关文明的价值、人生的意义和人的道德行为的起源以及理想人格境界这些主题在吸纳了佛教和道教哲理基础上被重构了。在新儒学的形态中,中国文明的主流伦理哲学儒教获得类似欧洲宗教改革后的基督教新教那样的更新。

如果说文明是人的行为受到教化而达到的那种优雅和符合较高道德伦理的状态,那么如何使这种教化之学更能说服人?儒教必须在教化道德和维系中国文明上应对佛教和道教的挑战,它必须说明不需要信仰其他宗教,中国人也能找到向善和救赎的道路。从张载、二程到朱熹的闽学走的是康德式绝对律令的那条论证路数。朱子发展了二程的"理本论",认为至善的道德伦理原则早在人的社会实践之前就浩荡于天地之间。文明人的道德实践就是"复天理灭人欲"。朱熹相信人性具有善端,包含"仁、义、礼、智"等基本道德观念。"自天之生此民,此莫不赋之以仁、义、礼、智之性。""人得天之理为性。"[①]然而,朱熹又继承了张载和二程的人性两分论:天地之性和气质

---

① 朱熹:《经筵讲义》,《文集》卷十五,转引自张立文《朱熹思想研究》,中国社会科学出版社2001年版,第351页。

之性。朱熹认为，气质之性与人的物欲有关，而且，气质之性，或气禀有殊异，圣人禀气清明，不蔽固“天理”，所行皆合于道。凡人禀气浊偏，蔽锢本然之性，而流于物欲。[①] 教化就在于变化气质，以返乎“天地之性”。宋儒因而提出了“学至圣人”，鼓励模仿中国文化中的理想人格来普遍提升文明道德水准。对下层和暂不得志的人，又提出学颜渊之乐。据说颜渊穷居陋巷，“其心三月不违仁”[②]，形象地表现了“穷则独善其身”的人格理想。而“达则兼济天下”又为士大夫描述了一条人生实践的道路。这为中国人的教化和人格发展提出了更为近代的论述。

与朱子的“理在事先”的本体论的伦理哲学相比，陆九渊和王阳明走的是启迪人的内心“良知”的道路，他们坚称“心即理”。陆王“心学”从孟子“性善”的理论出发，认为伦理道德原则原本就存在于人心之中，“仁义者，人之本心也。……愚不肖者不及焉，则蔽于物欲而失去本心”[③]。陆九渊号召“解蔽”(破心中的贼)[④]和“明本心”[⑤]，“道不远人，人自远之耳”[⑥]。王阳明提出此心即理、心外无理的观念，“心外无理，心外无义，心外无善”[⑦]。在王阳明看来，人对自身的约束和道德感就是“致良知”，它需要“知行合一”去认识和实践文明的理念。这样就从外在的使然和内心的自觉两方面论证了文明秩序所需的内心道德意识缘起。

朱熹为人的自我教化和人生价值的实现勾画了理想的道路，内修以“正心、诚意”开始，获取社会行动所需的知识和素养以“格物致知”为途径。人格发展的理想路线是“修身、齐家、治国、平天下”。理想的人格是“内圣外王”。由二程到朱熹还探讨议论“圣贤气象”，为士大夫人格教化提供楷模。明儒王夫子的“致良知”为普通人指出了一条自我教化的方法，宛如德国新教思想家马丁·路德的“因信称义”学说。新儒学的文明理想在“满街都是圣贤”的陈述中得到充分表现。宋明新儒学通过返本(从先秦儒学找到新的伦理哲学的出发点)和吸纳(吸纳汉唐之间的玄学、道教和佛学观念)对文明教化哲学进行了一场类似欧洲从托马斯·阿奎那到文艺复兴，再到16世纪

① 参见姜广辉《理学与中国文化》，上海人民出版社1994年版，第280页。
② 杨伯峻译注：《论语译注》，中华书局2004年版，第57页。
③ 《与赵监》。
④ 《与胡季随之二》。
⑤ 《陆九渊集》卷三十六《年谱》绍兴二十一年条。
⑥ 转引自许洁《中国文化史论纲》，广西师范大学出版社2003年版，第218页。
⑦ 王阳明：《与王纯甫》，转引自许洁《中国文化史论纲》，广西师范大学出版社2003年版，第219页。

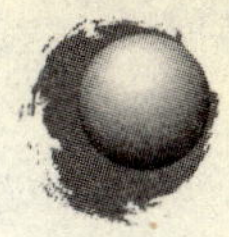

宗教改革运动那样的更新。这些对人的道德修养的哲学思考影响了直到20世纪上半叶的中国文化伦理思想,至今仍给人以启迪。

结　语

文明是对人的内心和外在举止的教化,是人的行为的文雅、礼貌和对他人的友善和关怀;文明表现在社会良好的公共伦理秩序和随处可见的人文环境的审美感和艺术情趣。比较古今中外,倍感中国当代文明的建设任重而道远。20世纪初以来,中国现代文明观念经历了一个大的变迁。在否定了传统的"封建"文明礼教观念后,我们主要致力于政治革命和经济建设,在革命激情的鼓舞和高效率的政府体制下,我们鼓励个人自我改造和发扬牺牲精神,曾造就了高度廉洁、平等、俭朴和井然有序的社会主义文明。

"文化大革命"及以前相当长一段时间内我们也把知识和修养、人与人的无条件的互相关怀和礼貌,以及文学艺术和音乐的繁荣视为是与"封、资、修"相联系的文化特征。20世纪80年代以后,随着市场经济的建立、社会民主制度的扩展和个人自由的增加,个人追求自己的利益和幸福、满足自己的欲望、发展自己的个性和潜能获得了前所未有的空间和实现的手段。同时,数千年来形成的传统伦理道德也随经济和社会现代化受到进一步挑战,私欲的膨胀和文明教化的缺失在许多地方是一个现实。

每一种文明都是以对本能的节制为基础,因为每个个体,如果听任其本能的驱使而行动,都是社会文明的敌人。约束个人的利己性的和无节制的冲动是文明的首要任务。从另一方面来讲,"文明"又是少数深明大义并获得政治思想领导权推广于多数人的某种规范制度。[①] 继承和发扬中国古代文明中的优秀的传统,重新审视两千年来中国知识分子和民众借以观察、体验和发展中国文明的那套话语体系及其合理的内核,发现中国文明借以调节人际关系、建立基本伦理秩序的带有民族特色的路数,这是我国现代化建设中所面临的一项紧迫任务。

(本文原载《史学理论研究》2007年第4期)

① 参见[奥]弗洛伊德《论文明》,徐洋等译,国际文化出版公司2004年版,第2页。

The Concept of East-West Studies

东方和西方不仅是地理的区域，居于这两个区域的民族国家和文明，他们也是文化意识形态的构建物，从一开始，有关这两个区域的文明的特征的认知或知识体系就同西方对东方的边检，或者东方对西方扩张的批判相联系。东方和西方是一对相互界定的文明体系。各自对自身文明的认同都是以对对方文明的想象或把对方作为参照系而作出来的。

相当长的一段时间，比较文明研究的范式和问题的提出方式深深受到西方学术传统的影响。许多有关这两大文明体系的主要特征是值得我们反思的。例如西方知识体系被认为是以客观性、分析性的和逻辑性著称，而东方则缺乏这些特征。

"East" and "West" were not simply geographical terms, but words laden with political, intellectual connotations. In other words, they are cultural constructs, on which we perform our academic inquiry. There are many local, regional and political perspectives on the very idea of East and West. The geographical boundary of the East and the West is to some degree blurred. There are different ideas as to where the East-West divide is. Also within each of these two cultural areas, there are great differences of languages, religion and custom between cultural cores, peripheries and subunits. They do however form two distinct cultural areas at high level of generality in our imagination. As cultural constructs or mental image, we put much emphasis on the contrast, difference and divide between the two. We define the one by referring to the other. The idea of correlation, contrast and dichotomy is perhaps the primary marker in our conception and

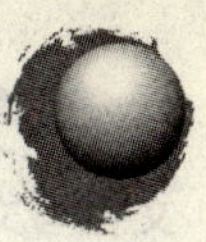

defining of the East and the West. This conception of division and opposition structured our worldview.

The East and the West each was an aggregation of nations, places and cultures with great diversities. From a semiotic approach, however, the terms of "East" and "West" also function as linguistic labels to which we attach a whole set of cultural attributes, and we used them as a pair to group together two sets of sharply different attributes, intellectual, cultural, scientific and even the extent of modernity. The West is supposed to be cosmopolitan, dynamic, democratic and scientific, while the East is static, despotic, irrational and pre-modern. The actual image we conjure about the East and West is inseparable with the location and time we stand. For Edward Said, the East or the Oriental indicted Egypt and the Middle East;① for others, the real East is the Far East and the East Asia. In other words, the shaping of the cultural definition of the East and the West is associated with the contextual background.

Academically, East-West Studies can be defined in terms of research, course offerings, and staff/student exchange activities in area, intercultural or comparative studies, as the distinguished vice-President Tsang writes. There are many embodiments of East-West Studies. One could focus on the study of carefully defined ideas, institutions and historical phenomena in either West or East. In most cases, however, a comparative perspective or making reference to the other civilization, seem to be always in the background of the enquiry. The cognition of the divide and discourse between the West and the East is interwoven with the process of study and the knowledge it produced.

In this sense, East-West Studies is more than area studies or European or Asian studies, since it takes into consideration of the correlation and interaction of the two areas. To some degree, we might say that all social historical studies that aim at explanation or interpretation involves some type of explicit or implicit comparison. On the other hand, the concepts of East and West are at a very high level of abstraction. The manner of link-

① Edward Said, *Orientalism*, Vintage Books Edition, 1979.

ing the two together also implicitly suggests that the study should focus on the correlation and interaction of the two regions. Hence, ideally, East-West Studies would involve a comparative approach and the use of analogies between two or more societies in the East and the West.

If we explore methodological aspect of East-West Studies in a strong comparative and cultural bent, French historian Marc Bloch's idea is worth noticing. He defined two distinct ways we might use comparison: the first is "comparative method in the grand manner", in which "the units of comparison are societies far removed from one another in time or space"; the second is more restrained, more cautious, "the units of comparison are societies that are geographical neighbors and historical contemporaries constantly influenced by one another"①.

Correspondently, we could identify two stages of comparative historical studies in the West. Before 1900, the comparative historical studies was based on the comparison of whole cultures and stressed comparison as a means of uncovering broad social regularities and patterns of historical development. Karl Marx, the philosophers of history of the 19th century was among the well known scholars of this school . The second phase predominant since 1945 stressed a more cautious approach based on the careful definition of particular aspects of societies to be compared, and understands comparison as a way of illuminating social differences rather than similarities. We could see this approach in the works done by such as American Grane Brinton② and French historian Marc Bloch in their study of "revolution" and "feudalism"③.

The Chinese conception of East-West Studies differs from the western idea. From the outset, i. e. the early 20th century, East-West Studies was viewed as comparative cultural studies. Moreover, the intellectual inquiry was interwoven with politics. The comparative study was seen as a way of achieving an explanation in which Chinese historical development is ex-

---

① Marc Bloch, "Toward a Comparative History of European Societies", in Marc Bloch, *Land and Work in Medieval Europe: Selected Papers*, New York, 1969.

② Crane Brinton, *The Anatomy of Revolution*, New York, 1965.

③ Marc Bloch, *Feudal Society*, London, 1940.

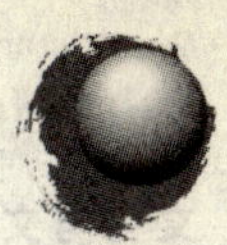

plained by comparing it to development in the West. East-West Studies is therefore not only an academic activity but also a form of discourse through which the Chinese understand the most important cultural block in the world, the West and the center of modernity, and define their own location in the world, and decide how they participate in the progress of the world history.

In the so-called "Comparative Cultural Studies" of the 1980s in China, the enquiry was still in what Marc Bloch defined, "comparative method in the grand manner". In most of these studies, the units they compared (cultures or civilizations) were not accurately defined, and the vast survey in general was not rigorously based on monographic research.

In intercultural or cross-cultural studies, two approaches can be observed: the hermeneutic approach and the positivistic or social science approach. Hermeneutic approach give an interpretative explanation of the behavior and institutions of a culture by explicating the values, beliefs, symbols and so on which are behind them and which make an enigmatic pattern intelligible. This study or interpretation is roughly analogous to literary criticism, which attempts to achieve a deep level of understanding of a creative work. In the positivistic studies, cultural attributes are defined in a way that is cross-cultural valid in principle and propositions are stated at the appropriate level of abstraction for hypothesis testing.

Perhaps, Western scholars' reluctance to engage in comparative cultural studies in a grand manner is due to their awareness that a truly rigorous comparative study has to be based on painstaking monographic research and a day of synthesis requires years of analysis.

In his speech, Professor Morrison argued that in seeking to address problems relating to international cooperation, globalization and terrorism, East-West Studies is most relevant. Indeed, comparative perspective reduces our bias by presenting us with alternative systems of values and worldviews, and by imparting to us a sense of the richness and varieties of human experience. This is perhaps the contemporary significance of our field of study.

［这篇短文原是作者在2002年香港举行的"东西方研究国际学术讨论会"的发言稿，后以"East-West Studies, Concept and Meaning"（《东西方研究：概念和意义》为题，刊登在 Chan Kwok Bun & Emilie Yueh-yu，eds.，*The East-West Studies, Now and Beyond*（《东西方研究：过去与现在》），Hong Kong Baptist University Press，2004］

第二部分
文明史及其比较研究

本书的第二部分对中国和欧洲文明史进行比较。首先是两篇对历史比较研究的理论概念和方法的讨论文章，紧接着的是对中国和欧洲社会经济发展线索的宏观比较。这篇文章提出了有关中国和欧洲社会演化的“长时段”和“中时段周期”的概念。第四篇文章讨论科学的发展。科学是一个社会文明发展的极其重要的层面。科学的形态、创造知识的速度、“科学知识”所包含的对社会和自然规律的真知灼见制约着那个社会的物质文明的发展。在文明发展的早期，科学同自然哲学混杂在一起，难以区分。不同文明的宇宙观对宇宙和自然秩序的描述同那个社会文明的观念、社会组织的形式、生活方式和行为准则紧密相连。研究中国科技文明史的英国著名学者李约瑟提出了一个“李约瑟难题”——为什么中世纪居于前列的中国不能自发产生近代科学体系？爱因斯坦和诺贝尔奖得主杨振宁都对这个问题进行了讨论。

本部分还包括两篇讨论和展望欧洲文化和中国文化发展的文章，以及欧洲早期原始人迁徙和美洲早期人类起源的文章。

比较史学的理论方法和实践

比较史学在国际上更为通行的含义是指对多个国家中相似的历史现象进行比较研究,或者说是建立在对两个以上社会进行比较的基础上的对过去的研究。在西方史学界,19世纪后半叶,英国的博克尔、弗里曼,美国的亚当斯等就尝试比较各国的历史,从而发现政治制度演化的历史。马克思的五种生产方式更迭论是在对欧洲国家历史的比较思维基础上提出来的最著名的理论。我本人在由英国麦克杰伦出版社出版的 *China's Search for Modernity—Cultural Discourse in the Late 20th Century* 英文著作中讨论了中国和欧洲在社会经济、科学和文化诸方面的发展道路上的差异及其背景。20世纪80年代国内学者对中西历史与文化从哲学层次上进行很多讨论,发表了数量惊人的论著,然而这些论著似乎同比较史学略有不同。

19世纪后半叶以来形成的比较史学流派至今仍方兴未艾。我国学术界在20世纪80年代曾掀起比较文化研究的热潮,这种(中西)文化的比较研究是我国历史学界把我国当时的现代化进程与世界上其他国家的现代化历史相联系起来考察的过程中产生的。无论是现代化的比较研究还是文化的比较研究,两者都属于世界历史的比较研究。在我国其他地区,如台湾和香港,加强比较史学建设的呼声最近也高涨。2002年5月在台湾召开的世界史教学与科研50年检讨会上,台湾世界史研究者们提出了加强比较历史学分支学科建设的议题。2002年10月在香港浸会大学召开"东西方研究"国际学术会议。会议的议题包括怎样界定"东方"和"西方"以及东西方研究的内涵和方式,会议也提出加强东西方研究、区域研究、跨文化研究和比较史学研究等等。

在西方学术界,历史的比较研究早已经在学术界站稳了脚跟,编辑部设在美国密歇根大学的《社会历史比较研究》是历史比较研究的主要学术刊

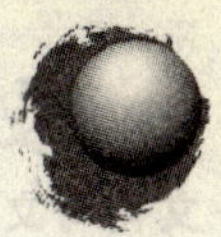

物。该刊以登载那些探讨人类社会反复出现的模式和变迁的新研究成果和理论的文章为宗旨。2003年西方也继续出版了不少有关历史的比较研究的著作，例如塔德·兰德曼的《比较政治中的问题与方法：导论》[①]和罗伯特·洛曼尼的《英国和法国的国民性与公共精神，1750～1914》。[②]

然而，我国至今仍未形成一个比较史学流派[③]，比较史学也未被建立成历史学的一门分支学科，专门的比较史学刊物也并未出现。[④] 我国历史研究中是否应加强比较史学的建设？比较史学在西方的发展，它的方法论和研究成果有哪些？比较史学对西方历史研究的意义如何？这些就是本文拟初步讨论的问题。

一、西方比较史学的形成和发展

历史的比较研究是历史研究的一个重要领域，即使在世界史范围内对某个国家历史的研究，只要是涉及较长时段的历史发展，或者是研究具有较大社会影响的历史现象也会涉及运用比较史学或历史社会学比较研究的概念、方法和成果。那么，什么是比较史学呢？西方学术界对什么是比较史学存在四种不同的认知：

(1)认为它是历史学的一个分支学科，比较历史学家所做的工作主要是把不同社会中出现的类似的制度和观念在仔细定义的基础上进行系统的比较研究。

(2)认为比较史学是一种特殊的历史解释或研究方法，它通过把一个社会中的历史现象与另外社会中的历史现象相比较，从而以比拟的方式对这

① Todd Landman(塔德·兰德曼), *Issues and Methods in Comparative Polities, An Introduction*(《比较政治中的问题与方法：导论》), London: Routledge, 2003.

② Roberto Romani(罗伯特·洛曼尼), *National Character and Public Spirit in Britain and France, 1750—1914* (《英国和法国的国民性与公共精神，1750～1914》), Cambridge University Press, 2006.

③ 应该承认，继20世纪80年代兴起的比较文化研究热潮，目前我国有不少的学者在从事比较史学或比较文化的研究。庞作恒先生发表了《比较史学》一书。在香港城市大学，张龙溪教授据说正在对中西文化进行系统的比较探讨。本文作者也在《史学理论研究》等刊物上发表了几篇文章讨论中西思想中的一些主要概念和范畴，例如文化的观念、革命的观念等。本文作者对中国和西方在经济发展、科学思想、文化的核心精神和国民性等方面所作的比较研究发表在英国麦克米伦出版社(Macmillan/Palgrave Press)2002年出版的一本题为 *China's Search For Modernity* 的英文著作中。

④ 据说东北师大2002年创刊了《文明比较研究》，但我并未看到该杂志。

个社会中的历史现象作出解释。

(3)另一些学者把比较史学定义为是一种研究逻辑或方法论，这种方法论指导历史学家系统地收集历史事实，然后运用这些历史证据去检验历史解释理论假设的正确与否。[①] 换句话说，假如历史研究者把某一个社会中出现的A现象归结为是B社会状况的结果，那么他可以考察其他社会中A现象的出现是否伴随B社会状况，从而对自己的理论假设作出验证。[②]

(4)有些学者也把比较史学理解为是一种使用类比来说明不同时空中的历史现象的研究倾向。因此，比较史学可以被看作是建立在对两个以上社会进行比较的基础上的对过去的研究。

这四种说法实际上表达了比较史学作为一门分支学科、一种研究方法和一个研究领域的不同层面的内涵。

运用比较的方法对历史进行研究在古代希腊和罗马就已出现了。在西方史学的肇始阶段修昔底德和希罗多德对希腊人和非希腊的野蛮人进行过某种比较。18世纪法国思想家孟德斯鸠试图通过比较，来探讨不同的民族风习、地理环境与政治制度的关系。但是直到19世纪中期以后，历史学家们才有意识地运用比较的方法来研究世界历史。19世纪中期到现在，比较历史学大体经历了两个阶段的发展：(1)19世纪后半叶期间进行的有关社会和文明的宏观比较研究；(2)二战以后更为实证性的比较研究。

19世纪后半叶期间，西方历史学家们热衷于比较研究在不同时空中的文化整体，他们把各国历史的比较研究作为发现不同社会的共同发展规律和历史演化模式的手段。19世纪后半叶，英国的博克尔(H. Buckle)和美国的亚当斯(H. Adams)比较各国的历史，意图发现政治制度演化的线索。英国历史学家弗里曼(Edmond Freeman)1873年出版《比较政治学》，研究德国、英国和美国的古代和现代政治制度，提出了近现代英国盎格鲁—撒克逊的某些制度起源于古代日耳曼的丛林生活中的说法。剑桥大学的近代史领衔教授埃克顿勋爵总结说，仿照自然科学方法论的历史的比较研究方法可以发现社会历史发展的规则。众所周知，最具影响的是马克思通过对欧洲

---

① William Sewell(塞维尔)，"Marc Bloch and the Logic of Comparative History"(《马克·布洛克和比较史学的逻辑》)，*History and Theory*，vol. 6，1967，p. 217.

② Charles Beard & Sydney Hook(比尔德和胡克)，"Problems of Terminology in Historical Writing"(《历史写作中的术语问题》)，in Social Science Research Council，ed.，*Theory and Practice in Historical Study：A Report of the Committee on Historiography*，Bulletin 54，New York，1946，p. 113.

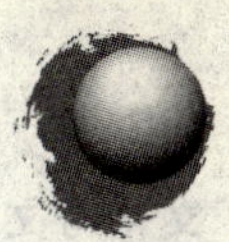

历史的研究发现“人类”社会演化的模式。

一战以后，对世界历史进行宏观比较的这种做法遭到质疑，批评者们指责说19世纪的比较历史学派忽视了社会之间的重大差异。另一方面，当时流行的历史主义思潮强调各民族社会的特殊环境和历史事件的独特性。而历史相对论哲学也通过揭示历史解释的主观性，挑战比较史学方法的可靠性。斯宾格勒的《西方的没落》和汤因比的《历史研究》发表后，19世纪起流行的宏观历史比较方法及其出版物进一步受到批评。斯宾格勒和汤因比两人分别在比较了世界上8种和22种文明后都提出了世界文明发展的模式和路径。学院派历史学家们指责说这两位历史学家对世界文明所进行的宏观比较不是严格地基于扎实的类似博士论文的历史研究成果，此外，这种宏观历史比较的单位，例如“文明”或“文化”等也定义模糊。

两次大战期间也出现了几位影响颇大的比较史学家，如布林顿和布洛赫。研究中世界历史的法国学者马克·布洛赫1928年发表题为《向欧洲社会的比较历史学迈进》一文，为晚近的比较史学研究提供了概念和方法论基础。[①] 布洛赫在该文区分了两种历史的比较研究的方式：第一种方法是19世纪末叶盛行的宏观历史比较方法，在这种研究模式中历史比较的单位是在时间和空间环境中都互相远离的社会；第二种方法则采用更谨慎的、有限的然而更有希望的探讨方式，比较的单位仍是社会，但它们都彼此相邻，互相影响且处于同一历史时代。在这种研究中，社会之间的相似性受到注意，但比较的首要兴趣在于社会现象的差异性。布洛赫预见说严格意义上的比较历史学的形成还需时日，因为卓有成效的历史比较研究必须建立在已进行了大量科研论文式的深入研究的基础上。

1945年以后，比较史学的主流趋势是转向更为谨慎的方式，研究者们通常选取欲比较的社会的某一特定的领域，并对核心概念和研究范围加以准确的界定，而且历史比较的目的主要是发现不同社会间历史发展的差异性而不是相同性。二战后，西方比较历史学的继续发展有几个方面的原因，除受到布洛赫思想的影响外，还因为与历史的比较研究方法相左的历史主义思潮和历史相对论的衰落。二战期间，多国之间的战争及其所造成的浩劫，使历史家们认识到狭隘民族主义思想的祸害。而“历史的比较研究通过把相替代的价值体系和世界观呈现在我们面前，通过传授给我们一种人类生

---

① Marc Bloch(马克·布洛赫)，“Toward a Comparative History of European Societies”(《向欧洲社会的比较历史学迈进》)，in Marc Bloch, *Land and Work in Medieval Europe: Selected Papers by Marc Bloch*, New York, 1969, pp. 44—81.

存经验的丰富性和多样性的感知，减少我们的偏见”①。许多历史学家也意识到，虽然比较史学容易使研究误入歧途，因而不愿卷入其中，但是由于历史研究中的比较方法似乎不可避免，因而最好还是让历史学家来做。

二战以后，西方史学界对比较史学的兴趣，导致好几种历史的比较研究学术刊物的创刊，例如1958年创刊的《社会历史比较研究》(*Comparative Society and History*)，1970年创刊的《历史交叉学科研究杂志》(*The Journal of Interdisciplinary History*)。1978年美国历史协会的年会曾以“比较历史”为学术会议主题。尽管到目前为止，比较史学论著仅占全部历史学研究出版物的很少一部分。然而像帕麦尔的《民主革命的时代》②、布莱克的《现代化的动力》③、布林顿的《革命的剖析》④以及罗兹曼、亨廷顿和琼斯⑤等人的比较史学的著作却受到广泛的赞誉。

如前所述，晚近的西方的比较史学研究在注意到不同社会历史发展的相似性时也注意到差异性，它的另一种倾向是从对世界各国的历史的宏观比较研究转向中等规模的比较研究。宏观历史比较以“文明”或“文化”为单位，其研究范围不确定，而中等层次的比较研究则以“定义准确的分析性范畴”为框架，研究像“奴隶制度”和“革命”这样的人类社会制度和观念形态。⑥

西方历史的比较研究在20世纪中期的另一发展趋势是从对不同社会的历史过程的比较转向对历史现象的结构进行比较。这方面的一些研究有沃尔夫编辑的《欧洲法西斯主义》⑦、G. 阿奈德斯编纂的《法西斯主义在欧洲历史上的地位》⑧和克德沃德编著的《西欧历史上的法西斯主义》。⑨

---

① William Sewell, “Marc Bloch and the Logic of Comparative History”, *History and Theory*, vol. 6, 1967, pp. 208—218.

② R. Palmer(帕麦尔), *The Age of Democratic Revolution*(《民主革命的时代》), New York: Princeton, 1959.

③ C. Black(布莱克), *The Dynamics of Modernization: A Study in Comparative History*(《现代化的动力》), New York, 1966.

④ Crane Brinton(布林顿), *The Anatomy of Revolution*(《革命的剖析》), New York, 1965.

⑤ E. Jones(琼斯), *European Miracle*(《欧洲奇迹》), Cambridge University Press, 1991; and *Growth Recurring*(《再出现的增长》), Oxford: Clarendon Press, 1988.

⑥ Grew Raymond(雷蒙), “The Case for Comparing Histories” (《历史比较的案例》), *American Historical Review*, vol. 85, 1980, pp. 763—778.

⑦ S. J. Woolf(沃尔夫), ed. , *European Facism*(《欧洲法西斯主义》), London, 1968.

⑧ G. Allardyce(阿奈德斯), ed. , *The Place of Facism in European History*(《法西斯主义在欧洲历史上的地位》), Eaglewood Cliffs, 1971.

⑨ H. R. Kedward(克德沃德), *Facism in Western Europe*(《西欧历史上的法西斯主义》), New York, 1971.

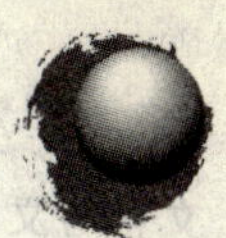

尽管在比较史学领域内出版了大量的著作，西方学者目前对什么是比较史学仍存在分歧。一些学者认为任何一种通过历史类比来说明不同时空中的历史形势的研究都可称为比较历史学。① 而另一些学者则批评说有限地运用一种比较的观点来对某单一社会的历史现象作出额外的说明不能称作是真正意义上的比较史学研究。在佛里德利克森看来，比较史学毋宁说是一种历史编纂的形式，而不是一种方法。历史学界的一小部分但却重要的学者从事这种研究工作。他们的主要目的是系统地比较研究两个以上社会中的某些历史制度与历史过程，而这些社会因为同属某一特殊地理历史类型而被认为构成一个相互联系的整体。

在西方学术界，比较史学的难以大规模扩展还因为以下原因：在大学里成功地获得历史研究学位多以集中研究非常狭窄的领域，历史研究者很少受到历史的比较研究的训练；在日益专门化的时代中，人们难于掌握超出自己研究领域的专门知识，因此对不同时空中的历史现象进行比较非常冒险。此外，历史的比较研究的进行需要形成使比较得以操作的一般性范畴和某些关于人类行为和动机具有恒定性和可预见性的假设，这些都和历史学家多关注历史事件的特殊性、复杂性和模糊性的学术倾向相抵触。尽管如此，当代西方的一些颇有影响的史学著作，例如亨廷顿的《变动社会中的政治秩序》和弗兰克的《白银资本》等，似乎都与运用比较史学的方法有关。

二、历史与文化比较研究的意义和方式

法国、英国和德国的历史学家们对比较史学的兴起作出了开拓性的贡献，20世纪50年代，在海牙成立了"社会和历史比较研究协会"，1958年创刊了《社会和历史比较研究》季刊(*Comparative Studies in Society and History*)。到1987年止，该刊已发表800多篇比较历史学的论文。但比较史学的大规模兴起则是在20世纪60年代的美国。1966年的美国史学年会开始专门讨论比较史学的问题。1968年出版C·伍德沃德编《美国史的比较研究》，共收24篇文章。1978年美国史学年会的主题也是比较史学。《美国历史评论》杂志1980年和1982年共有三期开辟《比较史学的理论与实践》专

---

① C. Vann Woodward(沃德华特), *The Comparative Approach to American History*(《从比较的角度研究美国历史》), New York, 1968.

栏,讨论比较史学的原理与方法。

比较史学在二战以后的兴起也是由于历史知识的增加和社会科学对历史研究的渗透和影响的结果。随着历史知识的增加、历史视野的扩大和历史学家们对不同地区和国家历史认识的深入,使他们日益对不同地区间类似的现象感兴趣,比较研究因而很自然就产生了。被称为“比较史学之父”的法国史学家马克·布洛赫在他1928年发表的《论欧洲社会的历史比较研究》和1929年出版的《封建社会》两本书中,就是因为把眼光扩展到从东欧到日本的诸多封建社会历史中,从而开始了比较研究。他的书提出了这样一个问题:封建社会是欧洲特有的社会形态,还是人类历史上普遍存在的一个社会政治经济制度形态?

19世纪下半叶形成了人类学和社会学两门社会科学学科。前者对原始和初级社会的制度和社会生活的模式进行经验性的但却是规范式的描述与分析,后者则对当代社会的现象进行统计调查,以概括性描述社会现象的结构和规则为特征。人类学和社会学提出的范畴、概念和结论影响了历史学家的思维。因为人类学家和社会学家的研究从本质上来说是比较性的,其概念和范畴是跨地区和社会的。例如人类学著作中的“婚姻制度”、“家庭”、“经济制度”、“宗教”等概念范畴都是他们藉以观察和组织描述某个特殊原始或低级社会的一般性的范畴。社会学家如孔德和马克思等则试图从多个社会的历史中抽象出适用所有社会的普遍发展模式,孔德提出了知识发展的三阶段模式(神学阶段、形而上学阶段和实证阶段),马克思概括了五种生产方式更迭的理论。

英国历史学会主席、牛津大学教授巴勒克拉夫就曾指出:社会科学对历史学的影响、历史学和社会科学的紧密关系不可避免地把历史学家引导到比较史学的方向上,对任何一个历史事件或现象的研究如果要想得到具有理论深度的成果,都必须用比较的方法。的确,认识一个社会历史现象的独特性只能在与其他社会中相类似的历史现象相比较中才会更为清楚。撰写了《中世纪鼎盛时期的国家》的历史学家海因里希·米特斯认为,只有通过比较才能十分清晰地认识到每一个国家的本质特征,才能把必然性与偶然性、个性和典型加以区别。

(一)历史比较研究的方式

马克·布洛赫在他那本经典性的论文《论欧洲社会历史的比较研究》中解释说,比较是在数个不同的社会环境中选择类似的现象,描绘这些在不同

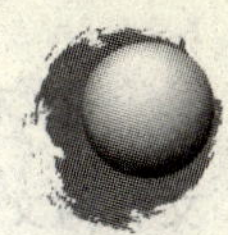

社会环境中的现象，揭示它们的异同，并进行解释。在这里，比较研究不尽是把不同国家的类似发展一一加以对照地排列，它还要求用社会科学的概念范畴和方法对这些历史事件和现象进行分析。巴勒克拉夫把比较史学定义为按照政治、社会、经济、文化和心理的范畴或领域，对过去历史进行分门别类的分析或概括。它主要是由那些对叙事史学不满意，并越来越关注超越国界和时间次序的社会政治和经济模式的学者所推动的。罗斯托对经济发展的一般阶段的研究就是一例。①

如前所述，在历史的比较研究的规模上处在最宏观层次的是比较文明史，例如斯宾格勒和汤因比的著作。在《历史研究》中，汤因比把人类业已存在过的21种高级文明看作是同时性的，对他们进行比较研究，概括性地描述出文明的起源、生长、衰落和解体的一般模式。

其次是对人类社会历史发展的某一过程进行比较，例如现代化进程。西里尔·布莱克的《现代化的动力》被誉为比较史学的"光辉范例"。布莱克研究分析了世界上一百多个国家的情况，概括出政治现代化的四个阶段和七种类型。布莱克的另一本书《日本与俄国的现代化》也被称为迄今为止以比较史学的方法进行社会科学研究的成功范例。罗斯托《经济增长的阶段》通过对欧美国家近现代经济史的研究，概括提出了现代化的五阶段理论。

再次是对人类社会某一特殊历史事件如"革命"，或者某一阶层如妇女、贵族、地主与农民，或某一种制度如封建制度，进行比较研究。布林顿的名著《革命剖析》，比较了英国、美国、法国和俄国的事件进程，试图确立革命必须经过的阶段。② 约翰·顿的《现代革命》一书，对现代历史上的革命运动的结构进行了分析，提出了一个社会学的革命模式。③

(二)历史比较研究的目的

许多历史学家进行比较研究是为了概括出所研究的历史现象的一般发展模式，而另一些学者则是想通过比较找出某类现象的根源，例如巴林顿·穆尔的《独裁和民主的社会根源》。穆尔通过对英、法、美、中国和日本现代化以前的国家结构、文化传统和经济形态的研究，寻找不同的国家在政治现代化初期走向独裁和民主的原因。他描述了政治现代化的三种途径：(1)通

---

① W. Rostow(罗斯托), *The Process of Economic Growth*(《经济成长的过程》), New York, 1953; and *The Stages of Economic Growth*(《经济增长的阶段》), Cambridge, 1960.

② C. Brinton(布林顿), *The Anatomy of Revolution*(《革命剖析》), New York, 1957.

③ John Dunn(约翰·顿), *Modern Revolutions*(《现代革命》), Cambridge, 1972.

过资产阶级革命走向资本主义民主制;(2)通过上层改革走向法西斯专政;(3)发动农民革命走向共产主义。① 佛朗西斯·蒙代尔的《日本、中国和现代世界经济》一书运用沃勒斯坦的世界体系论,从研究19世纪末和20世纪初日本与中国在资本主义世界政治经济体系中的不同位置,揭示中国现代化受阻而日本成功的原因。②

概而言之,比较史学的实践似乎存在两大推动力:(1)历史学家们试图认识历史发展的共同的模式,或者说历史现象的一般结构,因而进行概括性的历史研究;(2)历史学家们试图解释社会历史现象的差异和独特性。许多情况下,进行历史比较研究往往导致提出非常有用的问题和对历史现象的新的眼光。它使历史学家更好地理解在单独研究某一社会历史现象时不甚明了的问题,它也帮助历史家更精确地下定义。例如,沃尔夫在《20世纪的农民战争》这部被誉为具有划时代意义的著作中,通过对世界上多个地区的农业经济和农民的生活状况进行研究,使历史学家能够把"农民"这个抽象概念分解成为能够表明其地区差异内涵的更加严谨的范畴,例如地主、佃农和挣工资的农业劳动者等等,并推动人们注意理论和历史事件的因果方面的问题。③

(三)文化比较研究的两种方法论

比较史学具有强烈的社会科学倾向,它的一个重要目的是从理论上概括历史现象或解释因果关系,这种观点同西方史学中的相对论历史哲学相佐,相对论者反对历史研究中的社会科学倾向,认为历史主要是讲故事,叙述是历史学学科的基本特点。在对人类社会历史的一个方面即文化进行比较研究时,因而存在两种方法论:社会科学方法和晚近受到极大注意的诠释学(hermeneutics)的方法。

持诠释学方法论的学者认为,人类的社会行为渗透价值观,一个社会的文化是由一套观念、价值观、伦理规范和审美倾向组成的。这些价值观和范畴只有在那个社会的环境中,在该文化特有的一套范畴体系中才能被理解。

---

① B. Moore(巴林顿·穆尔), *Social Origins of Dictatorship and Democracy*(《独裁和民主的社会根源》), Boston, 1966.

② F. Moulder, *Japan, China and the Modern World Economy: Toward a Reinterpretation of East Asian Development, ca. 1600 to 1918*, Cambridge: Cambridge University Press, 1977.

③ E. Wolf(沃尔夫), *Peasant Wars of the 20th Century*(《20世纪的农民战争》), New York, 1969.

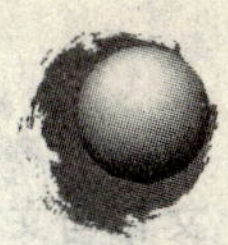

这些范畴和观念是不能被其他文化的语言所充分翻译的，比如中国文化中的“气”的范畴，它的含义即使译成“primary matter, energy”也不能被充分表达，更不能在其他文化中找到相应的范畴加以比较。另外，如中国宇宙论中的“天人合一”、“阴阳五行”理论等等也是如此。

诠释学家认为对一种文化只能进行厚描述，而不能用社会科学的方法加以说明。持这种观点的学者在诠释文化时往往倾向于批注该文化的特有范畴概念，描述这些概念范畴之间的联系，而不去真正进行跨文化的比较。他们对这些概念范畴的定义不是使它们能涵盖其他文化中的现象。这样一来，所研究的某一文化的“特质”在其他文化中就找不到了。

在具有社会科学或实证倾向的学者看来，跨文化的比较研究首先必须清楚地限定所要比较的文化现象的时空背景，例如那一个特定的时代和地区的那一特定阶层的社会行为或文化现象，而且应当作定量性的研究。此外，更重要的是对跨文化比较研究的核心词的定义应当使之能有效地囊括不同文化中的类似现象，以使比较能够有效地进行。对核心词抽象概括的层次的把握是一个十分微妙的问题。抽象概括宛如一个金字塔，对概念内涵的限定越多，该概念所指的对象越少，现象越特殊。而对概念内涵的限定越宽泛和少，它所涵盖的现象越容易找到。例如对中西文化伦理价值的基本观念研究中，诠释学者把“礼”释译成“propriety”和“rite”，由此认为中国伦理文化特殊之处在于对礼仪的几乎宗教化，中国文化最讲礼仪。然而这样的结论不是真正实证意义上的跨文化研究的结果，假如我们把“礼”这个概念理解为表现了一种（中国）文化哲学认为应如何达到社会控制，我们则可以据此考察多种文化在这方面的观念和内涵。要知道现代英国人的讲礼和古代中国人几乎不相上下。

又如“和谐”的观念，诠释学者认为它是中国文化特有的核心观念。因为中国人认为宇宙是和谐的，人类社会也应该是和谐的。而实证论者或受社会科学方法论强烈影响的学者，则把“和谐”的概念看作是属于一种文化意识形态核心层次基本范畴中的“关于存在的假设性范畴”（existential postulate）（即关于宇宙秩序和结构的观念）和“规范性范畴”（normative postulate）（即关于事物的存在和行为方式或关系应当如何的观念）。由此我们就能为“和谐”的概念在其他文化中找到相类似的概念，从而加以比较研究。看来文化的比较研究是一个比历史的比较研究更难把握的领域。它需要谨慎下定义，并精心设计研究途径。

结　语

从一定意义上来讲,“所有试图作出解释的历史研究都涉及或明或暗的某种程度的比较”①。但是这种研究的合法性如何呢?谁都知道,具体的历史事件具有独特性和不能重复性,完全相同的事件在历史上没有。因此,比较史学赖以开展的一个重要思想是:不应当过分专注历史事件的具体性。这样,我们忽视某些附加的因素或特殊性,而对某一具体历史事件从普遍一些的角度来研究。例如把法国、英国、俄国和中国在不同时间发生的革命看作是性质多少相同的革命,冠之为“资产阶段革命”,在这里我们似乎就具有许多相同的事件,重复性便出现了,研究其规则或结构便成为可能。事实上,某一事物的特殊性取决于观察角度的远近,或者说思维的抽象程度。

自然科学研究也可以说是具有独特性。宇宙包括各种物质及其过程处在一个人们不易觉察的演化过程,从大爆炸到无限膨胀至最后崩塌这样一个宏观的演化过程。任何一个科学实验在时空这种意义上也是独特的。自然科学的许多分支学科,如动物学、地质学和古生物学等所处理的资料,在性质上都是历史的。过分强调历史事件的独特性,将会导致任何系统科学的终结。历史社会学的著作表明,以研究独特的历史事实为基础的历史学有可能超越其研究对象的独特性,而得出获得相当证据支持的带有普遍性和规则性的结论。

比较史学的开展对于进一步拓展我国历史研究领域也具有意义。2003年在四川南充召开的中国世界近现代史学术年会上,提出了进一步拓展我国世界史研究领域的问题。在这方面,了解20世纪西方史学的发展历程对我们不无启迪。20世纪西方历史研究领域的拓展大致受到两次大的推动:(1)20世纪中叶,特别是二战前后。在人类学、社会学、民族学和马克思主义的影响下,涌现了一大批与人类学、民族学和社会学的概念相关联的历史研究新题材,极大地扩展了西方历史研究的领域,产生了所谓“新史学”。社会科学对历史学的渗透也革新了史学方法论。在世界著名大学如牛津大学,

① G. Fredrickson(佛里德利克),“Comparative History”(《比较历史》), in Michael Kammen(卡门), ed., *The Past Before Us: Contemporary Historical Writing in the United States*(《我们面前的世界:当代美国历史写作》), New York: Ithaca, 1980, p.457.

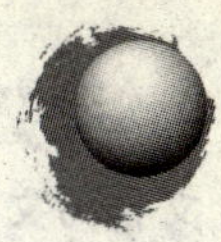

由于考虑到人类学、民族学和社会学等学科对历史学的影响，这些学科都是在历史系学生的选修课程（系列讲座）之列，直到笔者20世纪80年代末在牛津读书时也是如此。(2)20世纪后25年。在后现代主义和语义哲学的影响下，出现了大量挑战传统历史编纂模式和题材的研究。历史学家们开始注意到那些足以挑战传统解释理论与编纂体系的、与主流文化相左的或者以前不受注意的、卑微的历史现象，史学研究为之面貌一新。这股思潮在国内也有反映，被称之为"后学"。

20世纪西方史学的进展告诉我们，历史研究的领域必须不断拓展，题材和内容必须不断推陈出新，历史研究才能与时俱进。毫无疑问，鼓励从事比较史学性质的研究可以作为我们拓展历史研究领域的一个重要手段。这首先是因为作为一门历史学分支学科，比较史学在我国还处于不发达的阶段。长期以来，我国闭关自守，在学术上也相应处于视野内向和弱势地位。随着我国经济地位的提升和向世界扩张，我们需要更多了解世界其他国家的历史文化与现状。其次，比较的方法是研究世界史和中国史的一个重要方法。世界史的研究大多以民族国家为单位，当我们对以民族国家为场景所发生的社会历史现象进行研究和解释时，我们实际上是在一种潜在的比较史学的眼光下完成的。即使是研究中国历史，如果我们把许多现象置于同其他国家类似现象相比较的眼光下，我们的研究也会更为清晰。最近出现的一些在国内颇有影响的、从比较的视角对晚清中国农村经济发展的研究成果就说明了这点。

经济全球化的进程到了似乎需要我们以一种新的眼光来重新审视世界近现代历史发展的地步。近来，国外这方面的著述不断出现。2000年葡萄牙学者出版了一本题为《从达伽玛到比尔·盖茨：全球化五百年》的书。当前国际政治的最新发展也催生新的世界历史解释理论。美国有学者近来提出关于欧洲历史已经终结的理论。这个理论认为：在欧洲建立国家联盟，转而采用和平手段来解决国际争端后，外部的国家冲突已不可能在欧盟范围内出现。由于欧洲大多数国家已实行带有"社会主义"性质的福利国家的政策，欧洲内部也不可能再有阶级斗争了，欧洲的历史因此处于终结状态。而在美国，它在社会制度的发展上还未能达到欧洲那样完善的"福利国家"的发展阶段。对外，美国是人类历史上最新崛起的超级强国，它还处在试图把其强大的军事力量和政治意图投射到世界其他地区的进程中。与美国相关的故事还在展开，它的历史因而还未终结。

当代世界历史的这些新动向和新的历史大叙事理论给我们提出了重新审视近代以来世界不同区域和不同国家的发展历史的任务。比较史学在这方面是大有作为的。

（本文原载《史学理论研究》2004 年第 4 期）

全球史对世界史编纂理论和方法的发展

"全球史观"是一种研究世界历史的新观点，全球史史学也是一种世界史编纂的新体系。下面这篇文章探讨全球史史学与传统世界史在视角、编纂范围、意识形态、研究方法、历史分期和话语特征诸方面的异同。文章认为，全球史史学不能代替国别史的传统研究领域，但它开创了新的领域——研究国家或区域间的互动交流和全球文明在其他方面的整体关联。全球史史学所带来的方法论意义以及它所表现出的对带有强烈欧洲中心论意识形态的旧世界史体系的解构具有进步意义。

传统的"世界史"在很大程度上是"国别史"的综合，它对地球上各区域文明演化的相互关联和互相影响研究得较少。而"全球史观"则从强调人类是一个整体的视角出发，关注对人类社会整体演化有意义的事件、全球性的力量对历史发展的影响、全球范围内不同民族和人民之间的互动、全球或区域环境的变迁、商贸往来、技术发明的扩散和农业的发展等等。① 全球史观是一个具有时代感并使用多种当代社会科学概念和方法的新史学编纂理论。

全球化使我们日益意识到历史事件不仅在民族国家和社区的框架内展开，也发生在跨越区域、跨越大陆、跨越东西半球、跨越海洋和全球的背景下。这些大规模的跨文化和跨区域的交流影响着单个社会和全球的历史演变。东亚的崛起也显示西方的优势地位在世界历史长河中的暂时性，以欧洲的崛起和扩散为主线的传统世界史编纂体系的缺陷被暴露了。全球史学反映了生活在全球化时代的史学家从史学的角度对全球化历史的反思和回

---

① 参见赵轶锋《关于世界历史的整体性》，译皮特·斯特恩斯《全球文明史》而写的译者序，2005 年昆明"史学理论研究会"会议论文，第 3 页。

顾,反映了他们对全球历史的整体相关性的意识。

全球史观在一定意义上对旧世界史体系进行了重构,本文讨论"全球史观"作为一种新的编纂世界历史的理论观点和方法的特征及它与传统"世界史观"的关系,尤其是这两种世界史编纂体系在视角、编纂重心、意识形态、分析研究方法、历史分期和话语特征诸方面的差异。

一、研究视角

20世纪50年代起,英国历史协会主席巴勒克拉夫就号召历史学家超越本民族或地区的眼界,扬弃世界历史编纂学中的"欧洲中心论",公正评价世界其他地区的文明发展,重新解释人类迄今的历史,并去寻找一个能把世界文明表述为一个整体的理论框架。①

应当说,世界历史发展客观上存在着中心。在一段历史时期内人类征服自然,以及社会内部组织的复杂化进程中一些主要的创新和发明的来源地也许可以称为世界历史的中心。例如从600万年前到170万年前的史前时期,非洲就是中心,人类的祖先在这里从直立到使用工具,再走出非洲,向世界其他地区扩散。直到6万年前,最后一批智人来到欧亚,取代早先迁涉出的人类,非洲中心才结束。6万年前到8000年前,中东是从狩猎到农业文明时期的中心,定居农业和市镇首先在中东两河流域形成,主要的农业技术、文字、车轮、青铜冶炼、马的驯服在这里首先出现,再向欧亚大陆其他地区传播。7000年前到公元1世纪,埃及、希腊罗马、印度和中国是古典文明形成时期的多中心。然而当历史学家这种站在本地区观察世界的观点变成了意识形态时,它也会体现区域偏见。特别是带着西方意识形态的透镜去观察人类历史,就必然要为西方殖民主义辩护,一些英国学者在其历史书中把鸦片战争说成是贸易争端而不是帝国主义行径,就是一例。

全球史观要解构这种史学体系,"使欧洲退回到欧洲"。为寻换另外一种视角,美国的全球史理论家如本特利提议把欧洲的历史解释为是一种例外,而不是典型。另一些全球史家则对欧美的现代化进行相对主义的处理,

---

① 参见[英]巴勒克拉夫《当代史学主要趋势》,杨豫译,上海译文出版社1987年版,第248~250页。

突出欧洲首先现代化时与其他地区的相互依存性[①]，例如提出早期全球贸易网络的建立既归功于欧洲商人和探险家，也依赖于美洲土著人的银矿开发和非洲农奴的观点。

为了摆脱“欧洲中心论”的束缚，全面把握和描述世界历史的整体性，另一些历史学家如斯特恩斯作出了可贵的尝试，提出了一套观点方法。斯特恩斯在其《全球文明史》一书中，运用四个原则来把握世界历史的整体关联：(1)对过去被忽略的文明或者社会给予更多关注；(2)“重点描述对全球文明总过程形成有重要影响的人类经历”；(3)关注跨文明、跨区域的事件，如移民、贸易、宗教传播、流行病、文化交流；(4)注重文明比较，以比较的方法把不同文明的突出特征和历史发展联系起来叙述，判断一个社会的新局面同其他地方的相似情形之间的因果关系和模式结构。[②] 这些原则的确在一定意义上使世界史编纂具有全球视野。

二、研究领域与编纂重心

斯宾格勒开创了研究比民族国家更大的单位，即“文明”。他力图发现世界各主要文明的发展周期模式。他的著述对突破传统世界史编纂格式有重大意义。因为他首次把“大规模的综合体作为适合历史研究的分析单位”[③]。

本特利归纳了全球史研究的三个重点领域：第一，跨国家和跨区域的技术传播。麦克尼尔的三本书被认为是代表作。[④] 他的书探索了思想文化、技

---

① R. Bin Weng, *China Transformed: Historical Change and the Limits of European Experience*(《变革了的中国：历史演化与欧洲经验的局限》), New York. Ithaca, 1997; Michael P. Adams(麦克·亚当斯), “From Settler Colony to Global Hegemon: Integrating the Exceptionalist Narrative of American Experience into World History” (《从殖民地到全球霸主：从世界史的角度重新解释美国的例外论叙述》), *American Historical Review* ,vol. 106, 2001.

② 参见[美]皮特·斯特恩斯(Peter N. Stearns)《全球文明史》(*World Civilizations: The Global Experience*)，赵轶锋等译，中华书局2006年版。这是一个相对较为成功的用全球史观来纂写的世界历史著作。见赵轶锋译者序代前言。

③ 吉里·本特利：《20世纪的世界史学史》，载《史学理论研究》2004年第4期。

④ John McNeill(约翰·麦克尼尔), *Pursuit of Power: Technology, Armed Force and Society Since AD 1000*(《公元1000年来的社会、技术和武装力量的发展》); *Plagues and Peoples*(《民族和瘟疫》), Garden City, NY, 1976; and *The Rise of the West: A History of the Human Community*(《西方的兴起：人类共同体史》), Chicago, 1963.

术和疾病等等在区域和洲际间的传播及其社会影响。他认为,在世界历史上金属、骑马术、火器和军事组织等的发明首先传播到邻近地区,再继续扩散,这些一次又一次的传播影响了世界历史的发展。他对美洲的研究表明:传统世界史以西班牙人的优越的火器、军事组织原则和政治能力来解释少数欧洲人何以能征服人口庞大的阿兹特克和印加帝国具有局限性。他以美洲环境史和跨洋性疾病扩散的研究显示天花的传播比武器更有效地征服(消灭)了美洲土著居民。西班牙侵略者蓄意让当地人接触他们所使用过的衣物以传播病毒。的确,法国历史学家拉杜里在研究欧洲人口经济史时就感叹说:人类社会的政治组织在人口涨落规律的宏大力量面前无能为力。

全球史研究的第二个领域是经济和社会在大范围的发展模式,尤其是周边国家和地区通过海洋进行远距离贸易及其他交往,以及由此而构成的某种体系。乔德哈利的两本名著研究了印度洋作为连接周边地区的原料产地、市场和商业中心区的意义,认为印度洋不仅是沟通东亚和东非的航线,也对东半球的社会经济发展产生了重大影响。[①] 佛教传入中国的一条重要路线也是从海上经东南亚到达中国。在大约一千年间,它对东半球的发展产生重大影响。全球史研究的第三个领域是大范围的环境和生态变迁,动物、植物和疾病的流动对人类社会与自然环境的影响,由此产生了所谓"生态史学派"。克罗斯比的书尤为有名,他的书研究了伴随哥伦布远航和地理大发现的生物流通对全球的影响。那时,美洲的玉米、土豆、烟草传到世界各地,欧洲的天花也传到美洲,毁灭了土著居民。克罗斯比断言,欧洲人到达美洲这几百年间远距离迁徙和跨文明交往带来的生物交流决定着许多落后社会的存亡。[②]

全球史学不再把国别史看作是世界史的主要研究领域,或者说主要的叙事单位,而把经济上的、地理环境上的和文化上的大区域视为自己的研究

---

① D. N. Chaudhuri(乔德哈利), *Trade and Civilization in the Indian Ocean: An Economic History from the Rise of Islam to 1750*(《印度洋的贸易与文明:从伊斯兰教兴起到1750年的经济史》), Cambridge University Press, 1985); *The Trading World of Asia and the English East India Company, 1660－1760*(《1660～1760年的东印度公司与亚洲的贸易》), Cambridge University Press, 1978; and *Asia Before Europe: An Economic History from the Rise of Islam to 1750*(《欧洲人来临前的亚洲:从伊斯兰教兴起到1750年的经济史》),Cambridge University Press, 1990.

② Alfred W. Crosby(克罗斯比), *Columbian Exchange: Biological and Cultural Consequences of 1492*(《哥伦布的交流:1492年的生态和文化结果》),Westport, Conn., 1972;and *Ecological Imperialism: The Biological Expansion of Europe, 900－1900*(《生态帝国主义:900～1900年欧洲的生物扩张》),Cambridge University Press, 1986.

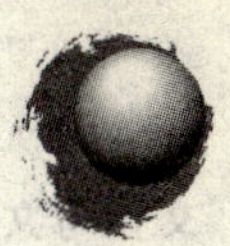

对象，全球史观关注跨文明和跨区域的事件，如移民、贸易、宗教传播、流行病和文化交流等等，对过去被忽略的文明和社会给予更多注意。全球史学因而体现了一种研究重点的转移，并且声称这些新的社会历史空间是由人类社会组织在地理环境条件下构建的。

全球史学没有否认国家或民族文化作为历史发展的载体或主要场景，但是在从事全球视野的世界史编纂时却创造出了适合研究大规模历史演化的“区域”概念，尤其是连接世界上几大洲的海洋及其周边地区所构成的区域，所谓“海洋盆地”。费尔南德·布劳戴尔对地中海世界的研究在这方面起了先驱和示范的作用。对印度洋、大西洋、南中国海和波罗的海及其周边地区，以及经由这些海域所进行的贸易、移民、生物以及文化交流的研究取得丰硕成果。乔德胡里对印度洋周边世界的研究表明，世界历史编纂领域不仅发生了从国别史到区域史的转移，也出现了从归纳概括社会演化的模式到探寻区域和全球在诸多方面的结构体系的转变。沃勒斯坦的“世界体系”概念是16世纪以来全球政治经济结构的一个有名的理论，他也为那些研究全球范围内其他领域，包括动物、农作物和疾病等的世界性传播模式等，提供了一个研究范式。沃勒斯坦的学术实践鼓励史学家们去寻找其研究对象的结构体系，布罗代尔、斯塔夫里阿诺斯和麦克尼科都从他那儿获取了灵感。历史学家们不仅研究全球或区域文明史、环境史、技术史和文化交流史，也试图构建体系。

全球史学不能代替国别史的传统研究领域，它开创了新的领域，即研究国家间或区域间的互动交流史或全球模式。更为重要的是，全球史学所带来的方法论意义以及它所表现出的对带有强烈欧洲中心论意识形态的旧世界史体系的解构。全球史学最成功的著作无论是在视角上还是在价值判断、历史分期和知识体系的语义上都在解构旧历史编纂学。

三、方法论

在朗克的影响下，大多数专业的历史学家都主要运用实证主义方法——史料考证批判来构筑历史叙述，而全球史学家关注宏观问题，在描述人类各地区的社会制度与文化交流时发现比较史学方法的价值。在全球史观视野下的通史著作出现以前就有不少用比较的方法来横向研究世界各国的历史现象，例如封建制度、农民和革命等等的著作。这些著作体现了一种全球整体视野。

两次大战期间出现了几位影响颇大的比较史学家，如布林顿和布洛赫。研究中世纪历史的法国学者马克·布洛赫1928年发表题为《向欧洲社会的比较历史学迈进》一文，为比较史学研究提供了概念和方法论基础。[①] 布洛赫区分了两种历史的比较研究的方式：第一种方法是19世纪末叶盛行的宏观历史比较方法，在这种研究模式中历史比较的单位是在时间和空间环境中都互相远离的社会；第二种方法比较彼此相邻、互相影响且处于同一历史时代的社会。后来从对世界各国的历史的宏观比较研究转向中等规模的比较研究。宏观历史比较以"文明"或"文化"为单位，其研究范围不确定，而中等层次的比较研究则以"定义准确的分析性范畴"为框架，研究像"奴隶制度"和"革命"这样的人类社会制度和观念形态。[②]

巴勒克拉夫等人早就鼓吹全球视野的历史编纂学可以借鉴20世纪下半叶人文社会科学其他相关学科的理论概念和方法，尤其是文明比较的方法对人类各地区和不同时代的制度、习俗和思想进行研究。换句话说，从研究"历时性"转到研究"同时性"。他们认为世界历史编纂中的这种比较研究方法和同时性的观念已经由汤因比和斯宾格勒所运用。它能够为编写新的"世界史"——全球史提供方法论和借鉴。[③]

比较的方法为克服以欧洲为中心的历史观念提供了一个有效的方法，正如洛赫尔指出："只有使用文化比较方式的通史著作才是令人满意的。"[④] 比较史学为编纂新的注重世界历史整体关联性的世界史提供了合适的方法。斯特恩斯认为，以比较的方法把不同文明的突出特征和历史发展联系起来叙述，注重文明比较，并去判断一个社会的新局面同其他地方的相似情形之间的因果关系和模式结构，在这样的原则下进行历史写作，全球视野的世界史编纂成为可能。

全球史在比较研究时，还频繁运用历史社会学的方法，比如对奴隶制、

---

① Marc Bloch(马克·布洛赫), "Toward a Comparative History of European Societies"(《向欧洲社会的比较历史学迈进》), in Marc Bloch, *Land and Work in Medieval Europe: Selected Papers by Marc Bloch*, New York, 1969, pp. 44－81.

② Grew Raymond(雷蒙), "The Case for Comparing Histories"(《历史比较的案例》), *American Historical Review*, vol. 85, 1980, pp. 763－778.

③ 参见[英]巴勒克拉夫《当代史学主要趋势》，杨豫译，上海译文出版社1987年版，第256～268页。

④ 转引自[英]巴勒克拉夫《当代史学主要趋势》，杨豫译，上海译文出版社1987年版，第280页。

封建制的比较和描述。它在描述全球性的变迁时还受到结构主义方法论的影响，例如在历史分期时，它是以世界版图的变化、各文明间出现的新型交往和模式来分析世界范围内人类社会整体结构的变化。[①]

四、价值判断

17世纪以后，欧洲学者创建的世界历史编纂体系继承了世界历史具有统一性的观点。然而，欧洲学者所创立的这个世界史体系把欧洲视为人类文明的中心，认为它代表了历史发展的主线，由此构建了一个由埃及、近东文明、希腊罗马、中世纪到现代欧洲文明发展的大叙事框架。现代欧洲被认为达到人类历史发展的顶点。欧洲人是最优秀的种族、历史的创造者，欧洲历史具有进步性，而其他大多数民族的历史则不是。[②] 世界历史发展的阶段也是以欧洲的重要历史事件为标识。历史著述的大部分内容被用以描述欧洲的事件，“十分之九的篇幅中只介绍世界上四分之一居民的那种历史”[③]。

许多西方学者很早就呼吁，要抛弃线性历史观、一元化的文明观以及中心与边缘等传统概念而接受人类文明多中心论。[④] 斯特恩斯的《世界文明：全球经历》为摆脱西欧中心论，对文明的界定不以西方社会为准绳。他可贵地认识到许多“文明”都把具有不同体貌特征和文化的外人看作是不开化或蛮夷，因此不能以任何一种文明为标准。在他的著作中，对“文明”的定义有意模糊，以显示出一种中立的价值尺度。全球史观还把游牧生活方式、奴隶制度、封建制度等不看作是与某一地区相联系的特殊制度，而看作是人类社会制度演化的几种可能性之一。

五、历史分期

汤因比比斯宾格勒更清楚地阐述了大范围的综合社会概念——“文明”

---

① 参见赵轶锋《关于世界历史的整体性》，译皮特·斯特恩斯《全球文明史》而写的译者序，2005年昆明“史学理论研究会”会议论文，第2、9页。

② 参见[美]J.布劳特《殖民者的世界模式》，谭荣根译，社会科学文献出版社2002年版。

③ [英]巴勒克拉夫：《当代史学主要趋势》，杨豫译，上海译文出版社1987年版，第243页。

④ 参见[英]巴勒克拉夫《当代史学主要趋势》，杨豫译，上海译文出版社1987年版，第257页。

的含义。他的著作表现了不带偏见地分析人类社会历史演化的愿望,他没有按欧洲的历史模式去规范其他地区的历史,而是试图从研究(概览)世界上 21 种文明的演化,找到文明生长的模式和阶段。

巴勒克拉夫在寻求建立新的全球史史学时,认为需要寻找一个衡量世界上各种事件是否具有"世界历史"意义的新的标准。[①] 他认为当代世界历史编纂不要能再像过去那样以欧洲文明为尺度,依据各地区文明社会的相对重要性来排序,并构筑从古至今的人类历史发展线索。全球史观力图超越那种"简单地"叙述世界上各主要文明或社会的历史,并用诸如传统与现代、西方的崛起和影响的扩散之类的框架来组织史料的做法。

全球史观不再把欧洲历史看作是人类历史的经典发展类型,并以欧洲历史为范型来划分世界历史的阶段性。欧洲历史的突出性被置于一个更广泛的视野中加以审视。斯特恩斯的《全球文明史》就以这样的方式划分了世界历史的六个阶段:"文明的起源"、"世界历史上的古典时代"、"后古典时代"、"缩小的世界"、"工业化与西方的全球霸权"以及"20 世纪世界历史"。这些阶段是以全球各文明发展的总的形势来概括的。具有全球视野的学者并不一定就摆脱了欧洲中心论,例如罗斯托的《经济增长的阶段》和布莱克的《现代化的动力:比较历史研究》都试图研究全球社会经济和政治上从传统社会向现代社会转变的模式和阶段,但他们的历史分期基本上仍是以欧洲历史发展为参照系。[②]

六、对旧世界史话语的清洗

传统的世界史体系与欧洲中心论有密切的联系,欧洲中心论渗透到近现代欧洲史学研究中,规定了它的选题、研究方法以及学术价值的评判标准。正如刘新成教授所指出的,欧洲中心论是一套话语体系。[③] 欧洲中心论为特征的历史知识体系的建立是由欧洲在全球权力结构中的地位所决定

---

① 参见[英]巴勒克拉夫《当代史学主要趋势》,杨豫译,上海译文出版社 1987 年版,第 248～250 页。

② 参见[美]罗斯托《经济成长的阶段》,国际关系研究所编译室译,商务印书馆 1962 年版;[美]西里尔·布莱克《现代化的动力》,段小光译,四川人民出版社 1988 年版。

③ 参见刘新成《全球史观与近代早期世界史编纂》,"各国的世界通史教育国际学术讨论会"(首都师范大学,2005 年 10 月 12～13 日)论文。

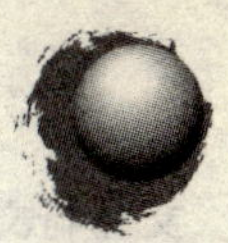

的。对欧洲中心论的扬弃意味着清洗欧洲主导下形成的世界史的传统观念和话语体系。像"地理大发现"、"新世界"等术语都是由欧洲人所首先使用，并成为规范。塞义德对"东方"观念及东方学的解读、保拉·卡斯塔诺对"拉丁美洲"概念形成的追溯就是对旧世界史话语进行反思和解构的两个范例。卡斯塔诺的研究指出，"拉丁美洲研究"是在美国上升为世界强权这一背景下发展起自己的范式的。"拉丁美洲"这一术语是拿破仑三世诉求其在美洲殖民地的拉丁性，以抵制美国向加勒比地区的挺进而得到巩固的。①

为摆脱欧洲史学观念居主导地位而形成的旧世界史的话语特征，全球史学家对许多词汇和关键概念的界定和运用都退向更中性、外延更宽泛的领域，并试图在概括全球文明更广泛的历史现象的基础上抽象。例如，斯特恩斯的《全球文明史》使用"精英"而不是"统治阶级"。他也把封建看作是从地方性政治向中央集权制社会组织过渡的一种早期形式，认为它出现的原因是由于地区间缺少紧密的经济联系，中央政权软弱，以及缺少共同的政治价值体系和发展运作官僚体制的经验。奴隶制被看作是从古典到现代早期世界上普遍存在的一种生产方式，这种生产方式有时是该社会的主流，有些情况下则居于边缘化地位。奴隶制之所以成为可能，是由于个人或家庭不足以提供大面积的农业耕作所需的劳动力，而且法律、习俗或某一群体的权威构成了高压统治或强制劳动的社会环境，这种定义提供了包括中国商周时期、古希腊罗马到近代早期美洲出现的这种强制性劳动方式。②

结　语

全球史史学批评把国家作为主要的叙事单位，忽视跨越国界和洲界的事件对世界史的影响。它试图超越以国家为单位的思维模式。全球史史学不能完全代替旧的国别史，但它的确丰富了传统世界史的研究视角和方法，扩展了我们的历史视野，使我们注意到跨越民族、国家和文化区域的人口迁移、帝国的扩张、技术转移、环境变迁、文化宗教和思想的传播、经济的波动

---

① Castano Paola(保拉·卡斯塔诺)，"World History in Colombia and Latin America: A New Perspectives"(《拉丁美洲和哥伦比亚的世界史教育：新观点》)，"各国的世界通史教育国际学术讨论会"(首都师范大学，2005年10月12～13日)论文。

② 参见赵轶锋《关于世界历史的整体性》，译皮特·斯特恩斯《全球文明史》而写的译者序，2005年昆明"史学理论研究会"会议论文，第10页。

等等对全球历史的影响和意义，深化了我们对世界的理解。

全球史观不再把世界看作是划分为自我封闭的、互相区别的和具有内部统一性的社会所组成的空间。相反，世界及其历史被认为表现为人类出于各种目的、以不同的方式对社会空间进行重构。国家的疆域和更大的区域也不再被看作是固化的，而是在历史中不断变迁。全球史观关注联系各个社会的那些历史过程，维系排他性社会认同的复杂情形，并试图超越知识体系的地域界限。这不同于传统世界历史观念强调文化的独特性、认同的排他性、知识的地域性以及单个社会经历的理念。全球史学的这种观念使我们对社会和文化的认识更加全面，并为我们从动态的角度研究文化和社会的历史变迁提供了一个新的视角。《学术研究》最近登出的一篇文章就体现了这种新的视角，它探讨了多种文化交流时发生的文化混杂情形，并分析了中国文化在外来文化的影响下发生的异变。[①]

马克思的历史研究方法体现了一种全球性的视野。马克思从欧洲历史演化中抽象出五种生产方式更迭的模式，尽管他没有明确地说明这是一个世界上所有社会演化的模式，但他使用的语言是全球史视野下的语言。他关注社会与自然环境、不同区域的经济交往、技术和资本对各大陆历史发展的影响。马克思的历史唯物主义仍是我们历史研究的基本理论。然而，我们需要在继承马克思主义理论遗产的同时，与时俱进，吸收人类创造出的新理论和方法。

（本文原载《史学理论研究》2006 年第 4 期）

---

① 参见何平《中国历史思想中的文化多样性观念》，载《学术研究》2005 年第 5 期。

全球史视野下的中国和欧洲的经济社会发展比较

——兼论中国“封建社会”长期停滞的原因

这篇文章从全球史的视角对中国和欧洲两千年来的历史发展脉络进行了对比探讨。该文注意到在前工业化时期欧洲历史表现出某种周期性循环的特征。地理大发现后,陆上和海上长程贸易帮助欧洲打破了经济发展的马尔萨斯式生态资源瓶颈。中国历史发展显现出以朝代为单位的短时段的周期性循环和跨越数个朝代的长时段的周期性历史变迁。后者是由于政治制度和经济地理在数百年间的缓慢变化所造成的。该文认为,明以来中国社会文化心态的“内卷化”和清中叶后的人口剧增,形成中国人文和经济地理环境的总体恶化态势,再加上中国未能及时大规模参与当时正形成的全球性生产与贸易体系的经济活动,终酿成19世纪末叶的贫弱落后状况。全球史为中国“封建社会”长期停滞问题提供了一条新的解释路径。

全球史开拓了新的世界史研究领域,它侧重研究国家和大区域间的相互交往和影响,以及各个地区的人类社会在这种交往中社会内部的政治结构、经济制度与文化的变迁。全球史所带来的方法论意义和“拓荒”性质正日益引起我国史学界的关注。区域和国家的历史的比较研究是全球史的主要研究方法之一,它为探讨世界历史的整体关联性提供了一个合适的框架和历史叙述的路数。从这种比较研究中,不同文明区域或国家的社会结构和历史演化的特征变得更为清楚。本文在此对中国和欧洲的经济和社会演化的脉络作一初步的比较,并对我国史学界过去长期讨论的中国“封建社会”长期停滞问题提出一种新的看法,以见教于国内同行。

一、历史发展的轮廓

中国古代社会的政治经济结构的某些突出特征曾被一些学者用“亚细亚生产方式”的概念来描述，并认为它与中国农业依靠水利灌溉的生产方式相关。在大河，如黄河流域，水利灌溉工程的修建和管理需要中央集权式的管理，从而形成专制政权的基础。这种说法值得进一步讨论。虽然大规模的水利灌溉工程往往得由一个统治这整个区域的中央政府来组织建设和管理，例如黄河流域的水利工程需要中央政府调拨资源和管理，但它与专制之间是否存在必然联系仍需探究。在地理和气候条件不变的情况下，中国中央集权的官僚体制曾几次分裂成地方割据的“半封建制”。从世界上的几个专制帝国如拜占庭帝国、奥托曼帝国和俄国来看，专制的倾向也不能说萌发于修建和管理大规模的水利工程。

秦统一中国后，西周时就一度形成的封建制衰落了。后来尽管庄园制和分封制甚至地方割据在不少朝代也存在，然而狭义上的（欧洲和西周式的）封建制再也没能够充分发展起来。帝国中央政府掌握着军队和司法权。庞大的城市也未能演化成西方式的自治城市。在欧洲，罗马帝国解体后，形成了中世纪松散的封建制度，后来演化成若干“独立”的国家。欧洲各地区的文化具有多元性，同时又分享某些共同的价值和思想观念，并保持国与国之间的竞争。国外的一些学者认为这种格局对西欧和中国这两大区域后来的不同发展提供了解释。

古代中国走上了另一条路，自秦求同除异，汉崇儒更化，中国的朝廷和知识分子推崇政治文化的大一统。公元前1世纪中国社会文化基本特征刚开始形成时，学者们就已开始维护中国的文化认同，中国被想象为居于天地之中，并为“王政之所加……（和）七赋之所养”①。宋朝的石介在《中国论》中则把想象中的中国的地理和文明中心地位与宇宙的结构相比，认为是天经地义的。他提出，中国有三纲五常、礼、乐和发达的教育制度等等，使它区别于周边蛮族。② 甚至在“异族”统治的清代，中国文化的基本构架和文化认同也未消失。乾隆皇帝致英王的那封著名的信中，关于中国文明处于世界中

---

① 杨雄：《法言》卷四，《问道》。

② 石介：《徂徕石先生文集》卷十。

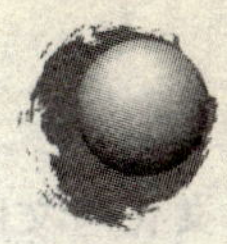

心,其社会制度、经济和文化已发展至极盛的观念跃然纸上。这种文化认同的形成与中国同其他高级文明之间缺少政治思想交流有联系。

人口的演化。在欧亚大陆两端,在传统农业经济占主导地位和缺少远距离大规模跨洋贸易的情况下,经济社会的发展似乎受人口经济规律的影响。中国和欧洲过去一千年的人口经济发展都由一系列上升与下降的波动周期所组成。中国人口总量在汉代达到约 6000 万人,北宋之前一千年一直未超过这一总数。到北宋迅速增长到 1 亿人。南宋人口增长略慢,达到 1.2 亿人。元代,人口的急剧减少扭转了第一阶段的发展,从 1.2 亿人减至 6000 万～8000 万人。第二个周期从明代的复元和缓慢增长开始,到 16 世纪,人口可能至少达到 1.5 亿人,然后遇到了 17 世纪的战乱。农民起义和清朝的征服,对人口增长不利。17 世纪后期人口重新开始增长并有所加快。第三个周期发生于 18 世纪到 19 世纪初期之间,由 1700 年的 1.5 亿～2 亿人增长到 1800 年的 4.3 亿人。19 世纪中叶一系列大规模的农民起义和战争阻止了这一人口的突发性增长。20 世纪初人口重新开始增长,没有出现明显的周期性下降。1900 年中国人口约为 4 亿人,到 1937 年达到 5 亿人,然后从 1949 年的约 5 亿增长到目前的 13 亿人。

欧洲人口的演化在过去一千年中呈现出三个周期,包括两次衰减。公元 1000～1347 年,欧洲的人口也许翻了一番。1347 年黑死病开始流行之前,增长就似已停止。增长带来的"人口过剩",对土地、资源及技术不足造成压力。在人口于 15 世纪后期或 16 世纪开始再度增长之前,西欧人口在黑死病期间大致减少了四分之一或三成。16 世纪后半叶,人口再次开始对土地和资源造成压力。在 17 世纪危机中,人口增长又趋于停滞,一些地区的人口甚至减少了。在西北欧,16 世纪的迅速增长一直持续到 17 世纪中叶,然后是 1650～1750 年间一个世纪的极为缓慢的增长。西欧人口第三增长周期开始于 18 世纪中叶,其增长率开始并未超过 16 世纪。19 世纪中叶以后,人口的增长在大多数国家加快,增长一直持续到最近。1970 年西欧人口(4.62 亿人)是 1700 年(8600 万人)的 5 倍多。[①]

经济发展水平上,汉朝和罗马帝国这两个欧亚大陆两端的大帝国在公元 1 世纪前后大致相当。6～8 世纪,当欧洲陷入中世纪的文明倒退时,唐帝国一度成为欧亚大陆的文明最为发达的国家。10 世纪前后,中国的经济技

---

① E. Jones, *European Miracle*, Cambridge University Press, 1991.

术发展到高峰。[①] 以北宋人均生铁产量为标志,达到当时世界最高水平,直到18世纪工业革命时期才被英国打破。宋朝曾短暂出现现代性质的"集约型经济增长"(intensive growth)。[②] 在某些地区,已接近建立一个使用再生能源的机械化的工业体系。[③] 为什么宋代生气勃勃的知识创新精神和充满生机的经济未能更进一步发展,并推动中国步入现代社会?是由于缺乏科学技术革命、战乱、人口压力还是其他什么原因?这是一个很值得探讨的问题。[④] 明清期间中国经济的规模扩大了,但没有质的变化。[⑤] 清中叶后,人口剧增,人均占有自然资源急剧减少,技术停滞甚至倒退。经济陷入"投入产出递减"[⑥]的"高均衡的陷阱"[⑦]。李伯重的研究表明,1550~1820年长江三角洲的木材价格提高了700%。[⑧]

二、社会发展循环及其原因

前工业化时代,欧洲和中国的社会发展都呈现循环波动的周期性变化,尽管其形式和原因有差异。20世纪70年代前后,欧美史学界对前工业化时代欧洲经济社会发展循环的原因进行过讨论,一些学者认为欧洲人口和经济循环的根源在于领主的超经济剥削和土地与资本(特别是牲畜)的分配不

---

① R. Hartwell, "A Revolution in the Chinese Iron and Coal Industries during the Northern Sung, 960—1126," *Journal of Asian Studies*, vol. 12, 1962.

② E. Jones, *Growth Reoccurring*, Oxford University Press, 1992.

③ 伊懋可认为,10~14世纪中国形成了三大革命——农业革命、交通运输革命和金融革命,并已接近通过试验系统调查研究自然现象,缔造了世界最早的机械化工业,处于发动一场工业革命的前夕。参见 Mark Elvin, *The Pattern of the Chinese Past*, Stanford: Stanford University Press, 1971, pp. 113—202。

④ Kang Chao, *Man and Land in Chinese History*, cited in Daniel Little, *Understanding Peasant China*, *Case Studies in the Philosophy of Social Science*, New Haven: Yale University Press, 1989, p. 108.

⑤ 美国经济学家麦迪逊的研究估计,1500年世界人均国民生产总值为565美元(按1992年美元国际计算价)。1820年,中国人均GDP为523美元。

⑥ J. K. Fairbank et al., "Economic Change in Early Modern China: An Analytic Framework", in Yu Jiaxiang et al., eds., *Selected Essays on Chinese Economic History*, Taibei: Lian Jing Shiye Press, 1980, p. 55.

⑦ Mark Elvin, *The Pattern of the Chinese Past*, Stanford: Stanford University Press, 1971, pp. 100—106.

⑧ 参见李伯重《明清时期江南的木材问题》,载《中国社会经济史研究》1994年第1期。

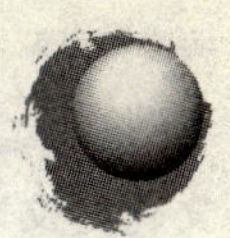

均，使农民不能合理地使用土地。这种超经济剥削使农民的收入仅够维持生命延续，而无剩余财力用于农业生产投资，特别是投资于牲畜。当时，牛和马用于犁田，又是基本的肥源，当农民转而占用那些本保留为牲畜牧场的田地时，牲畜进一步减少，土地更为贫瘠，生产力就持续下降，农民生活不断恶化。最后以人口的骤减为结局。因此是超经济剥削使生产力递减，导致人口的周期性涨落和社会发展的循环。①

另一些历史学家如拉杜里以马尔萨斯的人口经济学理论去解释历史发展循环的原因。② 拉杜里认为，12 世纪以来欧洲形成的两次马尔萨斯社会经济循环中，人口的涨落具有决定意义。③ 例如 12～14 世纪，由于人口的增加，剩余土地逐渐减少，生活质量急剧下降。对食物和土地的强劲需求引起地租和食品价格的上升。领主的地位在这种背景下加强了，他们迫使农民接受一系列有关人身及租税的附加条件，包括附加税和更多劳役等等，以继续使用自己租用的小块土地。14 世纪中叶，欧洲形成大范围的瘟疫和饥荒，人口急剧减少，人均耕地又大幅回升。劳动力供求关系的变化造成了和 13 世纪刚好相反的形势。劳动力的不足迫使领主减少地租，放宽对佃农的人身限制，允许自由迁移。领主为获得足够的劳动力，彼此之间更互相竞争，结果不得不倾向于彻底放弃对农民的人身控制，最终导致农奴制衰落。④

15～17 世纪形成第二个马尔萨斯循环圈。16 世纪起，农奴制在法、英已基本崩溃，农民在合同制的基础上使用土地。16 世纪中期，人口持续增长，引起地租上涨，劳动力价格下跌，土地进一步分散，农村生产力急剧下降，造成人口在 17 世纪再次大幅下跌。17 世纪以后，英国出现例外，其人口虽在 17 世纪回复到 13 世纪的最高水平，马尔萨斯的 B 阶段（战争、瘟疫和灾荒杀伤大量人口）并未出现，继之而起的是经济的持续增长。这似乎主要是

---

① Robert Brenner, "Agrarian Class Structure and Economic Development in Pre-Industrial Europe", in T. H. Aston & C. H. E. Philpin, eds., *The Brenner Debate*, Cambridge: The Cambridge University Press, 1987, pp. 10－63.

② 马尔萨斯提出，人口以几何级数增长，而生活资料则以算术级数增长。每个社会发展到一定时期必然出现人口暴涨、生活质量急剧下降的状况。两大控制人口增长的机制——瘟疫灾荒和战争每隔一定时期把人口与土地资源的比例扳回到适当的比例。由此造成人类社会在繁荣、贫乏和危机中循环。

③ 拉杜里是法国著名历史家，他的《朗克多克的农民》（*Les paysans de Languedoc*）一书第二部的副标题就是《马尔萨斯理论的复兴》。

④ Robert Brenner, "Agrarian Class Structure and Economic Development in Pre-Industrial Europe", in T. H. Aston & C. H. E. Philpin, eds., *The Brenner Debate*, Cambridge: The Cambridge University Press, 1987, pp. 18－28.

由于英国农村中资本主义生产方式的出现,它为生产力的发展创造了条件。扩张的工业也能够为更多人口提供谋生手段。[①] 当然,英国经济此时的发展同英国及时参与当时正在形成的全球贸易生产殖民体系的背景密切相关。

(一)中国历史发展的短时段周期

在欧亚大陆的另一端,中国的历史也表现出周期性变化,首先是以朝代为单位的二三百年的循环。人口的涨落似乎仍是决定这个周期性变迁的重要因素和指标。中国每个统一王朝的初期,我们都可以看到治乱以当时的人口相对稀少和土地资源的丰富为基础。中期以后的衰落与人口的剧增和土地集中于豪强相关。灾荒和战争成为解决人口压力和社会危机的手段。以一朝为单位的循环似乎对应了马尔萨斯人口经济学规律。汉朝和明朝的衰落都与后期人口剧增相联系。清中叶以后的困境就显示了人口压力对经济的影响。1750 年以后,岭南、东南沿海和长三角地区人口增长导致资源短缺十分突出,农业所需要的豆饼肥、民生所需的数量庞大的食品、船舶和机械所用的木材等严重依赖从外省包括东北等地供给。[②] 清中期以后,土地资源无法再扩张,18 世纪期间人口翻了一倍多,良田开始短缺。到 18 世纪晚期,急剧增加的人口和停滞的技术以及无法再扩张的土地资源使报酬急剧递减,人均收入开始徘徊在生存线上下。在资源(如建造房屋、船舶以及机械需用的木柴、燃料、纺织纤维、耕畜、金属和良田等)人均占有量都很低、资本也稀缺、劳动力廉价的情况下,运用节省劳动力但却耗费资本和资源的机器无法使产出增加。清末的情况是一个明显的马尔萨斯陷阱。[③] 到 19 世纪,长江三角洲地区的食物需求的五分之一左右需外地输入。[④]

中国社会的短周期循环还表现出独特的形式,政治的循环盖过了经济的周期性变迁。但是,人口经济的变化与政治兴衰是互为因果的。人口压力助长腐败,官吏腐败和滥用职权又加剧人口过剩带来的社会问题。循环

---

① Robert Brenner, "The Agrarian Roots of European Capitalism", in T. H. Aston & C. H. E. Philpin, eds., *The Brenner Debate*, Cambridge: The Cambridge University Press, 1987, pp. 213-327.

② 参见[美]彭慕兰《大分流——欧洲、中国及现代世界经济的发展》,史建云译,江苏人民出版社 2000 年版,第 211 页。

③ 费正清很早就指出,19 世纪中国已接近马尔萨斯和李嘉图所描述的经济停滞状态。人均自然资源的极低比例使经济到了仅能糊口的地步。技术水平甚至退化。

④ 参见[美]彭慕兰《大分流——欧洲、中国及现代世界经济的发展》,史建云译,江苏人民出版社 2000 年版,第 271 页。

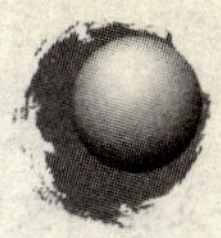

又与一个朝代政治文化的生命周期相联系，表现为社会和官场的道德水准以及官吏的廉洁程度和政府的效率等方面。多数朝代都以统治阶级的腐败得到遏制、百姓耕有其田、官府轻徭薄赋、政治清明开始。随着在开国的斗争中得到历练并深明“大义”的前一两代皇帝的去世，在后宫中长大的皇帝对官僚体制的约束和掌控日渐削弱，官场的道德开始松弛。在皇权的监督越益薄弱，甚至皇帝本人就是腐化堕落的典型的情况下，官吏们开始以权谋私，贪污侵蚀国家财政收入，并兼并土地。当这种贪污腐化和渎职成为一种政治文化时，即使有贤君良相中途变法维新，仍无法革除弊端。对这种缺少外来的监督和制衡的制度，个人包括皇帝是无法从根本上改变它的。官场道德衰败有它的规律和终局，当民不聊生时，农民战争就成为清洗腐败政治体系的外来的力量。[①]

（二）中国历史变化的长时段周期

除了以朝代为单位的循环，中国传统社会还表现出长时段的周期性变迁，它是由政治制度和经济地理结构的缓慢变化所引起的。每一长时段变迁的周期大约七八百年，由一个短的朝代和两个长的朝代组成。短朝代由乱统合，两个长的朝代后是分裂与战乱。从秦开始大致可发现三个这样的长时段周期：(1)公元前221年至公元220年，秦始皇所创造经汉朝所确立的帝国制度造就出了首次统一与和平时期，其后是从三国、两晋到南北朝的分裂与战争时期。(2)然后跟着隋唐两朝的第二次统一与和平时期，以及五代、宋、辽、金的第二次分裂与争战时期。(3)第三个长时段周期包括元、明、清三代。

包括吉本在内的许多西方学者都对中华帝国不像罗马帝国那样崩溃解体而感到迷惑。的确，在当时经济发展水平、军事技术、交通通讯和运输手段下，如何把中国各个广袤的地区联系起来，实现大一统是一个大问题。中国的治乱分和似乎主要取决于能否在中国农业经济最发达地区建立强有力的政治权力中心。政治军事中心的建立需要经济基础，控制了农业发达区域，就有粮食和人口以维持一支强大的军队，并在其他地区欠发达的情况下问鼎中原。秦汉的统一大业是因为控制了陕西的泾水和渭水、山西的汾河和整个黄河下游的农业地区。秦朝通过新的社会组织和在生产关系中的变革，把这一地区变成中国最先进、最有效率和最富足的农业中心。这一富庶

① 冀朝鼎、拉铁摩尔、兴登、伯斯等许多中外学者都谈到过中国的历史循环现象。

地区的潜力使秦能够组织起一支强大的军队。统一后,秦朝和汉朝面临的大问题是在交通运输和通讯不发达的情况下,如何联系和有效管理这片广袤的帝国领域。汉在离帝国首都长安较近的地方采用郡县制,而在较远的东部实行半独立式管理——分封制。几百年以后,其他农业区域的经济也发展起来,开始具有足以同中央政权分庭抗礼的实力,这时中心区内出现动乱,朝廷的权力也日渐式微。叛乱和分裂在这种情形下形成。东汉末年,三国鼎立中的吴国和蜀国就是以江南和四川农业区域为根据地的。

统一不仅要控制最富庶的农业经济区域,也要把统治力投射到核心区以外的边陲。隋朝大运河的修筑联系起了中国北方和南方的主要农业发达地区,形成全国性的经济网络。交通运输的革命性变革巩固了隋开创的统一局面。唐朝廷因而能积聚其他经济区域的产出,维持一支更强大的军队。经济地理的这种变化造就了唐近两百年的繁荣和统一局面。唐朝晚期以来的第二次分裂的部分原因是因为又出现新的农业集中区域,这些经济区域被山岭和交通所分隔,地方军事要员——节度使们在朝廷权力式微时拥兵自立和叛乱,形成"藩镇割据"。

战马特别是火器的使用帮助元朝克服了分裂的局面。统一的经济地理基础奠定以后,明、清所面临的问题是政治制度问题,即如何防止官僚分离和叛乱。明朝通过建立皇帝对官僚的专制性权威,从中央到地方的垂直监察,以及地方的分权与制衡,使中国的官僚体制从此不再有分立和叛乱的空间。这之后,贯穿这一长时段周期的主要问题是如何征集到足够的财政税收以应对赈灾、内乱和抵御外敌入侵。官僚体制周期性的腐败和效率低下使这些问题难以解决,17 世纪初全球性的灾变气候促成了明朝的崩溃。清中叶后,腐败的制度化使传统官僚体制再也无法有效地应对内忧和外患。

三个长时段的社会发展都围绕那一历史时段中国社会所面临的主要问题而展开。秦开始的第一长时段所面对的是如何避免中国在战乱中毁灭,秦通过建立帝国政治体制实现了大一统局面。隋朝所面临的是构建统一帝国的经济基础,大运河的修建形成了全国主要经济区域的合龙。第三个长时段面临的首要任务是如何防止管理这个广袤疆域的军事官僚体系分离和叛乱,明通过建立皇权专制主义和地方分权与制衡制度的设计保证了明以后中国再未出现割据局面。每一个长时段在达成统一后又面临威胁统一和安定的新的问题。

三、向现代社会的转型

15世纪以后，全球性的人文经济地理的变化如何促成欧洲内部的变革是一个值得研究的问题。新大陆的发现在一定意义上鼓励新教徒坚持己见，因为它提供了一个避难所和实验的场所。宗教改革以后，欧洲文化意识形态出现的重要变化形成了有利于资本主义发展的文化氛围。新教相信俗世中的成就，如致富将导致得救。主流意识形态把人生奋斗的方向从"出世"转向"入世"，带动了整个社会的"祛魅"，即价值观和社会制度的世俗化。君权神授理论及实践也逐渐被扬弃。信仰理性化的倾向后来扩展为社会其他方面的逐渐理性化。现代化的本质是理性化。理性主义指思维和实践中表现出的从经验论和逻辑性出发的特征，它认为人是能够认识现象背后的秩序的。价值观的转变促成社会制度的转变，为经济现代化创造了条件。

(一)跨洋洲际贸易对欧洲经济发展的影响

跨越世界三大洋的洲际贸易帮助欧洲打破马尔萨斯人口经济体系。地理环境和自然资源的多样性是推动生产力发展的重要动因之一。同中国相比，欧洲自然资源的种类和质量似乎更有利于经济的发展。地中海气候适宜农作物生长。世界上56种含可食果实的草叶类野生植物在地中海沿岸发现了32种，北美和非洲分别只有4种，东亚有6种。发源于地中海的小麦是现在世界上种植最广泛的谷物。马、牛、羊、猪、狗和猫都是由欧洲传入美洲的。美洲文化中，骑着马牧牛的牛仔的形象并不是美洲原生的。

美洲新大陆成为16世纪以后欧洲多余人口的疏散地。1500年，每平方公里人口密度在中国为25人，欧洲为8人；到1800年，中国为80人，欧洲为3人。[①] 欧洲从16世纪起在人均占有自然资源上就保持了一个较高水平。[②] 海上和远距离的贸易帮助减缓资源的匮乏。欧洲许多国家为了维持人均占有自然资源的较高水平，有意识地控制人口增长。例如，为使婚姻和生育同人均生活资源保持适当比例，德国等国曾实施禁止无财力的穷人结婚的法令。直到现在，欧洲仍严格限制过于密集地修建住宅和其他建筑物，以保持

---

① E. Jones, *European Miracle*, Cambridge University Press, 1991.

② 对是否欧洲比中国拥有更多的人均畜牧业产品、再生能源和木材，彭慕兰对此提出不同看法。

适当的绿地和自然植被。

海外殖民地的获得与海外贸易使欧洲顺利完成原始资本积累,并推动生产的规模性扩张。15世纪以后,海外贸易的急剧扩大带来棉毛纺织品、铁钉、斧头和火器等海外殖民和商业贸易所需货物的大量需求。远距离贸易也换回棉花、木材、粮食等原料,首先推动了英国的乡村和城镇的原始工业化。英国工业化初期的棉纺业就是在存在大量海外的需求基础上发展起来的。然而,贸易的繁荣在东欧和西欧却引起不同的结果,在东欧似乎强化了农奴制。

全球性的商业和经济的繁荣也促使生产经营者变革生产方式以更有效地适应全球性的竞争。17世纪以后,英国农村形成土地集中的趋势,领主把土地出租给以资本主义生产方式(雇佣农业工人,采用新技术)大规模经营农业的承包人。在法国,土地集中的趋势很小,即使以签约形式承租出去的土地一般都以小块土地的形式由小农经营。这两种不同的经营方式对农业生产力的发展产生了重要影响。正是这种资本家型地主——农业工人型佃户的新阶级结构为英国农业的进一步发展提供了可能性。这种生产关系也带来在投资与技术更新上双方的合作,农业剩余产品的使用也更有利于促进经济发展。这种阶级结构的变革(地主向土地资本家转化,佃户向农业工人转化)和新形成的生产关系为英国农业技术的进步提供了可能性。

17世纪后半叶,欧洲其他部分都陷入马尔萨斯循环的第二阶段(人口增加,食物价格上涨,对工业品的需求大幅度下降,工业普遍衰退)。英国人口压力由于两方面的原因被缓解了:圈地运动中大量的用不着的农村劳动者被从土地上赶走;新大陆成为取之不尽的土地密集性产品的源泉。原始工业化生产的更多产品通过远距离的海上贸易同美洲殖民地交换需要大量土地资源才能生产出的农产品,人口的持续性发展的生态资源瓶颈就被打破了,英国本土人口的增长和对资源的需求因而没有迫使它回到更为劳动密集性的道路上去。工业化的突破性发展首先在英国的先进区域实现,它以原始工业化为先导,原始工业化是主要由通过商人中介为远方市场进行生产的农村劳动力构成的非机械化工业部门的巨大扩张,它促使经济生产向市场导向、追求利润和生产的专业化方向发展。①

---

① 参见[美]彭慕兰《大分流——欧洲、中国及现代世界经济的发展》,史建云译,江苏人民出版社2000年版,第18～19页。

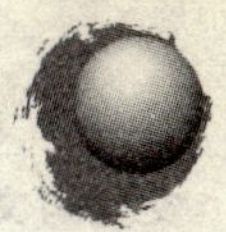

(二)中国社会的“内卷化”

大致可以认为16世纪是中国经济和社会发展的一个重要的分水岭，中国的海上霸权自那以后逐步丧失[①]，元以来的扩张和冒险的势头在郑和七下西洋后逆转了，明朝退缩在长城之后和海禁表现了十分保守和内向的心态。宋代所展现的知识创新和技术发明的精神动力也不复再现。元统治者对汉族前所未见的压迫、明的专制政治和特务统治都使个人的社会安全感、尊严和独立精神受到沉重打击而压抑。中华民族的人格和文化精神开始“内卷化”了。

伴随文化心理“内卷化”的是中国经济创造精神消退。到1776年，英国经济学家亚当·斯密就已觉察到中国经济几个世纪以前就已发展到其制度所能允许的限度，目前已处于停滞状态。马克思用“亚细亚生产方式”的概念来概括那种状况。在中国占主导地位的农耕结合的小农生产方式，使中国社会变化迟缓。韦伯看到，在这种内卷化的格局中，中国社会强调其成员适应社会规范，同自然和睦相处，人与自然和社会缺乏紧张冲突感，没有不断探索自然、征服自然、改造社会的精神冲动。[②] 儒家的理性主义找不到实现自己抱负的有效手段。中国传统文化的理性倾向主要表现在较低层次的实际生活中，在政治和法律领域却缺少具有理性倾向的规范和制度。[③] 法制观念得不到褒扬，独立的法制体系也无法形成。居社会上层的儒生知识阶层轻视经济活动，宗族观念也妨碍了中国社会在法制和经济活动等方面进一步理性化。[④] 理性资本主义难以产生。[⑤]

另外，贡赋制度又妨碍中国发展大规模的国际贸易。在这种观念下，与他国的物品交换首先被看作是礼仪活动而不是经济贸易活动。[⑥] 明朝廷花

---

① 参见[美]查尔斯·金德尔伯格《世界经济霸权，1500～1990》，高祖贵译，商务印书馆2003年版。

② M. Weber, *The Religion of China: Confucianism and Taoism*, translated by H. Gerth, IL: Free Press, 1951, pp. 235－236.

③ T. Parsons, *Societies: Evolutionary and Comparative Perspectives*, Englewood Cliffs, NJ: Prentice－Hall, 1966, pp. 73－77.

④ J. B. Farquhar & J. L. Hevia, "The Concept of Culture in American Historiography of China", panel essay for the AAS annual meeting of 1992.

⑤ Reinhard Bendix, *Max Weber, An Intellectual Portrait*, Berkeley: University of California Press, 1977, p. 100.

⑥ John K. Fairbank, *The Cambridge History of China: Late Qing (1800－1911)*, Cambridge: The Cambridge University Press, 1976, p. 260.

费大量金钱接待外国贡使，并且对贡品采取“薄来厚往”，回赠丰厚。皇帝对贡使团的商品特旨免税，高价收购。永乐皇帝指示说：“商税者，国家抑逐末之民，岂以为利？今夷人慕义远来，乃浸其利，所得几何？而亏辱大体多矣。”[①]中国幅员广大，自给自足和远离欧洲等世界文明发达地区的国际环境也影响了中国的自我认同。明以后由于缺少同欧洲等高水平文明的大规模思想交流和互相认知，中国形成了不合时宜的文化优越感和自我中心论，造成历史意识的停滞。

四、中国现代化转型失败的背景

16世纪以来形成的资本主义世界体系在多大程度上加剧了中国内部业已隐现的衰落和内卷化？沃勒斯坦及其学生认为，这种体系的内在结构会把边缘国家排除在高利润的产业和技术进步的行列之外，并使其最终处于依附地位。[②] 资本主义世界体系中的欧洲中心区以其强大的国力和先进技术控制世界的贸易、金融及运输。边缘区只能向中心区提供原材料、初级产品及销售市场。中心区则向边缘区销售工业制成品牟取高额利润，经济剩余通过不等价交换机制向欧洲中心区转移，造成外围国家不发达。弗朗西斯·蒙代尔对中国近代化历史的研究诠释了这种看法，并再次肯定了国内史学界20世纪70年代以前的认知。中国在世界经济体系中的位置缺乏经济独立。巨额战争赔款和外国对中国的海关、邮政、银行、电信、矿冶、铁路等的控制和剥削对中国原始资本的积累和经济的发展有负面影响。蒙代尔对那个时代的中国和日本的对比研究以及后来我们在台湾和韩国看到的迅速工业化的背景情况，显示了边缘国家同核心国家的政治经济关系对后者的发展的重要意义。这说明了我国目前所采纳的首先是融入世界政治经济体系，然后才是尽可能改变其不合理规则的路线的正确性。

20世纪80年代国内的研究侧重从中国社会内部来寻找原因。金观涛等学者认为，中国传统社会存在一个所谓“超稳定”的结构，因此它停滞不前。中国传统社会的政府把持政治经济和意识形态的权力，强力控制社会

---

① 《明史》卷八十一,《食货五》。

② Immanual Wallerstein, *The Capitalist World-Economy*, Cambridge, 1979; and *The Modern World-System, Capitalist Agriculture and the Origins of the European World Economy in the 16th Century*, New York, 1980.

各个方面,不利于资本主义萌芽的生长。中国传统社会超稳定结构受三条演化规律支配:第一,“官僚队伍周期性膨胀律”。如明初官员24000,一百年以后涨为80000。宦官明初100,明末达70000。[①] 第二,“无组织力量的周期性破坏规律”,吏治总会逐渐腐败,土地总会越益集中在少数人手中,民生越益艰难。第三,“改革效果递减律”,越到王朝后期,改革解决社会问题的效果越差。每次改朝换代的战争在推翻旧王朝时也清洗腐败官僚阶层,都使经济遭到沉重打击,向资本主义的发展回到很低的起点。金观涛的理论描述了这种周期性治乱盛衰在政治经济上的表现,但其人口经济学上的背景却并未得到很好的揭示。

那个年代,刘昶的一篇受到广泛注意的文章讨论了在同样的农业经济条件下中国和欧洲形成的“封建制”的不同形式及其后果。他认为,中国实际上并未发展出西欧意义上的以中央权力的衰微、政治分裂和地方贵族的崛起以及庄园制为标志的完整的封建制度。因为,周代以后,中国每次向这个方向的演化都被农民起义打乱了,始终未能充分封建化。[②] 而在西欧式的充分封建化的社会结构中,出现了自治城市,资产阶级和工商业因而得到发展。封建化不充分是中国不能演化到工业资本主义的首要原因。西方学者克里奇曾高度评价西方“契约封建制”对资本主义民主制形成的作用。然而,中国所产生的“特殊的”封建制度及对农村资本主义经济发展的影响需进一步探讨。

(一)海上和内陆长程贸易的衰落对中国经济发展的影响

近年来的一些研究着力探讨中国在全球经济中的主导权的丧失及其背景。弗兰克等西方学者认为,直到18世纪前夕,中国仍享有这种主导权。弗兰克以中国那时仍是世界贸易的出超国来支持自己的观点。他举例说,1400～1800年间的全球贸易中约一半的白银流往中国,用来支付欧洲人从中国进口的瓷器、丝织品等工业产品。[③]

然而,单纯讨论中国是否拥有贸易主导权意义似乎并不大。重要的是这种贸易对中国经济发展的影响,以及这种贸易的国际大环境。欧洲的海上贸易霸权以及在全球贸易中的主导地位有力地扩大了欧洲特别是英国的虚拟资源,推动其工业的扩张。英国依靠长距离的海外贸易购进各种原料和日常消费品,包括从德国输入的粮食、从斯堪的纳维亚半岛输入的木材和

---

① 参见金观涛《兴盛与危机》,湖南人民出版社1984年版,第61～65页。

② 参见刘昶《试论中国封建社会长期停滞的原因》,载《上海师范学院学报》1980年第4期。

③ 参见[德]贡德·弗兰克《白银资本》,刘北成译,中央编译出版社2000年版,第182页。

从其他地方输入的棉花和糖等。1825年北美向英国输出足以取代100万英亩欧洲森林产量的木材。18世纪80～90年代英国每年从波罗的海输入相当于65万英亩森林产量的木材。当时英国的可耕地约1700万英亩，1839年从新大陆输入的棉花制成的纱线约相当于2300万英亩喂养的绵羊的羊毛。[①] 海外进口的各种非主食食品帮助减少了人均食品需求，例如棉布有助于保暖，并降低对热量的需求，茶和糖也帮助减少对谷物的消费。虚拟资源维持了更多的人口，其中相当一部分人口转入工业部门。

缺乏能够扩大虚拟资源总量的那类贸易似乎是中国经济未能突破马尔萨斯陷阱并迈向工业扩张的重要原因之一。中国历史上海上贸易起伏不定，并不受到特别重视。魏晋南北朝期间，南方六朝比较注意海外贸易，五代十国期间的南方也把海外贸易看作是经济的重头。宋元两朝鼓励海外贸易，明朝一度实行海禁，清代曾长时间实行海禁和行商贸易，并限口通商。宋代海外贸易的规模很大，丝绸、瓷器远销欧、亚、非沿岸国家。例如，17世纪上半叶，荷兰进口了300万件中国瓷器，瑞典在1750～1775年进口了1100万件瓷器。中国的瓷器像水一样渗透到美索不达米亚各地。宋代也大量出口铜钱，成为日本到伊斯兰各国的通用货币。[②]

海外贸易对东南沿海手工业的发展影响很大。清代仅潮州一地成百家窑一次出窑数量可达数百万至上千万件瓷器。然而海外贸易同中国的巨大经济相比仍意义很小。海外贸易最发达的宋代，市舶收入在国家财政岁赋中的比率从未达到3%，一般只在1%～2%间摆动。[③] 海外岁收很高的明万历二十二年，也仅占整个财政收入的0.7%，为29000两白银，而当时的钱赋岁入为400万两白银。[④] 不仅如此，海外贸易似乎并没有换回那些能够增加虚拟资源、供养更多人口的物品。中国赚回的似乎主要是白银，它造成了清中叶的货币白银化，对缓解资源的人口压力并无多大意义。远距离海外贸易从美洲传入的易于生长的其他粮食作物如马铃薯、玉米、甘薯和花生等在清代帮助支撑了中国人口在百年内的翻番。然而，无节制的人口增长很快就又抵消了这些新的粮食作物的作用。

---

① 参见[美]彭慕兰《大分流——欧洲、中国及现代世界经济的发展》，史建云译，江苏人民出版社2000年版，第258页。

② 参见[英]简·迪维斯《欧洲瓷器史》，熊维译，浙江美术学院出版社1991年版，第10页。

③ 参见郭正忠《南宋海外贸易岁入及其在财政岁赋中的比率》，载《中华文史论丛》1982年第1期。

④ 参见田汝康《中国帆船贸易与对外关系史论集》，浙江人民出版社1987年版，第142页。

16世纪以后，中国的外贸出超或全球贸易的优势地位逐步丧失。欧洲首先以从美洲开采并制造的银币弥补近几百年来西方对华贸易的不平衡。18世纪又以鸦片输入和工业化生产的棉纺织品进一步扭转对华贸易的格局，瓷器制造的技术后来也被掌握。19世纪后半叶起，西方列强的政治经济势力更是深入中国，一系列的不平等条约和强制性措施使中国陷入贫弱的地位。[①] 清政府的海禁和限口通商，使民间海运日渐凋敝。它使"凡浙省湖丝贩运来粤，必由陆路径南、韶二府，抵省城及佛山等处销售"[②]。禁港使贩运失利，也不利于工业的发展。

（二）中国和欧洲经济发展的大分流

对中国和欧洲何时在经济发展上分流争论很大。彭慕兰认为18世纪的江南同英国在经济发展的水平上不相上下，断言"大分流"出现在这之后。这种把一个大国的一小块先进地区同一个国家比较，并不是没有问题的。然而，黄宗智和彭慕兰近来从微观和宏观经济学的角度对江南和英国农村经济的比较研究的确使探讨更为深入。他们的讨论突出对经济转型有重要意义的两种经济增长方式，即亚当·斯密式经济增长和布罗代尔式商业扩张。斯密式经济增长指地区性商业网络的发展，它促使农业经济形成劳动分工，对技术的发展产生推动作用。布罗代尔式商业资本主义扩张指海外或国际贸易带来商品交换的扩大，尤其是工业和生活所需资源以及需求大量产品的海外市场。它增加贸易国的资源总量，帮助贸易国消除经济发展的马尔萨斯资源制约。前者推动经济和技术的内部变革，后者确保经济的继续扩张。

中国江南的原始工业化中，纺织业的发展曾一度是以同中国其他经济区域的商品交流贸易即"布罗代尔式"远距离贸易来支撑的。然而，18世纪，江南在出售棉布换取粮食和木材以维持原始工业的发展方面变得困难起来。黄宗智的研究表明江南同内地之间的远距离贸易在1750年之后开始衰落，因为与之进行贸易的地区也正经历自己的人口增长和原始工业的繁荣，不能再继续互补贸易。人口增长在长江下游特别明显，土地的更密集使用也无法缓解人口压力。由于得不到充足的土地密集产品和市场，在资源制约没有获得戏剧性缓解的情况下，江南的经济潜力的利用在19世纪达到了最大限度。黄宗智用"内卷化"这个概念描述这种情形。土地资源的短缺和

---

① 参见卜正民、格里高利·布鲁主编《中国与历史资本主义——汉学知识的系谱》，古伟瀛等译，新星出版社2005年版，第2页。

② 《问俗录》卷六。

人口压力,使农业家庭在生产所得甚至低于维持生存所需的情况下仍然使用妇女和儿童从事家庭手工业生产。产量和交易的扩大依靠不断投入更多不付报酬的家庭劳动,单位劳动收益很小,且不断萎缩,家庭仍以此来增加微薄的额外收入。在"内卷化"的情形下,节约劳动的机器的使用失去了意义。① 妇女在家中从事生产的做法也不利于工厂制在中国产生。这解释了在19世纪当资本主义世界经济体系已经把中国沿海地区纳入其全球格局时,中国广大内陆地区却无法展开原始工业化并进而迈向工业革命的困境。

结　语

可以看出,直到19世纪中叶,中国和欧洲都按照自己特有的历史演化模式发展。两个地区的社会演化也表现出某种共同的政治经济意义上的逻辑结构。不论是欧洲还是中国,这种特殊性和共同的模式可以看作是人类群体适应全球的一般环境和各地区特定的人文生态环境的结果。在全球史视野下,欧洲的历史不能视为借以评价其他地区文明的典型,尽管本文也借用了欧洲历史学的分析性概念框架。

欧洲在近代参与全球性的商业贸易活动对欧洲近代经济的发展起了至关重要的作用。欧洲远距离海上贸易的发达与欧洲各国政府的认识有关。欧洲各国把拥有雄厚的经济实力和财富看作是在国际竞争中制胜的必要条件,采纳了重商主义的政策,用炮舰支持商人和特许公司从事海上贸易和商业扩张。这种"窃掠性资本主义"不仅换回商品,也为欧洲近代经济增长创造了原始资本积累和海外市场。英国在19世纪的经济成功在一定程度上是其借助政治经济实力为自己设定有利的国际贸易条件的结果。

至少从宋代起南中国海贸易圈已形成,可以被视为是以中国为主导的小型"商业资本主义世界体系"。明末,中国东南沿海到马尼拉和日本九州三角海上贸易非常发达。郑经和郑成功父子的舰队和商船主宰了这片广大海域。葡萄牙人和荷兰人都小心遵守郑氏父子的禁海命令。16世纪以后,葡萄牙人、荷兰人、西班牙人络绎不绝地来到东方,把欧洲到美洲和非洲的贸易交往所形成的商业和殖民体系扩展到亚洲,最终形成全球性的资本主义世界体系。中

① Philip Huang, *The Peasant Family and Rural Development in the Lower Yangzi Religion, 1350—1988*, Stanford: Stanford University Press, 1990, pp. 96, 110.

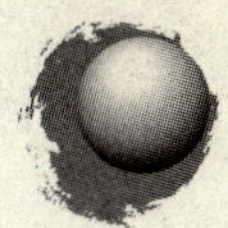

国特别是东南沿海和长江下游地区被纳入资本主义世界体系。

然而，当欧洲列强生气勃勃地利用这个世界殖民贸易体系谋取自己的利益和发展时，清廷却从开国时的开疆掠土和包容多种族文化的气概内缩，实行频繁的海禁，多次拒绝与世界其他发达国家建立正常的商贸往来。在两百多年的时间里拒不加入世界经济技术变革的新浪潮，终于在19世纪末叶酿成极度的贫困和落后状况，这种教训成了推动我国在20世纪80年代推行改革的历史认识基础。

（本文原载《史学理论研究》2006年第4期）

近代科学为什么不能在中国产生？

——评近年来中西学者的若干解释理论

如何寻找那曾使我国文明居于世界前列的科学创新精神是我国当代文明发展的一项紧迫任务。这篇文章试图从历史的角度帮助阐明这个问题，尤其是通过讨论中国未能自发产生近代科学——这个中国科技史研究中长期受到关注的核心问题。文章的讨论主要围绕中国学者近来提出的四种主要解释理论，即外因论、内因论、综合分析论和从人类学的角度提出的解释，分析比较了中西学者在相关问题上的论点。文章认为，中国传统思想中缺少一种追求揭示现象的深层结构和清晰话语的哲学认识论倾向也许可以对这个核心问题提供某些解释的要点。西方认识论的一个中心特征被德里达称为“逻各斯中心主义”，它预先假定现象中存在严整的秩序和结构。这种认识论因而推动西方思想家去揭示所研究事物的逻辑结构和本质。这种具象主义倾向是西方科学和艺术现代性的本质特征，没有这种揭示事物结构的愿望和努力，科学研究就不能说是现(近)代的。

中国未能自发产生近代科学的问题是探讨中国现代性的形成和发展的一个重要课题。20世纪初至今，这方面的论著数以千计，解放以前，竺可桢、李俨、钱宝琮、钱临照、张资珙、刘仙洲、陈邦贤等前辈学者对中国科技史进行了大量开拓性的研究。80年代以来再次出现科技史研究高潮，以中国科技史协会为组织核心，各方面学者进行了深入而细致的研究。在中国经济现代化发展到重要转折关头，即需要以科技创新来维持下一阶段的经济增长的今天，对中国科技史的这个核心问题的探讨有着特别重要的时代意义。

马克斯·韦伯在分析工业资本主义在世界兴起的历史时认为，虽然帝制时代的中国存在资本主义萌生的物质条件(市场、劳动分工、货币经济、对外贸易等)，但当时中国没有形成追求进步的文化及合理的制度，以及系统追求科学知识的体制，因此，资本主义最终只在西方出现。李约瑟（Joseph Needham）、席文（N. Sivin）、伊懋可（Mark Elvin）对中国为什么没有进一步产生近代科学也作出了某些解释。李约瑟认为中国失败的原因在于“中国和西方对待纯粹的和应用性自然科学的态度，科学家和工程师在古代中国社会中的地位，以及哲学、宗教、法律、语言、生产方式和产品交换等方面存在显著的差异”[①]。而席文则把中国科学技术衰落的原因归于“几个世纪的灾难性的财政及其他行政举措，持续增长的人口造成的严酷压力，社会长期保持稳定和居于霸权地位的正统的文化意识形态没有受到挑战，而其中的创造性则被窒息了”[②]。伊懋可在分析中国科学技术在宋朝以后停滞的原因时认为是由于中国陷入了“高均衡陷阱”。“晚期传统中国社会陷入人口剧增、自然资源短缺的陷阱，因此，没有必要投入以现代科学和工业为基础的技术和资本以打破传统技术在农业和水路运输上的水平。”[③]

20 世纪 80 年代以来，中国学术界也对本文的核心问题提出了许多解释和说法，从外因、内因、综合分析以及人类学的角度进行研究。本文试图对这些解释进行初步分析，并提出自己的看法。

一、影响中国古代科学进步的外部原因

大多数学者在探讨中国科技落后的原因时都首先从外部环境入手。这些外部原因一般归纳为以下几个方面：

1. 缺少经济需求

中国的经济是小农业和家庭手工业相结合的“自然”经济，农村有大量的劳动力可供使用，生产力的发展因而可以依赖不断增加劳动力的投入，而

---

① Joseph Needham（李约瑟），*The Grand Titration：Science and Society in East and West*（《伟大的滴定法：东方和西方的科学与社会》），London：George Allen & Unwin，1969，p. 14。李约瑟用一个相对平缓的上升曲线来描述中国科学的发展。公元 2～5 世纪时，中国科学技术达到了一个很高的水平。

② N. Sivin（席文），“Science in China's Past”（《中国过去的科学》），in Leo A. Orleans（沃勒斯），ed.，*Science in Contemporary China*（《当代中国科学》），Stanford：Stanford University Press，1980，p. 3.

③ Mark Elvin（伊懋可），“Why China Failed to Create an Endogenous Industrial Capitalism：A Critique Of Max Weber's Explanation”（《为什么工业资本主义没有在中国自发产生：对马克斯·韦伯的解释的一种批评》），*Theory and Society*（《理论和社会》），vol. 13，1984，pp. 100，106.

不是技术革新。工商业历来受到压抑,"手工业生产也不需要新技术"[1],许多科技发明和著作被埋没[2],不能累积造成科学知识的进步。

科技发展的外部环境的确很重要。西方近代初期的科技史表明,当时西方科学家所关注的许多科技术问题是源于经济活动的扩展,例如国际间的海上贸易、采矿业、要塞建筑及军械生产。[3] 伽利略和吉尔伯特的科学研究就与当时急剧增长的生产和贸易活动有某种关联。然而,经济活动的扩展并不能充分解释现代科学的兴起,10～12 世纪的意大利城邦国家和中国的宋朝和明朝就是明显的例子,那里扩展的经济和国际间的贸易并没有伴随科学的革命性发展,例如现代力学和磁学的发展。另一方面,还必须注意到,在古代中国的某些领域,如为满足中央集权国家在交通运输、信息交流、维护中央权威等方面的需要,对技术有很大的需求。而且,中国在这方面也取得了重要成就,例如指南针、造纸术、火药、活字印刷术等的发明。

2. 重农抑商的政策

"重农抑商"是许多朝代所遵奉的经济哲学。[4] 外因论者认为,历朝政府对海外贸易、采矿及冶炼采取的限制政策,对重要工业的官营,对盐、茶、酒、矿物等重要商品的流通和买卖课重税,阻碍了中国科学技术的发展。[5] 如明朝政府就采取许多措施禁止民间开矿及海外贸易。[6] 清初,政府也对海外贸

---

① 陈亚兰:《试论清前期封建社会需要与科学技术发展的关系》,载《自然辩证法通讯》编辑部编《科学传统与文化》,陕西科学技术出版社 1983 年版,第 172 页。

② 明清时期,江苏的黄履庄曾经制造和仿制过许多自动机械和仪器,如机械自行车、望远镜、显微镜、温度计等。苏州的孙云球也曾以水晶为材料磨制过光学镜片,制成近视眼镜、远视眼镜、望远镜等,还写出《镜史》一书。

③ Boris Hessen(黑森), "The Social and Economic Roots of Newton's 'Principia'"(《牛顿学说原理的社会和经济背景》), in George Basalla(乔治・巴斯伦), ed., *The Rise of Modern Science: Internal or External Factors*(《现代科学的兴起,内因还是外因》), London: Paytheon Education Company, 1968, pp. 31－39.

④ 雍正皇帝 1727 年颁布的法令说明了这种哲学。"朕观四民之业,士之外农最为贵,反士工商贾皆赖食于农,以故农为天下之本务,而工贾皆其末也。今若欲于器用服玩之物,争尚华巧,必将多用工匠。市肆之中多一工作之人,则田亩之中少一耕稼之人。而愚民见工匠之利,多于力田,必群趋而为工;群趋而为工,则物之制造者必多;物多则售卖不易,必至壅滞而价贱。是逐末之人多,不但有害于农,而并有害于工也。"(《清世宗实录》卷五十七,雍正五年五月初四)

⑤ 参见林文照《近代科学为什么没有在中国产生》,载《自然辩证法通讯》编辑部编《科学传统与文化》,陕西科学技术出版社 1983 年版,第 93～105 页。

⑥ 《大明律例》规定:"盗掘金、银、铜、锡、水银等项矿砂,每金砂一斤折钱二十贯,银砂一斤折钱四贯,铜、锡、水银等砂一斤折钱一贯,俱比照盗无人看守物准盗窃论。若在山洞捉获,分别轻重治罪。"(《大明律例・盗贼条》)

易严加控制:限制海运货物的重量,禁止出口兵器、火药、铜铁、稻米、小麦、马匹等。[①] 清雍正年间,中国正经历着一个史无前例的商业扩张时期,而朝廷的法令却要求限制工场中的雇佣工人数,甚至拆除机器。而在西方,"机器在十七世纪的间或应用是极其重要的,因为它为当时的大数学家创立现代力学提供了实际的支点和刺激"[②]。

然而,必须注意不能以偏概全,中国古代两千年的历史显现出相当多样的情况。并不是所有朝代的政府都实行限制工商业的政策。五代十国时期,大多数政府都优先发展政权间的贸易。唐、宋、元时期,政府没有限制海外贸易,甚至在明朝,政府对海外贸易的禁止也并没有一贯地强制执行。[③] 明朝的另外一个例子是在1740年有一项法令实际上是鼓励私人在国内采煤矿。

3. 重文轻理的儒家思想[④]和"八股"[⑤]取士制度

外因论者认为儒家思想倾向和"八股"取士制度使中国知识分子的心智完全集中在语言、修辞及伦理知识方面,以及与农业社会有关的各种课题上,而没有用在那可以形成机械学体系的各种工业生产问题上面。[⑥]

外因论的上述观点有大而化之之嫌。科学发现和技术发展不能脱离社会思想的土壤[⑦],然而,在中国,士大夫的兴趣和文化观念并不是一成不变的。某些时期,经济发展似乎也引起观念的变化,如在沈括所处时代,许多儒生士大夫开始关心以前有身份的人不屑一顾的技术性工作。[⑧] 朱熹就提

---

① 参见林文照《近代科学为什么没有在中国产生》,载《自然辩证法通讯》编辑部编《科学传统与文化》,陕西科学技术出版社1983年版,第102～103页。

② 马克思:《资本论》第1卷,人民出版社1975年版,第386～387页。

③ 例如,明永乐朝实施的海禁在1567年松懈了,到明末又重新严厉起来。

④ Qiu Renzong(邱仁宗),"Cultural and Intellectual Attitudes that Prevent the Spontaneous Emergence of Modern Science in China"(《阻碍现代科学在中国自发出现的思想文化观念》),in J. Fraser(弗莱泽), N. Lawrence(劳伦斯) and F. Haber(哈伯),eds., *Time, Science and Society in China and the West*(《中国和西方的时间、科学和社会》), Amherst: The University of Massachusetts Press, 1986, pp. 182－183.

⑤ 参见郭永芳《八股取士与中国近代科学落后的原因》,载《自然辩证法通讯》编辑部编《科学传统与文化》,陕西科学技术出版社1983年版,第209～220页。

⑥ 参见戴念祖《中国近代科学落后的三大原因》,载《自然辩证法通讯》编辑部编《科学传统与文化》,陕西科学技术出版社1983年版,第109页。

⑦ J. Nef(莱弗),"The Genesis of Industrialism and of Modern Science"(《工业资本主义和现代科学的起源》),in C. Read, *Essays in Honor of Conyers Read*, Chicago: The University of Chicago Press, 1953, pp. 263－266.

⑧ 参见席文《为什么科学革命没有在中国发生——是否没有发生》,载李国豪、张孟闻、曹天钦主编《中国科技史探索》,中华书局香港分局1986年版,第100页。

倡为了获得无所不包的理论认识，必须系统探究自然现象。当时的文化氛围似乎也如此。那时官员和普通人向朝廷献呈新技术发明十分流行，《宋史》一书中列举不少这方面的情形。[①] 朝廷常奖授发明者金钱或官位，一些新发明由于政府的推广而被广泛使用。

在探讨影响中国技术发展的外部环境时，人均资源和动力占有量是一个不可忽略的因素。工业革命前夕，欧洲人比中国人人均占有的资源（木材、煤、土地等）和动力（马）[②]更多。这一点部分地解释了两个地区的相对发展水平和技术的使用，特别是节约劳动力和消耗资源的技术。一些研究表明，资源缺乏和人口过多影响了中国的技术发展。晚清江南地区，由于劳动力廉价而资源（木材）价格昂贵，这使人们不愿采用节约劳动力的机器生产，因而导致生产技术的衰落。[③]

然而外部条件毕竟不能充分解释近代科学为什么能在中国自发产生，因为科学作为一种人类认识和实践的活动，有其自身发展的动因和逻辑。中国的科学不能从传统形态转变为近代形态，其内在的原因必然是存在的，例如，古代中国技术书籍中很少有近代式机械绘图，缺乏以一种（理论）科学的方式即用法则和定理来对技术问题进行解释的传统，这些都有可能影响中国的科技发展。

二、制约中国古代科技发展的内在原因

英国汉学家伊懋可曾指出，缺乏对机器的一种几何透视观影响了中国的技术进步。对西方人而言，“机器是运动状态中的几何体”。“17 世纪以后，正是这种能在机械中看到几何学的影子，看到机械背后的那些抽象的线条框架和角度，并日益在技术书籍中以机械绘图的形式加以表现的能力，使近代欧洲人与中国人相区别。”[④]

我国学术界不少人也看到制约中国古代科学发展的诸多内部原因，例

---

① 参见《宋史·兵志》。

② E. Jones（琼斯），*The European Miracle*（《欧洲的奇迹》），Cambridge：Cambridge University Press，1981.

③ Mark Elvin，*The Pattern of the Chinese Past*，Stanford：Stanford University Press，1971.

④ Mark Elvin，“Skills and Resources in late Traditional China”（《传统中国社会晚期的技术和资源》），in Dwight Perkins（伯金斯），ed.，*China's Modern Economy in Historical Perspective*（《历史视野下的中国近代经济》），Stanford University Press，1983，p. 111.

如，中国科学家不注重把自己对自然现象和机械奥秘的解释理论化。应用性科技仍停留在经验主义阶段，没能由此升华出普遍的科学法则和相应的理论体系。大多数古代科技著作仅是对当时生产经验的记载或对自然现象的描述[①]，对世界的解释方式是“人类经验合理的外推”，臆测性的讨论代替了严密地寻找规律的努力。[②]

其次，认为中国古代“科学家”缺少以试验验证假设的传统，他们中的大多数不关注科学实验而过分依赖于形而上学的冥想。[③]

再次，认为中国古代自然观妨碍中国科学的进步。阴阳五行学说是一种有机宇宙论[④]，它和近代科学的自然哲学基础——机械论的宇宙观相左。中国自然哲学家在解释现象时，多求助这种自然哲学。例如：电被解释为阴阳相互作用的结果（阴阳相激为电）；地震被认为是阳伏而不能出，阴迫而不能蒸；磁石吸铁被模糊地解释为是阴阳相感、隔碍相通；气候与温度的变化被比喻为人类心情的变化。[⑤] 这些看似合理的解释阻碍中国自然哲学家去探究现象的本质和真正动因。

最后，认为中国哲学家对自然的解释缺乏理论的清晰性、证伪性和公理化阻碍了科学理论的发展。阮元对中西方科学解释理论的评价被认为颇有代表性。阮元宣称，他更喜欢中国的而不是西方的天文学，因为中国的理论仅仅是寻求对现象的描述而不解释原因。阮元叹道：“天道渊微，非人力所能窥测”，理论因而应该“言其所当然，而不复强求其所以然，此古人立言之慎也”，这样，理论才能“终古无弊”[⑥]。

下面将对这些观点进行分析。

---

① 参见林文照《近代科学为什么没有在中国产生》，载《自然辩证法通讯》编辑部编《科学传统与文化》，陕西科学技术出版社 1983 年版，第 83 页。

② 参见金观涛、樊洪业和刘青峰《中国科学技术的发展》，in J. Fraser, N. Lawrenceand F. Haber, eds., *Time, Science and Society in China and the West*, Amherst: The University of Massachusetts Press, 1986, p. 175.

③ 例如明朝著名的哲学家王阳明对竹子的研究和清初的自然哲学家刘献庭对磁学的讨论。参见《王文成公全书》“传习录下”和刘献庭《广阳杂记》卷一。

④ 参见叶晓青《中国传统自然观与近代科学》，载《自然辩证法通讯》编辑部编《科学传统与文化》，陕西科学技术出版社 1983 年版，第 159～161 页。

⑤ 参见林文照《近代科学为什么没有在中国产生》，载《自然辩证法通讯》编辑部编《科学传统与文化》，陕西科学技术出版社 1983 年版，第 87 页。

⑥ 阮元：《畴人传》卷三。

(一)中国有机自然哲学对科技发展的影响

这是一个错综复杂的论题,李约瑟认为阴阳五行学说对中国的科学思想发展有益而无害,但是《易经》的那种精致化了的符号体系阻碍了中国科学哲学的发展。它提供了一种根本不成其为解释的解释框架。[①] 席文则持相反观点,他认为,《周易》"最常用于对变化作能动的解释,而不是一种对静态物质的分类理论。此外,中国古代的科学家也缺乏建立数学公式和用实验来验证假说的传统。因此,似乎就没有理由说这种形而上学哲学阻碍了原本不存在的趋势"[②]。

然而,宇宙观同研究方法的确存在一定的联系。在西方思想中,认为上帝根据机械和数学原理创造了世界这一观念[③],使现代早期的科学家如开普勒、伽利略和牛顿能够把"现象世界"想象为具有数学和谐性,并能够"根据机械学的原理"来解释。[④] 换句话说,科学家能够通过模仿上帝创世的行为揭示世界的秘密,这就为研究自然并以力学和数学的原则来解释世界提供了宗教论证。中国自然哲学家认为世界的产生与变化与人类相似,天人感应,这部分地解释了为什么许多中国古代自然哲学家认为冥想和超验的体验而不是实验是揭示宇宙隐藏模式的方法。

"现代科学和过去所有科学体系的区别并不在于对自然的观察,而在于观察自然的特殊目的和方法……坚持以实验或受控观察的结果作为得出任何结论的最终依据。"[⑤]"设计"(实验)和"抽象化"是西方近现代科学研究方

---

① C. Ronan(罗兰), *The Shorter Science and Civilization in China: Abridgement of Joseph Needham's Original Text*(《中国科学文明简史:李约瑟原著摘要》), Cambridge: Cambridge University Press, 1978, pp. 182, 171, 187.

② 席文:《为什么科学革命没有在中国发生——是否没有发生》,载李国豪、张孟闻、曹天钦主编《中国科技史探索》,中华书局香港分局1986年版,第105~106页。

③ "伽利略、开普勒、笛卡儿……坚持认为上帝在他的创造性劳动中是一个几何学家,数学能够揭示宇宙结构基础……开普勒……说上帝像一位建筑师那样创造了'自然'。"[Righini Bonelli & W. Shea(布鲁尼和希尔), eds., *Reason, Experiment and Mysticism in the Scientific Revolution*(《科学革命中的理性、实验和神秘主义》), London: Macmillan Press, 1975, pp. 11-12]

④ G. Holton(霍顿), *Thematic Origins of Science Thought: Kepler to Einstein*(《科学思想主题的由来:开普勒到爱因斯坦》), Cambridge, Mass.: Harvard University Press, 1988, p. 62.

⑤ J. Nef(莱弗), "The Genesis of Industrialism and of Modern Science"(《工业资本主义和现代科学的起源》), in C. Read, *Essays in Honor of Conyers Read*, Chicago: The University of Chicago Press, 1953, p. 218.

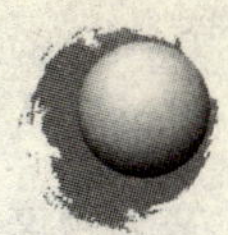

法论的两个极其重要的方面。[①] 必须精心设计实验从而使自然现象的过程和数据能更清楚地被观察到，并能对实验前形成的理论假设或推论进行验证。"抽象化"表现在实验前理论的建构，研究者区分表象的、假象的、派生的、次要的和基础的、更深层次的、实在的事物及过程，形成科学概念和提出假说，以及研究者在实验中做到对自然现象的观察合乎理想的简单化。

作为对宇宙的假设解释理论的阴阳五行学说的基本内容包括宇宙生成的观念、气的观念、物质的五种形态观念等等。[②] 这些观念同近代科学所认知的宇宙的结构、物质的存在状态和实体相距甚远，甚至可以说这些概念没有把握住物质世界的真正实在的和深层的联系。依据这样的基本概念而推论出的关于某些特殊现象的解释就基本没有科学意义。[③]

宋以后，中国自然哲学思维出现重要发展。理学大师朱熹和方以智等强调自然现象的背后存在可辨别的模式，"物之所在，无不有理"[④]。在朱熹眼中，"理"决定植物的生长、谷物收获季节、为什么某些植物仅适合某种类型土地等等。[⑤] 方以智区分了"通几"和"质测"，认为对自然现象的哲学思考——"通几"应建立在对自然现象的考察即"质测"之上。[⑥] 王夫之同样认为"格物"是研究自然现象的活动，揭示自然现象长期发展的深层规律。[⑦] 然而，几乎所有这些学者"都未能再前进一步"[⑧]，认识到实验在发现自然现象

---

① Righini Bonelli & W. Shea, eds. , *Reason, Experiment and Mysticism in the Scientific Revolution*, London: Macmillan Press, 1975, p. 15.

② 阴阳、五行、气是中国传统科学的三大概念，各门学科都用它们来说明自己的研究对象。参见席泽宗《科学十论》，复旦大学出版社 2003 年版，第 99 页。

③ 中国重要的自然哲学家从董仲舒、王充、张载、宋应星、方以智到王夫之等关于火药、风和闪电的形成等的解释在汉朝后没有重大变化。随着对这些现象的更多探讨，他们的解释甚至变得更不知所云。

④ 朱熹:《四书章句集注》，中华书局 1983 年版，第 295 页。在《朱文公文集》卷三十九《答陈齐仲》中，他区分了隐藏在草、木、器用中的理、天理和人性。

⑤ 参见朱熹《中庸章句注》，载《四书章句集注》，中华书局 1983 年版，第 83 页。朱熹自己进行了包括观察和实验的研究。他"对化石成因有正确的认识，这比达·芬奇早 400 年"，他还比较了晶体如雪花和盐。

⑥ 参见方以智《物理小识》，载肖萐父、李锦全主编《中国哲学史》，中华书局 1980 年版，第 174 页。

⑦ 参见方以智《物理小识》，载肖萐父、李锦全主编《中国哲学史》，中华书局 1980 年版，第 207 页。

⑧ A. Einstein(爱因斯坦)，"A letter to J. E. Switzer of San Mateo California, 1953"(《给史维特斯的一封信》), in Joseph Needham, *The Grand Titration: Science and Society in East and West*, London: George Allen & Unwin 1969, p. 43.

因果联系中的重要作用,从而"主动对自然提问"①。

(二)中国古代科学理论的公理化和证伪性问题

中国古代对自然现象的大多数解释理论的大前提是超验的和不能证实的概念②,很难据此而衍生出可能被实证的假设,此外,也缺乏公理化。以天文学理论为例,《周髀算经》中的"盖天说"算是例外,它表现的是一个公理化的几何体系。其定理"日影千里差一寸"是从其公理和前提"天地为平行平面"推论出来的。唐开元年间的大地测量数据证明与其不符,"盖天说"便更趋式微。

出现于汉代的"浑天说",长期统治中国天文历学界直到西方近代天文学传入才逐渐被取代。它对地球周边的描述大体轮廓相符,并能经观察验证和预告日食、说明月食,对制定立法有指导作用。张衡的"浑天仪"几乎是一个物化了的托勒密地心说模型。然而,中西这两大天文学理论的公理化程度却大相径庭。"公理化"是科学理论建构必须遵守的一个重要原则,它体现在作为理论出发点的基本概念或大前提同推论假说之间的逻辑性,所有的推论或假设应被表述为是由一套特殊的公理推论出的定理形式,且具有验证性。托勒密的宇宙体系"是一个高度可证伪的、公理化的几何体系"③。托勒密强调把理论建立在"几何的无可争论的方法"之上,并"在解释现象的时候,采用一种能够把各种事实统一起来的最简单的假说"④。他认为环行运动是天体运动的基本模式,所有的星体都是在围绕着它们自己的轴旋转的同时又围绕地球运转。⑤

而在张衡的理论中,"天大而地下,天表里有水,水包地,犹壳之裹黄,天地各乘气而立,载水而浮……天转如车毂之运也,周旋天端"⑥。张衡的理论中存在严重的逻辑不一致性和与当时的常识相左的观念:天地为何不沉不

---

① Righini Bonelli & W. Shea, eds., *Reason, Experiment and Mysticism in the Scientific Revolution*, London: Macmillan Press, 1975, p. 12.

② 不像西方原子论,"五行"不是对宇宙物质基本形态的正确概括。

③ 江晓原:《天学外史》,上海人民出版社 1999 年版,第 135 页。

④ 参见金观涛、樊洪业、刘青峰《文化背景与科学技术结构的演变》,载《自然辩证法通讯》编辑部编《科学传统与文化》,陕西科学技术出版社 1983 年版,第 43 页。

⑤ 亚里士多德的形式逻辑和希腊的公理化方法极大地影响了中世纪西方的理论表述,甚至基督教的宇宙论和哲学主张。如托勒密的地心说、人类起源和四帝国的说法,也都有一个理论的逻辑结构,并意指一个可能的经验世界,因而具有证伪性。

⑥ 张衡:《张衡浑仪注》,《开元占经》卷一。

陷？天体如何能从水中通过？从西汉起，杨雄、王充、张衡、葛洪到张载围绕日月是否出入和怎样出入的争论也颇说明问题。

王充质疑像太阳这种阳性的星体如何通过被视为阴的水，晋朝葛洪提出星宿属阳性，但如龙，因而能生活在水中，还根据《周易》中的卦象来说明天体和日月可进入地下，"《明夷》之卦离下坤上，捆在上，以证日入于地也"[①]，离是火代表太阳，坤是地。

宋朝的张载用新的说法来克服这种理论逻辑的不相一致性，认为地球也是在气上漂浮着的，"太虚无形，气之本体，其聚其散，变化之客形尔"[②]。但是，张载的修订并没有带来哥白尼似的发展，这同中国古代宇宙论的基本概念的错误性有关。"气"是对自然现象的肤浅认知，它并不是像"作用力"或"原子"那样的实在。

(三)中国古代自然哲学家对待实验的态度问题

并不是所有的自然哲学家和学者都不关心实验。墨家就不是用阴阳五行学说来解释光学和力学的，而是通过实验论证来提出他们对光学和力学的解释。中国并不是没有科学家进行了被称为"受控实验"的工作，如宋代的学者朱中有挖了一个深沟并在其底部铺以不同石料，试图建立一个研究杭州湾涨潮模式的设施。在其他领域，如天文观测仪器、沙漏时钟、浑仪等的制作，弦的共鸣现象、桥梁的结构强度、水轮联动擒纵机构、织布机和火药等的发明和发现应该都是反复实验的结果。[③] 从汉代起就确立了以日食观察作为检验历法的标准。苏颂和韩公廉的水运仪象台里，浑仪、浑象和报时系统是由同一套漏壳流出的水推动机械传动装置带动的。机械传动系统的运转速度可根据浑仪对太阳、恒星进行观测时的跟踪情况来调整，从而使浑象和报时系统的计时工作准确。[④] 然而，的确还没有证据表明中国传统的科学家发展出一套实验论的哲学，并充分了解探究自然秘密时实验的重要性。在西方学者与工匠传统的结合并逐步发展到受控实验是文艺复兴以来西方科学的最伟大发展，而在古代中国学者与工匠传统最终并没有结合起来。

---

① 葛洪：《晋书・天文志》。

② 张载：《正蒙・太和篇》。

③ 李约瑟称："中世纪的中国……在理论上已经很接近它(受控实验)，而且在实践上经常超过欧洲的成就。"(Joseph Needham, *The Grand Titration: Science and Society in East and West*, London: George Allen & Unwin, p. 50)

④ 参见郭盛织编《中国古代的计时科学》，科学出版社 1988 年版，第 172 页。

（四）西方机械论取代有机自然观的特殊背景

在讨论传统中国有机自然哲学应在多大程度上对中国没有自发产生近代科学负责时，我们必须注意到阴阳五行学说所代表的那种世界观念并不是中国文化所特有的。在科学革命前，欧洲人也倾向于用人类行为和观念的外推来解释自然现象。例如，吉尔伯特通过显示地球本身是一个巨大的磁场来解释指南针的行为，但中世纪的科学家如德拉帕特(Della Porta)却认为磁铁有头发，铁处于醉态，同样用诸如“同情与憎恶”这样的情感的观念来解释磁性现象。[①] 另一个例子是关于心脏的理论，哈维证明心脏类似一个“小型的水泵”，但是早期的生理学家加伦(Ferneland Galen)则认为心脏是一个“维持生命之火的炉床”[②]，这样的解释与中国早期自然哲学家对那些现象的解释极为相似。

在西方主要是文艺复兴后出现的某种十分特别的思想观念，帮助西方科学抛弃旧的有机自然哲学，并推动一种对宇宙的新的解释方式的兴起。在这些新的观念中，尤为重要的是奥卡姆的威廉(1285～1349)所提出的“本体精简论”或“概念精简化”原则，即没有必要不得引入更多实体或概念于解释中的原则。[③] 这一原则激励了近代早期科学家如开普勒和伽利略去探寻一种对宇宙更简单的和机械论的解释。开普勒意识到他正试图去建立一种对现实世界的新的哲学解释，即“用一种新的宇宙形而上学哲学来取代神学宇宙论和亚里士多德的形而上学”。在1607年8月1日给费瑞休斯(Fabricius)的信中就反映出“本体精简论原则”怎样促使他提出了一种机械论的

① 吉尔伯特用机械论的观点批评这一观念，他指出：“那些用憎恶的概念即反感而相斥来解释这种现象的做法是错误的，因为在它们中间不存在反感，相斥是由于反作用力而不是情感中产生。”[William Gilbert(吉尔伯特)，*On the Magnet*(《论磁铁》)，London：Chiswick Press，1901，p.113]

② W. Osller(奥斯勒)，“Harvey and His Discovery”(《哈维和他的发现》)，in C. Read，*Essays in Honor of Conyers Read*，Chicago：The University of Chicago Press，1953，p.222.

③ 像克罗姆指出的，西方哲学家如罗杰尔·培根和奥卡姆的威廉从旧的自然哲学概念中解脱出来了。参见 A. Crombie(克罗姆)，*Robert Grosseteste and the Origins of Experimental Science*(《罗伯特·格莱斯特和实验科学的兴起》)，Oxford：Clarendon Press，1953，p.7。

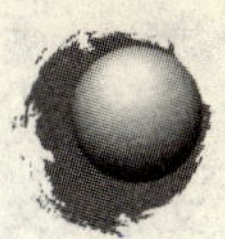

宇宙论。①

伽利略的科学方法也是以试图把他的研究范围限制在分割开的、界定清楚的领域，而不是寻求一种对宇宙的超验理论为特征。② 培根明确地指出，实验可以清除那些没有实用性的理论和帮助定义现象的性质。③ 而在传统中国，却不是“奥卡姆的剃刀”或几何式证明的形式，而是某种美学观甚至是非证伪性一直指导着直到晚清的“科学”解释。

三、中国近代科学落后的综合原因分析

一些学者从外因和内因两方面对中国科技近代落后的原因进行综合探讨。他们从中西原始科学范式和宗教形态的差异入手来分析。

（一）原始科学范式的差异

综合论者发现，许多构成近代西方科学范式的重要成分在古希腊自然哲学中已萌芽，例如几何学视野下的空间观念、欧几里得几何学中的公理化传统、毕达哥拉斯关于数字在理解宇宙中的重要性等等。④ 在中国，仅在春秋战国时期，一个与欧几里得几何学相似的学术流派由《墨经》和《考工记》所代表。《考工记》比后世任何一部技术著作都重视技术后面的形而上学，重视从实验中抽取理论。⑤ 然而，最终儒家受到官方的支持而成为占统治地

---

① 为维护他使用的“天体力量”来解释诸如火星这样的天体的运动路线，以取代毕达哥拉斯以来统治天文学两千年的认为天体循完美圆形轨迹运转的旧观念，开普勒写到：“当你说不用怀疑，所有（天体）运动循完美圆形轨迹时，这在论据组合上是错误的。这实际上是真正的运动使所然。按哥白尼，它们在一个倾斜的轨道上运动。但托勒密和第谷却认为它们呈螺旋状曲线。但是如果说到运动的形成时，你就引用了一个仅在思想中而不是在现实中存在的东西，因为除了天体相互之间，没有任何其他东西作用于天体。”［G. Holton（霍顿），*Thematic Origins of Science Thought*：*Kepler to Einstein*（《科学思想主题的由来：开普勒到爱因斯坦》），Cambridge，Mass.：Harvard University Press，1988，p. 61］

② Righini Bonelli & W. Shea，eds.，*Reason*，*Experiment and Mysticism in the Scientific Revolution*，London：Macmillan Press，1975，p. 158.

③ R. Harre（哈瑞），*Great Science Experiments*（《伟大的科学实验》），Oxford：Phaidon Press，1981，p. 15.

④ 参见金观涛、樊洪业、刘青峰《文化背景与科学技术结构的演变》，载《自然辩证法通讯》编辑部编《科学传统与文化》，陕西科学技术出版社 1983 年版，第 36～37 页。

⑤ 参见金观涛、樊洪业、刘青峰《文化背景与科学技术结构的演变》，载《自然辩证法通讯》编辑部编《科学传统与文化》，陕西科学技术出版社 1983 年版，第 70 页。

位的哲学，墨家那种有科学观念萌芽和实验传统的范式却没能成长。

(二)中西宗教对科学的不同影响

综合论者认为宗教对处于萌芽状态的科学的发展有重要影响。中国历史上有许多时机能使更具科学之光的墨家传统复活并促进"近代科学结构的建立"。如：东汉末年，以造纸术、地震仪、浑天仪和星图的发明为标志的第一个科技发展高潮；16～17世纪以《本草纲目》、《天工开物》、《农政全书》的编纂为标志的对中国科学技术的总结的尝试，那时耶稣会士也开始把西方的科学介绍到中国，徐光启等人翻译西方的科学著作并反思中国传统。然而，中国科学在所有这些时机中的成长都没能持续。① 在西方，基督教帮助西方克服了那些通常阻碍前现代科学发展的障碍：基督教吸收了希腊科学的传统，包括欧几里得几何学和毕达哥拉斯关于宇宙的数学性质的观念。13世纪以后，圣托马斯·阿奎那又进一步把新发现的更多的希腊科学知识融入基督教中。基督教普及了西方的科学观念并使科学探究成为受到居于霸权地位的意识形态支持的活动。下面将对这些观点进行分析。

(三)宗教文化意识形态对科学的影响

默顿(Merton)的研究表明，宗教对近代科学的发展有强大影响。宗教和科学活动都包含对世界的生成、结构和演化的探讨。在中古时代，科学探索常与宗教和巫术活动交织在一起。以信仰和教会组织为支撑的关于宇宙自然的宗教假说无疑深刻地影响着科学家的思维和实践，有神论的基督教比无神论的儒教更关心宇宙自然的生成和演化，它吸收大量希腊科学知识，更有助于西方科学发展。中世纪后期许多科学问题是在讨论神学问题中被发现的。② 库恩甚至认为17世纪科学革命部分是对基督教宇宙哲学，即亚里士多德—托勒密体系不能解释反常现象的回应。

但是，显然不能一般性地断言儒教哲学排斥科学。从汉儒董仲舒开始，宇宙论就已成为儒家思想中的一个重要部分。当托马斯·阿奎那对古典知识和基督教理论进行综合时，中国的理学大师同样也对中国的知识进行了综合。11世纪以后，自然哲学便成为理学大师如张载、周敦颐和朱熹等人的

① 参见金观涛、樊洪业、刘青峰《文化背景与科学技术结构的演变》，载《自然辩证法通讯》编辑部编《科学传统与文化》，陕西科学技术出版社1983年版，第69～81页。

② George Basalla, ed., *The Rise of Modern Science: Internal or External Factors*, London: Paytheon Education Company, 1968, p. 19.

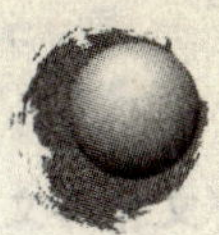

理论中一个不可缺少的部分。朱熹把佛道思想中形而上学的和自然科学知识融入他的理论中，也吸收了沈括所总结的科学知识和从张衡到张载的天文理论。他提出的地球和星体产生的观念与康德的星云说极为相似。他的宇宙论比张衡的天文理论似乎更有条理性和"科学"性，李约瑟甚至认为理学从本质上来讲是科学的。① 显然，儒家思想似乎并不比天主教更敌视科学，朱熹提倡对客观事物不遗余力地研究以完善人类的知识就是证明。"而天下之物莫不有理，惟于理未有穷，故其知有不尽也。是以《大学》始教，必使学者即凡天下之物，莫不因其已知之理而益穷之，以求至乎其极。至于用力其久，而一旦豁然贯通焉，则众物之表里精粗无不到，而吾心之全体大用无不明矣。"②

分析为什么近代科学是在西方而不是在中国出现，中西方在以下两方面的差异值得注意：第一，学术传统。在古希腊对自然的探究具有独立的价值，甚至在中世纪西方的大学的课程中也包含自然科学知识传授，包括语法、修辞、逻辑的艺术课和算术、几何、音乐、天文四门学科。③ 第二，欧洲社会的开放和文化生活的分散性。12 世纪，私立学院在中国和西方兴起，对科学的兴趣在增长。在西方如牛津大学，格莱斯特等学者认识到希腊科学的意义并试图去探讨科学研究的方法和科学解释的本质。在他的影响下，在牛津大学，罗杰尔·培根和奥卡姆的威廉提出一套有别于经院哲学的关于科学研究对象、意义和方法的新观念。14～15 世纪，西方不少大学在数学、天文学、哲学领域中设立了教授职位。在意大利，对科学的兴趣使伽利略和其他学者不顾教会的责难，在旧的学术圈子之外建立了一个新的学术世界去进行新的科学研究活动。

（四）耶稣会士与明以后中国科学发展

一种观点认为西方现代历史和科学是西方文化中所固有的那些优越特

---

① 参见 C. Ronan（罗兰），*The Shorter Science and Civilization in China: Abridgement of Joseph Needham's Original Text*（《中国科学文明简史：李约瑟原著摘要》），Cambridge: Cambridge University Press, 1978, p. 247。李约瑟赞扬朱熹是"圣托马斯·阿奎那，但却拥有斯宾塞的世界观，朱熹使用一种无异于现代科学中使用的观念来思考"（李约瑟：《中国科学史》第 2 卷，科学出版社、上海古籍出版社 1990 年版，第 489 页）。

② 朱熹：《四书章句集注》，中华书局 1983 年版，第 6～7 页。意指自然科学的"格致之学"是从朱熹的论著获得特殊含义的。

③ A. Cronbie, *Oxford's Contribution to the Origins of Modern Science*（《牛津大学对现代科学起源的贡献》），Oxford: Basil Blackwell, 1954, p. 11.

征——原始科学范式的成长的结果，它始于古典科学文献的重新发现，而形成学术传统，然后产生新的独创思想和有自我生命力的科学研究方式。[①] 这产生了另一个问题：如果原始科学范式[②]，即希腊科学传统是促使近代科学最终在西方兴起的原因，那么，当这一科学传统由耶稣会士介绍到中国明朝后为什么没有出现向近代科学的跃进呢？

何兆武先生相信在中国"并没有任何根本性的阻碍近代科学传入的思想因素"，是西方传教士介绍陈旧过时的科学（前伽利略时代的科学）使中国没有步入近代科学。[③] 席文也批评耶稣会士仅仅介绍前伽利略时代的科学，这个处在"欧洲科学意识分水岭"的那一边的知识体系不能使中国人革新他们的自然知识。[④]

传教士带到中国来的科学知识对中国学术界产生了影响。从方以智的《物理小识》书中即可看出。徐光启指出：西方的科学解释有严密的逻辑结构且采用演绎法，"《几何原本》者度数之宗……众用所基"[⑤]。徐光启试图去重组中国科学知识，他主持下修定的《崇祯历书》采用西方第谷（Tycho Brahe）的天体运行体系和几何学的计算方法。席文把传教士东来后引起的中国天文历法变化称为"哥白尼式天文学革命"。对西方科学的兴趣延续到清初皇帝如康熙，他热情地学习西方的数学和天文学，甚至在宫廷中组建了一个法国式的皇家学院，邀请欧洲的科学家做物理和化学方面的实验。

清政府后来指责耶稣会士传播颠覆性教义并突然禁止他们的宗教活动，对西方科学的热情也跟着消失了。康熙年间，杨光先从文化意识形态上攻击耶稣会士制定的天文历法与他所监之"尧舜相传"的立法相悖，表明中国古代宇宙观妨碍中国吸收西方的科学知识。

---

① A. Cronbie, *Oxford's Contribution to the Origins of Modern Science*, Oxford: Basil Blackwell, 1954, p. 11.

② 科学范式是"一个时代普遍接受的科学成就，它为科学团体提供了一个提出研究问题和解决办法的模式"[Shigeru Nakayama（中山茂）, *Academic and Scientific Traditions in China, Japan, and the West*（《中国、日本和西方的学术和科学传统》）, Jerry Dusenbury, tran., Tokyo: University of Tokyo Press, 1984, p. 17]。

③ 参见《何兆武与席文教授讨论科学史与思想史的一封信》，载深圳大学国学研究所主编《中国文化与中国哲学》，东方出版社 1986 年版，第 566～567 页。

④ N. Sivin, "Science in China's Past", in Leo A. Orleans, ed., *Science in Contemporary China*, Stanford: Stanford University Press, 1980, p. 26.

⑤ 徐光启：《刻几何原本序》。

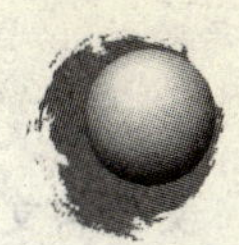

四、从人类学的角度对中国近代科学落后的解释

中国能否不采用伽利略—牛顿学说体系所代表的科学范式[①]而发展出自己的"近代科学"形式呢？西方学者如席文认为，没有牛顿西方就不能发展出近代科学，因为牛顿力学体系始终是近代科学的核心部分。但是，一旦某种科学突破在统计物理学和波动物理学这两个领域其中之一发生，那么称之为"牛顿式"的那种探测的路数就会迟早被发明出来。[②]

对席文的观点持批评态度的金春峰认为，中国的传统思维模式中的时空观使牛顿体系不可能在中国产生。他把中国的文化思维模式称为"月令图式"，认为《礼记》中的《月令》一章较好地阐述了这种思维模式。

它以下面的观念为特征：第一，人类活动和自然过程中存在着季节性的规律，因此人的活动须服从时令的安排。第二，时空是主观的，时间和空间结合形成五个区域。每一区域和五种元素之一相对应。如东方与春季相结合，由木主持；南方与夏季相结合，由火主持。时间是循环往复的，空间不是向各个方向无限的扩展而是有限的，并随时间流转的。第三，宇宙中存在两种基本的力量：阴和阳。物质以"五行"的形式出现，时间与现象表现为五种状态或五行相生相克。不存在虚空和没有事件的时间。原初物质（气）充盈于整个宇宙，没有"刚体"（坚硬的物体）也没有"质点"（粒子）的观念。第四，天人一体，人和宇宙构成一有机整体，由同样的原则模式所统治，相互作用，相互影响。[③]

与这种思维方式对应着一套探究问题的路数：第一，不着眼于个体，而

---

① 伽利略通过把对运动的研究数学化，扫清了物质和运动新观念出现的道路。在开普勒和伽利略的基础上，牛顿才能推翻旧的宇宙模式和使对空间的理解几何学化。无论是天体还是地球上的物体的运动，都被视为是几何体在抽象的空间中的运动。所有使用终极原因的解释因而从科学中消失了。参见 A. Koyre（克瑞），"*Significance of Newtonian Systems*"（《牛顿体系的意义》），in George Basalla，ed.，*The Rise of Modern Science*：*Internal or External Factors*，London：Paytheon Education Company，1968，p. 99。

② 参见《何兆武与席文教授讨论科学史与思想史的一封信》，载深圳大学国学研究所主编《中国文化与中国哲学》，东方出版社 1986 年版，第 569 页。

③ 参见金春峰《"月令"图式与中国古代思维方式的特点及其对科学和哲学的影响》，载深圳大学国学研究所主编《中国文化与中国哲学》，东方出版社 1986 年版，第 128～130 页。

着眼于整体或系统。① 第二，把握客观对象的运动形态，而不是静态。第三，关注物体的功能属性，而不是具体结构，认为所有物体都是不断流转的“气”的暂时形式，稳态是暂时的，运动是永恒的，没有固定的结构。第四，把所有的事物视为有机体，强调把握住机体的平衡——物质和能量的相互转换。第五，不关注建构几何模型和运动轨迹，而通过大量观察及对观察资料的统计、计算、归纳、分类以描述对象的发展趋势。②

在金春峰看来，这些方法与中国传统科学的主要分支如中医和天文历学相适应，所以科学的这些分支达到了很高的水平。《内经》就是这种方法论和形而上学所取得成绩的最好例证。阴阳五行观念是《内经》解释理论的基础，如有关身体经络和脉搏理论。③ 然而，《月令》模式观念把宇宙理解为一个充满着流动的气和被分隔开的时空构成的有机体，“阻碍了以机械论的哲学为特征的近代科学的出现”④。下面将对这些观点进行分析。

(一)中国古代时空观

李约瑟曾把中国古代的时空观称为“隔间式的时空观”⑤和“联想式有机思维方式”⑥，认为是中国官僚社会以“行政式的方式对待自然”的反映。⑦ 格朗尼特(M. Granet)称这种时间意识为“宗教仪式的时间观”，因为它过分强调时令、节气、义务和机遇。“中国人喜欢把时间看作是由时代、节气、新纪元”的集合体，“对时间和空间的思考从来就是与具体的事件联系在一起”，

---

① 参见金春峰《“月令”图式与中国古代思维方式的特点及其对科学和哲学的影响》，载深圳大学国学研究所主编《中国文化与中国哲学》，东方出版社 1986 年版，第 132 页。

② 参见金春峰《“月令”图式与中国古代思维方式的特点及其对科学和哲学的影响》，载深圳大学国学研究所主编《中国文化与中国哲学》，东方出版社 1986 年版，第 132 页。

③ 在席文看来，中国人以阴阳五行学说对医疗的解释与现代医学的解释几乎没有相同之处。参见 Shigeru Nakayama and Sivin(中山茂和席文)，*Chinese Science—Exploration of an Ancient Tradition*(《中国科学——对一种古老传统的探究》)，Cambridge，Mass.：The MIT Press，1973，p. xxi。

④ 金春峰：《“月令”图式与中国古代思维方式的特点及其对科学和哲学的影响》，载深圳大学国学研究所主编《中国文化与中国哲学》，东方出版社 1986 年版，第 139 页。

⑤ Joseph Needham，*The Grand Titration：Science and Society in East and West*，London：George Allen & Unwin，1969，p. 231.

⑥ C. Ronan(罗兰)，*The Shorter Science and Civilization in China：Abridgement of Joseph Needham's Original Text*(《中国科学文明简史：李约瑟原著摘要》)，Cambridge：Cambridge University Press，1978，p. 188.

⑦ C. Ronan，*The Shorter Science and Civilization in China：Abridgement of Joseph Needham's Original Text*，Cambridge：Cambridge University Press，1978，p. 188.

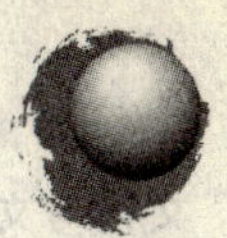

中国人把时间分解为朝代，就像他们把空间分为方位一样，中国人从来没有刻意把时空想象为是可以容纳抽象概念物的基体。[①]

"四方上下曰宇，往古来今曰宙"[②]，隔间式的（四方上下）空间观似乎在这里找到文字证明。的确，我们也能从《礼记·月令》一章中看到时间被分解为节气、时令、文化与宗教节日，它们都与气和阴阳五行的概念相联系。然而，中国古代时空观并不是如此简单，李约瑟就在长期细致的研究中发现，在中国都能找到几乎每种能想象到的时空观，"历史学中的类推似的、符号化的和教诲性的时空观，过去两千年来天文时钟和水利驱动时钟所体现出的客观的均匀划分的时间，生物演化过程中的连续与断裂的统一，在各种关于未来和过去的社会政治学说中的进步与退化观"[③]等等。尽管这样，我们仍可发现循环的时间观和与它相联系的自然观仍是处于中国自然哲学思想的深处，与上面这些时间观交织在一起。[④] 例如在历史编写中，循环时间观和方位化的空间观与连续的线性时间观配合使用，表现为随着朝代的更替而出现的进步或倒退的演化。在对自然现象的解释中，阴阳五行学说和与它相结合的循环论和方位化的时空观念构成基本的思维框架。

中国天文学家的空间观念展示了一幅复杂的画面。在天文学中无限的宇宙这一观念似乎很盛行。中国三大天文学理论之一的宣夜学派以无限虚空的观念而著称。"天了无质……高远无际……日月众星，自然浮生虚空之中。"[⑤]"浑天说"的传播者——张衡也说，天地之外是宇宙，"宇之表无极，宙之端无穷"[⑥]。11世纪的张载写道："天大无外。"[⑦]朱熹也认为天无形，是空的。但是，这些观念与阴阳五行学说混杂在一起，宇宙总的来说仍被视为是

---

① Joseph Needham, *The Grand Titration: Science and Society in East and West*, London: George Allen & Unwin, 1969, pp. 50, 228.

② 尸佼（周代）：《尸子》。

③ Mark Sivin, "On the limits of Empirical knowledge in the Traditional Chinese Science"（《论中国传统科学中经验知识的有限性》），in J. Fraser, N. Lawrence, and F. Haber（弗莱泽、劳伦斯和哈伯），eds., *Time, Science, and Society in China and the West*（《中国和西方的时间、科学和社会》），Amherst: The University of Massachusetts Press, 1986, p. 152.

④ 在那个时代，循环论的观念既不是道家的、法家的、儒家的也不是墨家所特有的，而是所有各家共有的对自然过程的一种思维模式。参见 Mark Sivin, "On the limits of Empirical knowledge in the Traditional Chinese Science", in J. Fraser, N. Lawrence, and F. Haber, eds., *Time, Science, and Society in China and the West*, Amherst: The University of Massachusetts Press, 1986, p. 153.

⑤ 《晋书·天文志》。

⑥ 张衡：《灵宪》。

⑦ 张载：《正蒙·太和》。

一个有机体,其中两种基本相反的力量波动互补。①

(二)中国古代时空观和运动观念对科学发展的意义

李约瑟否认中国的时空观和变化观应对中国近代自然科学不能自发产生负责。他认为前述问题"与他们对时间和变化的观点无关联",而应主要从其他意识形态的因素和"具体的地理、社会、经济条件"来解释。② 弗莱泽提出一个相反的观点,认为近代科学的基础是相信必须把"对自然的假设理论数学化,并用试验来验证这些假设","而这种对数字化和量度的要求起源于某些与此密切相关的关于时间的学说,这些学说是西方土生的",他把中国不能自发产生近代科学归因于中国传统自然哲学家喜欢有机自然哲学。③ 席文对此持折中的立场,争辩说无法证明"循环的时间观念以外的其他时间观念在中国特殊的科技环境中能更有效地推进中医和炼丹术,甚至无法知道它们是否会被吸收"④。

然而,当我们探讨为什么在中国没有自发产生近代科学这一问题,并涉及中国自然哲学对此的影响时,其中一个特别值得注意的领域是物理学。在此领域方法论和形而上学的突破首先发生,由此开启了近代科学。在这个领域,有机自然观以及与它相联系的隔间式时空观而不是其他时空观(例如无限虚空的观念)被用来解释自然现象及物体运动的原因。这一点很重要。

希腊的原子论者把时空理解为几何形盒子,原子散布其中。他们相信,物体所处的位置及其运动存在某种结构模式,如果物质的一个粒子在特殊

---

① "不论何时,当人们尝试去解释结构和变化时,便可能使用阴阳五行学说。当每一种性质的科学发展完善其古典形式后,阴阳五行学说也增加了与每一研究领域问题相关的特殊词汇,连同另一些技术性概念一起,就为这门'科学'提供一种足以构成解释的理论话语。"(Mark Sivin, "Science in China's Past", in Leo A. Orleans, ed. , *Science in Contemporary China*, Stanford: Stanford University Press, 1980, p. 15)

② Mark Sivin, "Science in China's Past", in Leo A. Orleans, ed. , *Science in Contemporary China*, Stanford: Stanford University Press, 1980, p. xv.

③ J. Fraser, N. Lawrence, and F. Haber, eds. , *Time, Science, and Society in China and the West*, Amherst: The University of Massachusetts Press, 1986, p. 1.

④ Mark Sivin, "On the Limits of Empirical knowledge in the Traditional Chinese Science", in J. Fraser, N. Lawrence, and F. Haber, eds. , *Time, Science, and Society in China and the West*, Amherst: The University of Massachusetts Press, 1986, p. 154.

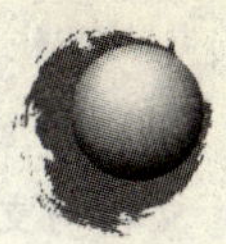

的时间占据着特殊的位置，那是因为另一个粒子的推动。[①] 这些观念为在文艺复兴时期出现的从几何学的角度把运动理解为在一定的时间内位置的变化的观念打下了基础，随后导致现代力学和现代早期西方科学思想中对因果关系的机械论理解的出现。

在中国占统治地位的自然哲学中，“两种时间观念成为那些试图区分过程的时间阶段性和空间结构的手段。互补的阴、阳运用于自然过程中，代表着消失和出现、持久和变化、收缩和扩张等方面；运用于空间结构时，则表示正面和背面、低和高、内部和外部”。五行用于区别空间关系时，“五行中的四行常用来表示指南针的四个基本方位，每年太阳路径的四分之一和四季相对应，地球处于中心位置，其他的围绕地球旋转”[②]。

根据这一观念，每种事物的性质都被认为适合于它所占的位置，并依据与其所占的时空位置相符合的规则活动。自然过程的规律性被想象为不是由某种机械的原则所支配，而是为适应社会生活模式。一个物体占有其位或运动是其性使所然，或是像一个有机体那样按自己的意愿行动，或在“能量场”的影响下，或由某种共鸣所引起的，或由于感应。[③] 这一运动观念与希腊和牛顿学说中把时间和空间视为几何形的空盒[④]，或无限延伸的线条，其中任何事物都有一个可量度的位置的观点完全相左。它解释了为什么在中国很难发展出牛顿型物理学和几何天文学。[⑤]

（三）中国古代科技发展的其他可能性

墨家和前面提到的名家证实了中国古代科技有可能向另一方向发展。名家试图去发展一套关于逻辑推理的法则，而且，墨家不仅与阴阳五行学说没多大联系，同时提出不同的时空观念和运动原因的概念，并且依据试验来

① Lucretius, *De Rerum Natura*, W. Rouse, trans., revised by M. Smith, Cambridge, Mass.: Harvard University Press, 1975, pp. 29－39.

② Mark Sivin, “Science in China's Past”, in Leo A. Orleans, ed., *Science in Contemporary China*, Stanford: Stanford University Press, 1980, pp. 14－15.

③ Joseph Needham, *The Grand Titration: Science and Society in East and West*, London: George Allen & Unwin, 1969, p. 226.

④ 在西方近现代科学的诞生中扮演了一个重要角色的笛卡儿否认虚空的实在性。

⑤ 中国人缺乏对天体运动的希腊式几何学观念，他们不觉得现象背后的原因可以从几何学和机械论的角度去理解。在他们看来，宇宙这个大有机体中的每一个有机体都依据其本性遵道而行，它们的运动可以由本质上非具象主义的代数来处理。参见 C. Ronan, *The Shorter Science and Civilization in China: Abridgement of Joseph Needham's Original Text*, Cambridge: Cambridge University Press, 1978, p. 221。

阐明一般物理原则。① 墨家认为在时间和空间中发生的运动是可测量的，并可能考虑到了运动的力学原因。② 墨家的学说也包含如下观点：物体运动需要时间，空间位置是可以量度的，他们也多少认为物体运动在于力学上的原因。他们的有些观点与后来西方的伽利略甚至是牛顿在"牛顿第一定律"所表述的观点相似。墨家同样探讨了物体的下落运动、沿着斜面的运动和球面运动等等。

中国古代科学思想中还含有许多可以被称为"现代"的科学观念。"理学"中关于两种基本力量的观念，猜测到了物质深层结构的两面，即后来被西方科学家称为"正极"和"负极"、电子和质子及其他物质微粒的构成要素。李约瑟认为，中国人"虽从未站在过牛顿所处的位置，却接近拥有原子物理学家玻尔和卢瑟福所代表的那些立场"。中国人关于自然以波动的方式运转、自然界两种力量中的每一种轮流升至最高点然后下降让对立面来控制场的观念，"表达了我们认为相当合理的对波动现象的一种科学的抽象"③。实际上，在中国古代科学思想中还可以找到更多接近近代科学水准的观念和发现，例如《内经》的血液循环理论。

尽管如此，缺少一种追求再现自然表象和揭示现象深层结构的哲学认识论倾向(the philosophy of presence)也许可以解释为什么近代科学终究没有在中国自发兴起。西方认识论的一个中心特征被德里达(Derrida)称为"逻各斯中心主义"，它预先假定现象中存在秩序和结构。这种认识论的逻各斯中心主义推动西方思想家去揭示所研究事物的逻辑结构和本质。这种具相主义倾向是西方科学和艺术现代性的本质特征，没有这种揭示事物结构的愿望和努力，科学研究就不能说是现(近)代的。

中国居支配地位的宇宙论是建立在强调所谓差异性、变化性、不确定性的观念基础上的，老子的宇宙论哲学体现了这一点。这种非具相主义哲学预先假定"宇宙的秘密是不可了解的"，因此对现象的描述和解释也应与此相一致。阮元关于中国和西方宇宙论表述的差异性的言论反映了这一观

---

① 参见《墨经》；C. Ronan, *The Shorter Science and Civilization in China: Abridgement of Joseph Needham's Original Text*, Cambridge: Cambridge University Press, 1978, p. 340. 格莱汉姆对《墨经》这些相关段落有不同的理解和翻译，参见 A. Graham, *Later Mohist Logic, Ethics and Science*, Hong Kong: The Chinese University, 1978, p. 295(A44), 435－436(B63－64).

② C. Ronan, *The Shorter Science and Civilization in China: Abridgement of Joseph Needham's Original Text*, Cambridge: Cambridge University Press, 1978, p. 341.

③ C. Ronan, *The Shorter Science and Civilization in China: Abridgement of Joseph Needham's Original Text*, Cambridge: Cambridge University Press, 1978, Vol. 1, pp. 236－237.

念。前面许多中国学者所提出的诸如中国古代科学传统缺少几何观念和逻辑结构、理论缺少证伪性、中国的时空观及变化观都可以被认为是反具相主义。

结　语

古代中国独立发展出很高水平的科学知识体系，天文学、数学、医学及其他实用科技的成就直到现在还令我们惊叹。西方科学家在回顾中国古代科学时指出："1～15 世纪之间，中国没有经历'黑暗时期'，一般来讲，比欧洲社会发展更先进……从中国和东亚传入的发现和发明深刻地影响了西方。"[①]"许多世纪，欧洲受益于东方传来的技术。"[②]从 10～14 世纪，中国已接近发展出通过试验系统探究自然的方法的门槛，并创造了世界上最早的机械化加工工业。[③] 我们相信对中国传统的哲学和科学思想进行再认识是有意义的。这种再认识将会有助于我国从引进科技到科技创新跨越的转变。人类历史表明，一个国家经济和科技的大发展往往伴随着一场深刻的文化价值观的转变和哲学思维的变革，后者在许多情况下甚至是前者出现的必要条件。

（本文原载《史学理论研究》2005 年第 4 期）

---

① Joseph Needham, *The Grand Titration: Science and Society in East and West*, London: George Allen & Unwin, 1969, p. ii.

② Mark Sivin, "Science in China's Past", in Leo A. Orleans, ed., *Science in Contemporary China*, Stanford: Stanford University Press, 1980, p. 3.

③ Mark Elvin, *The Pattern of the Chinese Past*, Stanford: Stanford University Press, 1971, p. 179.

中国和西方历史思维中的革命观念

上面的几篇文章已分别讨论了中国和欧洲在经济和科学等方面的发展差异，下面这篇文章是讨论中国和欧洲在政治思想发展上的某些异同。欧洲首先通过以英国革命和法国革命为代表的“政治革命”进入现代社会，中国和大多数非西方国家迟至20世纪初才开始有了可以通过革命性的社会变革来推动社会进步的思想。分析解读中国和欧洲有关政治革命的观念会有助于我们了解中国政治发展史。

可以说，革命是20世纪具有世界历史普遍意义的事件。这篇文章讨论了历史学家和政治家对革命的想象和研究。文章区分了三种认知革命这一历史事件的理论框架：现代化理论的、社会学的和功能主义的。以法国大革命为例，作者认为革命在西方历史编纂中既被想象为是社会发展的突变和质变，也被想象为终结于向旧制度的某种形式的回归。20世纪中国的革命理念是在天命论王朝更叠观基础上，吸收了关于革命将通向社会演化更高阶段的欧洲理论发展出来的。本文简要回顾了20世纪中国思想界对中国革命所要达到的目的的认知。作者认为，思想界曾一度在把革命看作是其本身表现了一终极完善政治状态还是仅是实现现代化的手段途径上存在误区。“十年动乱”后在理论上的拨乱反正，导致中国历史的真正飞跃。

如果说19世纪是“进步的世纪”，那么20世纪可以说是“革命的世纪”。在20世纪还未结束时，从霍布斯鲍姆到亨廷顿已把20世纪称为“革命的世纪”。20世纪的确可以说是一个革命的世纪。这不仅是因为只有在20世纪革命的进程才很快产生了革命的制度①，而且也因为革命成为20世纪许多

---

① 参见[美]塞缪尔·亨廷顿《变化社会中的政治秩序》，王冠华、刘为等译，三联书店1996年版，第287页。

国家最重要的政治任务和历史事件。人类历史上两个最伟大的革命(中国革命和俄国革命)发生在这个世纪。从17世纪到19世纪,“革命”也是欧美几个最重要国家的最重要历史事件之一。当世界大多数国家在21世纪似乎已进入经济发展和渐进的政治变革过程中时,我们今天有可能从理论上对这个具有普遍意义的历史事件进行一番讨论,以深化我们对20世纪乃至世界近代史的理解。

一、西方历史思维中的“革命”

20世纪,在俄国发生了资产阶级性质的“二月革命”和无产阶级领导的“十月社会主义革命”,在中国出现了1911年的“辛亥革命”和1949年的“新民主主义革命”,在土耳其发生了凯末尔革命,在中东有“纳赛尔革命”,在亚洲和拉丁美洲也涌现了形形色色的“革命”。如果抛开这些“革命”的特殊的历史背景和过程,而把它们看作是同一类的历史事件,它们发生的共同原因以及目的是什么呢?西方社会历史学界对革命的认知有三条主要的理论框架:(1)现代化的理论框架;(2)社会学的分析方法;(3)功能主义的认知方法。

(一)现代化的理论框架

西利·布莱克的《现代化的动力》是这种认知视角的代表性著作。他从大多数国家从17世纪以来都被席卷进来的最深刻历史变革进程,即现代化,来理解革命的出现及其欲完成的历史使命。在他看来,传统社会向现代社会转变的一个重要政治条件是政府领导权转入坚决主张现代化的领导集团手中。由于代表传统社会利益和意识形态的旧政权领导人往往不可能自动放弃权力,权力的转移过程就不得不通过一场革命来完成。[①] 革命因而也就是传统社会向现代社会转化过程中的一带有世界历史普遍性的事件。布莱克以这种概念框架分析了世界上大多数国家的政治经济现代化的过程。

亨廷顿也把“革命”看作是“现代所特有的东西……一种使一个传统社

---

① C. E. Black(西利·布莱克), *The Dynamics of Modernization*(《现代化的动力》), Harper & Row Publisher's Inc., 1967.

会现代化的手段"[①]。他认为作为现代化手段的革命，不是在任何类型的社会中或在其历史上的任何阶段上都可以发生。革命不可能发生在高度传统化的社会里，而最可能发生在那些经济和社会现代化已取得一定进展但政治现代化却迟缓的国家里，例如二月革命时的俄国和辛亥革命时的中国。在亨廷顿看来，"革命就是对一个社会居主导地位的价值观念和神话，及其政治制度、社会结构、领导体系、政治活动和政策，进行一场急速的、根本性的、暴烈的变革"[②]。亨廷顿认为革命从本质上来讲是"西方文化的特殊产物"[③]，因为革命只有在相信人有能力控制和改变其所处环境的现代世界观中才能够被想象出来。帝国的兴衰、希腊城邦政体的来回变更、中国朝代的更迭这样的社会暴力变革都不能算作是革命，只有当暴力被用来构建一个完全不同的新的政体或政府形式，才谈得上是革命。一场全面的革命意味着对现存制度的猛烈的摧毁、新的集团投入政治和新的政治制度的创立。在西方，革命首先表现在旧政治制度土崩瓦解，接着是新的集团被动员起来投入政治，然后是新的政治制度的创立。东方类型的革命如中国革命则"首先是动员新的集团投入政治，创立新政治制度，最后再猛烈地推翻旧秩序的政治制度"[④]。

（二）社会学的分析方法

与上述从现代化理论的视角对发生在近现代的"革命"进行理论分析不同的是可以称之为社会学的分析框架，其中尤以英国南安普顿大学的彼德·卡尔维特的研究为代表。他认为，一个典型意义上的革命往往包含四个层面的意义：革命首先是指一个事变进程，其中，重要的社会群体对处于危机中的政府不再信任，并转入对政府的反抗；其次，革命也指政府被暴力或以暴力相威胁而被颠覆的事件；再次，革命往往卷入一个社会纲领，革命后夺得政权的新政府依据这个纲领试图改变社会生活的某些或全部观念预设；最后，革命也涉及一个政治神话，这个政治神话以故事的形式更多的

① [美]塞缪尔·亨廷顿：《变化社会中的政治秩序》，王冠华、刘为等译，三联书店1996年版，第241页。

② [美]塞缪尔·亨廷顿：《变化社会中的政治秩序》，王冠华、刘为等译，三联书店1996年版，第241页。

③ [美]塞缪尔·亨廷顿：《变化社会中的政治秩序》，王冠华、刘为等译，三联书店1996年版，第241页。

④ [美]塞缪尔·亨廷顿：《变化社会中的政治秩序》，王冠华、刘为等译，三联书店1996年版，第243页。

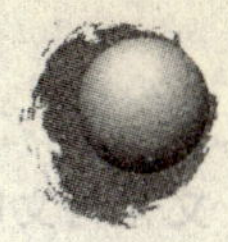

是描述社会生活应当怎样，而不是过去如何。[①] 卡尔维特的框架对分析一场革命的特殊进程、它提出的问题、革命的命运和结局非常有用。

(三)功能主义的革命观

功能主义把革命视为社会自我调整的激烈形式。功能主义革命论者认为：任何一种社会制度必须行使某些职能以使这一社会制度能延续下来。社会制度在多种层面上的混乱和失效，再加上一些小事件即意味着革命的发生。这种功能主义的国家和革命观在中国如孙中山所代表的清末革命者革命理念中可以看到。

理解西方社会历史思维中的革命理念不能离开历史的分析方法。在西方，"革命"一词的起源可追溯至古希腊、罗马时期。拉丁词"revoluti"在古典时期意思是运动，其政治含义较少。罗马史家波利比阿在其著作《历史》中开始谈到政体按照某种自然原则在有限的几种形式(国王制、独裁制、贵族制、寡头制、民主制和无政府状态)中变化。16世纪佛罗伦萨的历史家如Jacapo Nardi 和 Francesco Guicciardini 在他们的著作中使用"revolusioner"一词来描述佛罗伦萨市政府近年来的变迁。他们认为这种政府的变化代表了周期性地向过去政治制度的回归。

认为可以通过对自然和社会的革命性改造，从而缔造一个崭新的社会的思想起源于启蒙运动。这种思想被认为是"现代性"的核心标志性观念。由于具有这种观念的"现代性"，人类几千年来被看作是"自然的"社会秩序被视为是"非自然的"，设想对社会进行根本性的改造才有了理论上的依据。在启蒙运动和法国大革命时期，"革命"一词开始包含由此而通向一更广阔未来的带有进步意义的历史变化的意思。正是从这里，意指开创了一个新的社会制度或世界历史的一个新阶段的深刻社会变革的、现代意义上的"革命"观念萌生了。古希腊和罗马思维中的政体循环论仍残留在法国大革命前后的革命观念中。革命被当时许多思想家理解为是政治制度永远循环更迭运动的表现，例如，爱德蒙得·伯克在他1790年出版的《法国革命的反思》书中预言，与法兰西旧政体的决裂会以回归另一种形式的威权主义政体而告终。托克维尔的名著《旧政体和法国大革命》(1860年)暗示从拿破仑政权可以看到被推翻的波旁王朝集权政治的影子。

---

① Peter Calvert(彼德·卡尔维特), *Revolution and Counter-Revolution*(《革命和反革命》), Milton Keynes: Open University Press 1990, p. 17.

这种认为革命会带来向旧政体的某种回归的观念在20世纪许多西方研究革命的学者思想中都可找到。布尔顿1965年出版的那本被广为阅读的《革命的剖析》也强调革命极端主义会导致威权政体以对革命的反动的形式出现。[①] 埃萨克·克兰姆里克在回顾20世纪70年代初的西方研究革命的史学时,谈到革命往往以颂扬权威而结束的模式。[②] 虽然,这种恢复旧形式并不是旧制度的完整再现,"而是以一种螺旋形的上升形式把新旧观念糅合起来。革命使某些特殊的社会关系和制度发生根本性的变革,革命后出现的社会形式却使人想起传统的社会结构"[③]。

法国大革命的解释很有代表性地体现了20世纪革命理念的变化。20世纪60年代以前,勒菲佛尔和索布尔所建立的带马克思主义观点倾向的"传统"历史观在法国大革命史研究中占统治地位。它把法国大革命看作是具有世界历史意义的事件。索布尔的名著《法国大革命:1789～1799年》的开章首句"1789～1794年的革命标志着现代资产阶级的资本主义社会在法国历史上的出现"[④],画龙点睛地表达了这种从社会史和阶级斗争观点审视下的解释。对索布尔来说,1789年的法国革命是实现现代资产阶级的资本主义社会的必要的一步。从同样的思路出发,伊曼努尔·华伦斯坦断言:"法国革命及后继的拿破仑时代催化了资本主义世界经济从意识形态上向世界体系的转化。"[⑤]索布尔所代表的理论解释在20世纪60年代以后遭到以阿尔弗雷德·柯布(Alfred Cobban)和佛朗西斯·傅雷(Francois Furet)为首的"修正主义的"解释观的批评。柯布等人的主要论点是:1789年以前法国主要还是一个农业占主导地位的社会,工厂很少,传统的商业资本主义居主流。如果说1789年的革命是资产阶级的革命,那么这个资产阶级革命还不

---

① Crane Brinton(克莱恩·布尔顿), *The Anatomy of Revolution*(《革命的剖析》), New York, 1965.

② Issac Kramnick(埃萨克·克兰姆里克), "Reflection on Revolution: Definition and Explanation in Recent Scholarship" (《革命的反思:近年来学术著作中对革命的定义和解释》), *History and Theory*, November, 1972, p. 59.

③ Harry Ritter(哈利·里特尔), *Dictionary of Concepts in History*(《历史概念词典》), New York: Greenwood Press, 1986.

④ [法]索布尔(Albert Soboul):《法国大革命史:1789～1799年》(*The French Revoluton, 1789—1799*),马胜利译,中国社会科学出版社1989年版,第3页。

⑤ Immanuel Wallerstein(伊曼努尔·华伦斯坦), "State, Nation and Class in the French Revolution"(《法国大革命中的国家、民族和阶级》), in Ferenc Fehér(费赫尔), ed., *The French Revolution and the Birth of Modernity*(《法国大革命和现代性的诞生》), Berkeley: University of California Press, 1990, p. 122.

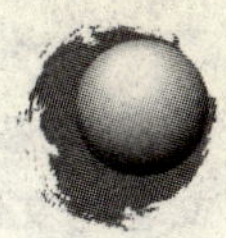

是由那个为现代工业社会打下基础的工业资本主义的资产阶级所领导的革命。革命时期的资产阶级更多还属于商人和业主资产者。而对索布尔和其他马克思主义历史家来说，旧制度的危机在于贵族社会的结构和心理阻碍着现代资本主义生产形式的发展。[①] 这些观点使人想起西利·布莱克从现代化理论的角度对革命原因的解释。

二、20世纪中国历史与"革命"理念

西方社会科学和历史编纂学中的"革命"概念不仅影响了20世纪中国的历史思维，而且也成了推动中国变化的重要思想力量。分析20世纪中国历史思维中"革命"观念的变迁使我们能从思想史的角度更深刻地理解20世纪中国历史的发展。意指激烈的社会和政治变革的现代意义上的"革命"概念在20世纪以前的中国并未形成。因为只有在现代世界观存在的语境中，才能够想象与剧烈社会事变相联系，并导致现存社会制度、价值观和政治意识形态根本改变的"革命"的可能性。

语义分析哲学认为思维是以语言为媒介的，因此思维不仅离不开语言，而且受到语言的限制。"革命"在中国古典语言中，首先与"更新"、"变革"、"弃旧"特别是与"天命"这样一些词义连在一起，它指涉按照天命改朝换代的行动。[②]《易经》中有一段话："天地变化生四季。"商汤和周武的革命改朝换代，顺天意民心，表达了这种古典含义。十分明显，这样一种理念并不含有政治意识形态和价值观随统治集团的更迭而改变的意思。朝代更迭，儒教原则仍是治国安邦的要义。只有到了19世纪末叶，儒家政治哲学解体以后，现代意义上的"革命"概念才能在中国历史思维中出现。当时，"普天之下，莫非王土"的普遍君权论在西方列强的武力前土崩瓦解。"天不变，道亦不变"的政治哲学，随着更先进的西方文明在中国人世界观的地平线出现以及对西方政治革命的实际历史事件的了解，也不再能维持。

康有为也许是第一个在西方近代意义上使用"革命"一词的近代学者。在1897～1898年期间，康为推动光绪皇帝实施变法，编写了五部外国历史著

① Gwynne Lewis(奎恩·刘易斯)，*The French Revolution: Rethinking the Debate*(《法国大革命：论争的反思》)，London：Routledge，1933.

② 参见许慎著，段玉裁注解《说文解字》，上海古籍出版社1981年版，第384、57、107页；《词源修订本》，商务印书馆，1950年版，第307页。

作进呈光绪，其中一部即《法国革命记》。康在书中把法国革命的源起解释为是法王失去天命、遭到人民背弃因而产生的“变革”，同时也提到法国革命开创“近世万国行宪之政”①。作为改良派和保皇党人，康批评革命所造成的社会动乱的惨烈与当代后现代主义者对法国启蒙运动和法国革命的批判如出一辙。“革命之祸遍于全欧……普天地杀戮变化之惨，未有若近世革命之祸酷者矣，盖自法肇之也。”②康有为在西汉何休三世演进说基础上发展出的君主专制——君主立宪——民主共和的政体演化更替历史理论使人想起波利比阿的政体循环论。但他的“变本”、“更新百度”和“全变”的思想又具有革命的性质。③

存在着一种不同的更高级的政治制度的思想虽然已在清末主张革新的知识分子中传播，只是当时认为可以通过不流血的自下而上的变法来实现。“百日维新”以改良派人头落地而告终使孙中山等激进知识分子认识到，以改良的方式在中国建立一更高级的政治制度这条路走不通。

新的革命理念在20世纪初叶中国思想界一篇最著名和最早的鼓吹革命的檄文——邹容的《革命军》——已十分鲜明。“中国欲与世界列强并雄，不可不革命”，革命是“世界之公理”、“由野蛮而进文明”。革命是“推倒旧日之政府”，建立民主政体。革命也通向更高程度的文明。邹容把中国革命与法国和美国革命相比。④ 邹容的革命观念深受法国革命理论的影响。同邹容一样，孙中山也把革命视为是通向欧美式的更高文明的途径，但他也从功能主义和历史循环论出发来论证革命的必然性。革命之所以具有必然性，是因为清廷不能承担“拯救中国”的责任，同时清朝统治正像个人的生命一样，已从诞生、成熟临近“衰老和死亡”。⑤ 孙中山眼中，革命所开创的新政治制度是民主共和制。⑥ 作为一位实践的革命论者，孙中山也设想了革命后新政

---

① 转引自张芝联《清末民初政论界对法国大革命的评议》，载中国法国史研究会编《法国史论文集》，三联书店1984年版，第4页。

② 转引自张芝联《清末民初政论界对法国大革命的评议》，载中国法国史研究会编《法国史论文集》，三联书店1984年版，第4页。

③ 参见康有为《孔子改制考》卷十二，《上清帝第二书》、《上清帝第六书》，载《中国近代史资料丛刊·戊戌变法》(二)，神州国光社1953年版。

④ 参见邹容《革命军》，载中国人民大学编《中国近代政治思想史参考数据》(内部读物)下册，第411、412、413页。

⑤ 参见孙中山《中国问题之真解决》(1904年)，载中国人民大学编《中国近代政治思想史参考数据》(内部读物)下册，第335、336页。

⑥ 参见孙中山《中国民主革命之重要》，载《孙中山选集》上卷，人民出版社1956年版，第65～67页。

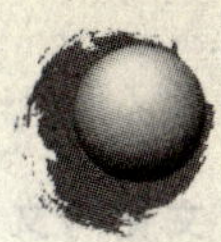

治制度建立的若干阶段:军政、训政和宪政。他勾勒了从军事专政整治社会、建立新秩序到还政于民、确立民主政体的过程。① 可惜的是,孙中山没能看到他的革命理念在同实践碰撞后的结局。

无论如何,在中国,在1915年前后,革命已被看作是实现现代性或者说实现人类历史发展更高一个阶段的途径。在陈独秀的文章中,革命将导致建立一个新的现代文明,与法国革命所创立的那个文明相似。陈认为,中国虽处在现代世界,却仍未摆脱其古代文明的形式,而法国则代表了"现代文明"。② 在当时另一位中国激进知识分子领袖李大钊眼中,革命也被理解为是导致现代文明建立的剧烈的政治和文化变革。③ 早期的陈独秀认定救中国的途径是"欧化"。胡适用了另一个名词"西化",后来又使用"现代化"这个词。1933年6月,上海《申报》月刊曾出专刊讨论中国现代化的道路。这表明早在那时革命的理念已和现代化的理念相联系了,虽然这里没有明说革命是实现现代化的手段。

辛亥革命的进行及其结局对20世纪中国社会思想中的革命理念发展有很大影响。对这场革命的阐释在西方汉学中也是不断变化的。早已确立的辛亥革命原因的解释是:在西方的冲击下,中国沦为半封建半殖民地地位。戊戌变法的失败标志着清廷已不能完成拯救中国,同时为新的资本主义的政治和经济形式开辟道路的任务,革命就成为历史发展的必然。20世纪60年代后的美国汉学已更少地把这场革命看作是"一场受西方影响的激进分子对保守的满清政治体制发动的反抗",而更多地看作是"进行改革的清廷和某些方面相当保守的地方上层社会之间矛盾冲突的产物"。④ 与对法国大革命史的研究相像,美国汉学在60年代开始注意绅士阶层与辛亥革命的关系。周锡瑞同K. K. 詹的研究显示,明清之交以来,随着中国许多地区的高度商业化,扩大了的绅士阶层的主要经济来源已不再是地产或官海,而是依赖担任半官方的行政管理职务或经商。20世纪初清政府实施改革,试图扩大中央政府对社会的

---

① 参见孙中山《同盟会宣言》,载《孙中山选集》上卷,人民出版社1956年版,第68～70页。

② 参见陈独秀《法兰西人与近代文明》,载《青年杂志》1915年9月。

③ 参见李大钊《东西文明根本之异点》,载《言治》季刊卷三,1918年7月。

④ 参见[美]柯文《在中国发现历史——中国中心观在美国的兴起》,林同奇译,中华书局1997年版,第141～142页。

行政与经济活动的管理，威胁到了绅士和商人的利益。[①]

这样的观点当然只是就辛亥革命爆发的最直接事件及原因而言。它虽然能加深我们对革命发生于其中的社会的了解，更深广的原因仍可说是激进革命论者对清政府在应对现代性的挑战时的保守甚至反动举措的不满。武昌首义就是由激进革命者而不是士绅阶层发动的便说明了这点。对辛亥革命是不是一个完整意义上的革命，或仅是晚清政治发展的一个高潮性事件也有诸多不同看法。国外的许多研究特别是西方汉学家注意到，辛亥革命前很久清朝中央政府的权势已衰落。镇压太平天国起义期间，曾国藩、李鸿章和左宗棠等为首的湘军和淮军的崛起标志着可以从军事上挑战中央王权的地方势力的出现。义和团运动期间，张之洞、刘坤一和李鸿章等南方大总督将清廷宣战谕旨秘而不宣，并同各国驻上海领事交涉南方保持中立，更明白地显示中央政府权威的失落。[②]

辛亥革命的"失败"和列宁主义的传入，受苏俄革命和列宁主义思想影响的中国知识分子对中国社会的性质及其目的有了崭新的看法。中国仍需完成的革命的目的不是建立现代资本主义社会，而是超越资本主义的社会。20 世纪 20 年代以孙中山为代表的国民党和中国共产党的政治革命理念的区别在于对"现代性"的不同理解。对国民党来说，"现代性"是与现代西方所创造出来的那些观念、价值观和制度相联系的；而对于中国共产党人来说，苏俄十月革命开创了人类历史的新纪元。中国革命所要建立的是一个超越现代资本主义的"后现代"社会。正如毛泽东所说，欧美类型的旧资本主义共和国已经过时了，社会主义将在相当长一个时期内成为世界政治制度中的一个主导政治制度形式。[③]

马克思主义从本质上来讲就是一个有关现代革命的理论和意识形态。对马克思来说，革命是历史的火车头。革命是无产阶级推翻资产阶级专政、夺取政权、建立社会主义制度的主要道路。毛泽东发展了马克思主义革命理论。他区分了近现代革命的三条路线及其所建立起来的社会制度：第一条道路建

---

① Joseph Esherick(周锡瑞)，*Reform and Revolution in China* ：*The 1911 Revolution in Hunan and Hubei*(《中国的改革与革命：辛亥革命时期的湖南和湖北》)，Berkeley：University of California Press，1976)；Frederic Wakeman，Jr.，*The Fall of Imperial China*，New York：Free Press 1975；Wellington K. K . Chan，*Mechants*，*Mandarins and Modern Enterprise in Late Qing China*，East Asian Research Centre，Harvard University，1977.

② 参见欣斯利编《新编康桥世界近代史》第 11 卷，中国社会科学院世界史所组译，中国社会科学出版社 2001 年版。

③ 参见毛泽东《新民主主义论》，载《毛泽东选集》第 3 卷，人民出版社 1991 年版。

立起来的是旧民主主义制度或资产阶级血腥的军事专政；第二条是经由无产阶级革命和专政建立起来的人民共和国；第三条道路主要发生在殖民地和半殖民地国家中，革命确立了几个革命阶级联合的专政，这个革命共和国最终会转化为社会主义。[①] 这第三条道路当然就是中国当时正在走的道路。

这里也使我们想起了布尔顿·穆尔的名著《民主与专制的社会起源》。在该书中，他也区分了“前资本主义向现代世界的三条主要历史发展道路：第一条是由英、法和美国所代表的糅合了资本主义和自由民主主义的资产阶级革命路线。第二条以德国和日本为代表，其中由少数资产阶级和仍占主流的地主阶级的某些集团领导工业革命进程，它导致反动法西斯政权在初期的确立。第三条是以苏俄和中国为代表。在这些国家中，农村官僚地主阶级阻扰现代化的发展，农民的最终政治觉醒提供了摧毁旧制度的革命运动的群众基础。[②]

在发展了马克思的革命观的同时，毛泽东也发展了马克思主义的阶级斗争观点。在他看来，阶级斗争是历史发展的动力。阶级斗争，一些阶级胜利了，一些阶级消灭了，这就是人类几千年来的文明史。毛泽东看到革命作为摧毁旧制度、催生新制度的伟大作用时，显然没有能充分意识到长期维持革命的狂热状况、激化阶级斗争不利于维持社会的安定团结，并使社会的物质文明和精神文明不能稳步发展。从1957年到“文化大革命”的这段历史表明革命也会造成社会秩序的崩溃，并在一定时期内干扰经济发展。虽然从1949年前后刘少奇甚至毛泽东等党的领导人的言论中仍可以看出，他们在当时并没有把革命本身看成是目的。新民主主义革命只是实现社会主义现代化（工业化）的手段，它创造了必要的政治（生产关系）变革。1957年以后，阶级斗争和政治运动的加剧，到“文化大革命”中提出“无产阶级专政下继续革命”的理论，革命开始被看作是永恒状态，而不再是手段或途径。直到邓小平恢复工作后，革命同现代化之间的关系才被重新摆正。

“十年动乱”以后，邓小平拨乱反正，放弃“以阶级斗争为纲”，把社会的注意力转向实现现代化。这充分体现了邓小平对“革命”理念的深刻理解。革命本身不是目的或终极状况，而是实现目的的手段或途径。美国汉学家吕西安·佩恩在评价中国革命50周年时曾写道：“经过半个世纪的英勇努力

---

① 参见毛泽东《新民主主义论》，载《毛泽东选集》第3卷，人民出版社1991年版。

② Barrington Moore（布尔顿·穆尔），*Social Origins of Dictatorship and Democracy: Lord and Peasant in the Making of the Modern World*（《专制和民主的社会起源：现代世界创建中的地主与农民》），Harmondsworth: Penguin Books, 1969.

和巨大的牺牲，中国从根本意义上来说又回到了她在 1949 年，甚至更早，1911 年的出发点。”①

这样一种观念的回归确为中国带来了真正巨大的变革。改革开放二十年以来，中国人民所创造的财富可以说超过了中国过去几千年来创造的财富的总和。

（本文原载《学术研究》2003 年第 1 期）

① Lucian Pye（吕西安·佩恩），“An Overview of 50 Years of the PRC”（《回顾中华人民共和国 50 年》），*The China Quarterly*，June 1999，p. 579.

欧洲文化特征刍议

对欧洲文化特征的认识是20世纪以来中国学术界一项重要而经常被不断重复的研究课题。欧洲的文化特征既常由他人例如中国学者来想象，也由欧洲的自我文化认同所规范，这种自我文化认同是在与东方和亚洲相比较和区别中被进行的。中国学者对欧洲文化的认知受到西方学者长期垄断的“欧洲学”所造成的“理解的前结构”的影响，它也受到研究者所处的相对位置、社会时代背景的制约。本文从欧洲的历史传统和文学艺术方面对欧洲的文化特征进行了浅显的诠释。

“文化”包括文学艺术、人类知识和精神活动的诸多表现形式，也特指某一地区或社会群体的生活方式。后者，即人类学意义上的文化，其内涵可分为两个方面：(1)可见的：某一特定的社会群体的行为方式、社会组织的模式以及该社会的物质成就、具有象征意义的器物、安排环境的方式等等；(2)观念性的：那些可见的行为和表现形式背后的观念形态，包括行为规范、价值观、关于宇宙和社会的结构以及秩序的观念等等。[①] 本文也是从上述意义上来探讨欧洲文化的特征和内涵。

观察和解释一种文化有多种方法和观点，在解释欧洲文化的起源和发展时，下面两个观点特别值得注意：

---

① 美国人类学家克鲁伯和克拉克洪界定说：“文化由明确的或含蓄的行为模式和有关行为的模式构成，它通过符号来获取和传递，它涵盖该人群独特的成就，包括其在器物上的体现；文化的核心由传统（即历史上获得的并经选择传下来的）思想，特别是其中所附的价值观构成；文化系统一方面是行为的产物，另一方面又是下一步行动的制约条件。”[A. Kroeber & C. Kluckhohn（克鲁伯和克拉克洪），*Culture*，*A Critical Review of Concepts and Definitions*（《文化：对其概念和定义的评述》），Papers of the Peabody Museum of American Archeology and Ethnology，vol. 47，no. 1，1952，p. 181]

1. 文化扩散论。这种观点认为，文化的基本模式起源于世界上一个或少数几个地区，然后由文化中心扩散传播到周边及其他地区。英国学者认为，世界上所有高级文化的模式都起源于埃及。他们的例证是，金字塔建筑在美洲的玛雅文明和阿兹特克文明中也可看到。德国—澳大利亚学派认为所有的文化形式起源于四至五个地区。

2. 高级文化形成于轴心时代的观点。德国学者雅斯贝斯（Karl Jaspers）认为，在公元前8世纪至公元后2世纪的所谓“轴心时代”中，在中国、印度、巴勒斯坦和希腊这几个“文明摇篮”地区，人类精神终于出现飞跃，对宇宙和人类社会的认识达到了高深而系统的真正哲学意味上的思想。在这几个地区，人类文明的规范提出来了，那个时代所产生的思想和行动的基本范畴以及宗教观念至今仍在影响和制约欧洲和世界大多数地区的人们的思想和行为。①

在勾勒欧洲文化的特征和内涵时，还应提到目前学术界解析和说明一种文化的两种方式——诠释学的方法和实证社会科学的方法。

在诠释的方法中，研究者试图通过揭示一种文化，例如欧洲文化的行为方式和社会制度模式后面的观念形态和哲学思想来说明这种文化。它怀着同情的心态深入欧洲精神和哲学思想的深处，去探讨和发现欧洲文化上的那些重要的理念和价值观是如何起源、演化并最终形成制约欧洲文化发展的庞大思想体系。这种研究方法类似文学批评。它主要通过揭示一种文化所特有的范畴体系来说明这种文化的特殊性。

实证社会科学的方法则通过把一种文化同另外的文化进行真正的比较来发现这种文化的特殊形态。它首先提出能够囊括欧洲文化和其他文化类似现象的高度抽象的概念和研究课题，然后进行具体的比较，限定时空范围，并进行定量研究。②

本文主要是用前一种方法，即诠释学的方法，对欧洲文化的那些最重要的传统的起源、内涵以及对欧洲文明的影响进行解读，同时对欧洲文化的一两个重要层面，例如她的文学、艺术和人格特征等进行非常概括的说明。

---

① 参见[德]卡尔·雅斯贝斯《论历史的起源和目的》，朱更生译，华夏出版社1989年版。

② A. Nathan, “Is Chinese culture distinctive?” *The Journal of Asian Studies*, vol. 52, no. 4, 1993, pp. 924—925.

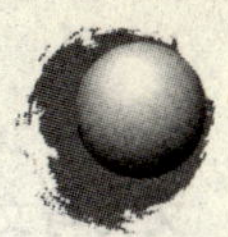

一、欧洲文化的内部多样性和认同

公元前8世纪希腊诗人赫西俄德的《女杰录》中已提到关于腓尼基国王的女儿"欧罗巴"的故事，希罗多德在《历史》书中写到，世界被划分为"欧罗巴"、"亚细亚"和"利比亚"三大部分。相当长一段时间内，欧洲北部和南部的疆界范围并不确定，斯堪的纳维亚半岛不被认为是欧洲的一部分，东部的边界则依政治发展和文化意识的改变而在易北河、顿河、伏尔加河和乌拉尔山脉几条线间游移。

欧洲文化是一个由多个民族国家组成的区域文化。把欧洲作为一个整体来探讨它的文化特征，中国和西欧许多学者很早就在做，尽管有不少学者质疑这种宏观性忽视内部文化的差异性。实际上，即使站在一个民族国家内部，也能发现其内部文化的差异性，例如中国的北方文化和南方文化、英国的苏格兰文化和南部的英格兰文化。在这里取决于对研究对象的抽象程度和视角，站在非欧地区特别是亚洲来观察，欧洲各国确实表现出其区别于非欧地区的文化共性。

欧洲被认为是三种文化要素组合的产物：希腊思想、罗马法和政府体制以及基督教。19世纪的托马斯·阿诺德和爱德华·弗里曼还认为有第四种组成要素，即德国的民间文化。弗里曼在《历史研究的方法》中写道，希腊的思想、亚里安文化和基督教融入罗马帝国后期历史的演化进程，在苟延残喘的罗马政治体制中显现，并获得发展，后来又被在衰亡的罗马帝国领域形成的地区性国家所继承。

许多西方学者早已注意到这三种文化因素，但直到19世纪学者们才提出，它们组合起来构成欧洲文化，是欧洲文化的三大核心要素。实际上，这三种因素并不是欧洲所特有，近东文明都不同程度上受到这三种文化因素的影响。例如，黑格尔就认为地中海世界的文明也都拥有这些文化因素。他形象地用神话故事来说明地中海世界的解体是欧洲文明出现的前提：宙斯强奸了腓尼基（今黎巴嫩）国王的女儿欧罗巴，并把她带到克里特岛，欧罗巴在该岛生下三个儿子，并留在那里，克里特岛所在的那块大陆便被命名为"欧罗巴"。

一个区域的文化特征既常由他人来界定，也可以从该地区人们的自我文化认同中找到端倪。文化认同"我是谁"表现为三个方面的自我认知：(1)群体或个人的过去，因为对“我是谁”的问题的回答又可以转化为“我从何处来，到哪里去”的问题；(2)空间地理位置，该社会群体的有关故事和活动借以发生的地方；(3)生活方式，在该地区活动的社会群体的行为规范、表现出的价值观和象征意义等等。文化认同不是一经形成就不变的，而是不断地在上述三个方面进行叙事重组。对文化特征的认同是在与外面的社会和他者(其他的文化和种族)相区别中被定义的。换句话说，欧洲是在欧洲人把自己同亚洲、土耳其人、奥斯曼帝国、阿拉伯人和埃及人等相区别中被自我认知的。欧洲核心区文明的演化得益于古代地中海文明的解体以及穆斯林土耳其人被阻挡在外。

法国历史学家布罗代尔认为，直到16世纪，地中海世界作为一个文化或文明才解体。亨利·皮埃尔把地中海的古典文明的衰亡时间定位于加洛林国家的出现和阿拉伯人征服西欧南端。公元10世纪建立的查理曼帝国承继了罗马传统和拉丁基督教的信仰。虽然早在奥古斯丁神父那个时代，基督教作为一个独立的宗教社会已形成，但直到加洛林王朝的建立，这个基督教世界才在政治架构和领域上得到体现。

基督教在中世纪曾是欧洲自我文化认同的一个重要标志，地理大发现以后，随基督教的全球性扩散，宗教信仰不再成为欧洲文化认同的一个主要标志。科学革命、启蒙运动、“资产阶级”民主革命给欧洲带来的一系列文明特征被作为划分欧洲文明与其他文明的重要内容。欧洲文明的这些标志性特征包括崇尚自由和社会公正、私有财产的存在、有能够抵抗政府专制的贵族阶层、妇女享有的相对自由、人的优雅的行为风度、追求科学知识并运用于发明、注重教育、经济发展和物质繁荣，等等。

可以看出，欧洲作为一个大的文明区域，其文明的基本模式起源于古代希腊和罗马。在那里，对宇宙和社会的思考首先达到哲学层次。亚历山大大帝通过东征西讨，把地中海和近东地区的社会“希腊化”，欧洲南部那些文明较早发展的地区开始共同具有希腊文明的某些要素。后来的罗马帝国对地中海世界的“罗马化”使罗马的城市文明、政治体制尤其是法律深刻地影响了这些地区的发展。中世纪时期，基督教在全欧范围内的传播形成了欧洲宗教的一体化，并一度建构了教皇为首的基督教欧洲联邦的想象。在意大利兴起的文艺复兴运动和在法国兴起的启蒙运动也都在一定程度上把某些政治、宗教、哲学和艺术思想传播到欧洲其他地方，并使这些观念成为欧洲大多数国家所共享的文化传统。

欧洲各地区互相关联、合而为一体的想象同欧洲各地区的文化差异和

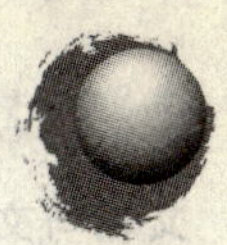

特有的政治经济利益又相矛盾。从一定意义上来讲，欧洲的政治思想史既是有关抽象意义上的人类社会的政治关系，也是关于欧洲各地区间的政治关系的理论的发展史。15世纪下半叶，在西欧，以强大的中央集权制的王国为核心首先形成了若干政治独立的民族国家：葡萄牙、西班牙、英国和法国。欧洲政治分裂的进程在1618～1648年的三十年战争中达到白热化，交战各方的僵执局面使欧洲作为分裂的民族国家的形式明朗化了，以后的国际条约大多以肯定各民族国家的主权和独立为大前提。

17～20世纪三个世纪中，欧洲各国政治经济利益的冲突引起无数次大大小小的战争。第二次世界大战的惨烈和欧洲文明接近自我摧毁的结果使欧洲的有识之士开始设想欧洲以一体化的传统方式生存的可能性。这种设想终于在20世纪结束的时候成为现实。

欧洲文化认同的演变有一个不断演变的过程。人类认同的对象表现出多种形式：部落、城邦、国家、帝国乃至更大的文明。认同有两个最基本的层面：政治权威和文化。在欧洲，希腊城邦的建立标志着对部落认同的抛弃和转移到对更大政治实体的忠诚。罗马像希腊人一样成功地建立了对自己城邦的认同，然而她却未能成功地使帝国其他地区的人们向其转移认同和忠诚。罗马帝国的崩溃使欧洲退回到了部落主义和地方主义的认同状态。

在中世纪，当国家还未形成或没有足够的资源来吸引人们的认同时，基督教及以罗马教皇为首的遍布欧洲各地的教会组织成为欧洲人的认同对象。在军事征服基础上形成了封建王国，然而它无法取代泛欧洲的超级宗教认同。君主统治的合法性和权力基础也都以宣称受到上帝以及他在人间的代理教皇的授权。在“基督教联邦”的想象下，欧洲各地的封建领土和王国尚不具有实体的独立性。

中世纪后期起，各地的王国逐渐形成固定的疆域、特有的政治意识形态、语言、城市中心和地方性经济。以这些为基础的新权威挑战着旧的教会权威。文艺复兴时期，各地的方言演变成为民族语言，人文主义思潮破坏了宗教信仰。1337～1453年的百年战争，英法首先在地理疆域上分离，法国率先拥有常备军和国家的财政税收体系。欧洲的政治家和思想家开始用君主政体的权威来取代教会的权威，建立民族教会，宣称君权神授而无须经教皇认可。

新的权威诱使人们去追随，忠诚和认同变化了，终于在17世纪形成威斯特伐利亚模式，欧洲被承认是分为若干称为“主权国家”的领土单位。一国疆域内的居民被要求与统治者和意识形态认同。在黑格尔那里，国家成了绝对理念、最高认同的载体和历史发展的终极目的。欧洲一体化的想象让位于民族国家的现实。近几百年来国家便成为最基本的认同对象，国家是权威的制度化，每个国家政体也都建立了区别性的意识形态。

法国革命传播了另一种有限认同模式，对国家政体的认同不要求公民放弃自己的民族、宗教和其他的忠诚。这种认同到20世纪下半叶终于成为欧洲的主流意识，全球化使国家主权日益受到侵蚀，个人或群体在世界上的活动范围越来越大，冷战的结束也使地方自治和民族认同超越国家认同成为欧洲的重要问题。法国大革命以来民主政治的发展所带来的那种多元的、民主的认同终于被认为是一种合理的模式。这种模式承认个人可自主选择宗教和文化认同，在政治管理上则希望国家实行最低层次的实践。这就为20世纪下半叶超越欧洲分裂国家的更大的文化或政治文明认同单位的出现准备了条件。欧盟就是在这种政治思想的演变下成为可能的。

二、诠释学视野下的欧洲的文化传统

欧洲文化受到埃及、中东、印度和中国文明的影响。她在出生、成长和壮大的过程中，又经历了许多长时段的历史事件以及政治的、思想的和文化的运动，这些历史事件和运动的影响积淀下来，形成若干文化传统，制约着欧洲的文化生活。斯宾格勒在他的名著《西方的没落》中，评论说文化就像生物或植物一样，有它的生长、成熟和衰亡的时期。以这种观点来看，欧洲文化的源头在希腊罗马，它的基本形态或传统应当说经过基督教的洗礼，中世纪及其封建制就已经形成。文艺复兴和启蒙运动以及17世纪开端的科学革命、政治革命和工业革命，则造就了它的现代文化形式。

(一)古代希腊和罗马传统

希腊和罗马文明在艺术、政治思想、道德伦理、探索自然的模式、政治体制和城市生活的形式等许多方面为欧洲创立了规范。希腊文明在我们的印象中最突出的是半圆形剧场，城市中心的辩论会，公众竞技活动，在浩瀚的地中海和广阔的宇宙空间思考的爱奥尼亚的自然哲学家，苏格拉底和柏拉图的著名对话。这是人类历史上第一个生活水平很高的、城市化了的、面向公众的带有民主色彩的社会。

有人曾评论说，两千多年以来的欧洲哲学只不过是对柏拉图哲学思想

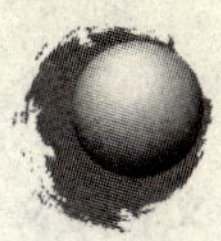

的注释。而希腊自然哲学家对宇宙的本原和结构的理性主义探讨也深刻影响了欧洲后来科学的发展。希腊文明中最具有深远意义的社会实践是他们没有在政治制度建设上采纳其他文明流行的神权政体,而实行民主政治。雅典的民主政治是人们所津津乐道的,它激励了后来西方许多政治革命。在柏利克里特时代的雅典的民主政治中,由全体男性公民组成的选民会选举政府官员,制定和实施法律。英文"民主"(democracy),就是由希腊词"demos"(人民)+"Kratic"(统治)演化而来的。

罗马共和国时期,站出来充当政府官员候选人的通常披一白色长袍,现代英语中的"candidate"(候选人)就是从拉丁文中的"白色"一词演变而来的。罗马人选举时,通常在代表某一候选人的头盔中放一个球,黑色球即不同意,白色球就是同意选此人。意大利文中"球"拼作"ballotta",英文"选票"(ballot)就是从此词演化出来的。

罗马人对欧洲文明的最重要贡献是罗马法和行政体制。公元前450年,罗马人就制定了详细的法律,规定个人和集体的权利以及对违法行为的惩处,并镌刻在十二块铜牌上(十二铜表法)。欧洲文化强调个人自由和权利的传统源于罗马法。人的观念在欧洲首先是作为罗马共和国社会中的一个成员而出现的,这个成员拥有一定的政治权利和责任,是罗马共和国的一个公民。罗马人还在希腊的带有民主色彩的政治体制基础上进一步对政治权力进行分割,增加了权力相互制衡与监督的机制。在罗马共和国时期,贵族组成的元老院提名执政人选并指导政府工作,平民组成的公民会议拥有选举政府官员、制定法律的权力。最高执政官由两人担任,同时又设立平民选出的保民官,保护平民不受到滥用权力的官员的侵害。当代美国的参众两院、英国的上下议院以及欧洲国家所普遍实行的在行政、立法和司法上三分权力等等制度都是这种政治传统的发展和表现。

希腊罗马对欧洲文化的影响还很多,例如宏伟的公共建筑、城市布局、胜利后的凯旋式游行、奥林匹克竞技、角斗表演、桑拿浴等等,至今仍是欧洲文化的表现形式。如果说,传统是指社会文化遗产中代代相传下来的那些被认为是最值得继承的观念、制度和社会活动的方式,那么希腊罗马文明显然为欧洲文化传统贡献了非常大的部分。当我们说希腊罗马传统或者基督教中世纪传统,我们实际上在说当代西方文化中这些时期所形成的观念或行为方式和制度规范仍然在被实践。

(二)基督教对欧洲文化的影响

公元前800年的一首赞美太阳神的歌中,"欧洲"指希腊的一部分,后同罗马帝国的疆域连在一起，包括地中海沿岸世界。罗马帝国衰亡后，教会在欧洲各地建立了半政府性组织。罗马教廷成了凌驾于各国政府之上的宗教意识形态权威，它也涉足于世俗的事物，从而赋予欧洲以某种统一性，“基督教文明”成了欧洲的代名词。基督教给欧洲文化的贡献是它使欧洲文明开始有了一种充满伦理意识和信仰的内心生活。

宗教在很大程度上说明一个地区人的文化行为为什么会是那样，而文化也可以说是关于某个社会的故事。基督教提供了欧洲大多数人至今仍在不断重复讲述的关于他们的文化的核心故事：一群生活在埃及的受奴役的犹太人，在先知摩西的引领下，历经艰辛，长途跋涉，返回巴勒斯坦的家园。途中上帝耶和华要他们在生活中遵守十条道德信条，忍受屈辱，坚持不懈地克服困难和挫折，相信自己的命运，耶和华将保佑他们，并选中他们最后进入天国，而其他民族则将进入地狱。

与基督耶稣相连的是一个为了拯救人类而牺牲自己的高尚的故事。耶稣是一位犹太人，他要建立关于人生的道德和精神生活更严格的教义。他认为人仅仅按照摩西的道德律令生活还不够，人不仅应当热爱上帝，还要热爱他人，过一种简朴的、追求精神价值而不是世俗财富的斯多葛主义者似的生活。在基督教的另一经典著作《上帝之城》中，作者奥古斯丁主教理提出了这样一种观念：在这个世界上，除尘世的世俗之城外，还存在一个上帝之城，而后者是永恒的。基督教就这样给刚刚经历了蛮族入侵、罗马陷落、文明大倒退而处于惊恐不安的欧洲人一种新的人生伦理规范和道德信念。直到现在与基督教教义和故事相连的这一套道德伦理规范体系仍然是欧洲人格的基础。

中世纪为欧洲文明增添了关于人具有道德意识和内在精神生活的观念。

基督教传播了关于人的起源和人生的历程的新说法，同时也增加了关于人性的伟大、对人的缺点和人生历程的艰辛的深刻同情的观念。基督教认为人来自神上帝，对人抱有崇高的期望。在这种观念中，人性是伟大的，因为他心中有上帝和道德意识。人有权同上帝（道德、伦理权威的化身）直接沟通，讨论道德，因此人也有权同世俗的权威争辩。

（三）中世纪封建制度道德规范对西方文化的影响

西欧封建制度同中国的不同，它表现为国王或最高封建领主以在战时提供军队的基本条件下，把领土分封给低一等的政治军事首领全权统治理

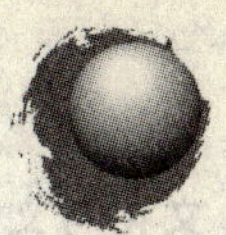

的制度。在这样的制度下，恪守诺言、忠于义务、富有荣誉感、保持骑士风度并尊重妇女变得很重要。塞万提斯的不朽之作《唐吉珂德》以反讽的方式勾画了中世纪封建骑士的精神风貌和行为方式。有名的英国绅士风度应当说是欧洲封建文化的遗风。英国从传统社会向近现代社会的过渡是通过妥协和渐进的方式实现的，因此不像法国，封建阶级并没有遭到广泛的清洗，封建时代的城堡至今犹存。封建贵族的道德行为规范通过延续的贵族后裔、老牌大学的制度和教职员工传承下来，并通过这些社会精英影响普通群众。在牛津大学，直到20世纪初学生都是带着仆人住在学校里。历史越久远越有名气的大学，中世纪遗风越明显。饭厅里长条形的古老的橡木桌，墙上挂着曾在本校任教或毕业的穿着古老服装的名人的画像以及各种繁复的仪式，都提示着它古老的传统。

英国作家所津津乐道的戴安娜王妃的父亲的优良品性的一个例证是，这位伯爵每次到他的下属——庄园管家的办公室去时，总是站在门边先敲门，并问一声“我可以进来吗”。[①] 当代英国社会行为的两个主要规范是到处都可以听见提到的“courtesy”和“dececy”。在大学里，“integrety”（正直）是老师们在谈到行为规范时的一个常听到的词。英国的绅士风度甚至在窃贼身上都可以看到。[②] 当代欧洲的福利主义应当说也与封建贵族关心被统治者的基本生存状况的传统有关。

中世纪是欧洲文化的一个极其重要的时期，在这个时期欧洲人的基本道德意识形态、人格模式和行为规范形成了，希腊罗马文明给欧洲文化打下的烙印是她关于社会组织形式和对人的社会关系的性质理念。这些理念和制度形式在近代欧洲被进一步解读和发展，经过启蒙运动和科学革命，欧洲文化又注入了关于人、社会和自然环境的关系的新观念。

文艺复兴时期兴起的人文思潮发扬了希腊文化的人本主义观念，同时又继承了基督教对人的境遇和命运的关怀，它肯定人的欲望和情感的合理性以及追求幸福的权利，从而把欧洲文化对人的认识放置在一个更为现实和合理的位置上。启蒙运动带给欧洲文化的是对人的自主性和理性的颂

---

① 雨果曾经在他的小说中生动地描写了英法战争期间，一队英军和一队法军在森林中不期而遇，在对峙中双方互相让对方先开火。直到拿破仑战争期间，在阵地战中冲锋的方阵前面仍是走着正步的军乐队。

② 英国电视曾报道，两个窃贼闯入田野中一个寡居的老太太的楼房中，把老太太家中凡是值钱的餐具、饰物、家什从容搬走。他们在搬拿的过程中，把老太太铐在楼梯扶手上，还不忘问老太太需不需喝咖啡。临走时还问老太太需要他们再做点什么，老太太要求两个窃贼把她铐在离大门更近的楼梯口，以便容易被路过的人发现。

扬,它相信人能借助自己的思维认知能力完善自身,改造世界。正是在启蒙运动中,诞生了我们称之为“现代性”的欧洲现代文化特征。它的核心是对传统的批判和怀疑精神,并且认为能够通过改革或革命的方式缔造理想世界的信念。

三、从文学艺术看欧洲文化

在英文中,“culture”最初的意思是对动物和植物的饲养和栽培,即“cultivation”,后引申为对人类的教化和心智的完善。按照已故的剑桥大学西方戏剧史讲座教授威廉·雷蒙的解释,在这种普通意义上的“文化”概念中,“文化”可以被抽象地界定为:(1)心智的一种发展了的状态;(2)心智发展的过程;(3)启迪开发心智的手段或形式,例如文学、艺术等等。[①] 语言文学艺术作为文化活动的一个领域本身也浸透了它们被创造出来的那个文化所特有的精神和气质(informing spirit)。语言是文化借以被传承的媒介。英国的文化马克思主义学者如威廉·雷蒙认为,一般意义上的作为文学艺术和思想活动(artistic and intellectual)的文化,是某一社会秩序和生活方式借以被经历、再现和探讨的“指涉性体系”(signifying system)。这种解读已接近传统马克思主义关于文学艺术是现实生活的反映和升华的观点。本文将以这样的理论框架从欧洲文学来看欧洲文化的特征。

文学是以语言创造形象和人生故事来表达作者对社会现实的认识和意向,从对文学形象和故事形态的分析我们可以窥见一种文化的风貌。美国学者牛顿·斯托尔克奈特认为,从文学的分析中我们可以看到各个时代的思想。文学语言除文字意义,还有隐喻的意义。英国文学是英国生活的反映。在简·爱的《傲慢与偏见》中,我们看到英国乡村贵族的生活方式与文化,他们的情感世界、价值观、人格模式和追求。

(一)古代希腊的神话、史诗和故事

一位俄国文学批评家曾经说过,史诗传达了那个民族的民族精神。在

① 威廉·雷蒙对作为一般性词语的“文化”概念有独到的阐述。他认为这些含义是在“对人心灵的培养”这一概念的基础上发展起来的。它们可分为三层意思:“(1)人心灵的一种发展了的状态;(2)这种发展心灵的过程本身;(3)发展过程所需的手段、方法、工具等。”[William Raymond(威廉·雷蒙),*Culture*(《文化》),Glasgow: Fontana Press, 1986, p. 11]

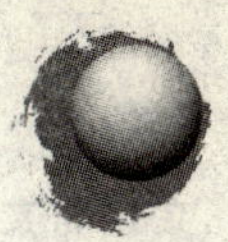

古代希腊的神话、史诗和故事中，我们可以看到古代欧洲人的人格特征和精神世界。美国人类学家露丝·本尼迪克特认为希腊神话中的阿波罗形象反映了古代希腊(欧洲)人格的一个侧面。他们生活中没有确定的奋斗方向，而是一种漫无目的的、互相争斗的存在。在他们的精神世界中，没有可能引起人生巨变的伦理的、思想的或艺术上的革命、情欲的满足、报恩复仇是他们行为的主要动机。

古代希腊出现了两种人格类型：(1)以酒神狄俄尼索斯为代表。在一种醉态中，使受到理性和道德规范压抑的感情获得解放，使人的本能和欲望得到表现。(2)以日神阿波罗为代表。该人格由于认识到个体生命的有限和现实生存的不幸，因此试图在理性、智能和艺术中，在对生活一种和谐美妙的幻觉中获得解放。日神和酒神精神是从同一现实生活中分裂出来的两种彼此对立的人格特征。前者是精神的沉醉，表现为一种禁欲的对精神世界、宇宙本原的不顾一切的追求；后者是肉体的沉醉，表现为一种纵欲的对感性生活和肉体存在的忘乎所以的肯定。

(二)中世纪的文学

乔叟的《坎特伯雷故事》向我们展示了负罪的人类在世俗世界旅行的广阔画卷。基督教强调人的行为动机的道德意义，坚持信仰的赤诚，这些都反映到文学艺术中。中世纪的人意识到他在一个既定的社会里，并有确定的位置。这个世界的本质和目的也都被基督教哲学解释清楚，因而他的社会行为是没有自主性的。个性在统一的神学信念和基督教理性面前没有多大意义。但丁的《神曲》并不是表现了孤立的个人，而是描述了其个性处在一个被确定的社会结构、哲学和宗教背景所限制的人的行动和话语。

基督教世界观和人格中包含着一种焦虑感，他意识到在短暂的人生和永恒的神的世界之间、人的弱点同宗教伦理道德要求之间、罪过感和需要被拯救的渴望之间、源于宗教的那种对人类状况的终极关怀与社会政治现实之间存在的矛盾和紧张，这种二元论的对立和紧张感为后来西方人格的发展提供了一种完善自身、傲岸于政治权威和改造社会与自然的内在动力。

(三)文艺复兴时期的文学

莎士比亚笔下的人物是在这种宗教文化背景开始解体、文艺复兴运动重新发现人丰富的个性的大环境下活动的。莎士比亚的语言和观点在很大程度上仍然是中世纪的，但他开始对人的存在的自我性、他的情感和思想的丰富多样性进行了探讨和描述。他的作品显示人类精神开始从宗教信仰和偏执中解放出来。

莎士比亚在他的154首诗和37部戏剧中，把人的情感和人格的种种形态加以揭示和描绘，包括那些美好高尚的（例如爱情，它的不同表现形态、过程、体验和结局）以及恶劣的（例如仇恨、野心、放纵、嫉妒等）。文艺复兴是人的重新发现，而莎士比亚把人的内心世界的丰富性、人物性格的复杂性、情感和行动的戏剧性充分揭示出来。

哈姆雷特踌躇犹豫，他总是反思自己的行为，在理智与情感之间徘徊，思考人生与自己行为的更广阔的意义。当代德国学者哈贝马斯评论说，欧洲人格的现代性首先表现在对人的具有主体性的自我发现、自我展示和化为行动成果。自我反思是现代欧洲人格的一个重要标志，这也许就是为什么莎士比亚的《哈姆雷特》受到如此高度评价的原因。如果说中世纪给欧洲人格注入一种内在的道德意识，那么文艺复兴和启蒙运动则使他开始具有思想与行动的自主性。黑格尔曾经说过，西方文化中，自我是实在的，而在东方文化中，自我的存在是受到否定的，在一定意义上这也许是对的。

（四）近现代文学

歌德笔下的浮士德博士，被斯宾格勒认为代表了近现代欧洲人格的新发展，他把西方文化称为“浮士德文化”。他认为在浮士德类型的人格中，生活即意味着斗争，战胜困难，为了生活而斗争是生存的理想状态。美国人类学家本尼迪克特评价说，浮士德型人格的力量在于他无休止地去与障碍作斗争，他试图进入自由和无限的境界，并且为了实现这个目标发明了各种技艺。现代西方的文化制度在各方面都受到这种浮士德式世界观的影响。

著名的德国社会学家马克斯·韦伯评论说，近现代西方文化中对行动的热情在儒家人格中是看不到的。中国的哲学认为世界是和谐的，人应当通过适应社会、遵守道德规范和了解自然之道来达到与社会和自然的和谐。

希腊罗马时期可以说是欧洲人格的少年和青春期，中世纪是他的青年时期，这时候他开始思考人生的目的和道德意义，到文艺复兴时期，他开始意识到中世纪那种严峻的斯多葛主义的修道士的人生态度的偏执，而回复到自我。欧洲人格在启蒙运动和科学革命以后进入了壮年时期，他意识到自己的智慧和力量，决心通过行动来改变自己的生存状况。18世纪意大利学者维科曾经评论说，人在童年需要故事，而在青年需要诗歌，到了成年他需要哲学。他也许在无意识中正是以欧洲文化和人格的发展为事实来抽

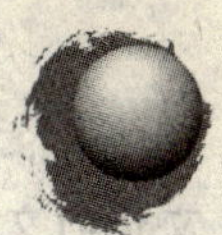

象的。

（五）欧洲艺术特征

艺术是人类自身经验的象征式的表现，它也是以象征的方式对客观世界的认识。这种象征虽在很多情况下采用对现实或经验世界的摹仿或复制，但摹仿并不是不同文化的艺术的目的或必须遵守的规则，在一些文化中，艺术家常常以幻觉或虚拟的形式或法则来表现经验世界。西方绘画在摹仿论以及形式和谐的美学理念下，关注画的具象性。相比之下，中国绘画追求形象之下的意境，关注和表现绘画所引发的"诗"的想象性。在这样一种美学观念中，自然形象常以符号化的造型出现。

艺术中的世界是对经验世界的抽象或升华。在一些文化中，艺术形象表现为对现实世界形体的"类型化"。如果说中国画走的是"删剥大要，凝想形物"的方法去创造艺术典型，欧洲走的则是一条再现形体原有的光影特征和场面的空间结构的写实主义的道路，这条道路在文艺复兴以后达到高峰。德里达的"逻各斯中心主义"理论认为近现代西方认识论的要点是预设假定现象背后有一潜在结构，而认识的目的就在于发现现象背后的结构。欧洲画家再现现实的艺术观同这种认识论是一脉相承的。

绘画是人类认识和再现世界的一种形式，它比以语言来表达人类对世界的认识的其他形式，诸如文学、哲学还更早。一种文化以绘画来重构现象世界的方式会影响这个民族认识和利用客观世界的方式。欧洲自文艺复兴起追求在绘画中准确地描摹自然，再现真实世界的"镜像"，推动了其自然科学特别是物理学和光学的发展。

余　论

欧洲文化既有很多实在的区别于其他地区的特征，又在很大程度上是意识形态的构建物，对它的文化特征的认知也是一种想象的产物。对欧洲文化特征的界定从一开始就是在同非欧地区特别是同东方或亚洲相区别来进行的。欧洲的自我认同观念源于一个与停滞不变的、专制的波斯帝国相比较的、进步的、充满活力的、公民广泛参与政治活动的希腊城邦共和国。到中世纪，基督教联邦的欧洲，其文化是基督教文明。经历了文艺复兴、启蒙运动和工业革命后，欧洲的文化特征又增添了新的标识：欧洲是文明的、都市化的、理性的和拥有强大工业能力的现代社会，而东方则是野蛮的、落后的和前现代的文明。从知识形态上来讲，欧洲学术被认为是规范的、客观主义的、分析性的和带科学性质的，而非欧的东方（亚洲）则缺乏这些特征。

对欧洲文化的认知受到研究者所处的相对位置、社会和时代背景的制约。东方在20世纪下半叶经济崛起后，经济和工业发达不再成为欧洲文化的最重要特征。对欧洲文化特征的探讨受到研究者的“理解的前结构”的影响，这个“理解的前结构”是由西方长期以来在“欧洲学”（相对于“东方学”）的垄断地位所形成的。今天，如何解构西方学者长期垄断“欧洲学”所造成的传统观念和话语是一项重要的学术任务。

（本文原载《首都师范大学学报》2005年第6期）

基因考古揭示欧洲人类起源

在现代科学技术的视野下，非洲、欧洲和亚洲人类祖先的进化和分支被查明了。欧洲的特殊性变成了人类在欧洲的停留、迁徙、定居以及部族的血脉传承和繁衍这样简单的分子生物学上的故事。

最近基因技术被运用于研究人类起源和欧洲史前史获得了一些非常令人感兴趣的成果。以前关于人类起源的受到普遍重复的说法是：人类最早的祖先可追溯至1972年在东非埃塞俄比亚的哈达（Hadar）发现的340万年前的一具被命名为“露西”的类人猿遗骨。[①] 2000年12月，法国、英国和肯尼亚古生物学家组成的国际科学家小组在东非大裂谷肯尼亚段的一个陡峭的悬崖下发现14块600万年前的类人猿遗骨对这种传统说法提出了挑战。这些遗骨属于四个男性和一个女性。同露西一样，这些人类祖先约5英尺高，直立行走，吃肉也吃水果。伦敦大学古人类学家莱斯利·艾洛认为假如这些遗骨的年代得到进一步核实，人类进化理论将重构。在肯尼亚发现的这五具类人猿遗骨将是人类真正的祖父和祖母，而露西不过是他们的后代，人类起源的年代也将提前一倍。[②]

然而，新的发现并未推翻人类非洲起源说。近来在亚洲的一些研究曾得出结论说中国大陆的古人类的进化自成一体，而不是源自非洲。但是，相反说法的研究成果很快就又出现了。从非洲大裂谷到南非石灰岩洞的古人类遗址的发掘和分布情况来看，早期类人猿生活在原始森林中，极有可能是因为后来森林中“猿满为患”，一些类人猿逐渐向草原地带迁移。这种向不

---

① *Past World: The Times Atlas of Archaeology*（《泰晤士考古图集》），London: Times Books，1996，p. 55.

② 参见2001年2月7日英国《独立报》（*The Independent*）。

同地理环境的迁移成为人类祖先的进化的关键一页。人类祖先在约 250 万年开始用石头制作工具。考古学家已在东非奥都费峡谷(Olduvai Gorge)发现距今约 150 万～170 万年前猿人制作的石斧、石刀和石刮片。也就是在这个时候,约 170 万年前,这些能制作工具的猿人走出非洲,向中东、亚洲和欧洲迁涉。他们在适应不同的地理、气候和食物来源的情况下,开始使用火,并用毛皮蔽体和修筑栖身之所。

欧洲的十个原始部落

大约在 100 万年前,非洲猿人到达了欧洲,他们狩猎和采集食物。目前,70 万年以上的原始人类遗址在欧洲发现并不多,但是,考古学家已发现 40 万～70 万年前欧洲猿人使用的手握的石斧。在法国南部的几个原始人遗址也发现了 40 万年前的石斧和木结构的简陋棚屋残骸。约 12 万年前,尼安德人在欧洲原始人演化的链条上出现了。尼安德人的面部特征已接近现代人。法国西南部发现的一些尼安德人遗址表明,他们在生活方式和社会组织上也类似现代人类,他们掩埋死者,并有了宗教仪式。

最近对埃塞俄比亚和南非发现的距今约 10 万年前的史前人类遗骨的基因分析表明,他们是现代人类的直接的祖先,在解剖学上同现代人一致。在这些地区演化出现的现代智人在约 3.5 万年前侵入欧洲,取代了原居住在欧洲的尼安德人。这批构成非洲向外迁移的第二次浪潮的现代智人有组织地构建定居点,在洞穴壁上作画,制造艺术品和个人装饰物,并从事贸易活动。采集植物果实和狩猎技术的发展,使一群人的大部分能居住在定居点内。在东欧的捷克斯洛伐克和西欧的法国等地一些山谷和河口咽喉要地发现了这样一些集体狩猎的原始人定居点遗址。在这些定居点中,原始宗教仪式和图腾符号的使用促进了部落意识的产生,使欧洲进入氏族和部落社会时代。

2001 年,在瑞典的一个国际科学家小组运用基因技术对欧洲男性的种族属性进行了研究,他们发现现在欧洲绝大多数男性都是在约 8000～40000 年前迁移到欧洲的十个原始部落的后裔。遗传学的理论显示,父母在孕育子女时,父母的基因是通过父母双方的染色体混合的形式传递给子女的。但是使胚胎成为男性的 Y 染色体却基本不变地从父亲传给儿子。这样,遗传学家就能够从一个男子的 Y 染色体追溯到他的父亲、祖父和更遥远的男

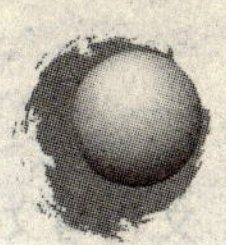

性祖先。在这种理论指导下，科学家们对欧洲和中东地区的1000多名男子的Y染色体的基因信息进行了研究。他们发现，其中95%以上的人的Y染色体基因可编入10个不同的组。这就是说，他们分属10个男性血统。根据考古学的发现和理论及其他遗传资料，科学家们因而认为绝大部分欧洲人来自远古的10支原始族系。

科学家还能大致勾勒出一幅远古图景：约4万年前，两支原始部落从中东和亚洲东部的乌拉尔山地区迁涉到了欧洲，并进一步分成不同的部落。这些原始部落以狩猎和采集果实为生，并能制造石器工具。他们就这样繁衍生息到了2.4万年前，冰川时代又一次降临，欧洲大部分地区冰雪覆盖，寒冷异常。他们在今天的西班牙、巴尔干和乌克兰一带找到了避难所。又渡过了几千年，到距今约1.6万年时，气候转暖，冰川融化，他们走出山洞向平原地区迁移、扩散，缓慢地进化和发展。欧洲男子的80%是由这两个古老部落族系繁衍下来的。约8000年前，另外八支原始部落从中东迁来。他们是现在欧洲的20%的男子的祖先。他们带来了农业技术和工具以及新石器文明，并逐渐同欧洲大陆上原有的种族和文明融合。

欧洲的七个祖母

基因技术在英国也被运用开拓古人类考古的前沿。1999年，在英国那座被称为“有着无数在阳光下褶褶闪光的教堂尖顶的梦幻般的城市”——牛津，大学分子医学研究所也完成了一项对欧洲人类史前史有重要意义的科研成果。[①] 该大学的人类遗传学教授布赖恩·赛克斯所领导的小组运用基因技术发现全部欧洲人是生活在8000～45000年前的七个妇女的后代。这七个欧洲祖母虽早已去世，但她们的遗传基因却代代相传下来。每个欧洲祖母——“夏娃”的女儿都繁衍了数千万的后代。

赛克斯教授的科学发现起源于一个偶然事件。1986年，赛克斯教授接到一项任务，用分子生物学的手段查明在牛津附近的一个超级市场工地上发现的几块中世纪的遗骨归属。考古学家们认为细菌已使骸骨中的DNA遭到破坏。赛克斯教授却放大了一小块含有DNA的物质，终于揭示了其遗传基因。使用同样的技术，他又研究了在索姆尔赛特洞穴中发现的查德人

① 参见《牛津邮报》(*The Oxford Mail*) 1999～2000年若干报道。

遗骸。这是一具距今约9000年前的男人遗骨。赛克斯教授发现这具遗骸的线粒体DNA同就住在附近的一位小学教师的DNA相同，从而发现她同这位男人的遥远的亲属关系。遗传学的理论认为，线粒体遗传密码(mitochondria DNA)由母亲传递给子女，基本不改变。科学家因而能据此通过对某一人群的线粒体DNA密码进行分类的方法追溯出其远祖系列。

这些理论和发现促使他们转而更大规模地研究欧洲人的种源归属。分子医学研究所的科学家们以颧骨中的细胞为研究对象，意想不到地发现波利尼西亚人的线粒体DNA遗传密码同东南亚人的线粒体遗传密码相同。在研究分析了6000多份欧洲人线粒体DNA遗传密码后，发现它们归属于七个"母系氏族"。科学家们因而得以构筑七个欧洲始祖母的理论。他们把这七个欧洲人祖母分别命名为"厄休娜"、"热尼亚"、"塔娜"、"海琳娜"、"卡特琳"、"维尔达"和"贾丝茉"，并根据考古学、地质学、体质人类学和人文地理学等学科的知识构筑了她们的生活年代和踪迹。

赛克斯教授本人是他取名为"塔娜"的那位妇女的后代。塔娜(Tara)凯尔特语"岩山"的意思，是一位有着橄榄色皮肤、褐色头发和蓝色眼睛的美女。她生活在1.7万年前的意大利托斯卡拉。她的后代后来离开了意大利，往北迁涉，跨过了干枯的英吉利海峡，最后到达了爱尔兰，并在那儿定居下来。塔娜生活的那个年代，人类以狩猎为生。塔娜身体健壮，还是个好猎手。第二位欧洲始祖母叫"厄休娜"(Ursula)，拉丁语是"母熊"的意思，她生活在4万年前的希腊北部。同其邻居"尼安德人"相比，厄休娜身材苗条，举止优雅。她的氏族人后来散居欧洲各地，包括英国和法国，他们使用石器狩猎。第三位欧洲始祖母热尼亚(Xenia)，希腊语为"热情好客者"。这位神秘的妇女生活在2.5万年前的黑海边的高加索山脉。她同狼和洞穴熊栖息在一起。第四位海琳娜(Helena)，希腊语中意味着"灯光"。她出生于欧洲西南的比利牛斯山脉的一个原始狩猎家中，是夏娃所有女儿中生儿育女最多的一位。第五位卡特琳(Katrine)希腊语"纯洁"的意思。她生活在距今约1万年前的意大利维尼斯附近。她以鱼和蟹为食。她的后代至今仍住在阿尔卑斯山一带。第六位维尔达(Valda)，按斯堪的纳维亚日耳曼语，意思是"统治者"。这位西班牙妇女生活距今约1.7万年前。她的氏族同厄休娜的氏族比邻。这两大氏族后来共同向北方迁涉，直到抵达现今斯堪的纳维亚。第七位贾丝茉(Jasmine)波斯语"花儿"的意思。她出生于叙利亚。她的氏族首先修房筑城。她的后代向其他几位欧洲祖母的后代传授农业。贾丝茉子女的这些表兄表妹当时以采集和狩猎为生。

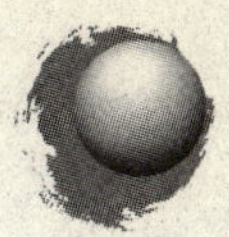

这七个坚强的妇女经历了冰河期，并曾在严寒的欧洲长途跋涉。研究发现表明，除了在芬兰和挪威北部，同一氏族的人并不都是聚居在同一地区。欧洲所有的民族包括斯堪的纳维亚民族在内都共有某些相同的基因。现在欧洲不同民族的区分不是以遗传基因为主要基础的。

基因考古的一个商业化运用是根据顾客的基因追溯其祖先系谱。赛克斯教授在牛津成立了一家名为“牛津溯祖”的公司：交费 120 英镑，该公司保证根据你的基因找出你的祖先家谱。这项遗传学技术已获得进一步发展并被运用于刑侦。目前已能根据罪犯的血液、头发、皮肤碎片或精液推断出罪犯姓氏。这项技术的基础是该研究所发现的 Y 染色体同姓氏之间的密切联系。这就是说，一旦警方在现场发现有能够据此查出其 Y 染色体遗传密码特征的罪犯遗留物，警方就能知道此人姓什么。当然如果嫌疑犯是依母姓，结果就会出错。

（本文原载《西南民族大学学报》2004 年第 1 期）

谁最先到达美洲?

——新发现与新理论

当代科技的发展不仅使我们对欧洲人类的起源有了新的认识,而且对世界上其他洲,例如美洲人类的起源有了不同的看法。美国的考古学家和人类学家正在重构人类到达美洲的时间和方式。这主要是由于旧理论无法解释近来一系列的考古发现。许多美国历史学家现在相信,欧洲人(包括亚洲人)早在哥伦布到达美洲约1.3万年前就已经乘船或通过陆路到达美洲了。

近两年来,由于开展新的考古发掘和运用新的研究技术,美国考古学家和人类学家对谁最先到达美洲和怎样到达美洲已经有了迥然不同的看法。支持这种新看法的是三个方面的重要进展和成就:第一,对美洲史前文化遗址的深度发掘;第二,对原有考古文物化石年代的更准确的认证;第三,以新方法对美洲史前人类遗骨化石的种族归属的分析。统治北美考古学和人类学界多年的传统理论——人类最早在最后一个冰河期末期(11500年前),从西伯利亚徒步穿越了浅露出来的白令海峡陆桥到达阿拉斯加,再散布到美洲各地——开始崩溃了。新的看法是:人类远比上述年代更早到达美洲。而且是以三种不同方式和路线到达美洲。美洲远古人类的种族构成也远比传统理论所认为的更为复杂。500多年前,当哥伦布在那个著名的发现美洲

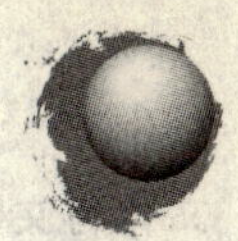

的航程中到达加勒比海的西印度群岛时①，美洲大陆已有5000万以上的土著居民，并早已建立了数个文明程度较高的国家。公元6世纪前后，墨西哥曾出现了被认为是当时世界第六大、有20多万人口的大城市。位于美洲的玛雅文明也延续了1000多年，并创造了文字。哥伦布以前，北欧的斯堪的纳维亚海盗曾在公元10世纪乘船到达北美纽芬兰岛和拉布纳多海岸探险并定居，但不久就灭迹了。此后500年间，尚未发现文献和考古证据证明美洲同世界其他各州有大规模的联系交往。美洲文明在这500年间被认为是在隔离于世界其他文明的情况下独立发展的。②

一、传统理论

传统理论认为人类是在最后一个冰河期结束前，即11500年以前，首先到达北美阿拉斯加半岛。在最后一个冰河期间，由于大量的水被陆上的冰川所留置，海平面下降约100米，白令海峡海底露出变成连接亚洲和美洲的陆桥。生活在亚洲东部的人类从西伯利亚徒步穿过白令海峡陆地到达阿拉斯加。人类最先到达北美的理论假说主要是由在阿拉斯加所发现的一些史前考古文物为证据的。

最古老的证据是在克勒山的蓝鱼洞穴(Bluefish cave)所发掘的石器。其中有石头镐打制成的矛尖。矛尖形如一刃首，根部中间有凹槽处，用于被卡入木棍或与关节相连的叉开的骨头，制成矛。石器年代约距今12000年。考古学家用被打制出来的这种石矛尖(约8厘米长)，插入2米长木棍复制成石器时代原始人类使用的石矛。在20米的距离，掷向非洲大象。试验证明

① 1492年8月2日，哥伦布率领三艘大帆船从西班牙帕洛斯角起航，寻找通往亚洲的海路。哥伦布根据马可・波罗对亚洲东西宽度的估计和古代天文学家托勒密对地球周长的计算，推断分隔欧洲和日本的海洋宽度不到3000海里，因而决定从西班牙横渡大西洋前往亚洲。在浩瀚的大西洋中，他们航行了两个月，仍不见陆地的踪影，船员们越来越烦躁不安。10月7日，海面上空终于出现了飞鸟，然而地平线上始终未出现盼望已久的陆地。两天过去了，哥伦布也焦急不安起来，因为根据他的推算，向西航行这么久，船应该已到达日本附近。为了稳住船员，哥伦布许诺三天之内若看不到陆地就返航。就在三天即将期满前，船上的瞭望哨发现了一个岛屿。这就是现在美国佛罗里达州外巴哈马群岛中的圣萨尔瓦多岛，哥伦布把它命名为圣萨尔瓦多，意为“救世主”。哥伦布在后来的两次探险中又到了南美大陆附近的特里尼达岛和奥里洛科河河口。直到在1502年的第四次探险中，他才在中美洲的洪都拉斯和哥斯达黎加踏上美洲大陆土地。

② *Past Worlds*: *The Times Atlas of Archaeology*(《逝去的世界：泰晤士考古图集》)，London: Times Books, 1996, pp. 212－234.

足以杀伤大象。[①]

这种石矛据认为首先在约30000年前发明于西伯利亚。散见于北美西北部的这种石矛证明，石器时代东北亚居民跨过白令海峡往东和往南的迁徙以及随之而发生的文化扩散过程直到最后一个冰河期结束，上涨的海水淹没了白令海峡陆桥，隔断了美洲与亚洲西伯利亚的通道。考古学家在北美发现了大量的与上述这种石矛尖相联系的石器文物，年代约11500年前，正好与地质学家所估计的覆盖加拿大的冰川消退同时。大量这些被称为“克洛维斯(Clovis)文化”石器文物被认为是最早迁徙到美洲的原始人类所使用。

按照这种传统理论——东北亚原始人类紧紧跟着成群的野生动物由西伯利亚，经白令海峡陆桥到达阿拉斯加，再向美洲东部和南部继续迁徙，构成了美洲最早的土著居民——那么考古学上的证据就应当是越往美洲大陆东南方向走，考古文物的年代应距今越近。事实却恰恰相反。在北美大陆的东南发现的文物年代都比在据信是美洲最早人类活动区域——阿拉斯加——所发现的更早。在密苏里州和俄勒冈州的石器时代遗址发现了距今13000～14000年的史前文物。在小盐水泉发现的一根用来刺死乌龟的尖头木棍经放射性碳测定年代为12000年。美国东海岸宾夕法尼亚州的麦德克拉弗特山岩(Meadowroft rock shelter)下的史前人类遗址的石器距今约16000年。

南美洲发现的考古文物年代则更久远。在秘鲁、阿根廷和哥伦比亚发掘出来的史前文物经测定都在14000年以上。智利南部沿海的维尔德山(Monte Verde)的史前人类居住区遗址显示，这里的人类早在13000年前即懂得怎样利用附近的森林、海岸和山上的资源。这种知识不可能是第一批迁徙到此的人类能拥有的，而是几批以上的移民经验的积累。在该遗址的下面发现的五块石片和疑为火炉的遗物，年代初测为距今33000年。

在巴西东北部的帕德拉·弗拉达山岩下发现了史前人类居所遗址。从火炉中的木炭和岩墙上掉下的涂有图画的石片的测定年代为32000年前。在该地区400多处原始人类遗址中的一个原始居所内的火堆中找到的木炭，经碳14测定为50000年前。巴西考古学家妮德·瑰德在此处已发掘30年，

① Colin Renfrew(伦弗鲁), *Archaeology: Theories, Methods and Practice*(《考古学:理论、方法和实践》), London: Thames and Hudson Ltd., 1996, p. 306.

她在1987年发现的一具人类颅骨碳14测定为15000年前。[①] 这表明人类极可能在40000～45000年前就到达美洲。一个可能的解释是人类在这时期前的一次冰河期间经白令海峡陆地到达美洲。然而,考古学家目前尚未发现西伯利亚此时有人类活动的证据,而传统理论也认为北美大陆15000年前尚无人类活动。

以前,尽管有许多无法解释的证据,传统理论仍牢牢地统治着美国考古人类学界。按照这种理论,来自东北亚的亚洲人在约11500年前经白令海峡陆桥到达北美阿拉斯加,然后穿过加拿大,进入西南部,最后散居到东部,成为土著美洲人的先祖。19世纪30年代新墨西哥州克洛维斯发掘出的石矛尖,年代测定为11000年前。以此为证,该处被确定为美洲新世界的最早人类遗址。石矛尖也就被作为“克洛维斯文化”的代表性器物。这种美洲殖民的理论模式在美国考古人类学界的影响如此之大,以至于任何所发现的年代早于“克洛维斯文化”的石器都被认为年代测定不准,任何足以推翻该理论的史前人类遗骨都被束之高阁。一位美国人类学家甚至认为美国人类学界存在一个极力维护该理论的所谓“克洛维斯黑帮”。不少人类学家为了使自己的学术声誉不致遭到学术权威的抨击,当发掘到克洛维斯文化层时就停止而不再继续往下挖掘。

二、新理论

1990年美国通过一项联邦法案,要求博物馆把馆藏的史前美洲人类遗骨归还给所属印第安部落。科学家们于是被召来确定头盖骨的部族归属。体质人类学家通过精确测量每具头盖骨在约90个部位上的尺寸,能够判断出该具颅骨属于地球上那个人类种族,并且还能通过在颅骨上填充“肌肉”和“皮肤”重现其面貌。目前已对发掘出的约2000具美洲史前人类颅骨建立了这样的数据库,对其中十余具颅骨的面貌复原和分析产生了令人惊异的事实。

现存美洲年代最为久远的史前人类遗骸之一是在巴西中部发掘出来的,约距今11500年。圣保罗大学的人类学家瓦尔特·内维斯对该具遗骨的

---

① Alex Bellos(阿历克斯·贝洛斯),“Archaeologists feud over oldest Americans”(《考古学家争论谁是最古老美洲人》),*The Guardian*,Feb. 11,2000.

研究表明他属于南亚人或土著澳大利亚人。在内布拉斯加州和明尼苏达州发现的距今约7840～8900年的三具颅骨也被确定为基本上属于南亚人或者欧洲人。1989年在爱达荷州的布尔(Buhl)发现的一具距今约10600年的年轻妇女遗骸被认为是波利尼西亚人。内华达州法伦附近的精灵洞穴(Spirt Caveman)发现的史前人类遗骨距今约9200年,研究表明此人属于曾居住在日本的高加索人种。高加索人种曾散布在欧洲、北非和亚洲某些地区。

1996年7月28日,华盛顿州两名大学生在观看哥伦比亚河上的水翼船比赛时发现了一具距今约8000年的男性史前人类遗骨。其脸部狭窄,鼻梁高,再加上其他特征,初被描述为是欧洲人种,后被确认为属波利尼西亚人和曾住在日本的高加索人之间的人种。在1998年一期的《美国体质人类学杂志》上,首都华盛顿斯密森研究所的体质人类学家简茨和奥斯勒测量分析了11具美洲史前人类颅骨。他们的研究表明,除了一具而外,其他10具颅骨化石不像印第安人而更像欧洲人和南亚人。他们认为,这证明了11000年前美洲已是一个多种族混居的大陆,包括南亚人、东亚人和欧洲人,而且美洲原始人类的人口数量远不是我们原来所想象的那么少。

美国自然史博物馆的大卫·托马斯认为,当今美国印第安人同所发现的史前美洲人类遗骨化石在体质上的差异也许是10000年的进化造成的。人类学家詹姆斯·卡特尔斯则提出了更为激进的解释:最早的美洲移民来自波利尼西亚或者欧洲。他们没有成为现今美洲印第安人的祖先,他们很可能被后来的移民所消灭了。在华盛顿州的哥伦比亚河边发现的肯尼维克人遗骸的臀部有被石矛尖戳伤的痕迹,这极可能是有部族战争的证据。石矛尖的形状类似喀斯喀特(Cascade)文化器物,创造喀斯喀特文化的史前人类那时刚移入美洲。另一种可能就是,由于他们和后来的移民通婚,其种族特征因而逐步消失了。

最近运用新技术对40年前在加利福尼亚州罗莎岛上发现的两根史前人类大腿骨的测试结果也令人惊讶。这两根属一名约19岁妇女的大腿骨已有13000年的历史,堪称北美发现的最古老的人类遗骸。这使人类学家们不得不放弃关于人类是在11500年前上个冰河期的末期徒步穿越了浅露的白令海峡到达阿拉斯加,然后往南和往东扩散到北美洲各地的理论。人类学家现在倾向于认为人类最早是从波利尼西亚或者南亚经海路征服北美洲的。[①]

对传统理论最大的挑战来自智利海岸维尔德山的史前人类遗址。该遗

① 参见1999年4月11日《洛杉矶时报》。

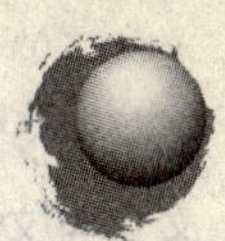

址位于流入太平洋的一条长约35英里的小溪旁。估计约有30名原始狩猎者曾生活在这里。他们居住在用树皮和乳齿象兽皮搭成的帐篷里。遗物表明他们同百英里外的其他原始部落有贸易来往。他们的食物包括淡水贻贝、小龙虾、野土豆、野生水果和鸟类。他们用芦苇编织的篮子装大圆石抛杀野兽,并用石头击捕飞鸟,还用经火烧硬化的矛叉刺杀乳齿象。这些发现同认为石器时代美洲人类靠狩猎为生的传统说法大相径庭。更重要的是,这个遗址测定为距今12500年,比据认为是美洲最早的"克洛维斯文化"早1000年。

肯塔基大学的考古学家汤姆·迪勒海耶从1977年起便在这里发掘研究。然而他的发掘研究成果却长期遭到质疑和否定,因为这些发现是和传统理论相抵触的。南美洲四五处前克洛维斯文化遗址发掘的研究报告也从未被发表。科学家们担心权威的批评会败坏他们的科学声誉。1998年,考古学家迪勒海耶对维尔德山的史前人类遗址的研究终于被认真加以看待并被接受,对与传统理论不相符合的文物证据进行认真研究的大门才被打开了。过去被认为年代测定错误的石器文物得到认证。在宾夕法尼亚州,考古学界终于承认在该州阿维拉(Avella)发现的木炭和石器年代距今14000～17000年。在弗吉尼亚州的萨特维尔发现的乳齿象骨化石也被认定为约14000年久远。

传统理论的动摇带来了考古实践的变化。不久以前,麦克·约翰逊率领考古队在弗吉尼亚州的卡克图斯山发掘。当他们发掘到年代测定为10920年前的克洛维斯文化层时就不再往下发掘了。而现在随着传统理论的崩溃,他们继续往下挖掘,找到了石矛尖和其他器物,年代断定为约15050年前。斯密森研究所的斯坦福认为这就是前克洛维斯文化存在的证明。1997年春天,对南卡罗莱州的塔波尔(Topper)史前人类遗址克洛维斯文化层以下地层的发掘也获得惊人发现。三英尺下的土层中找到了石矛尖,据信有12000年历史。这些发现确凿无疑地证明了早在创造克洛维斯文化的人类在美洲出现以前很久,美洲就有人类活动了。

不仅如此,克洛维斯文化也产生了一个非常有趣的问题。它的许多器物同散布在伊比利亚半岛和法国中部的萨鲁特文化的石器极为相似。人们也许会用人类在解决同一问题时倾向于采用相似的解决办法来解释这种相似性。但这里有个大问题。按现在的考古发现来看,年代最久远的这类石器是在北美东部和东南部,而不是靠近西伯利亚一边的北美西南部。假如克洛维斯人是从西伯利亚徒步穿过白令海峡到达美洲的,他们应该最早到达北美西南部，然后在大陆散布开来。而且，由于覆盖美洲中部的冰川到11500年前才开始消退，任何在这个年代以前居住在东部海岸的史前人类就只能从东边来，而不是从西边白令海峡那边，因为史前人类不可能穿越当时隔断西北部和东南部的冰川。

那么，这些史前人类是怎样穿越大西洋到达北美的呢？按现有的证据和早在40000年前人类已能从东南亚渡海到达现今澳大利亚来推论，极有可能的是：这些史前人类乘船经过从英格兰到新斯科舍散布着冰川和浮冰的大西洋，即20世纪初"泰坦尼克号"从英国南安普敦驶往北美的那条航线北边，他们以冰川上的海豹和海鸟为食，并随着向西迁徙的飞鸟群到达了东部海岸。到达美洲西部海岸的亚洲人也极可能是航海者。他们会是乘着独木舟，沿着太平洋海岸到达阿拉斯加，然后朝南直到智利。加利福尼亚州南岸的海峡岛上史前人类遗址就发现了贝壳和疑为渔网的绳状物，证明这些史前人类是海上渔夫。总而言之，美国人类学家正在改写美洲史前史。人类什么时候和怎样到达美洲的已经远不是如传统理论所勾勒的那么简单了。[①]

（本文原载《学术研究》2004年第1期）

---

① Sharon Begley & Andrew Murr（夏隆·柏格利和安德鲁·穆尔），"The First Americans"（《第一批美洲人》），*Newsweek*，July 7，1998.

当代世界历史:变革与发展方向

这篇文章对当代人类社会的发展与变革进行初步讨论,它分析了20世纪末叶世界历史的若干新动向:经济全球化对民族国家的理论和实践的挑战,宗教文化和种族冲突的加剧以及相关的理论说法,诸如原教旨主义、新中世纪主义和部落主义等。作者认为国际关系格局正经历五百年以来最深刻的理论反思和重构。文章也讨论新技术(信息)革命对人类社会的经济与文明的影响以及资本主义社会的新形式。文章第二部分回顾18~19世纪欧洲思想家对现代世界的想象,试图追溯现代性和现代世界的思想渊源,以提供理解当代世界趋向的历史眼光。文章第三部分从结构主义关于人类历史的统一性的新观念出发,评价福山(Francis Fukuyama)的人类历史终结论的理念基础。结论认为人类历史正进入一个新的历史时期:区域性融合和更高生活水平将成为可能。

文章认为当代世界历史发展最重要的推动力量是信息技术革命。信息化在一定意义上可以同三百年前兴起的那场造成我们今天这个世界的工业化浪潮相比。新的信息技术正日益使世界成为互相联系的整体。科技革命和生产力的巨大发展正给人类文明和国际关系诸方面带来划时代的新特征。从短期来讲,信息技术领域的发明创新所引起的产业革命和经济全球化运动正造成世界发达国家产业结构的重要调整。新一轮的世界财富的重新划分已来临。这对于正致力于现代化的我国既是一个挑战,也是一个机会。如果我们能够抓住这次新的产业革命的契机,利用"后发的优势",我国将能够在未来20年内,从目前的处于发展中国家前列的地位跃入新兴产业发达的主要国家之列。任重而道远,这是一个需要我们思想敏锐,开放而又勇于创新,并把握时机的时刻。

当前,新的科学技术发明正以头晕目眩的速率出现,人类似乎正处在前所未有的科技革命之中。基因技术的成功使医学生物学家们预计人不久将会活到120岁,却仍旧像30多岁的人那样年青;经济的增长将能摆脱通胀的传统模式。欧美报刊不断以诸如“互联网时代降临了”、“电子商务革命”等通栏标题讨论介绍信息网络技术对人类的经济活动和生活方式的意义。[①]一些文章甚至谈到乌托邦或许将要出现,学术界也连篇累牍地讨论新时代的特征和人类文明即将发生的深刻变化。造成当代世界历史的这些新动向的最重要的力量是20世纪下半叶出现的信息技术革命。信息化在一定意义上可以同三百年前兴起的那场造成我们今天这个世界的工业化浪潮相比,它使世界正日益成为互相联系的整体。信息技术领域的发明创新所引起的产业革命和经济全球化运动正导致世界发达国家产业结构的重要调整和新一轮的世界财富的重新划分。移动通信技术深刻地改变着人类的通信和生活方式,网络的运用使生产的组织和管理及创造财富的方式发生变化。国际关系领域内,正经历五百年以来最深刻的理论重构。文化领域内出现解构现代思想文化(即所谓“现代性”)的思潮。所有这些似乎表明人类正进入一个新的历史时期。本文试图对这个新的历史时期的若干特征以及相关的理念问题进行初步讨论。

一、当代世界历史发展的若干新特征

冷战结束后,旧的世界秩序瓦解了,欧美学者纷纷探讨如何建立新的世界秩序,并提出各种世界新秩序的模式。国际关系体系的结构和操作原则正处于五百年以来最深刻的反思之中。五百年以前,国家开始作为国际关系体系的基本单位确立起来。而现在许多人认为当代国际关系的发展已经到了必须对以下三个问题作出回答的时候了:“国际秩序的基本单位是什么?它们互动的方式是什么?它们互动以什么为目标。”[②]显然,几百年来的国际关系体系的最基本范畴已被置于反思和重构。这主要是因为当代国际关系正出现重要的变化:一方面越来越分散,另一方面又越来越全球化。冷战后世界秩序的走向受到两大互相冲突的势力的影响:民族主义和全球主义。[③] 剑桥大学国际研究中心副主任克拉克就写到,全球化和地区分裂是后

---

① David Smith and Dominic Rushe(斯密思和鲁谢), “The Internet Age Takes off”(《互联网时代降临》), *The Sunday Times*(《星期日泰晤士报》), Mar. 12, 2000.

② [美]亨利·基辛格:《大外交》,顾淑馨、林添贵译,海南出版社1997年版,第747页。

③ Joseph Nye(约瑟夫·奈), *Understanding International Conflicts: An Introduction to Theory and History*(《理解国际冲突的理论和历史:导论》), Harper Collins Collage Publishers, 1993.

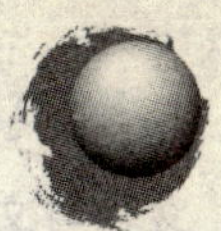

冷战世界两大主要发展趋势。[①]

20世纪末叶日益显著的全球化运动对民族国家的概念和实践提出巨大挑战，欧美学者们开始提出所谓“后国家时代”的概念。的确，20世纪末叶高度发达的通信卫星、国际互联网和传真机等信息传播技术正把全世界大多数国家和地区紧紧地连在一起，信息技术促进了全球化过程，国际互联网是世界聚合的具体表现。互联网上的信息交往很少受到国家的阻扰，全球化改变着人类对地域的成见和对国际体系的管理。[②]信息的全球化和电子商务的出现不仅消除了信息高速公路上的国界，而且使传统的国家市场开始终结。[③]经济和社会全球化削弱了人们对居处的传统认同感，同时也削弱了国家作为认同感载体的作用。

全球性的通信网络的出现，使地球上很大一部分人共享共同的经济和文化经验。信息网络的全球分布使各区域的活动越来越受到全球信息的支配，而发生实时的超越国界的响应，一个全球性的文化空间正被创造出来。信息网络的无国界特性使单个政府也不能有力控制一国内部思想和观念的传播。世界各地区经济的相互依存和一体化，使一个地区的经济波动影响到另一地区国家。国家再也不是控制本国经济的单一力量。正在形成的人类社会经济诸方面的全球化使民族国家的概念受到挑战。国家的职权受到限制。概括起来，民族国家的概念和实践正受到以下几大发展趋势的挑战。[④]

第一，人类社会进化已经到了这样一个阶段：世界的相互依存空前加强，地球日益显现为一个整体。许多问题，例如环境问题、经济和国际冲突问题等，必须从全球的角度才能加以认识和解决。全球环境污染需要各国共同采取行动，民族冲突需要国际社会站在公正和中立的立场而不是从任何一个民族的立场上去解决，这些促使人们超出狭隘的民族和国家的概念和利益。

第二，超国家的国际组织的权限和影响增强。联合国及其下属机构、世

---

① Ian Clark(英·克拉克)，*Globalization and Fragmentation*: *International Relation in the Twentieth Century*(《全球化和地区分裂：20世纪的国际关系》)，Oxford University Press，1998.

② James N Rosenau(罗斯诺)，“The Complexities and Contradictions of Globalization”(《全球化的复杂性和矛盾性》)，*Current History*(《当代史》)，vol. 96，1997.

③ Stephen Kobrin(柯布尔)，“Electronic Cash and the End of National Markets”(《电子货币和国家市场的终结》)，*Foreign Policy* (《外交政策》)，vol. 2，1997.

④ John Hoffman(约翰·荷夫曼)，*Beyond the State*: *An Introductory Critique*(《超越国家：批判性介绍》)，Cambridge：Polity Press，1998.

贸组织、海牙国际法庭等这些政治和经济的超国家组织干预原属各国内政的事务，并制定和仲裁各国必须执行的规则。在一定程度上，各国的经济立法、管理甚至执法部门正在与外国的相应部分结成世界性网络化结构，在经贸领域内发挥着世界政府某些职能。① 这也是所谓“权力转移”：国际关系中的非行为主体，如国际组织、民间组织和团体、跨国公司等，正在分享各国政府的权力，过问国家内部的政治和经济事务。②

第三，区域性合作的发展正形成一些多国家的区域性政治、经济实体和联盟，例如欧盟。欧盟制定的许多政策，成员国不得违反。欧盟正越来越向着一个欧洲合众国的方向前进。在世界其他地区也出现区域性的经济实体，在这些地区，民族国家的概念也开始让位于一个更大的政治经济联合体概念。

第四，全球化的迅速发展使各国经济的相互影响日益增强，并成为全球经济的一部分。思想、资本、技术和产品的流动正越来越少地受到边界的限制和国家政府的干预。各国的关税壁垒和贸易保护主义正在经济自由主义所带来的巨大发展效益面前解体。③ 经济全球化的发展在一定程度上削弱了国家的职权，一国政府越来越难以使本国货币成为可靠的汇率手段、结算单位和价值储备。全球化为跨国公司打开了避税的大门。跨国公司和电子商务的出现使一国政府越来越难于向企业征收到应征收的税收。二战前，美国联邦公司税收占全部税收的1/3，现在公司税只占全部税收的12%。在欧盟，资本收入和个体户收入所征的税收从1981年的约占税收的50%降至1994年的35%。而征税既是一国政府的主权，也是政府赖以存在的经济基础。正如伦敦经济学院院长安东尼·吉登斯教授所描述的那样，在新的全球电子经济中，数以百万计的人轻点鼠标，就可以把大笔大笔的资金从世界的一端传到另一端。目前，世界上500家大公司操纵全球三分之一的国民生产总值和四分之三的世界贸易，世界很大一部分权力正从政治家手中转向跨国公司董事会。

第五，在许多国家内部，地方性民主自治趋势增强，使中央政府的职能和权限缩小。例如，在英国，威尔士和苏格兰的议会权限增大，越来越具有

① Peter Drucker（德鲁克），“The Economy and The Nation-State”（《全球经济与民族国家》），*Foreign Affairs*, Sept. /Oct., 1997.

② 参见倪世雄、潘忠岐《西方国际关系理论的新发展》，载沈国明等编《国外社会科学前沿》，上海社会科学院出版社1999年版，第23、24页。

③ David Perry and Jean-Pierre Lehmann（伯利和勒曼），“Speak up for Globalization”（《为全球化大声辩护》），*International Herald Tribune*（《国际先驱论坛报》），June 4, 2000.

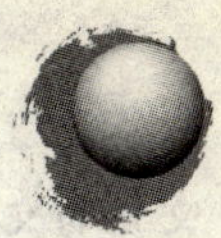

国家才有的某些机构和权力。这种强调地区性自治的运动在欧洲其他地区也在出现。

应该看到,以信息革命推动的全球化同资本主义的全球性扩张不同,资本帝国主义有一个目标明确的概念,即试图把一种社会制度从某个政治经济中心区域向全球推进,而全球化的含义却在于全球各个区域之间的相互联系和依存,它是以非目的方式实现的,是各个地区经济和文化实践的结果。但是,在这样一个似乎自然的进程中,那些在经济和信息上处于优势地位的国家仍然起到至关重要的作用。

对现代国家的概念和当代大多数民族国家实体构成严重挑战的还有宗教、种族和地区性冲突的加剧。亨廷顿的文明冲突论是对这些现象所作的最著名的理论概括。他认为,后冷战世界不同人民之间最根本的区别不再是政治意识形态或经济利益,而在于文化。最普遍和最危险的冲突是归属不同文化实体的人民之间的冲突,宗派主义以及与之相匹配的认同感的冲突是冷战后地区纷争的主要根源。① 亨廷顿断言,大规模的冲突将沿着分隔七八种主要文明的断裂带进行,文明断裂带两侧的集团为制服对方和推行自己的政治和宗教价值观而斗争。

一些学者杜撰了"部落主义"和"新中世纪主义"这样两个概念来描述这些同全球化趋势相对立的区域化运动和地区冲突。在他们看来,在权力向上集中、从民族国家转向更大型的国际团体的同时,出现了权力向下扩散、寻求文化差异和社群身份标志的运动,导致新的民族和种族的文化政治要求。这股思潮希望建立自己独特的文化小区,并形成类似种族或部落身份的文化政治信念。J·奈斯比特在其新作《全球悖论》中,把这种现象称为"文化部落主义"。他认为,全球性的经济技术和思想力量使民族国家及其意识形态受到削弱,一国内部不同的社会群体原有的语言、文化、宗教和种族传统反而突现出来,成为创造新社团的胶粘剂。巴尔干半岛最近的历史变迁似乎提供了这种理论的例证。

综观世界历史,中世纪末期以来的八百年间,大大小小的种族和部落终于组成一百多个国家。在五十年前,更进一步归属于两个起高度统合作用的国家集团和泛人类的意识形态。随着冷战的结束,中世纪以来长期演化而形成的这个国际关系体系解体了。中世纪所特有的现象在那些过去被强

---

① Samuel Huntington(亨廷顿), *The Clash of Civilizations and the Remaking of World Order*(《文明的冲突与世界秩序的重建》), New York: Simon and Schuster, 1996, pp. 21－28.

迫整合而不是自然演化整合的地区，特别是在那些历史上多事的敌对种族、宗教和文化接壤的边缘地带死灰复燃，政治分裂和冲突加剧了。希伯来大学丁·范克雷韦尔德把这种现象称为“新中世纪主义”。中世纪的时代特征是政治分裂和地方主义。20 世纪 90 年代，冷战的结束和苏联东欧集团的解体开启了政治分裂的进程，民族意识的抬头和民主化分权运动也促使地方主义和自治运动的兴起。

促成这些历史运动的其他原因还包括：冷战结束以后原来对这些形式的冲突具有压制作用的带有国际主义和泛人类倾向的超级意识形态的解体，以及在现代化的过程中传统势力对现代化的反抗和对现代性的抵触，例如在伊朗、阿富汗和阿尔及利亚等。由于冷战后又出现了一批国家，这些国家大都以宗教、种族和文化的差异性以及历史传统等为依据从更大的政治实体中分裂出来，例如前苏联的乌克兰等共和国、巴尔干半岛的克罗地亚等国家。这种地区性分裂，一方面是西方近年来推行现实主义外交政策的结果；另一方面，也是这些地区的人民受到诸如民族自决和人权等这些理论的影响的结果。分裂的过程伴随着冲突和纷争。

新中世纪主义在思想信仰上表现为原教旨主义的抬头和从宗教宽容的立场上后退，在政治上体现为占山为王和封建城堡主义。它强调狭隘民族和地区利益，主张政治分裂。部落主义认为不同种族和宗教集团之间的利益和冲突不可调和，因此拼命把异己的种族和宗教集团排斥于其居住地区之外。这种狭隘落后的意识往往还伴随着一些为夺取权力而不惜把该地区投入大规模流血冲突的野心家的崛起。人类文明在这些地区似乎倒退到没有现代国家法制的中世纪甚至原始时代。新中世纪主义和部落主义力图以极端的手段来恢复其社群在经济和政治现代化中失去的历史上曾有的文化的、宗教的和种族的权利。这种思潮同资本主义的全球化趋势相左，也违背左派国际主义倾向。

但是，这种发展在 21 世纪初开始减退。基于宗教和民族的冲突与战争在世纪之交的减退，在一定程度上是由于一种新体系的形成。这个体系的原则是通过国家权力下放来处理分裂国家的威胁，通过承认群体的权利和分权来限制民族间为得到国家权力和资源而斗争，例如在北爱尔兰的和平进程。[①] 在一些地区，如前南斯拉夫，则是在西方强国对冲突一方的强力支持下而获得暂时解决的。

---

① 参见特德·格尔《民族战争在衰退》，载美国《外交》杂志 2000 年 5/6 月号。

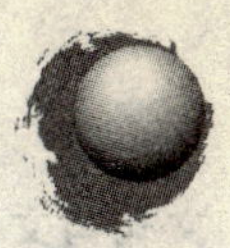

伴随新旧国际关系更迭的阵痛是人类社会内部正发生的一系列的深刻的经济和社会变革。继三百多年以前开始的以机器去代替、补充和扩展以往用人的肌肉去完成的体力活的那场工业革命，人类正在进行以计算机去补充、扩展和替代用人脑去完成的标准化的脑力活的新的产业革命。正如机器改变了人类的文明方式，信息革命也正引起人类社会的生产和文明方式的又一次深刻变革。

信息网络技术的发明和运用不仅带来新产业的崛起，也引起生产和销售方式的革命。网络经济是企业和消费者通过互联网联系进行的经济活动，其中信息产业和服务业占重要地位。美国的互联网产业1999年创造的产值超过5000亿美元，成为美国第一大产业。格雷迪·米恩斯和戴维·施奈德在《超资本主义》一书中预计，新的信息网络技术将使世界财富在未来十年内增长十倍。据估计，过去十年间美国经济增长的40%～50%是由源于硅谷的技术带来的。信息产业在国民经济中的意义也可以从目前世界上十个最富的人中五个是经营新经济的这一事实看出。①

世纪之交出现的企业网络化浪潮使企业和消费者在几乎所有的时间和地点连接起来。网络经济因而减少流动资金、库存和中间费用，使产品直达消费者，拉直了以往迂回的经济模式。消费者和供货商能够对互联网上的商品的不同价格进行比较，从而迅速使价格在竞争中向边际成本的方向下降。② 成功地运用互联网使许多公司获取最大优势，摆脱了大量存货和从订购到付款的漫长周期所带来的财务负担。③ 信息网络技术能够降低生产成

---

① Philip Beresford(柏瑞斯福特)，"The E-Revolution，Boom Time for Britain's Richest"(《电子邮件革命：英国亿万富翁的黄金时代》)，*The Sunday Times*，Mar. 12，2000.

② 美国戴尔计算机公司就是利用国际互联网建立了生产与销售的"直线模式"，甚至让顾客参与产品设计，了解其产品生产进展情况。通过网上销售，为顾客节省了资金，也降低了经营成本。戴尔公司实现了平均每年销售额增长54%的"超增长"。戴尔计算机公司预计在未来几年内50%的销售将通过互联网来实现。目前该公司通过互联网取得的销售额日平均达3000万美元。美国通用电气公司通过互联网将销售、管理成本和总成本至少降低了20%。

③ 参见詹姆斯·迈克尔斯《超资本主义·靠刺激发展的经济》，载2000年7月17日美国《福布斯》双周刊。

本,使高增长、低通胀的新的经济增长形式成为可能。[①]

信息技术革命正形成新的世界经济地理格局。当代世界,约占世界人口的15%的一小部分人提供了世界上几乎所有的技术,占世界人口的一半左右的第二部分人能够在生产和消费中采用这些技术,剩下的三分之一的世界人口则与这些技术无关。[②] 新的信息技术革命正在导致世界财富的重新划分。在东亚地区,继日本以后,南韩和台湾利用信息技术革命的机会,不仅实现了经济发展,而且正成功地成为新兴信息产业的主要国家,从居于资本主义世界体系的边缘跃入中心地域。在这个体系内,美国是新产业的核心技术产品生产国,而东亚则成为重要的硬件和配件生产基地,在某些领域,南韩和台湾已从中间集团国家升级为最高一级的技术创新者。[③] 中国大陆在信息技术产品生产上正成为世界工厂。

移动通信和网络技术对人类社会生活产生着重要影响。20世纪80年代个人计算机的大规模生产和计算机网络的出现开启了信息技术的时代,它的革命性意义直到近几年才充分显现出来。近几年移动通信技术的飞速发展和互联网网民的急剧增加标志着人类信息交流方式的划时代变革。目前,越来越多的人使用手机。在许多地方,人们已能够用手机同公众场所的饮料自动售货机、录像放映机、停车场的打表机沟通,所购商品和服务费用通过手机自动记入个人银行账户。[④] 凭借手机可收听国际新闻、股票交易所行情,办理个人银行账户,订购飞机票和传递影像等。

不仅无线网络,而且有线网络也在深刻改变人类生活方式。目前,在互联网革命中处于领先地位的国家是美国和芬兰。纽约尼尔森媒体研究所的统计表明,45%的美国人口(1.23亿)已联网。美国现在在搞IPV6,地址数为2的48次方。从计算机网上找地址,过去用IPV4有40亿个地址,是2

---

① 新的信息技术对欧美发达国家经济的影响可以从美国企业设备投资中用于信息技术产品的开支比重逐年上升的情况看出。20世纪60年代美国企业界在设备投资中用于计算机等信息技术产品的开支只占5%左右。1980年以后企业在这方面的投入直线上升,1981年为15%,1992年为35%,到1997年达50%。为更全面地反映经济领域内的变革,1999年美国道·琼斯工业指数30家企业组成成员新入选英特尔、微软、IBM和惠普4家信息产业,调出4家经营能源、化工、轮胎和零售的传统产业。

② 参见J·萨克斯《一幅新的世界地图》,载2000年6月24日英国《经济学家》周刊(*The Economist*)。

③ 参见J·萨克斯,《一幅新的世界地图》,载2000年6月24日英国《经济学家》周刊。

④ David Smith and Dominic Rushe, "The Internet Age Takes off", *The Sunday Times*, Mar. 12, 2000.

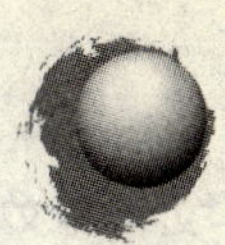

的32次方。网络发展计划现正按全球家庭的数目及需控制的开关数目来进行设计。届时全球所有的家庭及单位,任何信道门户、电器设备和仪器都可以从网上远距离控制,人类的生活方式将发生深刻的变化。据称灵活的、远距离的工作方式将在某些部门逐渐成为日常。移动通信和互联网也将深刻地改变城市的面貌,使大型超级市场逐渐过时。不久的将来,许多家庭甚至可以拥有小型的家用产品制造机,通过互联网获取产品的设计及制造程序,输入家用产品制造机,自动生产出诸如各种塑料成品。互联网也将改变政治程序,英国的报刊已在讨论建立在互联网基础上的新的政治民主形式。虚拟大学、远距离教学、电子图书馆将使人类受教育的方式发生深刻的变革,现在的大学校园有可能成为历史。

信息技术不仅指数据处理和通信技术,而且也指对生物遗传密码的破译和利用的技术。新的基因技术不久将使人类的医疗卫生保健发生革命性的变革。人的创造及其生命周期都将受到基因技术的影响。

计算机在科技和生产上的运用使知识的创造空前加速。据估计,互联网上的信息量平均以每三个月翻一番的速度膨胀。而人类知识的翻番在过去需要几百年甚至上千年的时间。有用的科技知识的发现和运用于生产曾是近几百年来经济持续增长的最重要源泉。计算机使人类科技知识创造的方式发生革命性的改变,以至于经济学家们提出建立"知识经济"。的确,在发达国家的新经济部门中,基本的经济资源已不再是资本、劳动或自然资源,而是知识创新。虽然这也是由于全世界急剧增加的财富使资本不再成为稀缺的资源。P·德鲁克把这称为"后资本主义"。著名作者贝尔也在他的研究中得出结论声称在信息革命中价值的根源在于知识,而不是劳动。知识及其应用已代替劳动成为国民生产中附加值的源泉。阿尔温·托夫勒在他1995年出版的新书《创造一个新的文明——第三次浪潮的政治》中断言,信息社会中知识正成为所有创造财富所必需的资源中最为宝贵的要素,是一切有形资源的最终替代。信息革命推动的第三次浪源已开始改变当代资本主义社会中财富创造的途径、经济组织、公司结构、商业竞争的内容和战争的方式,并创造新的生活方式、社会结构和社会群体。

资本在经济增长中的作用降低和知识成为最重要的生产要素这一事实使许多人提出资本主义已发展到新阶段的理论。阿尔温·托夫勒把它称为"信息社会";K·鲁滨逊认为是工业社会的一个现代发展阶段;托马斯·库恩看到社会的规范和模式正在变化之中,但尚未达到冲被旧框架的地步;丹尼尔·贝尔把当代社会称为"后工业化社会",声称这是一个与过去历史时期具有本质区别的新时代；威廉·哈拉尔相信目前已是新资本主义与新社会主义合流的时代，出现了新的政治经济学现实，其中的主要特征是最重要生产要素已不再是劳动或资本，而是知识。同资本相比，信息知识确具有非常不同的性质，它随着更多的人分享和发展而增多。信息技术使民族国家团结起来，形成一种以合作和竞争为基础的全球秩序。①

英国泰晤士报 2000 年在一篇讨论新经济和信息时代的专文中调查了 14 个在 1999 年一年内成为亿万富翁的人发现：这些人都是依靠新观念和对信息时代的卓越知识以及几台计算机和少量资本创业的。凭借少量资本和少数员工，主要依靠新知识和新技术去创造财富的公司还在不断增加。这就是所谓"超资本主义"或"非资本化模式"，特别体现在一些先进的拥有品牌的企业。它们依靠其网络技术处理信息的能力以及设计产品的知识和能力，获得大量订单。生产任务被交给其他厂商生产，而这些先进企业在扩大生产业务时却不用投入大量有形资本。欧美发达国家的这种后工业化，从世界范围来看是世界产业结构的调整。

资产占有制和社会产品分配的方式发生了重要变化。继以前把欧美发达国家称为"福利资本主义"后，美国驻法大使 1999 年在巴黎企业家沙龙的一次讲演中提出所谓"民众资本主义"(Popular Capitalism)一词。他指出，今天美国很大一部分资本融资于如退休金、合作基金以及其他集体所有制单位流动资本等。八千万美国人拥有各种公司的股权。这些资金进入投资市场，使美国资本市场上的资本总量约三倍于欧洲资本市场上的资本总和。目前在英国很大一部分资本也来自这些基金。英国泰晤士报 2000 年的调查表明，英国 1000 最富的人中，只有四分之一是因为继承遗产而致富。换句话说，资本已开始社会化了。

近年来，欧洲学者和左翼政党领袖用"被驯服了的资本主义"和"民主社会主义"等概念来描述当代西欧发达国家。英国工党的理论家、牛津大学教授戴维·马奎德在他的《新思维》一书中追溯 20 世纪资本主义的发展演变时认为，由于马克思主义和其他社会主义思潮的影响以及工人阶级的长期斗争，当代资本主义发达国家已是"被驯服了的资本主义"。政府不得不把主张自由市场的自由民主主义同主张保障公民基本福利的社会民主主义相结合。20 世纪末的欧洲同 20 世纪初的欧洲的确已有很大差别。如果说 19 世

---

① 参见张新华《信息学研究的现状与趋势》，载沈国明等编《国外社会科学前沿》，上海社会科学院出版社 1998 年版，第 92～93 页。

纪是资本主义思想理论付诸全面实施的世纪，那么从19世纪末叶起，“社会福利主义”思想开始成为主导人类社会演化发展的另一思想体系。从西欧、北美、非洲到亚洲，世界上许多国家都不得不正视这一思想体系，并不同程度上地把其中的某些原则和思想付诸实践。

北欧“民主社会主义”的理论特别值得注意。瑞典社会民主党理论家威格福斯强调：“福利就是社会主义。”[①]在如何实现“公平和平等的分配并促进经济增长”的问题上，挪威工党纲领指出：“社会主义改造应当得到多数人民的支持并以民主为基础。”瑞典社会民主党反对“普遍社会化……因为它必然导致建立国家资本主义”。他们都相信私有制具有大量的刺激性因素能够使经济高速发展。瑞典社会民主党1990年的纲领认为社会主义的实行不在于改变表面的生产数据所有制。它可以通过改变对生产和生产成果分配的决定权来实现，也就是说在不改变形式上的生产数据私有制的情况下，通过国家立法手段对所有权的某些职能实行社会化。[②] 这些构成了北欧社会民主党政府的意识形态理论基础。

英国工党从20世纪初就开始推行有关劳动保障的法律。二战后，随着左翼政党在西欧政治舞台上逐步居于主流派地位，西欧大多数国家全面推行从摇篮到坟墓的社会福利政策。目前，在欧洲议会中，按政治倾向而不是按国家组党的欧盟567个议员中，欧洲“社会主义”政党占198席。其他左翼政党，如欧洲统一左派党团占31席，自由民主党和改革党52席，左派绿党26席。像英国保守党这样的右翼党团并不属于主流地位。[③] 欧盟的许多立法左翼倾向非常明显，例如欧盟的关于临时工也应每年享有1个月以上的带薪假期政策比英国的劳工政策还更照顾普通劳动者的利益。

目前，西欧国家为提供基本的社会保障建立了开支巨大的社会保险体制。在人们失业、工伤和退休的时候，社会福利保险制度提供与他们在此之前的收入相接近的保险救济金。目前，西欧福利国家在这方面的开支约占GNP的44%，英国的福利开支约占国内生产总值的34%，瑞典和丹麦约占国内生产总值的53%，比例最高，其国内的收入差距最小，社会治安也最

---

① 参见丹尼奇《民主社会主义：发达工业社会中的群众性左派》，新泽西，1973年，第144页。

② 参见向文华《斯堪的纳维亚民主社会主义研究》，中央编译出版社1999年版，第186～188页。

③ Philip Thody(萨德), *An Historical Introduction to the European Union*(《欧盟简史》), London: Routledge, 1997, p. 78.

好。[1] 带有社会主义性质的福利政策的推进可以从经合组织成员国公共开支占国内生产总值的比例的攀升显示出来。在1913年为占国内生产总值的13%,到1937年为23%,60~80年代期间升至43%,1996年升至46%。从启蒙运动理想和人道主义的立场来看,这样的社会发展无疑具有巨大的进步性。

二、18~19世纪欧洲思想家对现代世界的想象

回顾当我们这个所谓的"现代世界"刚开始被构想时学者们对未来世界的设想,以及对这个历史发展过程的动因的分析将使我们能更好地认识当代世界。在古代希腊和罗马,历史家们相信人性和道德状况的变化是历史发展的动因,而历史是循环的。在中世纪基督教观念影响下,历史家们认为上帝的意志支配着人类历史的发展,历史是上帝计划的实现,它将最后通向末日审判。在18世纪,当构建现代世界的可能性刚开始出现时,启蒙思想家们相信人类的理性"潜藏在所有的历史事变之下,并制约着一切历史事变"[2]。他们把理性看作是社会不断进步的根本动因,与此同时,他们也注意到其他因素的推动作用。

英国哲学家休谟认为法制的进步是与立法者的理性进步密切相关的。杜谷提出:"是伟大的思想家改变了历史。"[3]一些学者认为科学本身的进步是必然和不可避免的,"政治和道德中的所有错误都是建立在哲学错误的基础上,而哲学错误反过来又同科学错误有关"[4]。因此,随着自然科学的进步,道德、法律政治科学也必然会进步,从而引起社会的法律政治制度和人的精神道德的进步,并推动生产力的进步。[5] 法国思想家杜谷就几乎完全从产业的变更

---

① 参见沙尔普《全球化条件下的福利国家》,载2000年6月8日德国《时代》周报。

② R. G. Collingwood(科林伍德), *The Idea of History*(《历史的观念》), Oxford:Oxford University Press, 1948, p. 83.

③ S. Pollard(波兰德), *The Idea of Progress, History and Society*(《进步观念、历史和社会》), Pelican Books, 1971, p. 87.

④ M. J. A. Condorcet(孔多塞), "Sketch for a Historical Picture of the Progress of the Human Mind"(《人类精神进步史纲》), in *Condorcet: Selected Writings*(《孔多塞文集》), London: Macmillan, 1979, p. 250.

⑤ M. J. A. Condorcet, "Reception Speech"(《答词》), in *Condorcet: Selected Writings*, London: Macmillan, 1979, pp. 13-21.

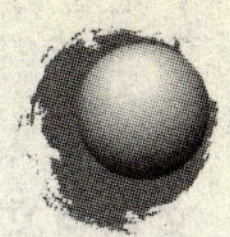

（采集经济到狩猎、畜牧业到农业）中去寻找早期人类社会发展的原因，例如，产业由畜牧业转变为农业是社会进步中的转折点，它使“劳动分工”、“商业”和“城市”出现，带来“生活条件”和“教育”的差别、法律和政权的形成。[①]

另一些学者认为国家间的相互交往和影响推动历史进步。不同民族之间的商业、政治和文化等等领域的交往，是促使一个停滞保守的社会变革和进步的动因。[②] 休谟认为国与国之间的交流，导致“科学和艺术的输入”，引起社会变化。

启蒙时代的历史家把人类历史发展看作是精神的进步。精神的概念下包含了社会生活的其他内容，在伏尔泰《风俗论》那里，社会进步就几乎包括那时社会生活的各个领域。孔多塞把历史看成是“朝向知识和智能的进步”[③]，休谟虽把历史主要看成是政治史，但也包含经济方面的进步，“文明的进步，即政府目的的实际的、历史的实现”，“自由是完善的文明社会的特征”[④]，理想的社会是一个经济进步、社会和谐、政治稳定、开放的社会。法国启蒙思想家的社会理想是建立一个同旧的封建制度完全不同的新社会，夺得政权的英国自由主义思想家的社会理想是发展经济，并使政治制度逐步完善化，而德国的势微力弱的中产阶级则在伦理的领域遐思。康德认为，社会进步表现为“道德的改善”[⑤]，人的潜能和天赋的充分发展以及朝向“完美的民法”和“普遍的国际公约”这样的目标前进。

18 世纪的思想家们在诠释历史时认为，人类各民族都走在一条“理性从迷信和谬误中解放出来”的道路，各地区文明发展的高低不过是“统一的人性的不平衡发展”[⑥]，或理性获得解放的程度不同而已。“所有历史被记载下来的民族都能够在我们现在的文明程度和我们现在仍能在野蛮部落中看到的那种文明程度之间找到他们的位置。”它们“构成了一条从历史时期的开

---

① A. R. J. Turgot（杜谷），*On the Progress of the Human Mind*（《论人类精神进步》），translated with notes and an appendix，by M. D. Grango，Hanover，NH，1929，p. 7.

② F. J. Teggart（特卡尔特），*Theory and Processes of History*（《历史的过程和理论》），California，1972，p. 185.

③ P. Gardiner（卡丁纳尔），*Theories of History*（《历史理论》），London，1959，p. 50.

④ D. Forbes（福布斯），“Politics and History”（《历史和政治》），*The Historical Journal*，vol. 2，1963，p. 292.

⑤ J. Hertzler（赫芝勒），*Social Progress，A Theoretical Survey and Analysis*（《社会进步，理论观察和分析》），New York，1928，p. 51.

⑥ Ernst Breisach，*Historiography：Ancient，Medieval，and Modern*，Chicago：The University of Chicago Press，1994，p. 206.

端到我们所生活的世纪的一条不间断的锁链”[①]。

在他们看来，人类历史进程的“命定目的地”是人道境界的实现，历史的进步主要表现为道德和精神的完善。人道源于美和善的和谐，包含了人类所有最高级的特征，包含了“幸福”、“理性”等等概念，是“清楚的真理，纯粹的美，自由和积极的爱”[②]。在康德的眼中，人类进步的目的地是一个“具有普遍立法的公民社会”和各国人民的“国际联盟”。在这种状态中，人性得到全面发展，每个成员“享有最大的自由”，又不妨碍他人的充分自由。社会中将存在对抗，但是会受到“完善公正的民法”的限制；国与国之间将处于“永久和平”的状态，即使最小的国家，也可以依靠国联的集体力量和法律体现的意志，来获得自身的安全和权利。

法国大革命时代的伟大思想家孔多塞的著作包含对人类历史进步目标的系统而最富理想色彩的描述。孔多塞断言法国革命将开创人类精神发展的最高阶段，即第十阶段。在这个阶段中，人类将达到其最终目的，建立完美的理性王国。各民族文明进步的差距将缩小，尊重彼此的“独立”、自由和安全，共同分享资源、财富，遵守“政治和道德准则”，战争永远消失；人的体力、智慧、精神、道德乃至平均寿命极大改善。[③] 康德和孔多塞等人的这些思想就是后来被后现代主义称之为的“启蒙运动构想”。启蒙时代的伟大思想家们的目的是要建立一个理性的王国，他们认为这是人类历史的终极目标。

三、人类历史是终结了还是进入一个新的历史时代

1992 年，美籍日裔学者福山出版《历史的终结和最后一个人》[④]。这本书几乎是在说，在政治上，这个理性王国终于找到了。福山观察到，近一百年来，黑格尔和马克思等人所肯定的世界历史发展具有统一性和方向性的观点受到普遍质疑，现在，有必要对这一观点重新审视。福山再次肯定人类历

---

① M. J. A. Condorcet, “Sketch for a Historical Picture of the Progress of the Human Mind”, in *Condorcet: Selected Writings*, London: Macmillan, 1979, p. 214.

② F. Meinecke(梅涅克), *Historism, the Rise of a New Historical Outlook*(《历史主义：新历史观的兴起》), translated by T. E. Anderson, London: Routledge & K. Paul, 1972, p. 350.

③ Immanuel Kant(康德), *Eternal Peace, and Other International Essays*(《永久和平论和其他论文》), ed. by E. D. Mead, Boston, 1914, pp. 258－280.

④ Francis Fukuyama(福山), *The End Of History and the Last Man*(《历史的终结和最后一个人》), London: Penguin Books, 1992.

史是一具有统一性的进程，世界历史统一的观点把人类历史理解为“一个单一的、连贯的和进化的过程，包容各个时代所有人类群体的经历”[①]。他提出说，如果在黑格尔和马克思的意义上把人类历史的本质理解为是一追求完美政治制度的过程，那么，由于在苏联和东欧社会主义制度解体以后越来越多的国家采用美国式的民主制度，这表明人类已经找到了一个“终极的”和完美的政治制度。因此，可以说历史已经终结了。福山争论说，经济发展的逻辑迫使每个国家采用科学技术，并以科学精神改组生产方式和社会；而运用科学的逻辑使各国的生产方式和社会制度日益趋同，并最终建立美国式的民主制度。[②] 福山的这一论证同20世纪60年代另一位著名美国学者的结论相反。美国前国务卿基辛格在其60年代发表的《选择的必要》一书中认为，生产和经济发展的逻辑不会自动导致苏联和平演变向西方式的政治制度，因此美苏对抗是不可避免的，美国必须拥有强大的核威慑力量。[③]

福山不愿意看到他所再次肯定并加以重新诠释的启蒙时代以来所建立的“历史大叙事”已被后现代主义者所严加驳斥。从后结构主义、后殖民主义到东方主义都极力解构启蒙历史哲学关于人类历史统一性的观念。这种旧历史统一观被批评为是首先把西方文明假定为是人类进化的最高表现，并作为参照统一体来认知其他文明，即把其他社会纳入西方文明演进统一体中，这些社会被等同于西方社会发展史的较前阶段，他们所经历过的历史被等同于西方过去历史中的一个片断。在这种观念中，过去与现在社会以及同时代却处于不同空间的社会的差异，都被归结为一种（西方）文明社会生成过程中不同阶段之间的差异。莱维—斯特劳斯把这种观念称为“伪进

---

① Francis Fukuyama, *The End Of History and the Last Man*, London: Penguin Books, 1992, p. 7.

② Francis Fukuyama, *The End Of History and the Last Man*, London: Penguin Books, 1992, p. 15.

③ 福山著作发表后被翻译成多种文字，引起了多国学者参与的论战。自由民主制度是目前人类所发明的最能促进经济发展和反映社会多数人的意愿的制度，福山的理论受到许多人的赞许就不足奇怪了。然而，福山的人类历史终结于美国的说法同黑格尔把德意志看作是人类历史的最高发展阶段如出一辙，这种说法也受到其他学者的批判。美国学者阿伦·莱恩批评说，我们能够说东亚日本、南韩和新加坡采用了完全一样的西方政治制度吗？非洲和中国大陆也并没有迹象表明正向西方式民主制度迈进。英国历史学家克利斯朵弗·希尔也争论说，任何一种不允许自由讨论的意识形态都会衰微，但这并不表明“社会主义”理想消亡了，像福山这样的学者把自己所生活的社会想象为是永恒的丝毫也不奇怪，因为他感觉生活在其中很舒适，但一个生活在第三世界中的人就可能不会认为历史已经终结了。参见 Alan Ryan（阿伦·莱恩），*After the End of History*（《历史终结之后》），London: Collins & Brown Limited, 1992, p. 4。

化论”，认为它是建立在既不能为方法论所证明又不能为事实所证实的哲学假定上，它实际上在“承认文化的差异性的同时又压制了它”[①]。

莱维—斯特劳斯在更基本的层次上——在作为一切社会组织的各种可能性的条件的层次上，即导致在不同社会中形成的人类生活的不同的制度和内容，例如亲族制度、外婚制、政治制度等等的那些基本逻辑思维和选择模式的层面上——找到了人类历史的统一性。这些不同的婚姻或政治制度只不过是人类下意识中解决对付这些问题的几种想象可能性（单独表现或组合形式）的显现而已。如果我们找到了这种逻辑法则，或者说作为每一制度基础的下意识结构，我们就获得了对于其他制度的有效的解释原则。一切社会生活的形式在下面的意义上也是某一特定社会的（如西方的）：不论是西方人和东方人都具有完全相同的下意识，不同的社会人群在制度创建时都面临有限的几种可能性，每个社会只不过是对所有人类都是同样的那组可能性方案中选择一种制度可能性或组合，而不是去把所有的可能性都实现。换句话说，可能性对于“一切人和一切时代都是同一的”，在时间中的一个社会诸状态的差异性只是空间中并存的差异性的一种特殊事例。[②] 同黑格尔式历史哲学相反，结构人类学把早先被化解为进化时间差异的不同空间的文明归结为是空间中并存的可能性的特例。[③] 在这种历史观中，人类社会的演化似乎不再是一个有序的序列，也不存在单一的目标和动因。这真是一个我们难以接受的观念。

不论后现代主义怎样对启蒙思想家的大叙事历史观念进行解构，也不论当代人类历史经历着怎样的曲折，它的确在许多方面表现出进步的趋势。人类历史发展不会终结于启蒙思想家或福山这样的学者所构想的那个社会，它的未来仍是不可预测的，尽管我们相信人类历史会朝着更加光明的未来演变。许多迹象表明，我们的确正在进入人类历史的又一个新时期。在这个新时期中，地区性融合将出现，国与国之间的边界将变得不那么重要。在经济与文化的交流方面，我们也许正在朝着中世纪末期那种世界图景演化：分享共同的宗教文化传统的国家以及经济上相互依存度高的地区将逐

---

① 马克·加博里约：《结构人类学和历史》，载张文杰等编译《现代西方历史哲学译文集》，上海译文出版社 1984 年版，第 98～99 页。

② 参见张文杰等编译《现代西方历史哲学译文集》，上海译文出版社 1984 年版，第 103 页。

③ 在同样的经济发展水平上，制度的选择有几种可能性。例如在前工业化时代，同样的农业经济基础上出现了西欧式封建制度和非西欧式的中央集权制大帝国。当代结构人类学认为，每个社会都具有自己的结构，它的历时性即变化可能会由外部文化注入的影响而出现，但这种变化仍受其自身结构所制约。

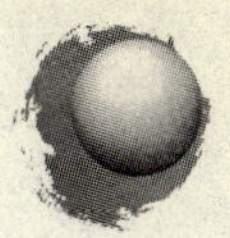

步联合成区域性实体，国际边界的意义淡化，经济文化发达的中心城市及其周边地区的意义重要起来；另一方面，生产和文化活动也在许多方面趋于分散化，人类的生活水平当然将会更高。

［本文原载（台湾）《淡江史学》，2002 年 9 月］

第三部分
西方史学理论和中国历史研究

这部分包含有关西方史学理论和中国历史研究的理论性解释等问题的多篇文章。20世纪以来的中国史学研究是在西方史学理论的影响下重构而成的。西方史学理论当然也包括马克思主义的历史观念。由于历史资料的不完整和研究者对事件和史料的选择和主观解读,任何一篇历史论著都离不开历史解释。这也是为什么20世纪中叶中国史学界曾长期围绕"论从史出"还是"史论结合"争论不休。

《20世纪80年代中国史学发展的若干趋势》回顾和讨论了20世纪80年代中国历史研究的进步和变化,以及西方史学认识论在20世纪下半叶的新进展。清代历史是西方汉学研究的重要领域,本部分的两篇文章接着讨论了西方汉学对清代历史(包括清代国际观念)的研究范式及变化。历史进步观念、现代性的观念、后现代主义都是影响西方和中国史学的极其重要的历史理论。本部分除对这些理论概念进行了讨论外,还包含一篇牛津大学前校长、著名历史学家科林·卢卡斯爵士谈法国大革命史研究的采访录。

19世纪末,随着中国传统文化和思想的危机,中国传统史学开始解体。20世纪初,在西方社会学、人类学、历史学等学科体系和理论方法的影响下,中国近代史学逐渐发展起来。20世纪20年代起,马克思主义唯物史观的传入帮助中国现代史学建立了基本的理论方法。中国近现代史学在一定意义上可以说是在西方史学观念和实践的影响下形成。在这一时期借鉴西方史学理论观念或与西方历史相比较的情况下,探讨中国史学的理论方法和中国历史发展问题的论著很多,例如梁启超的《中国历史研究法》和20世纪30年代的中国社会史问题论战,从广义上来讲它们都涉及中西史学比较。梁

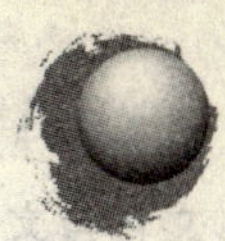

启超1902年发表的《新史学》对“中国之旧史”学的编纂和解释理论方法的所谓“弊端”进行了批判。其后发表的《中国历史研究法补编》通论史学理论与方法，书中的阐释和论证包含了对中西史学理论和方法的比较。

钱穆是较早从中国史学的立场对中西史学继续比较的中国学者，他在《现代中国学术论衡·略论中国史学》(岳麓书社1986年版)、《中国史学名著》、《中国历史研究法》(后两本均为三联书店2000年版)等书中，对传统中国史学和近代西方史学的特点进行了对照，强调中国史学以“人”为中心和西方史学以“事”为中心的特点，虽在具体观点上不乏可议之处，但为史学编纂学的“中国立场”提供了一个可能的路径。胡适、何炳松、傅斯年、顾颉刚等人运用西方的历史观念和方法对中国历史进行重组和解释，都潜在地对中西史学进行了比较。

对中西古代史学进行全面比较的一本著作是台湾学者杜维运的《中西古代史学比较》(东大书局1988年版)。此外，国内一些学者也对中西一些史学家作了比较，如郭丹的《卢奇安〈论撰史〉与中国古代史学批评之比较》(载《齐鲁学刊》2000年第4期)和《刘勰与琉善史学批评思想之比较》(载《齐鲁学刊》1996年第4期)等。近年来，出现了一批中西史学比较研究史的论文。张广智的《苏联史学输入中国及其现代回响》(载《社会科学》2003年第12期)考察了中国现代史学中的“苏联影响”。王秀青的《范文澜对史学比较方法的成功运用》(载《学术研究》2003年第11期)和《梁启超：史学比较方法的倡导与实践》(载《云南民族大学学报》2004年第2期)及李勇的《杜维运中西史学比较的理论与实践》(载《中州学刊》2001年第3期)，则从史学史的角度考察了中国现代三位杰出历史学家的“比较意识”。此外，也有学者扩大了比较视野，不仅仅局限于中国和西方国家的史学比较，也注意到“东方”国家之间的史学异同。这方面，李润和的《中韩近代史学比较》(社会科学文献出版社1994年版)和朱政惠的《关于中韩史学比较的若干问题》(载《韩国研究论丛》第1辑，复旦大学出版社1995年版)作了初步的探索。较全面的比较史学介绍有范达人的《当代比较史学》(北京大学出版社1990年版)。

就史学研究机构来说，北师大史学研究所的“中西史学比较研究室”、华东师大历史所、中国社会科学院世界历史研究所均对此问题有着长期的关注。另外，全国高校“十五”科研重大项目中还有“中西各相关历史时期的历史与史学比较研究”的课题。

西方学者以西方史学观念和方法来研究中国史学从20世纪初即开始，

重要著作有 Charles Gardner 的《中国传统史学编纂史》[①]，该书是西方学者目前研究中国传统史学史的一本主要著作，它以比较的眼光考察描述了中国传统史学的史料批判方法、史学观念和历史编纂方式。普利布兰克在《中国和日本的史学家》中讨论了刘知儿和司马迁的史学批判思想。[②]

杜克大学的德里克 1978 年发表《革命和史学：中国马克思主义史学，1919～1937 年》[③]讨论那一时期中国马克思主义史学建立之初的一些重大史学问题，例如历史分期，如何界定 19 世纪前后的中国社会性质等。作者分析了马克思主义唯物史观取代儒家学说成为编纂与解释中国历史核心理论的原因，认为马克思主义历史唯物论比儒家把历史理解为一部道德剧更为系统和深刻地解释中国历史发展的原因和结构。

20 世纪 60 年代在英国牛津召开了一次中国当代史学讨论会，来自世界多个国家的学者讨论了当时中国史学的主要编撰理论、研究方法及其重要研究领域。会后出版的题为《共产主义中国的史学》，虽不涉及明显的中西史学比较，但大多数论文显然是在作者所在其中的西方史学观念和实践的影响下写成的。剑桥大学首席汉学教授麦克穆伦在《多视野下的唐代》一书中有专章讨论唐代士大夫的历史观和史学批判理论。[④] 戴里克和施莱德在伊格尔斯主编的一本探讨当代世界历史研究及其理论的书中，讨论了 20 世纪 60～70 年代中国史学中的重大方法论争论。[⑤]

对中西史学的比较研究，克尔恩斯有一本书探讨了东西方历史哲学中的循环论史学观念。[⑥] 20 世纪 90 年代初，美国汉学家费维凯在他就任美国亚洲协会主席的论文中评论中西学者对中国近代经济史研究的论文。旅美中国学者王晴佳在其发表于台湾和国内的两篇文章中对中西历史观念特别是对过去的态度进行了比较，认为近现代西方史学是以历史批判精神和以

---

① Charles Gardner, *Chinese Traditional Historiography*, Cambridge, MA, 1961.

② W. G. Beasley and E. G. Pulleyblank, *Historians of China and Japan*, London, 1961.

③ Arif Dirlik, *Revolution and History*, *The Origins of Marxist Historiography in China*, *1919－1937*, University of California Press, 1978.

④ David McMullen, "Historical and Literary Theory in the Mid-Eighth Century", in A. Wright and D. Twitchett, eds., *Perspectives on the Tang*, Yale University Press, 1973.

⑤ G. Iggers & H. Parker, eds., *International Handbook of Historical Studies*, *Contemporary Research and Theory*, London: Greenwood Press, 1979.

⑥ G. Cairns, *Philosophies of History*: *Meeting of East and West in Cycle—Pattern Theories of History*, New York, 1962.

现在的观点不断重写历史而著称，而中国旧史学则因袭过去，让传统统治现在。[①] 王晴佳与著名西方史学史专家伊格尔斯还发表了一篇题为《中西史学思想之比较》的文章，作者认为中西史学思想表现出三大不同：首先由于受基督教影响，西方史学中关于历史演化是一个有目的、有方向的过程的观念根深蒂固，中国史学中缺少这种观念；其次，中国历史编纂与官僚体制联系紧密，而西方史学则多元化和具批判精神；最后，西方史学受形式逻辑和理性思维影响，对社会历史的编纂解释更具系统性，而中国史学则缺少西方史学那种“科学”的结构性。[②]

英国剑桥大学的彼德·伯克显然是在与非西方相比较中归纳了西方史学思想的十个特点：历史的线性发展观，对历史时代之间的差异性的认识，注重个人与发展的历史主义思想，对次民族国家集团的重视，强调用因果关系解释历史，追求历史知识的客观性，对历史事件的时空性的意识，强调历史著述的文学性等。[③]

《20世纪80年代中国史学发展若干趋势》中讨论了20世纪80年代以前中国史学的编纂理论、主要概念和方法以及与西方史学的差异，认为自80年代起，中国历史研究在解释理论和研究方法上出现巨大进步。

在另两篇文章中，探讨了对近现代历史编纂有重要意义的“革命”和“文化”等概念在中西历史思维中的差异。

① 参见王晴佳《中国二十世纪史学与西方——论现代历史意识的产生》，载（台北）《新史学》1998年第1期。

② 参见伊格尔斯、王晴佳《中西史学思想之比较》，载《学术研究》2004年第5期。

③ Peter Burke, “Western Historical Thought in World Perspective: Some Theses for Debate”，中译文见《西方史学思想的十大特点》，王晴佳译，载《史学理论研究》1997年第1期。

解释在历史研究中的性质和作用

这篇文章讨论历史研究中一个重要问题：历史写作中解释的意义和作用。

历史学家任务是不仅要确定事实，还要解释它们。[①] 历史史料无论多么丰富，它们本身并不能自动成为"历史"。历史家对历史资料进行考证和整理后还需要追溯一个事件与另一些事件的内在联系，确定这些事件在人类社会历史中的位置和意义。对历史的理解始终"包含着根据某些原则而对证据进行评判"[②]。20世纪40年代以后，历史解释的性质及其模式的问题便被提出来了。这些问题的提出伴随着分析历史哲学的兴起，并推动了西方历史哲学认识论研究在20世纪后半叶的空前发达。20世纪下半叶，"没有任何一门人文科学像历史学那样在其本身方法论方面进行了如此彻底的再思考"[③]。

一、历史研究中的概括

人们常认为历史研究的对象是个别的、特殊的、不再重复的历史事件，

① William Dray(德雷)，*Philosophy of History*(《历史哲学》)，Prentice Hall，1964，p. 4.

② William Walsh(沃尔什)，*Philosophy of History: An Introduction*(《历史哲学导论》)，New York，1967，p. 105。译文出自何兆武和陈启能编《当代西方史学理论》，中国社会科学出版社1996年版，第265页。

③ [法]利科尔(Paul Ricoeur)：《哲学主要趋向》，李幼蒸、徐奕春译，商务印书馆1988年版，第240页。

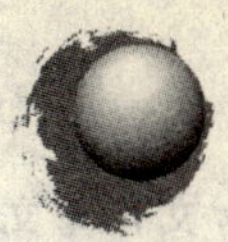

历史研究因而不需要概括，这种观点是不完整的，实际上，历史学家无论是叙述或者是分析历史事件，都需要借助或使用一系列源于概括的思维框架、范畴或概念来选择和组织常是杂乱无序的历史资料。

历史概括的形式是多种多样的。下面我们仅选择两种基本的形式加以讨论：(1)指称性概括；(2)规则性概括。第一类概括发生在当我们使用名称性范畴、概念或一般术语来指称或描述历史事件或历史对象时，第二类指认规律的形式陈述的历史话语。例如用“封建社会”指称中国从秦到清的社会，包含了把中国以外的国家如欧洲中世纪的某些特征同中国这一时期的特征认同概括，相提并论。把中国明清出现的某些工场手工业称为“资本主义萌芽”也包含了借用更大的理论概括成果——马克思根据欧洲各国历史的发展而概括出的历史模式。此外，更深层的往往习以为常的卷入运用概括是语言的使用。许多名词，如“政府”、“僧侣”、“儒生”、“农民”和“地主”等都是集合名词或一类社会组织和人的概括总称。

当历史家这样描写——“在生产关系成为生产力的桎梏时，激烈的阶级斗争和革命就会发生。在18世纪下半叶英国的工业革命中，起飞的直接推动力是技术革新”——历史家是在以规律的形式陈述。

二、历史解释

如前所述，20世纪上半叶相对论者对历史学宣称其已成为科学进行挑战的一个主要论点是：历史学以描述为主，其研究对象是独特的、个别的、不再重复的历史事件，并且不像自然科学那样以发现一般定律为其首要任务。这些认识及观点使历史解释成为分析历史哲学研究的最重要向题。分析历史哲学家也认为，认识论和研究方法上的逻辑分析批判在自然科学中已达到很高阶段，在历史学中的运用却还处于一种前科学的阶段，历史学因而必须经过一番严密的认识论上的批判。

20世纪下半叶分析历史哲学对解释在历史研究中的性质、作用和模式的探讨方面出现了至少三大理论：“涵盖定律理论”、“配景论”和“情节解释论”。

(一)涵盖定律理论或“假设—演绎推理模式”

该理论认为，所有的科学解释在逻辑形式上都是相同的。科学解释以演绎推理和三段论为模式。历史学是科学的一门学科。因此历史解释也必须符合科学解释的这种普遍模式。这样,历史解释才能具有"科学性"。波普尔和亨佩尔首先提出这个理论。基于上述观点,他们认为,历史解释如要具有有效性,就不能同自然科学中的解释有根本差异,而且必须是演绎推理式的,其结论的大前提必须包含有一般定理。

亨佩尔把"一般定理"(a general law)定义为"能够被观察和实验证伪的关于普遍条件形式的陈述"[①]。这些"一般定理"可以是心理学的和自然科学的定理。一般定理涵盖特殊(现象),特殊现象只是一般原理所阐明现象中的一个事例。"如同在其他观察和实验科学中一样,在历史学中,对一现象的解释是把其纳入普遍实证规律的原理之下;解释的彻底性……全在于它是否依据于那些被观察和实验所证实的有关其初始条件的一般原理的假设。"[②]换句话说,是借用社会学、人类学、经济学、政治学、哲学等学科发展出的理论概念。

例如对17世纪英国革命的解释便可这样:阐述一般定律——当生产关系成为生产力发展的障碍时,革命会发生。描述当时英国资本主义农场、海外贸易的发展、工场手工业的出现、生产技术的提高,而上层建筑例如法律等仍维持原状,王室甚至增加课税限制工商业的发展等等。阶级斗争和革命因而不可避免。

波普尔和亨佩尔要为历史解释建立一严格的模式的努力遭到了许多历史家的责难。批评家们提出,大多数历史写作实际上并不通常遵循这种模式,而且历史研究以描述事件为生,有其自身不同于自然科学学科的特点。[③]这些批评有其合理的地方。从改革开放以前中国的史学中可以看出把历史研究简化为从原理到结论的弊病。这种以论代史或史从论出把历史研究变成了往理论柜架内填充史料。

然而,如果我们适当地对亨佩尔的理论加以限定和清洗,我们仍能看到这些问题的提出及其重要理论意义。正是由于这一原因,波普尔和亨佩尔

---

① Carl Hempel(亨佩尔),"The Function of Genera Laws in History"(《一般定理在历史研究中的功用》),in Patrick Gardiner(卡丁纳尔),ed.,*Theories of History*(《历史研究理论》),Free Press,1959,pp. 34－35.

② Carl Hempel,"The Function of Genera Laws in History",in Patrick Gardiner,ed.,*Theories of History*,Free Press,1959,p. 353.

③ Louis Mink(明克),"The Autonomy of Historical Understanding"(《历史理解的自主性》),in William Dray(德雷),*Laws and Explanation in History*(《历史中的规律和解释》),Oxford University Press,1966,pp. 16－92.

的理论成为二战后西方分析历史哲学中影响最为深远的理论，它推动了西方历史哲学家如沃尔什等人对历史解释的更细致的研究，并提出“配景论”。它也促使像海登·怀特这样的后现代主义历史学家对历史叙述的结构的研究。可以看出，“涵盖定律论”即使不是历史解释的“唯一的，甚至不是最重要的”[①]模式，但它的确可能是一种重要的模式。

(二)配景论(Colligation)

沿着亨佩尔的“涵盖定律论”的思路，英国哲学家沃尔什进一步提出历史解释的所谓“配景模式”，他认为历史家更多的是通过把所需要解释的对象置于独特的时空背景中而使其被得到说明。沃尔什首先在1942年提出该概念。后在其1960年出版的《历史哲学导论》中进一步说明。19世纪哲学家威廉·惠维尔在其1840年出版的《建立在历史基础上的归纳科学的哲学》书中首次使用“Colligation”一词，指称科学思维中的一个程序，即用一般性概念、范畴和假设把若干孤立的事实连接在一起。沃尔什借用了这一概念。

按照“涵盖定律论”，各门科学中的知识，其逻辑结构是同样的，历史解释因而也应遵循自然科学解释的逻辑形式。沃尔什并不否认某些历史解释可能遵循这种模式，但他争论说并不是所有的历史解释都采用这一模式，历史学家在说明事件时有其特殊方式，因此需要有一能够反映历史家在实际阐明具体历史事件时所采取的步骤的解释理论。

历史家在解释时也运用历史概括，但他并不是常常以把事件表述为普遍规律的事例的方式，而更多的是以追溯所研究的事件之间以及它们同其他事件或情境的内在联系，并显示整体性的方式。每个历史家所致力的并不是单纯地讲述不相关的事实，而是流畅的叙述。其中每一个事件都被置于其本来的位置，并属于一能被认知的整体。沃尔什认为，在这点上历史家的理想在原则上同戏剧作家和小说家一致，他们都试图把事件安排表述为具有内在的情节结构和从属于一总的题材。当历史家未能找到这种整体性，他就感到未能理解他所研究的历史。[②] 从这里，我们看到海登·怀特后来提出的关于历史叙述的性质及模式的理论渊源。

“配景”就是通过追溯一个事件同其他事件的内在联系，并把它置于其

---

① Murray Murphey(墨非)，*Our Knowledge of the Historical Past*(《我们关于过去历史的知识》)，Indianapolis Inc.，1973.

② W. Walsh，“The Intelligibility of History”(《历史的可理解性》)，*Philosophy*，vol. 17，1942，pp. 128－143.

历史环境中来解释该事件的程序。[①] 这种解释的一个主要方法是把历史事件按某些一般性概念加以分类，或者说通过寻找到一些范畴概念，并运用它们来使所研究的历史事件概念化，从而使这些事件得到说明。历史家也通过把这些事件置于经由这些概念所构筑的关于那个特定历史时期的历史发展的叙述框架中使其变得可被理解。例如像“文艺复兴”、“启蒙运动”、“浪漫主义”、“现代化”和“革命”等都是这种所谓的“配景”概念。

这类概念都是关于特定历史时期和某特殊类别的历史事件的概括范畴，当某一事件被说成是某个范畴所指称的那个事件的一部分或一个实例时，它就得到说明了，例如，说“五四运动”是文艺复兴和启蒙运动。沃尔什的理论揭示了历史思维或者说历史说明的最一般的形式。凡是从事过具体历史写作的历史研究者都知道，我们的确经常有意识或无意识地在历史写作中由于使用概念范畴从而对所描述的事件的性质进行分类，并且由于使用某些指称性概念名词来命名某些历史时期从而对这些历史事件发生的总的时代特征作出了说明。

德雷把这种“用纲领来解释”的形式称为写作中的“合成”程序。他提出，这种解释不是演绎性的，而是总结性的。这就是说，当各种特殊事件被显示已组合在一起构成一更大的历史事件整体时，这些事件就得到解释。“配景”的概念使历史家能“把广泛的事实组建成一个系统或模式”[②]。明克声称，当历史家把一系列的事件或情景组合成一更大的整体或情景时，他行使了对那些历史事件的“提纲式的判断”，而这取决于历史家去发现“历史事件的语法”。涵盖定律理论则代表了历史家去发现“历史事件本身单独的逻辑”的努力。[③]

德雷的理论确有某种启发性。当我们把英国内战、法国大革命和中国的辛亥革命都称为“资产阶级革命”时，我们已按某种世界历史理论对中、英、法三国的这些历史事件作出了总的定性（配景论）的解释。麦克卡拉进一步区分了两类配景概念：一类是普遍性概念，指称发生在人类历史上不同时间或地点的一整类事件，如革命；另一类则是单数概念，特指发生在人类

---

① W. Walsh, *Philosophy of History: An Introduction*（《历史哲学导论》），New York, 1960, p. 59.

② William Dray（德雷），“Explaining What in History”（《历史解释的内容》），in Patrick Gardiner（卡尔丁纳），ed. , *Theories of History*（《历史学的理论》），New York, 1959, pp. 405－408.

③ Louis Mink（明克），“The Autonomy of Historical Understanding”（《历史理解的自主性》），in William Dray, ed. , *Philosophical Analysis and History*（《哲学分析和历史学》），New York, 1973, pp. 178, 181－182.

历史某一特殊地方和时间的事件，如欧洲“文艺复兴”等。[①]

沿着沃尔什和德雷的探讨路线，刘易斯把这种类型的解释称为“列位解释”(sequential explanation)的模式。“我们可以通过把一个特殊事件正确地置于叙述序列的某一个位置来理解它。”[②]因此，对事件的说明在于它被放置在一个行动序列中，历史家思想中所有的关于该行动序列的历史和时代背景便提供了对该事件的实际意义的解释的线索。

海登·怀特提把这种历史解释的模式称为望文生义的“语境论”(Contextualism)。“语境”是一个在历史场景中去发现历史事件的意义的功能性概念。语境论的要点是通过把事件安置于其出现的环境结构中去说明它。他认为，这是大多数专业历史家所通常采用的方法[③]，他们不是借助于某一条定律，而是借助一套大的理论体系对历史事件进行规范。

(三)情节解释论(通过把历史事件情节化的方式进行解释)

在对历史叙述的性质的研究中，不少历史学家认为历史叙述的情节结构是一种解释事件的方式，例如，历史哲学家阿特金森就认为叙事是三种解释方式之一。其他两种是法则解释和理性解释。[④] 叙事解释突出事件发生的线性联系，或者说，以把某一些事件置于某些事件之前来解释其发生的原因。区别于分析和横断性的描述，叙述以时间顺序来讲述人类事件。自西方史学在希腊开创，即是其主要形式。对叙述加以特别注意的这批历史哲学家认为叙述是融合和传递历史知识的特有理解形式，它注重人类的理性行为。[⑤] 奥克夏特宣称：“历史家通过对变化的全面叙述来对变化作出解释。”[⑥]盖利更提出，历史家在缺乏证据因而不能作出流畅的历史叙述时才去

---

① Behan McCullagh(麦克卡拉)，“Colligation and Classification in History”(《历史中的配景与分类》)，*History and Theory*(《历史和理论》)，vol. 17，1978.

② Louis Mink，“The Autonomy of Historical Understanding”，in William Dray，ed.，*Philosophical Analysis and History*，New York，1973，p. 172.

③ Hayden White(怀特)，*Metahistory: The Historical Imagination in Nineteenth-Century Europe*(《历史思辨学：19世纪欧洲的历史想象》)，Baltimore，1973，pp. 17－21.

④ R. Atkinson(阿特金森)，*Knowledge and Explanation in History: An Introduction to the Philosophy of History*(《历史知识与解释：历史哲学导论》)，Macmillan，1978，p. 138.

⑤ Frederick Olafson(奥拉福森)，“*Narrative History and the Concept of Action*”(《历史叙述与行为概念》)，*History and Theory*，Sept. 1970，pp. 265－289.

⑥ Michael Oakeshott(奥克夏特)，*Experience and its Modes*(《经验及其模式》)，Cambridge University Press，1993，p. 143.

解释因果关系。“历史理解是我们运用我们追索一个故事的能力的结果。”[①]从语义学的角度,“历史的”这个词含有对某一事件从与其相关的过去的某些事件,或者说从故事上来加以理解或说明的意义。

叙述不仅是以讲故事的形式来表达研究的成果。它本身构成一适合历史思维特点的独特的理解模式。它涉及以鸟瞰观或形态观来理解历史事件,把它们看作是构成互相联系的、能被理解的整体的部分。

叙述不仅是陈述事件的时间发生顺序。它作出的说明通常也使解释更易理解。[②] 这种主要从原因方面去展示事件发生演变的过程的解释不同于以分析事件发生的条件和环境的解释方式。

叙述体是以讲故事的形式对事件进行了解释。盖利(W. Gallie)就认为“每一个叙事都是自我解释的”,历史哲学家丹托甚至提出叙事语句与历史学家的历史概念相关,“以至于对它们的分析必须指出历史概念的一些主要特征是什么”[③]。

当代以叙事或者说以讲故事为特征的历史著述同中世纪的编年史也不同。编年史的文体大部分是非因果性陈述,它不用“因为”这样的词语来连接两个事实陈述。

对叙述的结构的来源和模式的研究受到了结构主义的影响。结构主义从语言入手的研究在人类学等领域取得了丰硕的成果。结构主义同时认为事物结构是分层次的,深一层的结构常能为上一层次的结构提供某种阐述原则。这就促使历史哲学家把探讨历史知识的性质及起源的活动推移到研究更基本的层次上,即那个在历史分析和解释得以进行之前业已存在的对事件的某种总体的或初步的叙述。如果说叙述或叙述的体系是我们理解历史的基本形式或这种理解的基本表现,那么历史著述中出现的这种叙述体系或结构源于何处呢?在这个问题上,可以看到两种基本观点:(1)历史事件本身以故事的形式存在,历史家只是发现这个故事的情节而已;(2)历史叙述中出现的故事情节或事件发展模式是历史家构筑的。

持第一种观点的有两位著名的历史家:盖利和卡尔(E. H. Carr)。盖利

---

① W. Gallie(盖利), *Philosophy and Historical Understanding*(《哲学和历史理解》), Chatto and Windus, 1964, p. 105.

② Ted Honderich(特德·冯德尔里奇), *The Oxford Companion to Philosophy*(《牛津哲学手册》), Oxford University Press, 1995, p. 366.

③ 参见 W. Gallie, *Philosophy and Historical Understanding*, Chatto and Windus, 1964, p. 66;A. Danto(丹托), *Analytical Philosophy of History*(《分析历史哲学》), Cambridge, 1965, p. 143;陈新《论 20 世纪西方历史叙述研究的两个阶段》,载《史学理论研究》1999 年第 2 期。

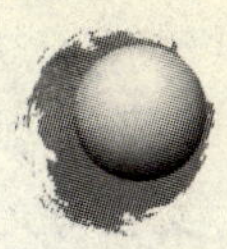

认为历史本身已包括故事性情节发展。历史家在叙述时只是把构成该故事的事件连贯起来。[①] 第二种观点更为流行。它认为历史事件本身没有形态，也不构成一种能被连贯叙述的结构。历史叙述的故事框架是历史家给予的。法国历史家维恩(Paul Veyne)强有力地表述了这种观点。对维恩来说，历史的过去宛如未经开发整治的荒野，在这片荒野上的一切存在物真实地发生了。但是在叙述历史者赋予历史"事实"以秩序或情节结构前，历史事实并不成为历史著述的材料。维恩认为，情节是历史家根据自己的意志从生活中分割下来的片断，其中的事件有其客观联系和重要的相关性。情节又可以被看作是历史家在历史事件的荒野上追寻出的一条路径。每个历史家都可以自由地选择他穿越某片历史荒野的路径，所有路径都同等合法，然而没有哪一个历史家能描述历史荒野的全貌。因为路径即意味着选择，沿着路径也意味着不能走向各处。历史事件也不是历史原野上一个历史家可以造访的地方，它是那些可能形成的路径的交叉点，换句话说，是不同情节模式都可以利用的"事实"。[②]

可以对维恩的理论作进一步的讨论。可以想象，当一位旅行者(历史学家)在一片原野上选择一条穿越路线时，他实际上对所要穿越的那部分原野的全貌在目力所及的范围内有一定了解。美国历史家明克(Louis O. Mink)正是在这方面对维恩的观点进行挑战。明克提出，历史著述中出现的历史叙述框架体现了历史家对有关历史事实的某种整体看法，历史家只有在从总体上对各相关事件进行考察，判断其意义，然后才能把它们连贯成一体系。历史著述中见到的叙述体系表现了历史家在试图把各相关历史事件联系在一起时是如何理解和判断各相关事件的。如果维恩把历史家比喻为一位旅行探险者，费尽心力地在事件的原野上探寻一条路径，明克则把历史家想象为是站在那片事件荒野之上，试图观察琢磨出历史事件的某种模式。历史叙述的框架因而是一种鸟瞰观，或"概要性的判断"。[③]

众所周知，怀特否认历史的过去是人类生活故事的堆集，而历史家只是把这些过去的活生生的故事写出来的观点。他宣称叙述为主的历史著作形同"文学虚构"，其内容半是创造出来的，半是发掘出来的。其体裁与文学相

---

① W. Gallie, *Philosophy and Historical Understanding*, Chatto and Windus, 1964, p. 105.

② Paul Veyne(维恩), *Writing History: An Essay on Epistemology*(《历史写作:关于认识论问题》), tr. Mina Moore-Rinvoluci, Wesleyan University Press, 1984, pp. 15, 32, 36.

③ Louis Mink, "The Anatomy of Historical Understanding", in William Dray, ed., *Philosophical Analysis and History*, Harper and Row, 1996, pp. 178, 191.

似。在怀特看来，叙述结构的虚构性在于它是历史家创造出来，并加于某些早已过去因而不能观察或通过实验加以研究的过程和结构的模式。换句话说，历史家虽未伪造事实，而且他力图发现历史事件“真相”，但他却构造故事情节。[①] 怀特的这种观点在许多地方是颇有争议的。

加拿大文学批评家弗莱(Northrop Frye)曾提出，我们所以理解故事情节的意义是因为通过我们的生活经验和三千年的文学传统，我们熟悉几个基本的故事情节：浪漫史、喜剧、悲剧和讽刺剧。[②] 如前所述，怀特认为从许多重要的叙述性历史著述，如米希勒(Michelete)、兰克、托克维尔(Tocqueville)和布克哈特(Burckhard)等人的著作中都可以发现与这四种情节模式相当的叙述体。怀特认为，这四种情节模式同不同的解释策略和意识形态含义相联系。它们不仅是同已建立的文学类型相符合，更直接的是来自隐喻、换喻、提喻和反语这四种比喻形式，并激发不同的历史想象形态。怀特把这种按照情节模式来叙述历史，从而赋予历史以意义称为以情节化方式来解释历史。如果历史在叙述历史故事时按照悲剧情节模式，该历史家以一种方式对这些历史事件进行了解释；如果他以喜剧的模式进行叙述，他则又以另一种方式对历史事件进行解释了。[③]

怀特关于叙述体的历史著述形同虚构文学作品的观点当然是颇有争议的。事实上，即使历史家以文学的方式叙述历史，其著述同文学也有重大差别。历史家叙述历史必须依据所谓历史“事实”。而这些历史“事实”是经过对过去遗留下来的文献及其他物件进行考证以后建立的。这同文学作品可以随意虚构有根本差异。历史家在连接一个个事件或事实从而构成一个叙述的体系时，该叙述的体系或叙述的框架也并不是历史家可以随意构造的。正如我们将在下文看到，不论是叙述的逻辑，或者对具体历史事件之间相关性的解释，都同历史事件的“真实结构”有某种联系。美国历史哲学家奥拉夫森(Frederick, A. Olafson)和卡尔(David Carr)的理论可以说是对怀特历史叙述虚构性观点的某种反驳。

---

① Hayden White(怀特), “Historical Text as Literary Artifact” (《作为文学虚构的历史文本》), in Robert Canary and Henry Kozicki(甘莱瑞和科茨基), eds., *The Writing of History: Literary Form and Historical Understanding*(《历史写作：文学形式和历史理解》), University of Wisconsin Press, 1978), p. 42.

② Northrop Frye(弗莱伊), *Anatomy of Criticism: Four Essays*(《对批评的分析：四篇论文》), Princeton University Press, 1971, pp. 162—163, 206, 223.

③ 参见[美]怀特《元史学：十九世纪欧洲历史想象》，陈新译，译林出版社 2005 年版，第 7、25 页。

奥拉夫森和卡尔的理论可被看作是一种折中的观点。它认为历史本身就呈现一种故事形态，虽然不只是一种故事形态，因此叙述的结构不完全是历史家构造的。奥拉夫森认为，“叙述的结构性源于人类行为的理智性模式”。“历史家首先研究的事件是人的行动，历史叙述因而可以被理解为是重建人类行为的序列，其中一个行动及其后果是后来一系列行动的前提。”因此历史人物的行为往往是伴随我们所熟悉的一些理智性思考或推理：我想做成某件事，目前的处境，出现的机会或障碍，达到目标的手段，我因而只能怎样行动，等等。正是这些伴随人类行为的思考推理连接那些历史家所要描述和解释的一系列事件。历史叙述的体系便源于对这些联系性的分析的结果。[①]

在卡尔看来，“历史叙述体裁不仅是一种可能行之有效的描述事件的方式。叙述的结构实际上源于历史事件本身。历史叙述远不是对它所要讲述的事件的变形，而是对那些事件的首要特征的夸张”。许多历史事件也并不是因为它以时间先后顺序出现，所以构成一个历史故事。历史事件的故事性源于大部分历史事件是人的行动的结果这一事实。人类行动具有结构性或故事性。我们处在某种环境条件下，想要达到某种目的，采取某些步骤去实现这些目标，在行动的过程中出现机遇、意外等等。换句话说，我们是怎样思考和行动的。这就等于一个故事的开始、进展和结尾。而且当我们在思考我们的行动时，往往把我们的思想投射到将来行动完成的景况，并站在行动的终点上回顾我们是怎样在做的。这就等于我们给我们自己讲一个故事。因此，历史家叙述历史事件的结构雏形在人类行动过程中已出现，它并不是后来被加予的，尽管在行动后我们通常对这些行动的故事性加以提炼。[②]

保罗·利科提出历史是研究过去人们的行动的。而作为人们行动结果的历史事件因而像人的行动一样具有连贯性和序列性，也具有和叙述式文本结构相同的结构。所以叙述也是最适合表达它们的方式。[③] 马因特雷(A.

---

① Frederick A. Olafson(奥拉夫森), *The Dialectic of Action : A Philosophical Interpretation of History and the Humanities*(《人类行为的辩证法：对历史学和其他人文科学的哲学解释》), University of Chicago Press, 1979, pp. 151,165.

② David Carr(卡尔), "Narrative and the Real World" (《叙述与事实》), *History and Theory*, vol. 25, 1986, p. 125.

③ 参见 Paul Ricoeur(保罗·利科), *Time and Narrative*(《叙述和时间》), Chicago, 1988, pp. 99,178—179；严建强、王渊明《从思辨的到分析与批判的西方历史哲学》，浙江人民出版社 1997 年版，第 259 页。

Macintyre)也指出,叙述是符合其描写对象即人的行为特点的一种基本表述方式。每个人自身的生活便是一部叙述,因此,叙述的形式提供了理解自己行为和他人行为的基础。①

在阿隆看来,历史事件就是体现在历史真实中的精神结构。历史家需要去发现一个历史事件或行动的含义,而做到这点就在于重新发现这些参与历史事件的人物的意图。

(本文原载《史学理论研究》1998 年第 4 期)

① 参见 Alex Callinicos(柯里林可斯), *Theories and Narratives: Reflections on the Philosophy of History*(《理论和叙述:思考历史哲学》), Polity Press, 1995, pp. 9,54;严建强、王渊明《从思辨的到分析与批判的西方历史哲学》,浙江人民出版社 1997 年版,第 252 页。

20世纪80年代中国史学发展若干趋势

这篇文章分析了20世纪80年代中国史学的发展状况。文章认为80年代是20世纪中国史学最值得注意的历史时期之一。它标志着中国现代历史研究"范式"的又一转型:从"革命史学"转向以社会文化和现代化为研究重心的"新史学"。文章从学术史的角度对20世纪80年代以前历史研究的范型及其陷入危机的根源进行了初步讨论。同时,尝试以计量史学的方法对20世纪80年代史学新潮的特点,如历史解释理论的变迁和文化社会史的兴起等进行探讨。文章认为,20世纪80年代出现的引人注目的革新中国历史写作的理论和方法的努力极大地提高了中国历史研究的水平,并为21世纪中国史学的更大发展打下了良好的基础。

20世纪80年代中国史学发生了深刻的变化。直到今天,我们仍对其巨大变革感到惊异。80年代初,"十年浩劫"刚刚结束,受"四人帮"干扰较大的史学立即陷入空前的危机之中。一场前所未有的对旧历史写作的理论和方法的全面检讨开始了。与此同时,对中国封建社会长期停滞问题再次展开热烈讨论。到80年代后期,文化传统与现代化问题成为历史学界乃至其他人文社会科学界所共同关注的重要问题,并由此导致文化史和社会史的兴起。在20世纪行将结束的时候,回顾和总结80年代史学思潮的更迭,分析其出现的背景原因及其对20世纪中国史学发展的影响,不仅对研究中国当代史学史的学者,同时也对研究20世纪中国历史思想的发展变迁及其基本趋势的学者都有一定意义。本文将着重分析80年代史学危机的原因,探讨80年代历史解释理论的变迁和新研究领域的出现。

一、80 年代初的“史学危机”

20 世纪 70 年代末和 80 年代初，在中国，历史研究出现了危机，史学被称为“死学”。这场历史研究的危机突出地表现在以下几个方面：首先，指导中国历史家整理历史资料、划分历史发展时期并为历史家分析历史事件提供方法论的核心理论受到普遍质疑，被认为再也不能圆满解释中国和世界历史近几十年来的发展。① 其次，不仅历史学家，而且广大知识阶层都对那主要记述政治军事事件并深受路线斗争和极左思潮影响的旧历史著作感到厌弃，并呼唤新的历史写作模式和解答新的历史问题。正如当时的一篇文章指出的，过去那种侧重于农民起义、土地关系和统治阶层人物的旧史学正变得陈旧落伍。历史家应当适应社会发展目标的转移研究风习、文化生活、科学文明、人口流动和城镇的变化等等。②

20 世纪 80 年代初出现的史学危机同托马斯·库恩所描述的一门科学内部所发生的研究范式的危机类似。历史研究者不仅感到旧的历史研究方法和理论不再有效，而且开始探索和提出新的理论方法和研究课题，出现了对主要历史解释理论——苏联式五种生产方式更替论——的挑战。过去得出的许多历史事件的结论遭到种种责难，关于历史研究必须革新和现代化的讨论充斥于各种报刊文章。仅在 1984～1990 年，就召开了六次全国史学理论方法讨论会。80 年代，中国的历史研究的确处于一个重要的转折时期。

对于 20 世纪 80 年代出现的这场史学危机，人们曾提出了各种解释，例如，“文革”期间“四人帮”把史学导向了影射史学的死路，创建和运用这种理论的老一代历史家在历史研究的舞台上渐渐隐退，新一代历史研究者的出现等等。但更重要的原因，在笔者看来，还在于这种历史研究方式本身，包

---

① 正如一位学者当时所总结的那样，以阶级斗争加社会基本矛盾和五种社会形态演进的理论框架，“在解释世界历史和中国历史的共同规律和特殊规律方面遇到众多难题，尤其难以从历史角度回答世界的现实和中国的现实提出的问题和挑战，例如，怎样解释二战以来资本主义发达国家和第三世界国家的生产力、生产关系、产业结构、社会关系、阶级斗争以至上层建筑各个领域发生的巨大变化及其趋势？怎样认识社会主义国家半个多世纪以来的曲折发展道路？怎样认识波及全球的新的技术产业革命？怎样认识各民族从传统的农业社会走向近代社会的共同规律和特殊规律？（因此）需要对我们原来理解的唯物史观和史学本体论进行一番认识”。参见庞作恒《全国史学理论讨论会综述》，载《天津师大学报》1986 年第 6 期。

② 参见吴承雍《史学研究面临的重大转变》，载 1985 年 11 月 13 日《光明日报》。

括历史家对历史事件或资料概念化的模式、提出的研究问题的性质以及分析历史事件的方式等等方面存在的问题。因为这些方面决定了所由产生的历史知识的形态和相对真理性。下文将对20世纪80年代以前中国历史研究的基本范式作一初步分析。

(一)历史研究的对象及范围

20世纪80年代以前,中国的历史研究在题材上表现出一种相对狭隘性和片面性。大多数历史研究集中于10～20个主要问题。这些问题可分为以下四类:

第一类产生于运用苏联式一元论历史观即五种社会形态更替的理论分析整理中国的历史现实的过程中。例如:关于中国的历史分期问题,“奴隶制”和“封建制”的开端,“亚细亚生产方式”的概念等等。

第二类产生于运用传统马克思主义历史分析方法[①],即阶级分析法解释中国历史上的某些重大历史事件和重要社会阶层的代表人物。例如:农民起义和农民战争的意义,李秀成评价问题,清官问题,中国历史发展的动因等等。值得一提的是,中国近代史出版物中约有五分之一是研究太平天国革命的。

第三类涉及历史分析的方法论问题。例如:历史相对主义和阶级分析方法、史与论的关系问题[②],等等。

第四类问题反映了中国历史家们试图对在运用苏联版本的历史观分析中国历史时产生的一些问题进行更进一步的探讨。这些问题包括如土地所有制的性质、资本主义萌芽、中国封建社会长期停滞和汉民族的形成等等问题。

当然,对20世纪80年代以前中国史学出版物的分析表明,历史研究与

---

① 毫无疑问,马克思对历史科学的发展作出了重要贡献。马克思关于人类社会的结构及其演化动因的一般模式以及阶级分析的方法至今仍是历史学和社会学的最重要的理论方法之一。马克思历史理论的引入曾在中国历史研究中引起了革命性的变革。直到今天,即使在西方,马克思历史研究理论仍是一大批研究成果丰硕的历史家的思想源泉之一。20世纪80年代以前,在我国史学研究中被广泛使用的历史研究理论方法可以称之为是“传统马克思主义历史研究理论”。众所周知,这种历史理论是在从苏联传来的一元单线论历史观基础上发展起来的。苏联版的历史观是马克思历史研究理论的简化、机械化和普遍化。马克思历史研究理论中的那些真正富有生命力的科学要素实际并没有被苏联理论家包括进去。

② 参见钟城《再谈史与论——回顾六十年代史学界两个口号之争》,载1979年2月15日《文汇报》。

著述仍然围绕着多种多样的题目展开。但上述这些题目或研究领域的确吸引了大多数历史研究者的注意力，或者说成为20世纪80年代以前中国史学的主要范式。对1956～1965年发表在《历史研究》上的文章题材和内容进行的数量分析支持了这种论断（见下表）。

1956～1965年《历史研究》文章题材内容分类统计表

题材和内容	数量(篇)	百分比(%)
中国社会的性质及其历史分期问题	49	
生产关系、土地所有制和剥削问题	44	
统治阶级代表人物及其思想	10	
资本主义萌芽问题讨论	36	
阶级斗争、革命、政治思想运动和改革	38	
农民起义及其政治思想和领袖人物评价	65	
帝国主义侵略及剥削问题	30	
为当时的路线斗争服务	79	
上述八类文章合计	351	58
社会经济史、科技史	99	
文化哲学思想	38	
民族学研究	17	
上述三类文章合计	154	26
国际关系	4	
史实、史料考证	29	
其他	60	
上述三类文章合计	93	16
文章总数(不包括世界史)	598	

与20世纪80年代以前主导史学范式相联系的这八类问题基本上属于政治思想史、政治经济史、阶级斗争和军事史写作范畴，可以把它称为“革命史学”。它的主要目的是为论证中国革命的合理性和必然性，以及指导这场

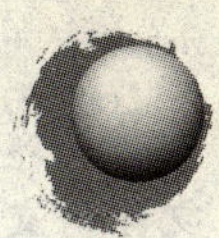

革命的历史理论的科学性。应当说，中国革命的合理性和必然性是无可非议的，也应当为指导中国革命取得胜利的理论进行论证和宣传。但严格地说，这应当属于宣传部门和少量历史家的事，而不应当把这作为一门社会科学的主要目的。公开号令一门社会科学学科直接为政治(而且这种政治往往受到极左思潮的强烈影响)服务，就违背了科学研究的一个重要原则，即它必须尽量做到研究的客观性。社会科学同自然科学的一个重要区别是研究者的主观价值往往会渗入研究的过程中。但在卓有成效的研究中，研究者总是要尽量避免主观意识的渗入，或通过阐明这种主观理论的影响来限制它对研究成果的科学性的负面影响。毫无疑问，公开号召一门社会科学为政治服务束缚了研究者的自主性、创造精神，并降低了研究的科学性。这就是从20世纪50年代后期到70年代后期中国史学选题越来越狭窄、单调，研究内容结论越来越贫乏，并日益等同于政治宣传的小品文的原因。

(二)分析性范畴

历史研究离不开分析性范畴或抽象性概念，这是因为任何所谓“历史事实”都是通过语言来表述的。而语言是由词构成的，某些词或词组则可能是分析性范畴或一般性概念，只不过我们在使用时常未能意识到它们后面的概念和思维模式。研究某些被经常使用的分析性范畴或抽象概念的性质和特征，使我们能较好地把握某一学术研究群体是如何使其研究对象概念化，从而认识这种类型的研究的科学性程度。对20世纪80年代以前中国历史研究中被广泛使用的一些关键性范畴的分析表明，当时的历史研究所使用的概念准确性较差，其定义落伍，不能为历史研究提供有效的分析性工具。

例如“封建主义”一词。“封建主义”这一概念是在对中国历史进行分期时的一个最重要的概念。在运用该概念指认某一历史时期为封建社会时，事先包含了对该社会若干总的政治经济特征的一般性认识。20世纪80年代以前，“封建社会”被定义为一种生产方式，其中地主占有土地，采用经济的和超经济的手段剥削农民。由于概念定义的松散和不精确，人们可以用这个词指中世纪欧洲以封地采邑为特征的社会，也可以把从秦到清的中国社会称为“封建社会”，而该社会却具有与中世纪欧洲完全不同的上层建筑，即欧洲后封建时代的那种中央集权官僚制。显而易见，这种不精确的概念不能指导历史家去认识中欧社会结构和历史发展道路的差异性，同时又给中国历史家确认“封建社会”在中国历史中的开端带来极大的困难。从秦到清，中国社会政治经济变化发展，其间长期存在欧洲后封建时代所有的那种中央集权官僚制，在个别时期，由于中央王权的衰微，或主动采用分封制，又出现采邑庄园。关键词定义的松散以及由此产生的不同理解使得在确认“封建制”在中国的开端时产生了极大的分歧。大致出现了六种以上的说法便是证明，即分别认为“封建制”开始于西周①、春秋②、战国③、秦汉之际④、东汉⑤、魏晋⑥。在这种情况下，历史研究很难出现公认的成果。

对“资本主义萌芽”的研究呈现出同样的问题。这场自20世纪50年代中期开始的研究的中心词“资本主义”实际上是指现代工业资本主义。但是由于受到苏联式的机械论的一元论历史观理论框架的影响，“资本主义”被定义为一种生产关系：工场手工业，市场和雇佣劳动者的出现等等。在这里既没有量的限定，也未包括与理性资本主义相联系的其他重要特征，例如近代科学的形成，科学技术不断地被运用于生产而出现的持久的经济增长和具有多元的和民主的特征的政治制度和文化，等等。因此，本来是一场很有意义的讨论，结果由于中心概念定义的不精确性，从一开始就注定难以达到讨论的目的。假如“资本主义”或“资本主义萌芽”仅指工场手工业，市场和雇佣劳动生产关系，那么，这种类型的“资本主义”或“萌芽”从货币开始被广泛使用就总是会出现的。这样一来，讨论这种生产关系始于何时就不仅没有重要的学术价值，而且难以达到公认的结论。实际情况正是如此。研究开始集中于明清⑦，后来发现工场手工业和雇佣劳动生产关系几乎出现于每朝的商业繁荣时期，“资本主义萌芽”就被从明⑧追溯至元（江南出现了先

---

① 参见范文澜《中国通史》第1卷，人民出版社1987年版，第65～104页。

② 参见《李亚农史学论文集》，上海人民出版社1978年版。

③ 参见侯绍庄《怎样理解郭沫若同志的古代史分期学说——兼评金景芳先生的〈中国古代史商榷〉》，载《历史研究》1979年第8期。

④ 参见金景芳《中国古代史商榷》，载《历史研究》1979年第3期；赵习元《试论中国奴隶制形成和消亡的具体途径》，载《吉林大学学报》1979年第2期。

⑤ 参见郑昌竞《井田制的破坏和农民的分化——兼论商鞅变法的形成和作用》，载《历史研究》1979年第7期。

⑥ 参见何兹全《汉魏之际封建说》，载《历史研究》1975年第1期；尚钺《关于古代史分期问题》，载《中国古代史研究》1979年第3期。

⑦ 参见傅衣凌《清朝农业中的资本主义萌芽研究》，载《历史研究》1977年第5期；中国社会科学院近代史所编辑《中国近代史稿》第1卷，人民出版社1978年版。

⑧ 参见朱绍厚《中国古代史》第2卷，福建人民出版社1980年版；唐立德《明代中期的资本主义萌芽》，载《历史教学》1979年第12期。

进的纺织工场)[①],至宋(工业资本主义前夕所特有的工场手工业广泛出现)[②],至唐(有高度繁荣的商品经济)[③],直到西汉(生产力达到很高水平并出现大量自由劳动者)[④]。

(三)历史研究的方法

20世纪80年代以前,中国历史研究的另一重大缺陷是研究方法的简单机械性,以及拒绝借鉴社会科学其他学科的概念和方法论。我们知道,历史家分析解释历史现象的方法往往与其对社会结构、发展动因和演化的模式的总的看法相联系。后者,即历史家对社会历史发展变化的模式的总的看法,包括哪些历史现象具有重要性以及与其他现象的关系等等,为历史家提供了观察和分析历史事件的途径和方法。当历史家开始着手研究某一历史问题时,历史家心中已有的关于社会结构历史演化的总的理论模式会引导历史家从一定的角度去搜集和分析历史资料。20世纪80年代以前,我国历史研究中占主导地位的关于社会历史演化的模式理论可以称之为是“对历史的经济决定论解释”。它以关于社会结构的经济基础—上层建筑二分法以及前者对后者的支配地位的理论为主要特征。阶级斗争被认为是推动社会变革的最重要的力量。虽然它也认为生产力的发展是社会发展的基本动因,但却很少分析生产力技术水平的变化、科学的作用及对社会制度和社会思想的影响,分析的重点是放在其对生产关系的影响。按照这种模式去观察和分析社会历史现象,历史家往往着重注意有限的几个方面,如生产关系状况、阶级矛盾和阶级斗争等,而忽略对复杂历史现象的全面研究。[⑤]这种方法指导下产生的历史著述不可避免地使人感到单调和缺乏研究的深度和广度。

---

① 参见王洪均《从先进到落后,中国历史上的300年》,载《中国史研究》1980年第1期。

② 参见史云《建国以来史学界关于中国古代史上几个问题的讨论综述》,载《河北师范学院学报》1980年第1期。

③ 参见傅筑夫《唐宋时代商品经济的发展与资本主义萌芽》,载《陕西师大学报》1979年第1期,以及《我国封建社会内资本主义萌芽的上限问题》,载《中国经济史论文集》第2卷,三联书店1980年版。

④ 参见饶会林《中国资本主义萌芽的上限》,载《辽宁师院学报》1980年第1期。

⑤ 布莱克波恩曾把“对历史的经济决定论解释”称为“庸俗马克思主义观”。他认为这种观点有以下要素:(1)“经济是基础,其他因素则是次要的”;(2)“经济基础和上层建筑”的模式被简单解释为经济基础的支配作用和上层建筑的依附关系;(3)“阶级利益和阶级斗争”在二者之间的调节作用。在这种观点下,现实被分解为少数几个抽象层面。历史解释仅诉诸二至三个抽象层面的分析。

这种研究方法的另一重大缺陷是漠视其他社会科学在理论方法上的进展。众所周知,19 世纪末以来,社会学和人类学获得巨大进展。前者以研究当代社会为主,后者则把注意力放在对主要是原始社会的比较研究上。这两门社会科学对人类社会现象结构提出了大量概括性的和规则性的认识。因此,它们为历史研究提供了许多亨佩尔意义上的"一般定理"、概念和方法。当代西方史学的进展在很大程度上就是由于借鉴了新社会科学的概念和方法。[①] 忽视向新社会科学的借鉴就使得 20 世纪 80 年代以前我国历史研究不能不断地推陈出新,拓展研究面,并提出新的理论观点或结论,从而加深加宽对中国历史的认识。另一更严重的后果是,一旦在理论和方法上停滞不前的历史研究被曝光于已前进了很长路段的国际新历史科学面前,这种旧模式的历史研究的崩溃便是不可避免的。

著名的美国科学史家托马斯·库恩曾经指出:某一历史时期的科学研究往往是以被该科学社团所共同推崇的一种范式理论组织起来的。这种范式理论指导该科学社团构思提出研究问题,选择分析解答问题的方法和途径。一旦该范式理论反复地不能合理解释新出现的证据和反常现象时,科学范式的危机便发生了。20 世纪 80 年代中国史学的危机是可以用这种理论来加以说明的。最后还应当看到,20 世纪 80 年代开始被大量地介绍进来的当代西方历史哲学关于历史研究的方法和性质的新理论观点也加速了中国史学的危机。这些新理论观点,包括关于历史知识的相对性和历史知识的非客观性等等,动摇了 20 世纪 80 年代以前我国历史研究的本体论和方法论的基础。

二、历史解释理论的变迁

20 世纪 80 年代史学的另一重要发展趋势是历史解释理论发生了变异,新的历史解释理论被提出来并在一定程度上补充甚至取代了旧的历史理论。我们知道,某一社会或国家的历史研究在一定时期往往受到一种宏观历史理论的强烈影响,该理论对该社会乃至整个人类社会的过去提供某种解释,历史家往往按照这种解释框架整理历史资料,使过去的事件具有某种

---

① 美国历史家劳伦思·斯通在《历史与社会科学》曾指出,在美国几乎所有取得进展的历史研究工作都借鉴于心理学、社会学或人类学等等社会科学的理论,都运用如数量化这样的社会科学方法。法国历史家拉杜里更认为,凡不能数量化的历史学都不能被称为科学。

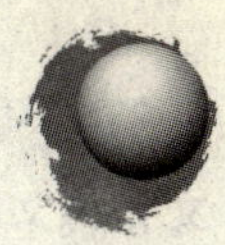

发展秩序或模式。欧洲史学史上曾出现相继更替的几大历史哲学理论：中世纪编年史家所尊奉的基督教神学世界历史图式、近代以欧洲中心论和进步史观为主要特点的世界历史发展理论和20世纪形成的现代化理论。

20世纪80年代以前，我国历史研究中占支配地位的是从苏联传入的单线一元论历史观。该历史理论把马克思根据欧洲历史抽象出来的四种社会形态理论加以普遍化，提升为整个人类社会发展过程中都要经历过的普遍模式。这种做法存在一些重要问题。首先而且最重要的是，这种理论能否被套用于中国历史现实的问题。众所周知，马克思本人曾强调，他从欧洲历史抽象出的四种社会形态演化的理论能否被套用于欧洲以外地区，那是需要对欧洲以外地区历史进行细致的研究方能得出结论的。当马克思开始触及非欧国家，如印度和中国的历史时，他对非欧国家具有同欧洲国家历史不同的形态已有初步认识，"亚细亚生产方式"概念的提出便是证据。[①] 实际上，任何相信历史证据高于理论假设的历史研究者都能看到，欧洲历史上的那种奴隶社会形态在中国历史上并不存在。封建社会则出现很早。20世纪80年代以前，几代中国历史研究者在运用该历史模式套中国历史现实时所产生的诸多矛盾以及由此而引起的许多无法解答的争论都说明了不能轻易地把这种模式不加验证地套用于中国历史。20世纪80年代初我国历史研究者对这种解释理论的公开质疑明朗化了。这是由于随着现代化成为举国一致奋斗的目标，历史家们日益认识到：中国不仅到19世纪中叶仍未按这种模式演化，即从封建社会向工业资本主义的过渡，而且到20世纪80年代仍在为完成那些在这种过渡中就应完成的任务补课。

不论我们是否同意上述这些分析，20世纪80年代中国历史研究中历史解释的理论的确出现了重大变异，而且新解释理论是以现代化理论为框架的。新解释理论能取代苏式一元单线历史观的一个重要原因是因为它能为回答为什么中国截至20世纪上半叶仍未能现代化提供新的解释途径。现代化理论的以下特征——它在提出现代世界历史正朝着一个方向前进时又承认现代化以前世界历史的多元性，即各个民族具有不同的历史文化传统和

① 关于他从欧洲历史抽象出的四种社会形态演化的理论是不是人类所有社会都经历过或必须经历的普遍模式问题，马克思在他的一生著述中观点并不统一。在《德意志意识形态》和《政治经济学批判》前言中，马克思给人的印象是他提出了一个人类社会演化的普遍模式。在《政治经济学批判大纲》手稿的"前资本主义经济形式"一节中，马克思又强调他所发现的那些生产方式的非连续性，并把它们分别看作是具有历史独特性的个体，每个个体（生产方式）只能用适用于该个体的范畴和社会规律加以分析。

发展道路——也使我国历史研究者能摆脱由于教条地套用单线一元论旧理论而出现的不能自拔的陷阱。新解释理论取代旧理论的趋势在中国古代史的写作中可以看出端倪，但最明显的还是在中国近现代史的研究中。

众所周知，20 世纪 80 年代以前，中国近现代史被解释为主要是中国被逐渐转变为半殖民地半封建社会、中国人民反对帝国主义及其走狗的过程。近代史被总结为“两个过程、三个高潮和八大事件”。在这种解释理论的影响下，代表了后一过程高潮的历史事件，如“太平天国革命”、“义和团运动”等，受到高度重视。1949～1979 年出版的近一万篇近代史文章中，1836 篇是关于“太平天国革命”的，而只有 72 篇是关于“洋务运动”的。

20 世纪 80 年代，中国近现代史不再被仅仅解释为上述两大过程，而且也被看作是传统的农业的中国逐渐开始现代化的过程。在很多历史家看来，后一过程甚至是代表了中国近现代史的主流。[①] 按照这种观点，农民起义、改良运动或其他形式的革命战争体现了传统的中国为创造一种现代的政治制度的努力，反抗帝国主义体现了为实现现代化的一个重要条件即民族独立和国家统一的斗争。由于把中国近现代史看作是一个从传统农业社会向现代工业社会或资本主义社会转化的过程，对那些被认为体现了这种历史运动的重大历史事件的解释和兴趣也不同了。例如，过去不大受到重视的“戊戌变法”如今被不少历史家评价为“划时代的历史事件”[②]。

被解释为中国现代化开端的“洋务运动”代替了“太平天国革命”成了中国近现代史上最受重视的历史事件。1980～1989 年，讨论“洋务运动”的全国性会议召开了五次。而关于“太平天国起义”的会议则一次也没有。20 世纪 80 年代讨论研究“洋务运动”的文章超过过去 30 年在此题目上的出版物的总和。有关“太平天国”和“义和团运动”的文章急剧减少。20 世纪 80 年代，《历史研究》杂志上刊载了 29 篇有关“洋务运动”的文章，而有关“太平天国”的文章仅 15 篇。这 15 篇文章中，很多是有关史料考证和太平天国社会生活的。同 20 世纪 80 年代以前 30 年在这两题目上发表的文章数量相比，80 年代历史研究重点和兴趣的转移是引人注目的。“洋务运动”过去被评价为是清廷向帝国主义的投降，并为巩固其反动统治而与帝国主义结盟的产

---

① 1989 年在湖南召开的全国中国近代史讨论会上，大部分与会者都放弃把中国近代史看作主要体现了反帝反封建的阶级斗争的过程，而提出用现代化理论来解释中国近代史。参见建新《中国近代史宏观学术研讨会综述》，载《档案与历史》1989 年第 5 期。

② 夏东元：《一百一十年中国近代史应以戊戌变法为分段线——兼论中国近代史体系问题》，载《历史研究》1989 年第 4 期。

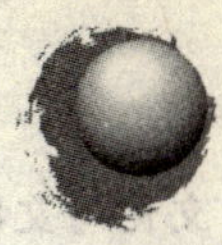

物。20 世纪 80 年代"洋务运动"被赞扬为中国"现代化的第一步"，对"洋务运动"的研究被认为应当放在中国发展资本主义经济这一大背景下，对"洋务运动"的原因、性质及其意义的研究也被认为应当以这种观点为指导。①

由于对历史过程的总的观点变化，过去曾被视为中国近代史上三大高潮之一的"义和团运动"也被以新的眼光加以审视。20 世纪 80 年代不少研究"义和团运动"的文章开始注意到这场运动的落后和蒙昧主义的一面。有的文章甚至把这场运动解释为落后的传统的中国同尽管是侵略性的但却是代表现代性的西方列强的文化冲突。对中国近现代史解释理论的变化突出地表现在历史家们提出的以"三阶段"②或"四阶段"的模式来代替旧的"两个过程、三大高潮、八大事件"的纲线以重新组织编写中国近现代史的建议。这个新的理论模式突出那些据认为是中国发展资本主义的政治经济制度过程中的重要阶段。③

20 世纪 80 年代历史解释理论变迁的另一重要特征是越来越多的历史写作者用文化传统而不是仅仅用阶级斗争或政治制度的变革来解释现代中国史学的一个最重要讨论课题，即中国不能自发产生工业资本主义的问题。例如在《儒家文化的困境》一书中，作者把帝制中国不能成功应付现代性的挑战归咎于晚清儒生官僚阶层夜郎自大，习惯于漠视、贬低和拒斥外国先进的物质文明和精神文明的传统心理。④ "文化"作为分析性概念，不仅是指一个民族社会的特殊心理和价值观，也指该民族社会特殊的社会组织形式。在另一本题为《兴盛与危机》的书中，作者把中国封建社会长期停滞不前解释为是该社会特殊组织形式的产物。该社会之所以被组织成这样是为了达到该社会的最重要目标，即维持稳定不变。⑤

以"文化传统"概念来解释中国未能自发产生工业资本主义这一问题突出表现在 1982 年在成都召开的"中国近代科学落后原因讨论会"上。从会后出版的《科学传统与文化背景》一书中可以看出，大多数与会者用我们称之为"文化因素"的那些原因来解释中国不能自发产生近代科学，包括中国特有的思维方式、时空观、因果观、八股取士制度、儒家重文轻理工科技、中国

---

① 参见林增平《近代中国资产阶级论略》，中华书局 1981 年版，第 98 页。

② 即洋务运动、戊戌变法、辛亥革命。

③ 参见李时岳《从洋务维新到资产阶级革命》，载《历史研究》1980 年第 1 期；《中国近代史主要线索及其特征之我见》，载《历史研究》1984 年第 2 期；《洋务派的历史任务及其他》，载《历史研究》1989 年第 4 期。

④ 参见萧功勤《儒家文化的困境》，四川人民出版社 1984 年版。

⑤ 参见金观涛《兴盛与危机》，湖南人民出版社 1984 年版。

自然哲学的特征以及中国传统自然哲学家不愿意从事科学实验等等。

20 世纪 80 年代中期兴起的对文化传统与现代化的研究从整个社会层面的角度上反映了历史解释理论的这种深刻变异。中国文化作为相对独立于社会经济过程的、中国社会区别与其他社会的那些似乎是永恒的和静止的本质特征的表现,包括价值观和思维方式以及体现在物质文明和精神文明中的符号和象征等等,成为解释中国社会历史演化的特殊道路以及它在近代发展缓慢的首要原因。轰动一时的电视片《河殇》反映了这种解释倾向,尽管《河殇》的政治含义存在较大争议。

可以看出,20 世纪 80 年代以"文化"概念和现代化理论为中心形成的新历史理论能补充或取代苏式简单机械一元论历史观并在中国史学界流行的首要原因是,它能为当时盛行的研究兴趣——就中国现代化问题进行比较社会文化史研究——提供更为有效的研究角度和分析方法。"传统马克思主义历史家"由于是站在社会学家的立场上,往往把各个社会看作是具有相同制度结构的,并着力于概括各个社会所共有的一般现象的规则。人类学意义上的文化概念则认为不同的社会具有不同的思想形态、价值观、制度和行为方式等等。因此,在比较社会历史研究中,人类学意义上的社会文化观就是一个比传统社会形态理论更适用的研究范畴。

另一方面应当看到,现代化理论是近年来在研究世界各国现代化的原因、动力和一般过程中形成的理论。它无疑比着重于揭露西方原始资本主义的弊端和描述生产关系向其社会主义形态转变的必然性的传统苏联式历史理论更能指导 20 世纪 80 年代许多中国历史家的具体写作。此外,社会文化形态的理论对社会的理解似乎也比苏式简单机械论的"经济基础—上层建筑模式"更复杂。与"文化"这一核心概念相联系的还是社会学家和人类学家近一个世纪对许多史前社会和当代社会大量研究而概括总结出的一整套有关社会结构演化的理论概念。

三、社会史和文化史的兴起

20 世纪 80 年代中期起,出现了一股强劲的社会史和文化史潮流。1986～1989 年,仅标题冠以"文化"或"文化史"的著作即出版了 150 本。而在 1900～1949 年期间,尽管出现了"东西文化论争"以及后来持续不断的文化讨论,文化史方面的著作仅出版了 26 部。1949～1979 年则只出版了一本,即蔡尚思的《中国文化史》。在社会史领域内，据我们的粗略统计，1980～1986 年出版了 63 本书和 1065 篇文章，80 年代至少召开了 4 次社会史研究全国讨论会和 10 次文化史研究的讨论会（见下表）。

1900～1989 年社会史、文化史及文化研究领域出版论著统计表①

	1900～1949	1949～1979	1980～1989
文化史领域出版书籍数量	26	1	150（1986～1989）
社会史领域出版物（书）		37	63（1980～1986）
社会史领域出版物（文章）		653	1065（1980～1986）
民族史、民族学研究领域（书）			231（1986～1989）
风俗研究（书）			95（1986～1989）
文化和文化史研究（文章）			1727（1987～1989）

文化史和社会史兴起的最大一个原因或许是“文化”这一概念被引入历史思维，它使我国历史研究者对中国的过去有了一种不同的看法。历史研究者们不仅开始注意到了过去被忽视的社会文化层面，而且对不同层面的历史现象的重要性加以重新估量。文化作为一个民族社会本质特征的种种表现——价值观、思维模式、观念、行为方式和制度等等，被认为是一社会最重要的层面，它决定该社会的演化道路和在世界历史中的命运。这种由于历史观的转变引起研究兴趣的转移十分明显，例如在第一次明史国际讨论会 90 篇论文中，大部分以明朝社会生活为题目，包括服饰、饮食、住房、交通、婚丧嫁娶、娱乐、社会风习、精神心理和宗教制度等。

文化和社会史的兴起也受到 20 世纪 80 年代中国史学内部一股试图引进新的史学概念方法和开拓新的研究领域潮流的推动。如前所述，20 世纪 50 年代中期起，历史研究的理论方法越来越教条化和简单化，由此也导致研究领域的狭隘。而研究文化这一长期受到忽视的宽广的领域，可以从根本上改变这一困境。正如当时一位历史家所说：史学的危机需要新史学，而新史学有待于理论方法的革新。在历史研究中运用人类学的方法可以开拓新的研究模式和新的研究领域，从人类学的角度研究文化为历史学家解释人

① 资料来源：《全国新书目》（1980～1989 年）；中国社会科学院历史所编辑《八十年来史学书目（1900～1980）》，中国社会科学出版社 1982 年版；中国人民大学报刊复印资料《文化研究》1987～1989 年各期；冯尔康《中国社会史研究概述》，天津教育出版社 1988 年版。

类现象提供了新路子，人类学的比较方法也使历史家能更好地解释历史事件，因此用人类学的理论方法去研究人类行为的文化层面并理解其对社会演化的作用具有重要意义。① 此外应当看到，文化研究体现了当代人文社会科学的一种具有系统论特点的新的方法论。它涉及运用人文社会科学20世纪以来发展出的许多新理论概念。

文化史的兴起还受到一种认为研究历史文化可以为分析解答现代中国史学中长期受到注意的中心课题——"中国封建社会长期停滞问题"提供一种新的研究角度和方法。国内一著名历史刊物主编当时的论述为我们提供了证词。

> 通过对中国传统文化的特点的研究，可以使我们对中国历史发展的特点有更深刻的认识，例如，关于中国封建社会长期延续问题……50年代到60年代初，我国学者……把问题归结到封建生产方式本身的性质中去认识……党的十一届三中全会之后……一些学者开始研究中国封建经济结构的特殊性……还运用了中外对比研究和系统论方法……目前这一讨论正方兴未艾……讨论一直不能得出较为一致的结论，除因这是一个重大的理论实践问题外，笔者认为还有一点很重要，即研究者忽视了对中国文化结构的特殊性进行探讨。②

因此，20世纪80年代文化史的一重要特征是它与研究中国现代化问题紧密联系。80年代召开了好几次文化与现代化问题的全国讨论会。多达10所以上的研究文化与现代化的学术机构成立了。这些表明了文化史的强劲势头。

20世纪80年代文化社会史写作中也存在若干不足之处。从不少著作中可以发现，对"文化"的定义并不精确。其次，尽管不少学者认识到并呼吁在社会文化史的研究与写作中运用社会学、人类学、民族学和人口学的方法，在实际的写作中很少看到成功地运用这些当代社会科学的概念和方法去观察分析中国传统社会和历史文化现象的力作。可喜的是，从出版的著作来看，文化社会史的写作题材广泛，打破了过去 三十年来形成的政治军事史编撰传统。80年代后半期出现的约150本文化史著作中，题材包括宫廷生活、社会习俗、政治体制、官僚等级制、宗教仪式、婚姻、礼仪、士兵、奴婢、宦官、地区性文化特征和特定时期的文化等等。

---

① 参见贾岭《关于历史学与人类学跨学科研究的探讨》，载《史学理论》1988年第4期。

② 于沛：《文化、文化学和历史学》，载《史学理论》1989年第2期。

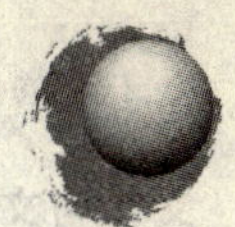

结　论

20世纪80年代中国史学发生了意义深远的变革。从这些变化中，可以看到三大趋势。

首先，在历史解释中，以社会文化形态观念和现代化理论为基本框架的新的解释范式补充甚至取代了20世纪80年代以前被广泛使用的从苏联借来的那种简单化的一元单线论历史发展理论。过去那种千篇一律的政治经济军事史一统天下的局面被突然兴起的文化社会史写作打破了。有趣的是，几乎与此同时，在美国——西方汉学的重镇，出现了相反的趋势。在那里，研究中国的指导观点从此前的社会文化分析角度（social，cultural approach）转向了历史主义的角度（historical approach）。著名的美国史学家保罗·科恩指出：美国的这种研究中国的新观点试图“在中国的历史环境中来理解在中国发生的事件的原因及其意义”，从而达到“对中国近代历史的一种真正来自中国内部的、以中国为中心的认识”①。中美两国在对中国历史的研究中的这种相反运动趋势，在这里并不是中国史学落后的标志，而是反映了不同研究者对研究对象的相对不同的位置。在美国汉学研究中，这种研究趋势是认识到站在外面来观察研究中国历史的局限性，从而试图达到一个身在其中的中国历史家所有的那种对中国历史的内在理解。对中国历史家来说，这种对中国历史的新的人类学意义上的文化研究观代表了一种试图打破研究本国历史时历来无法避免的主观性和文化中心主义偏见，以达到对本国历史的更为客观的理解——站在中国社会的外面，以一种客观的态度来研究中国历史。无论在美国还是在中国，这种相反的运动或许都代表了历史理解的进步。

其次，20世纪80年代中国史学对其研究对象进行了重新定向，研究的重心由政治（阶级斗争）、经济（生产关系）和军事史（起义、革命、战争）转向了社会经济史、文化史和思想史。一整套新的研究题目被提出来，并受到了广泛的注意，以旧的研究问题为题材的历史著作逐渐减少，对《历史研究》

---

① 科恩指出这种社会文化观以“西方中心主义为特征，它剥夺了中国历史的自主性，并最终把它变成西方思想的产物”。参见 Paul Cohn（保罗·科恩），*Discovering History in China-American Historical Writing on the Recent Chinese Past*（《在中国寻找历史——美国学者关于中国近代史的历史著述》），New York：Columbia University Press，1984，p. 151。

1984～1989 年所刊载的文章的题目和内容的数量分析表明了这一点。1986～1989 年，旧的可以称之为是“革命史学”的那类历史文章仅占 13%，而 1956～1980 年这类文章约占 58%。与 20 世纪 80 年代出现的新的历史解释理论相联系的新的历史写作集中于六个研究层面或主题，即社会经济史（包括科技史）、文化史、社会史、史学危机讨论、从历史的角度探讨中国的现代化问题、制度史和比较历史，它们占了全部刊载文章的 50%（见下表）。

1984～1989 年《历史研究》刊载文章题材内容分类统计表

题材、内容	数量（篇）	百分比（%）
中国社会性质及其分期问题	5	
生产关系、土地所有制和阶级剥削问题	6	
旧式理论问题讨论	22	
革命、阶级斗争、政治思想运动和改良运动问题	4	
农民起义及其领袖与意识形态	8	
帝国主义侵略及剥削	3	
政治批判文章	1	
上述七类文章合计	49	13
社会经济史、科技史	24	
文化史	32	
社会史	52	
史学危机问题讨论	30	
中国现代化历史研究	10	
制度史	32	
比较历史	3	
上述六类文章合计	183	50
经济史	27	
民族问题研究	4	
史料考证	21	
宗教问题研究	3	
其他	69	37
文章总数（不包括书评及世界史）	368	

最后，20 世纪 80 年代中国史学出现了引人注目的革新历史写作的理论和方法的努力。70 年代，美国历史家威廉·斯肯纳曾评论说，中国历史家很少从其他学科传统中获得灵感。同美国汉学相比，中国的历史研究显得狭隘和土气，美国的汉学研究，观点更为折中，强调采用比较历史的方法，并借鉴于其他学科。80 年代，由于中国历史家的不懈努力，近半个世纪西方社会学、人类学、发展经济学、心理学和历史哲学等领域的新理论概念和新的分析研究方法开始渗透进中国史学中。这种渗透与引进丰富了中国历史研究的方法，提高了中国历史研究的水平。

（本文原载《史学理论研究》2000 年第 1 期）

20 世纪下半叶西方史学认识论的发展

20 世纪下半叶，在后现代主义的宏大视野影响下，我们已经对现有历史知识的性质以及我们构造这种知识的方法有了前所未有的“清晰”看法。现代历史知识被解构了，历史学的知识论基础以及它的方法论被重新解释了。这篇文章揭示了 20 世纪下半叶西方史学认识论的发展如何为后现代主义的兴起准备了条件。

20 世纪下半叶，西方史学理论出现了重要的发展。20 世纪上半叶相对论者对历史客观性观念的猛烈抨击推动了西方历史家们对历史客观性进行重新定位，并深入研究历史解释的性质和方式。从 60 年代起在西方人文社会科学中出现的“语言学转向”和结构主义的影响下，一些历史学家转向历史认识论研究的更深层次，即历史分析和解释藉以进行的那个历史文本产生的过程、性质及其模式的探讨。到 20 世纪末叶，后现代主义开始了对历史学的全面挑战。不仅历史学的科学学科地位，而且历史学本体论的基本范畴都受到了质疑。美国史学家乔治·伊格尔斯在他那本描述 20 世纪史学的书中使用了“从科学客观性到后现代主义的挑战”的副标题，这个副标题恰当地勾勒了 20 世纪下半叶西方史学理论的发展趋向。在 20 世纪下半叶，没有任何一门人文科学像历史学那样在其本身方法论方面进行了如此彻底的再思考。由于这种再思考西方史学已成为一门具有高度理论复杂性的学科。了解和借鉴西方理论的新成果，从而推进我国历史科学特别是历史思维的现代化，应当说仍旧是我们的一项重要任务。本文在此仅对 20 世纪下半叶西方史学在认识论领域的发展作一初步的和尝试性评述。

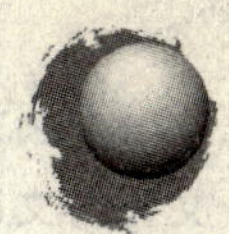

一、对历史客观性的再认识

著名英国历史哲学家沃尔什在谈到历史客观性问题时，认为它是“分析历史哲学中最重要而又最令人困惑不解的问题”[①]。当司马迁把历史学家的职责概括为“究天人之际，通古今之变”时，西方哲人修昔底德早把追求历史真实看作是历史家的首要使命。19 世纪和 20 世纪之交，关于历史是客观存在的和历史家能够客观叙述历史的思想是历史学当时发展成为一门学科的信念基础。可以说，20 世纪西方历史哲学正是围绕对这一主题的反思而展开的。在客观主义史学家看来，历史家的最高职责是按事件实际发生的那样来叙述历史。因为历史事实是自明的，不需要解释。历史家的工作主要就是去发现、考证和批判原始史料。这种客观历史观是同西方哲学的一个重要理论——反映论紧密相连的。反映论相信人心如一面镜子，所有的观念都源于心灵对外界的反映。客观就意味着心灵无成见。罗马哲学家西塞罗就写到：历史家必须讲述真实，为此他必须不带成见。历史实证主义的另一基本观念是“关于研究对象的知识独立于研究主体的活动”的观点。历史真理性在于它重构了过去史实，而这个历史真实是独立于历史家的思维的。

进入 20 世纪，19 世纪历史学的这一基本概念遭到克罗齐和贝克尔的质疑。克罗齐首先向 19 世纪这种对事实的偶像崇拜的历史观挑战。他争论说，这种认为事实和解释相分离、解释是以事实为根据的观念是似是而非的，并没有已经制好的事实供历史家去发现，历史家往往为自己的研究目的而假设了历史“事实”。因此，历史研究的起点就是“正在思考建构事实的头脑”[②]。贝克尔在他 1932 年任美国历史协会主席的讲演中宣称，“事实”并不像自然界中的物质、坚实、有形体。事实本身是对许多小事实概括的结果，而这些小事实是历史家在与该中心事件相关的更广泛的历史联系中选择出

① [英]沃尔什：《历史哲学导论》(W. Walsh, *Philosophy of History: An Introduction*, New York, 1960)，何兆武译，广西师范大学出版社 2001 年版，第 94 页。

② Benedetto Croce(克罗齐), *History: Its Theory and Practice*(《历史学的理论和实践》), New York, 1960, p. 75.

来的。因此，它类似一个象征符号。[①]

法国历史家列维·布鲁尔从另一个侧面对客观史学的基本范畴"事实"挑战。在他看来，历史家更多的是去关注社会所认为是真实的而不是实际的、粗糙的事实。建立在19世纪分解式历史编纂学基础上的这种把事实等同于著名的事件、把历史等同于对事件的平铺直叙的观点不适合现代解释历史的需要。从历史相对论出发，另一位美国历史协会主席比尔德也否认历史客观性的可能。比尔德声称，历史客观性是一个高尚但却达不到的梦想，这个梦想认为能获得关于过去的完整的、不偏不倚的知识。然而历史家不可能客观地再现历史事件，因为该事件已逝去了。有关的记载再完整也不可能全面，材料因而是残缺不全的。历史家必须选择材料，而选择时又受到头脑中已有的有关该事件的结论的影响，因此会按照某一框架来选择材料。对同一事件常会有几个框架。[②]

19世纪实证主义史学的哲学基础是反映论，而20世纪的相对主义史学理论的哲学基础则源于体验论。新康德主义哲学家狄尔泰首先仿效康德，对历史学进行认识论批判。他提出，历史认识的起源和基础在于内部经验，即体验。因为历史家所接触到的素材都是僵死的文字数据、古迹、考古发现等，历史家要探讨它们的社会历史含义、彼此的联系以及留下这些遗物的人和社会的精神思想，只能通过自己的思想设身处地地去体验。换句话说，让过去在自己的精神想象中复活。克罗齐在此基础上提出一切历史都是当代历史思维史。柯林伍德更进一步归纳为：一切历史都是思维史，体验论在看到反映论的弱点，即人的观察思维或者说心灵并不是白板一块，而是带有种种时代的、社会的、个人的成见和观念时，过分夸大了历史思维的作用。实际上，历史叙述或解释并不能脱离具体的史料。历史思维在很大程度上表

---

① 参见 Carl Becker(卡尔·贝克尔)，"*What are Historical Facts*"(《什么是历史事实》)，in Hans Meyerhoff(汉斯·麦尔哈夫)，*The Philosophy of History in Our Time*: *An Anthology*(《当代历史哲学论文集》)，Garden City, New York，1959，pp. 120－125；张文杰等编译《现代西方历史哲学译文集》，上海译文出版社1984年版，第228～229页。

② 参见 Charles Beard(查尔斯·比尔德)，"That Noble Dream"(《那个高尚的梦想》)，in Fritz Stern, *The Varieties of History*: *From Voltaire to the Present*, New York，1972。"每一段成文史……都是对事实的选择和整理……与价值相连的选择、确定和阐述的结果。"换句话说，历史学家关于事件的描述不可能穷尽与事件相关的所有小事件、人的活动和观念等。因此必须去选择某些与事件相关的材料，而反对其他说法或断言。是什么导致历史家从特定事件的所有可能真实的断言中作出某些判断？是历史学家头脑中的目的。并不是所有的事件都可成为历史，只有那些对著述者来说具有社会含义的事件才成为历史事实。

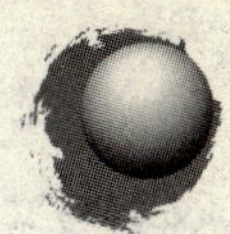

现为历史家对史料的整理和解释。

(一)对事实的重新定义

相对主义者在20世纪上半叶的分析批判使很少人认为历史事实会自己说话,或者阐明自己的价值。但是许多历史学家也不同意贝克尔关于事实只是一个象征,历史家可随意构造的看法。进一步的辨析,区分了事实与事件。"事实"被理解为是对事件的一种陈述或确证,而不是一独立的实体,也不是"关于过去事件的真实的描述"[①]。对事实的重新定义受到语义分析哲学的影响,上述解释很符合中文的词义。在汉语中,"事"=事件,"实"=真相。事件真相也含一种对过去某一事件的某种陈述和评判。而这种陈述和评判被认为是符合真相的。传统的观念把"事实"和"事件"混同使用,模糊了历史叙述中的事实和过去事件的差别。

贝克尔的理论被不少历史学家评为是对"历史学的最大破坏"。曼德尔鲍姆反驳贝克尔的相对主义理论,认为过去发生的事实是确实的。[②] 当然这里,曼德尔鲍姆主要是指第一种含义,即作为"事件"的事实。而贝克尔更多的是指后一种含义的事实,即关于过去事件的真实陈述。后者确实在不同的时代会不同。"尽管过去的事件是以那种而不是以其他方式发生了……事实,或者说关于过去事件的真实陈述随着将来其他事件的出现能够而将改变。"[③]那么,历史事实不确定的根源何在呢?费希尔和卡尔等人提到了两方面的原因:(1)"过去某一事件的意义总是部分地依赖后来的事件。"[④]后来的发展会使该事件在一连串的事件序列中的意义不同,对历史的解释也发生变化。例如洋务运动,由于我国在20世纪80代的对外开放和改革,80年代对洋务运动的性质及后果的解释已与50年代的不同。(2)对历史事件的解释还会因为进行这种解释的主体的思想价值观随时代的变化而变易。卡尔就指出,事实"属于过去",而史家则是"现在的一部分"。历史学家寻找和收集"基本事实"。它们之所以成为历史叙述中的事实仅仅是它们被选择出

① David Fisher(费希尔),*Historians' Fallacies: Toward a Logic of Historical Thought*(《历史家的谬误:寻找历史思想的逻辑》),New York,1970,p. 66.

② Maurice Mandelbaum(莫瑞斯·曼德尔鲍姆),"Comments"(《评论》),*The Journal of Philosophy*(《哲学杂志》),vol. 49,1952,p. 360.

③ David Fisher,*Historians' Fallacies: Toward a Logic of Historical Thought*,New York,1970,p. 66.

④ David Fisher,*Historians' Fallacies: Toward a Logic of Historical Thought*,New York,1970,p. 66.

来并被加以解释,才成为有历史意义的。[①] 卡尔的话语虽有相对主义之嫌,但在某种意义上也揭示了历史写作中主体与客体的复杂关系。

20 世纪上半叶的种种质疑历史客观性的话语仍然无法消除历史家头脑中根深蒂固的关于我们之外存在一个真实的过去的观念。20 世纪下半叶出现了维护历史客观性的理论。20 世纪下半叶的历史实在主义主要从把历史学与自然科学相比较中反证历史研究具有某种客观性。实在主义者如曼德尔鲍姆和特纳重申仍然存在不依后人的观点和理解而改变的历史客体。尽管历史家不可能成为完全没有偏见的历史现实的镜子,历史证据也支离破碎,历史学家的社会存在也在变化,以及不可能当面观察一个永远消失了的过去等,使历史叙述不可能和真实相符合,但这并不意味着历史事件改变了,而只意味着我们对事件的理解改变了。历史研究的对象仍是这些事件,历史家的目标是讲述真实生活的故事。[②] 实在主义的另一个重要观点是认为过去有一内在结构,这个结构是历史叙述的对象。曼德尔鲍姆说,社会和它的各个方面在历史上是客观真实的,有其结构和特征,它们不依赖我们所选择的观点而改变。支持历史客观性的论点如下:

1. 历史研究与自然科学的差异具有相对性

分析历史哲学家,如德雷,从历史研究与自然科学的差异的相对性出发来辩护历史研究的科学性。他的论点是:在研究者对研究的题材有选择性和渗入价值判断上,历史研究并不是独一无二的。自然科学也研究个别现象(如某一次火山爆发),历史研究者也试图建立一般结构和原则。没有任何科学家够研究他领域的一切,他也选择特定方面或问题。这样,他也像历史家一样从他自己的兴趣出发,并暴露出自己的值判断。[③] 德雷的论点的确有其合理的地方。在物理学中,对事实的观察会由于方法和实验手段的差异而导致不同结果。例如用 X 光测电子的位置。由于 X 光的能量比电子的能量大 1000 倍,一旦光子碰到电子,碰撞就将使电子离开轨道。在这种情况下,测量的企图会改变待测量物体的状态。"到了这种程度,每个物理过程都可以说成是具有客观性和主观性的特征。"[④]爱因斯坦的相对论也告诉我

---

① E. Carr(卡尔),*What is History*?(《历史是什么》)Harmondsworth, 1964, p. 30.

② Frederick Turner(弗里德里克·特纳),"*The Significance of History*"(《历史的意义》), in Fritz Stern(斯特恩), ed., *The Varieties of History*: *From Voltaire to the Present*(《多样化的历史写作:从伏尔泰到现在》), London: Macmillan Press, 1972, p. 200.

③ William Dray(威廉·德雷),*Philosophy of History*(《历史哲学》), Englewood Cliffs, NJ, 1964, p. 29.

④ [德]海森堡:《原子物理学的发展和社会》,中国社会科学出版社 1985 年版,第 98 页。

们:“对于一个静止的观测者来说是同时出现的事件,对另一个运动的观测者就未必是同时的了。”[①]

2. 历史研究与自然科学在逻辑推理上具有相似性

相对主义者从社会学和心理学的角度上去质疑历史客观性问题,而实在主义则从方法论和逻辑结构上去论证历史研究的客观性问题。曼德尔鲍姆指出,对历史表述的环境进行社会学的批判丝毫也未触及对历史叙述本身是否真实的问题。[②] 像自然科学一样,历史叙述的可靠性应该看它同证据的逻辑关系是否严密。当代历史研究在对证据的分析和研究结果的表述上同自然科学并无多大差别,可以说是遵循同样的方法论原则。实在主义者据此反驳相对论:我们虽然承认人不可能去了解认识过去的全貌和全部真相,但这并不等于说对过去的某些方面不能得出从逻辑上来说站得住脚的结论。[③] 个人的偏好和社会成见影响历史家对史料的选择和解释,并不意味着研究不可能获得站得住脚的对事件的解释。[④]

客观主义历史哲学家曼德尔鲍姆在接受相对论者的许多批评意见时,在他那本 1967 年发表的《历史知识问题:回答相对主义》的书中也提出了许多客观主义的观点。他认为,不应当过分夸大历史研究的非客观性,相对论者对“客观性”这个词的解释过分严格。因为没有哪门科学包括自然科学能够宣称其知识是终极真理,或在其学科领域获得学者的普遍赞同,所以历史学和自然科学在这点上处于同等地位。

---

① [德]海森堡:《原子物理学的发展和社会》,中国社会科学出版社 1985 年版,第 98 页。

② Maurice Mandelbaum(莫瑞斯・曼德尔鲍姆),*The Problem of Historical Knowledge: An Answer to Relativism*(《历史知识问题:回答相对主义》),New York,1967,p. 184。首次出版于 1938 年的该书提出了许多客观主义的基本论点。

③ Morton White(莫顿・怀特),"*Can History Be Objective*?"(《历史能够是客观的吗?》)in Hans Meyerhoff,*The Philosophy of History in Our Time: An Anthology*,Garden City, New York, 1959,pp. 193—196;J. Hexter(赫克斯特),"*The Historian and His Day*"(《历史家和他的时代》),in J. Hexter,*Reappraisals in History*(《重新评价历史》),Evanston, 1961,p. 189,该文是专业历史写作者对相对论批判的力作;David Fisher(戴维・费希尔),*Historians' Fallacies: Toward a Logic of Historical Thought*(《历史家的谬误:寻找历史思想的逻辑》),New York,1970,该书分析了历史相对论的一些基本论点,驳斥了历史家不能发现客观真实的错误观点。

④ Ernest Nagel(恩斯特・纳格尔),"The Logic of Historical Analysis"(《历史分析的逻辑》),in Hans Meyerhoff,*The Philosophy of History in Our Time: An Antholog*,Garden City, New York, 1959,pp. 203—215.

(二)对历史客观性的重新定位

在反驳相对论的论战中,实在主义历史哲学家们对历史客观性进行了重新定位。绝对、超然的客观的观念让位于有限的客观的观念。“客观”被定义为在学科领域内得到普遍认同。曼德尔鲍姆解释说,在研究中如果我们说某些研究结论“客观”,并不是说这些结论符合一个与人的探索相分离的一个抽象意义上的真理,而是说它们能被所有认真研究此问题的人所接受。沃尔什提出了一个所谓“透视观理论”。他认为,使一种探讨方式客观不在于它像镜子一样如实地反映一个独立的对象,而在于它是否发展出一套思考其研究对象的标准方法。这就是说,其研究者在什么构成研究素材和怎样研究上多少有一致同意的原则和方法。“客观”就意味着准确地从其学科观点而不是以其他方式描述研究对象。① 这种理论同库恩的科学范式理论接近了。

客观性也体现为一种避免主观性的高度觉悟。实在主义者梅尔登对此阐述说,我们承认历史研究是人去研究人的行为的过去,因此历史研究比自然科学更易受到社会偏见的影响。相对论者提出社会科学不可能是中性的是有一定道理的。客观性因此最好不要理解为绝对的中性,而应理解为“一种高度的觉悟。它意识到研究者作为一个社会存在物,其观点可能会给研究带来某种偏见、歪曲和错误,因而采用各种可能去达到合理性和可信性的标准”②。罗素曾经说过,哲学分析的任务就是去揭露那些似是而非的“先验的证明”,然后把剩下的问题置于“经验的基础之上”。20 世纪下半叶西方历史学界的上述辨析,在一定程度上使我们能更好地认识历史知识的性质。

二、对历史解释的性质和模式的探讨

历史学家的任务是不仅要确定事实,还得要解释它们。③ 历史史料无论多么丰富,它们本身并不能自动成为“历史”。历史家对历史数据进行考证

---

① W. Walsh(沃尔什),*Philosophy of History: An Introduction*(《历史哲学导论》),New York,1960,p. 109.

② A. Melden(美尔登),“*Historical Objectivity, A Noble Dream*?”(《历史客观性,一个高尚的梦想?》)in Ronald Nash,*Ideas of History*, New York,1969,p. 200.

③ William Dray(德雷),*Philosophy of History*(《历史哲学》),Prentice Hall, 1964,p. 4.

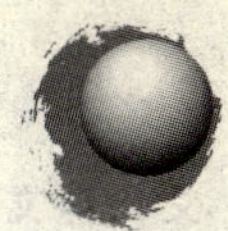

和整理后还需要追溯一个事件与另一些事件的内在联系，确定这些事件在人类社会历史中的位置和意义。对历史的理解始终“包含着根据某些原则而对证据进行评判”①。20世纪40年代以后，历史解释的性质及其模式的问题便被提出来了。这些问题的提出伴随着分析历史哲学的兴起，并推动了西方历史哲学认识论研究在20世纪后半叶的空前发达。20世纪下半叶，“没有任何一门人文科学像历史学那样在其本身方法论方面进行了如此彻底的再思考”②。

进一步的论述参见《解释在历史研究中的性质与作用》一文，此不重复。

三、对历史话语的解构

在围绕沃尔什的“配景理论”的讨论时，已涉及“历史语境”的概念。沿着这条思路，20世纪70年代兴起了对历史话语的研究。历史话语结构的研究受到20世纪下半叶西方几大思潮的影响：60年代以来的“语义学转向”、语义分析哲学、文学研究中的新历史主义、后结构主义和后现代主义等等。它标志着西方历史哲学认识论研究向更深层次的推进。影响最大的一本著作是海登·怀特的《历史思辨学》(1973)。在那本著作中，海登·怀特提出了一个新的观点；历史被再现出来的形式，包括历史叙述体裁、修辞和文风等并不仅是一种纯粹的表达形式，它本身也是有含义的。“历史叙述并不仅是一种可以用来表述真实事件发展过程的中性的对话形式，而是带有本体论和认识论的选择，并含明确的意识形态和特殊政治含义。”③

(一)怀特理论的语境

以罗素和维特根斯坦为代表的英国语义分析哲学早就提出，只有通过研究语言形式，人们才能讨论概念和实在本身。在他们看来，“我们并不是先思考，然后再用语词形式进行表达；在某种意义上说，我们的思想就是我

---

① 沃尔什：《历史哲学导论》(*Philosophy of History: An introduction*)。译文出自何兆武和陈启能编《当代西方史学理论》，中国社会科学出版社1996年版，第265页。

② [法]利科尔(Paul Ricoeur)：《哲学主要趋向》，李幼蒸、徐奕春译，商务印书馆1988年版，第240页。

③ Hyden White(海登·怀特)，*The Content of the Form: Narrative Discourse and Historical Representation*(《形式的内容：叙述话语和述现历史》)，John Hopkins University Press，1990，p. 4.

们的表达。所以,我们只能从用以表达我们思想的语言形式方面来讨论我们的思想"①。维特根斯坦把这种从语言形式出发来讨论哲学问题的方法视为哲学中的划时代转折。维特根斯坦和其他语义分析哲学家的理论使一些历史学家们意识到,在语言媒介之前并没有先验的概念领域的存在。语言表述并不是源自概念框架,而是融于概念框架,或者说在研究再现现实过程中同步产生。这就促使这些历史哲学家去重新思考,历史研究与写作过程中或者说历史叙述中的现实是如何构筑起来的。牛津哲学家奥斯汀曾谈到,事物的意义在于使用语言。使用不存在真假问题,而是虚构与非虚构问题。这也可能使一些历史学家把对历史事实的陈述看作是使用语言的行为,从而去研究其虚构与非虚构性的问题。

法国学者罗兰·巴尔特很早就写出一篇专门讨论历史话语的论文。他指出,文学和历史文本(作品)并不指涉或反映外在(历史)现实,它本身就是一个独立实体,应当脱离其被创造出来的环境和作者来加以研究。福柯在对中世纪末以来西方意识演化的解构中试图重新发现语言的具像化的重要性。他研究语言复现事物世界的程度,或者说语言通过在事物之前所采取的一种姿态行为本身而构造事物之间的关系的形态。他的理论与系统可以追溯到维柯的《新科学》,乃至文艺复兴的语言哲学家和古希腊罗马的雄辩修辞家所开创的语言历史主义传统。福柯认为,17 世纪以后,当科学与修辞分离以后,科学对其自身内含的语义或"诗性"本质的敏悟和研究便丧失了。

莱维—斯特劳斯把所有的科学知识都看成是由两极组成:对经验整体的想象式理解和繁杂混乱的个人感觉。他认为历史编纂学力图占据两个极端之间的中间地带。历史家往往利用某种叙述策略把历史事件按某种顺序或结构加以排列。无论是历史家以社会科学的形式(即运用概念和范畴,诸如革命、阶级、城邦等),还是以历史的形式(叙述故事),都参与了神话(即对事件进行了变形)的制造。雅各布森对文体问题的研究表明,每一种话语都是借助原先由古典修辞学发现的那些比喻来在语言行为的隐喻极与转喻极之间作衔接。在这样的历史哲学话语环境中,我们不难看出,为什么历史学家如海登·怀特等开始去研究历史的诗性本质以及历史叙述话语在正式的理论分析之前预先构造事件之间的关系的模式。

历史文本,也就是说历史家得以进行理论性分析和解释之前就已存在

---

① [美]麦克斯韦·查尔斯沃斯:《哲学的还原——哲学与语言分析》,田晓春译,四川人民出版社 1987 年版,第 13 页。

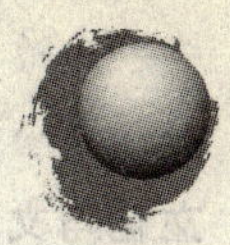

的历史文本或数据的性质以及它们是如何产生的呢？海登·怀特认为，即使是非常注重历史细节或者是单纯历史叙述都含有运用某种历史哲学的成分。因为历史家必须对手中的材料进行梳理，而这一梳理即使不遵循某种理论框架，也要适应或运用普通叙事话语的修辞规则。换句话说，历史家在正式作出努力去解释或阐述研究对象前，已先用一种语言对之进行描述了。[①]

所以，怀特等人把历史写作主要看作是一种散文话语，主张对之进行修辞分析。对历史话语的修辞分析表明，每一历史著述不仅含有一定数量的数据和对这些数据含义作出的解释，也含有如下信息：读者在面对经过转述的资料和对此作出的正式阐述时所应当持有的态度。雅各布森在《语言学与诗学》中也曾阐述过这个论点。在他们看来，上述这些信息主要存在于历史话语的比喻因素中。比喻是历史学家独特风格的精髓。从历史学家个人独到的描写风格中产生了解释性的效果。研究特定历史话语中的比喻因素使我们能查明历史阐述和解释的手段等特征。历史学家往往是通过比喻表达法去制定其话语的主题。特定历史话语的意义的暗示线索既包含在解释性论点的逻辑中，也包含在对研究领域所作描述的修辞中。

（二）历史话语的两个意义层

怀特认为，在最简单的散文历史话语中，即使被表述的对象在著述中仅被当作事实，语言的使用本身已表明位于正在被描述的现象后面的那个第二意义层。该意义层独自存在，不依附事实本身，也不依附文本所作的事实外的额外描述和分析所提供的其他论据。换句话说，历史话语（或历史著述）可分解成两个意义层：(1)事实及对事实的解说阐释，这是历史话语的明显的或文字的外表。(2)用来刻画这些事件的那个比喻性语言所指涉的深层结构。它由故事范型组成，可以帮助我们编排甚至理解历史事件。[②] 后者就是怀特试图加以阐述的结构，而前者则是分析历史哲学家们所竭力探讨的层面。这个故事范型帮助历史学家把事件从不含意义的记述和顺序编排成某种受内在策略编就的事件发生结构，从而更进一步对这些事件提出诸如事件发生的地点、时间、方式和原因等有意义的问题。

---

① 参见海登·怀特《历史主义、历史和修辞想象》，载张京媛编译《新历史主义与文学批评》，北京大学出版社 1997 年版，第 180 页。此节中，多次使用了该书译文。

② 参见怀特《历史主义、历史和修辞想象》，载张京媛编译《新历史主义与文学批评》，北京大学出版社 1997 年版。

历史编纂的过程可能就会如下：由于历史话语不可能再现出一个与实际发生的那些事件在规模、范围和顺序诸方面精确重叠的对等物，因此，历史家不得不选择历史事件或数据，并赋予各个个别事件以不同的功能价值。历史家也必须按某种结构来确认事件之间的连贯性。做到这些的一个关键是发现深深植根于杂乱无章的事实中的故事，从而能制作一个框架来容纳各种复杂的事件。在建构框架的过程中，事实受到两类扭曲变形：(1)在对研究领域作表述时可能包括的某些事实会被排除不用；(2)历史叙述中的事件的次序可能有别于事件原先发生的年代次序。由于预先形成了叙述的框架模式，历史学家因而得以进一步做下面的工作：(1)精简手中材料（保留一些事件而排斥另一些事件）；(2)将一些事实排挤至边缘或背景的地位，同时将其余的移近中心位置；(3)把一些事实看作是原因，而其余是结果；(4)聚拢一些事实而拆散其余的；(5)建立与原先表述层话语并存的第二手详述话语，它直接对读者讲述并提供认知根据。①

（三）情节修辞结构的意义

任何一部历史著述，包括那些非常注重细节的叙事的，不是理论的运用的历史著述，都需要一些笼统概括性的描述，从而把对细节的描写连接成一个全面的叙述。比喻性的语言就含有概括性功能，它相当于理论在哲学性历史话语中的作用。历史学家正是用比喻性语言来描述历史事件的组成部分的关系，并刻画发展过程中各个变化的特征。历史叙述的条理性依赖于起决定作用的比喻表达模式。从某种意义上来说，历史叙述的各种形式都是试图从比喻上把握世界的产物。因此在貌似以散文方式处理现实的那个表述形式后有一潜在诗学结构。对历史话语比喻层的分析可以发现历史表述的几种类型，隐喻、转喻、提喻和反讽等手法构成了比喻语言运用的主要类型，这些比喻模式支配着对特定历史时期或事件的结构及其中各个阶段连接成为一个过程所作的修辞性描绘。

如上所述，从结构主义观点出发，怀特认为，历史学家在试图对其处理的历史数据进行叙述以前，在心中已形成一个情节修辞结构。然后用这个结构去梳理整合复杂的历史事件，以使其构成一个可以被理解的历史故事。在这个过程中，即历史学家把自己的观念加给历史事实之前，他必须预见并

① 参见怀特《历史主义、历史和修辞想象》，载张京媛编译《新历史主义与文学批评》，北京大学出版社 1997 年版，第 192 页。

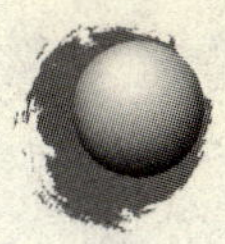

构筑一个历史世界，其中居住活动着一些人物，并被设想为具有某种联系，这种联系构成叙述中的情节和尔后理性解释所要解决的问题。历史学家还必须建立一种词汇、句法和语义方面的完整的语言蓝图。换句话说，历史学家要做的就是把关于过去事件的文献转译成历史学家本人叙述的文献。这种转译的程序受到有限的四种修辞方式和情节结构的支配。这四种修辞情节结构方式（隐喻——浪漫史或传奇，转喻——悲剧，提喻——喜剧，反语——讽刺剧）又需要四种相应不同的解释方式。所有这些修辞方式、情节结构和解释模式的差异又源于历史学家不同的意识形态观念：无政府主义、激进主义、保守主义和自由主义。历史学家的意识形态和历史观念决定了他用来转译组合历史文献数据的修辞形式、叙述的情节结构和解释模式。①

这样，怀特也在历史话语中“发现”了一个结构。后现代主义者安克斯密特认为怀特的研究标志着历史哲学领域内的一场革命。同索绪尔和雅各布森的语言、音位结构和莱维—斯特劳斯的原始社会婚姻制的结构一样，怀特的结构也是分层的，而且是深一层的结构的差异解释上一层的变化。有限的符码解释变化万千的现象。然而，怀特关于意识形态和历史观的差异最终决定历史研究著述的形式和内容使人想起了中国“文革”中盛行的极左史学及其理论，这真是具有讽刺意味。可以看出，虽然怀特过分倾向于相对论和非实在主义观点，但怀特的理论中的确有许多令人深思的、耳目一新的论点。他极为详细地研究了历史写作中的一些最基本层面，而且总结了欧美前此一代历史哲学家的探索。

本文仅是对西方史学认识论在20世纪下半叶发展的粗略评述，而且评述的重点放在盎格鲁·撒克逊的分析哲学和经验论传统，对其他史学流派，如法国年鉴学派的整体史学、美国的新社会史以及计量史等所表现出的历史认识论的新视角和新方法未加述及。一方面是由于篇幅有限，另一方面也由于笔者认为本文所重点讨论的这些西方历史认识论的新成果涉及历史研究与写作的最基本层面。了解它们有助于提高我们历史思维的自觉性。可以看出，由于这些新的探索，西方史学在历史研究的有效性、使用语言概念的准确性和运用数据及理论概括的技巧等方面都已达到很高的高度。

（本文原载《史学理论研究》2001年第1期）

① Hayden White, *Metahistory: The Historical Imagination in Nineteenth Century Europe*（《元史学：19世纪欧洲历史想象》），Johns Hopkins University Press, 1973, pp. 99, 426－429.

20世纪70年代以来的西方历史哲学

这篇文章发表在陈启能编《二战后欧美史学的新发展》，本篇有删节和改写。文章更进一步诠释了20世纪最后三十年中，后现代主义得以在其中对西方历史思维进行颠覆性解构和反思的那个更为广阔的语境。

过去五十年间，西方历史哲学领域相继兴起三大研究重心：历史解释、历史阐释(interpretation)和历史表述。[①] 科林伍德认为，两次大战之间历史思维和历史视野的扩大，在某种程度上可以同17世纪自然科学领域内科学革命所取得的进步相比。20世纪初以来，在有关历史知识的性质及其与自然科学知识的关系问题上出现了两大对立观点，即历史知识独特论和历史与自然科学知识性质同一论。40年代中期出版了两本重要的著作：科林伍德的《历史的观念》和美国学者亨佩尔的《一般定理在历史写作中的作用》。科林伍德认为，现今许多有关知识学的理论都以自然科学知识为原本推论而出，而认识历史的关键在于理解历史事件的意义和目的。亨佩尔则在那篇影响深远的论文中提出，历史解释和自然科学中的解释一样都依靠一般定理推演而出。历史知识和历史解释的性质和作用问题成为40年代中期到60年代中期西方历史哲学的探讨重心。

20世纪60年代初，为了使历史家和哲学家能彼此展开对话，《历史与理论：历史哲学研究》在美国创刊了。70年代末，西方历史哲学界研讨的重要问题除历史知识和解释外，也包括诸如历史因果观、自由意志的作用、历史叙述的客观性、行为理论、相对主义和价值判断的地位问题等等。所有这些问题和论争可以说在一定意义上都源出自一个自20世纪初即提出的中心问

① F. Ankersmit(安格尔斯密特)，"Historical Representation"(《述现历史》)，*History and Theory*, vol. 27, 1988, pp. 205－228.

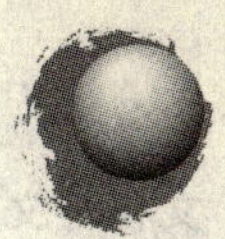

题:历史是一门科学吗?如果不是,它同自然科学的差异何在呢?

20世纪40年代中期到60年代,历史哲学探讨的中心问题是历史事实和历史解释。这些属于认识论的问题同19世纪实证主义所探讨的问题几乎一脉相承。70年代以前以认识论为研究重心的分析历史哲学的一个严重不足之处是忽视对历史写作的另一更深层次,即历史著述的语言及其结构,特别是具有典型历史学科特点的认识形式:历史叙述的诗学修辞特征的研究。另一方面,由于语义分析哲学的强大影响,历史哲学开始重新对实证主义思潮兴起以前强调历史叙述的语言和修辞的传统感兴趣。历史哲学探讨的中心问题因而从"我们能够了解认识什么和我们是怎样认识了解的"转向"我们讲述了什么以及我们是怎样讲述的",由此构成了历史学的"语义学转向"。

海登·怀特的《元史学》(1973)提出了一个新观点:历史被再现出来的形式,包括历史叙述体裁、修辞和文风等并不仅是一种纯粹的表达形式,它本身也是有含义的。"历史叙述并不仅是一种可以用来表述真实事件发展过程的中性的对话形式,而是带有本体论和认识论的选择,并含明确的意识形态和特殊政治含义。"[①]这种观点伴随着历史哲学转向新的探索领域:对历史文本的话语结构分析。在被称为"后现代主义"和"新历史主义"的思潮中,许多学者从文本语言、语境和表达形式等方面讨论历史写作,并在一定意义上把历史著述同文学创作相比拟。不仅是历史写作的性质和形式,过去历史哲学探讨的一些重要论争题目如历史真实、历史客观性的限度等也被置于新的角度下加以研讨。历史哲学这些新理论思潮使我们对历史写作有了更新的看法。

一、语义学转向

"语义学转向"(the Linguistic Turn)发生在文学、人类学、哲学和历史学等领域。它的共同点是,认为在探寻真理和知识时话语(discourse)应当是极重要的研究层面。离开了语言的"事实"是没有的。除了表现在某种语言描述中的事实外,没有"客观的"事实。如果哲学家试图通过清洗语言的模糊

① Hyden White(海登·怀特),*The Content of the Form*:*Narrative Discourse and Historical Representation*(《形式的内容:叙述话语和述现历史》),John Hopkins University Press,1990,p. 4.

性、修辞性和其他含混之处使语言变得准确，并且有逻辑清晰性，那只能是误入歧途。相反，研究者应当像维特根斯坦那样认识到语言游戏（language－games）的公开多样性，以及每一种语言游戏都有自己的标准来衡量什么是有意义的言语。普通语言哲学家们批评对语言的抽象研究，认为首先应当看到日常话语的合法性。[①]

（一）语义分析哲学的影响

语义分析哲学起源于英国，从摩尔、罗素、维特根斯坦到剑桥和牛津学派，历经约一个世纪，期间所研究的问题和观点变化较大。早期语义分析哲学家们认为哲学问题多是由于语言混淆而引起的，因此他们着重研究提出问题所使用的语言特征和概念表达的术语。他们相信，只有通过研究语言形式，人们才能讨论概念和实在本身。“我们并不是先思考，然后再用语词形式进行表达；在某种意义上说，我们的思想就是我们的表达。所以，我们只能从用以表达我们思想的语言形式方面来讨论我们的思想。”[②]在维特根斯坦看来，这种方法表示着哲学中的划时代转折，可以和伽利略创立力学相提并论。的确，语义分析哲学为我们开辟了研究人类精神意识和思想的新途径。长期以来，我们总是感到思想、哲学理论的研究缺乏客观性，因为思想意识似乎缺乏一种“坚实的”形体，对它们的理解具有随意性。无疑，对思想藉以进行的形体的研究为我们找到了一个可能是更可靠的方式。

维特根斯坦认为，哲学“无法干涉语言的实际使用，最终只能描述它”，因此，“我们必须废除全部解释，代之以描述”[③]。维特根斯坦还提出，事物的意义在于以某种方式使用语词。[④] 而牛津分析哲学家如奥斯汀则注意到语词是以各种不同方式来表达的，因此语词的意义总与它在其中被使用的那个语境有关。他提出，全部哲学问题事实上不仅归因于语言的混乱，也归因

---

① Ted Honderich（特德·冯德尔里奇），*The Oxford Companion to Philosophy*（《牛津哲学手册》），Oxford University Press，1995，p. 492.

② ［美］麦克斯韦·查尔斯沃斯：《哲学的还原——哲学与语言分析》，田晓春译，四川人民出版社1987年版，第13页。

③ ［美］麦克斯韦·查尔斯沃斯：《哲学的还原——哲学与语言分析》，田晓春译，四川人民出版社1987年版，第182、173页。

④ 参见［美］麦克斯韦·查尔斯沃斯《哲学的还原——哲学与语言分析》，田晓春译，四川人民出版社1987年版，第276页。

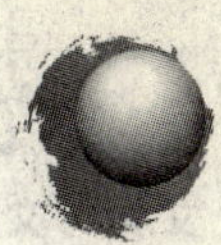

于没有意识到不同类型的表达方式具有不可还原的、不同的逻辑功能。[①] 这些观点对西方历史哲学产生了很大的影响。而其中最重要的是：维特根斯坦和其他语义分析哲学家的理论使历史学家们意识到，在语言（媒介）之前，并没有（先验的）概念领域的存在。语言表述并不是源自概念框架，而是融于概念框架，或者说在研究再现现实过程中同步产生。这就促使历史哲学家去重新思考历史研究与写作过程中，或者说历史叙述中的现实是如何构筑起来的。不仅如此，奥斯汀关于事物的意义在于使用语言。使用不存在真假问题，而是虚构与非虚构问题。这也使一些历史学家也把对历史事实的陈述看作是使用语言的行为，从而去研究其虚构与非虚构性的问题。

语义学转向的另一重要背景是20世纪结构主义语言学的影响。知识和现实的关系问题是当代语言哲学的一个中心问题：近现代科学视语言为传递知识的工具。逻辑实证主义的维也纳学派及其后继起的英美分析哲学家试图找到一种能传递逻辑概念和科学研究结果的理想语言。这种语言经过清洗，免除了各种矛盾和由不同文化产生的含混性。结构主义语言学在这些问题上也给当代哲学思维以许多新的启示。

结构主义语言学的奠基人索绪尔在1916年发表的《语言学教程》中提出了一个基本观点：语言是具有句法结构的独立体系。语言不是传递意义的工具，而相反，意义是语言的功用。或者说人并不是用语言来传递他的思想，人的思想本身被语言所决定。这里包含了结构主义的一个主要论点，即人是在结构中行动思想，特别是在语言结构中生活。结构主义语言学派，如罗兰·巴尔特（Roland Barthes）的一个重要理论是文学和历史文本（作品）并不指涉或反映外在（历史）现实，它本身就是一个独立实体，应当脱离其被创造出来的环境和作者来加以研究。这里，有新贝克莱主义之嫌，但的确又开辟了历史哲学的新领域：历史再现的语言层面以及历史话语的语境等。

多米里克·拉·堪布拿在1985年公开号召历史编纂学重新获得它自古典时期以来即具有的文学修辞特征。他批评19世纪历史编纂学为成为严格的科学而反对文学修辞性，主张使用朴素的语言是一种错觉，并争论说从来没有一种朴素语言，历史著述不可能脱离修辞性，即使是文献史料，只要不

---

① 参见[美]麦克斯韦·查尔斯沃斯《哲学的还原——哲学与语言分析》，田晓春译，四川人民出版社1987年版，第318页。

完全是数字，也含有修辞的成分。[①]

“语义学转向”这一术语在美国被杜撰出来，代表着一股突出语言或者思想交流在社会中的意义的学术思潮。过去被视为是决定社会和文化层面的社会结构和过程应当被看作是文化的产物，而不是相反。这股学术思潮对历史编纂学，包括政治史、社会史、文化史和思想史的影响是广泛的。激进的学者甚而把历史学简单地视为符号学，其中社会被等同于文化，而文化则是意义的网络，就像文学文本一样，他们还反对从经验现实世界中来求解文本。一些学者也把语言看作是理解研究社会文化现实的工具。

（二）吉尔茨的文化人类学

著名文化人类学家克利福德·吉尔茨对推动当代西方历史学从符号学的角度研究文化起了很大作用。吉尔茨赞同韦伯关于人是悬置于他自己所纺织的意义的网络中的动物的观点，并且宣称“文化即是那些网络。对文化的分析因而不应当像寻求规则的实验科学那样，而应当是寻求意义和阐释性的。[②] 对康德来说，现实仅能通过对人的思维的逻辑范畴的反思来认识。韦伯赞同上述观点。然而，韦伯的理想范型并不否认作为社会科学研究对象的社会结构和过程的真实存在。韦伯仅是认为纯粹经验论的做法是不够的。研究者可以通过用经验事实来测试“理想范型”。在韦伯看来，社会科学就是研究宏观历史过程和宏观社会结构的，韦伯的这种强调清晰的概念和理论的观点被许多认为必须运用社会科学方法概念的历史家所信奉。

吉尔茨的被称为“厚描述”的路径与此相反。厚描述同符号意义上的“文化”概念相联系。这种概念把文化视如一个语言系统。厚描述涉及直接面对文化的符号表象，而免除了任何理论性问题和理论抽象。厚描述似乎同古典历史主义的阐释学（Hermenetics）相像。后者也试图理解其研究对象而不用抽象，但是，阐释学认为观察者和被观察对象之间存在某种共同性，因而使认识成为可能。吉尔茨则视被自己观察的对象与自己完全不同。因此用我们所能理解的术语来分析研究对象意味着使之变形而不是按照物件的它样性来把握它。吉尔茨的名著《文化的阐释》提倡从符号学的角度探讨

---

① Dominic La Capra（多米里克·拉·堪布拿），“Rhetoric and History”（《历史和修辞》），in Dominic La Capra，*History and Criticism*（《历史学和批判》），Ithaca：Cornell University Press，1985，pp. 15－44.

② Cliford Geertz（克利福德·吉尔茨），*The Interpretation of Culture*（《文化的解释》），New York，1983，p. 5.

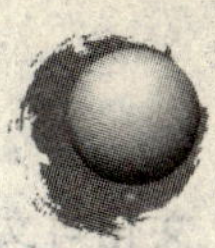

文化史。按照这种观点，文化是“一套历史上流传下来的，表现为符号的意义模式，也是一套继承下来的、体现为符号形式的概念，通过它们，人们藉以交流、延续和发展他们有关生活的知识和态度”①。

吉尔茨的文化研究鼓励历史学家们从一种寻求规律的实验科学方法转向寻求意义的阐释方法。在这种寻找意义的过程中，语言是一个重要的符号学上的工具。应当看到的是，在出现于社会文化史领域的语义学转向中，并不是所有的人都把语言看作是现实的替代物。许多人尽管赋予语言以极端重要性，但仍仅把语言当作是理解现实的途径之一。在波卡克(J. Pocock)和施肯纳(Q. Skinner)等人的政治思想史著作中，观念思想不再仅被理解为伟大思想家的创造物，而是他们所被表达出来的那个社会中思想界话语的部分。② 同传统思想史家不同，他们强调研究长时期的话语结构，把文本看作是交流清楚成形的思想的工具。在他们看来，思想尽管是由那些思想卓越的人物所建构，但却没有脱离他们所生活于其中的社会的话语结构，并反映了那个话语结构的特征。对话的出现标志着存在一个由相对自主的对话者构成的社会集体。这些对话者以相同的话语讲述，并通过这种话语影响政治和社会现实。因此，话语本身参与构筑政治现实，尽管它本身也受政治现实的影响。

（三）历史文本与话语的研究

德国学者莱因哈德·柯塞纳(Reinhard Koseller)更进一步把分析话语看作不仅是重构政治思想史，也是重构当时的政治社会结构的手段。③ 柯塞纳同另两位德国社会史学家维尔纳·康泽(Werner Comze)和奥托·布隆纳(Otto Brunner)一起，编纂了一本《基本历史概念》。该书讨论了1750～1850年间德国政治和社会思想中的重要概念的意义及其变化。三位作者认为分析该时期的“政治社会语言”可以洞察政治和社会制度从前现代向现代形式的转化和这个关键时期的“思想模式”。在历史编纂学的语义学转向中，法

① Roger Chartier(罗吉尔·卡蒂尔)，“Texts, Symbols, and Frenchness”(《文化、象征和法国性》)，*Journal of Modern History*(《近现历史杂志》)，vol. 57，1985，p. 684.

② J. Pocock(波卡克)，*The Machiavellian Moment: Florentine Political Thought and the Atlantic Republican Tradition*(《马基雅弗里的时代：佛罗伦萨的政治思想和大西洋共和传统》)，Princeton，1975；and *Politics, Language, and Time: Essays on Political Thought and History*(《政治、语言和时代：政治思想和历史论文集》)，Chicago，1989.

③ Reinhard Koseller(莱因哈德·柯塞纳)，*Futures Past: On The Semantics of Historical Time*(《将来的过去：论历史时间的语义学》)，Cambridge，1985.

国大革命中革命者的象征性姿态、手势、形象和语言修辞也被加以研究，并被认为是构成法国大革命政治文化的重要因素。[①] 在威廉·索维尔(William Sewell)的《法国的劳动与革命：从旧政体到1848年的劳动语言》(*Work and Revolution in France*: *The Language of Labor from the Old Regime to 1848*)一书中，语言也被认为是在革命意识的形成中具有决定性作用。作者因而极力从残存的史料文献中去探索劳动阶级特别是工匠经历世界的象征形式，工匠和手艺人的组织、行业仪式、政治示威的形式、生产组织的规章和其他细节等都被认为反映了工人阶级经验世界的象征的和观念的意义。通过研究政治语言来解释政治社会运动的兴衰在英国和德国都可看到。英国历史家斯塔德曼·琼斯(Stedman Johns)在其著作《阶级语言：1832～1982年英国工人阶级历史研究》[②]中，把阶级语言视为阶级意识的核心。他认为宪章运动的兴衰同宪章运动的参与支持者藉以解释他们在社会经济方面被剥夺的状况的政治语言密切相关。

历史编纂学中的语义学转向代表了西方历史学家的一种努力。这种努力试图打破社会经济分析方法所带来的决定论倾向，因此转而研究文化因素，特别是语言的作用。把语义分析作为社会、文化和政治史研究的手段之一本身也是无可非议的。思想是由语言来表达的，语言、修辞和其他符号可能影响并参与构筑社会政治意识和现实，文本本身带有修辞和意识形态色彩，这些新方法和新观点无疑为我们提供了新的角度并加深了我们对历史著述的理解。但是，那种认为现实不存在、只有语言才是真实存在或者文本本身即现实的观点无疑是非常极端和不正确的。

“话语”(discourse)指使用中的语言，特别指用于特定目的、在特定社会领域使用的语言，如医学话语、文学话语和历史话语等。[③] 按照艾米尔·本文尼斯特(Emile Benveniste)，话语是指一类言语，这类言语能够在参照讲述者的情况、他的时空位置以及其他能帮助确定其语境因素的情况下加以解释。“话语”也常指超出一个句子的任何言语片断。因此对话语的分析，常是使用超出语法规则以上的其他关系概念来探讨语句互联为一体的形态，

---

① Lynn Hunt(亨特)，*Politics, Culture and Class in the French Revolution*(《法国大革命时期的政治、文化和阶级》)，Berkeley，1984.

② Stedman Jones(琼斯)，*Language of Class*：*Studies in English Working Class History 1832－1982*(《阶级语言：1832～1982年英国工人阶级历史研究》)，Cambridge University Press，1983.

③ R. Asher(阿希尔)，ed.，*The Encyclopedia of Language and Linguistics*(《语言和语言学百科全书》)，Pergmont Press，1994.

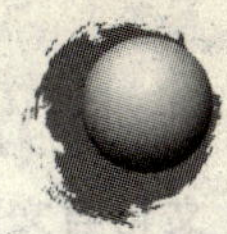

如必要性、预想、上下文的关联含义(contextual implicature)、论证的连贯性、真实的世界和讲述者的情况等等。[①] 历史话语指某一历史著述或历史叙事整体或片段,在很多情况下也指历史话语被创造出来的过程或方式。

哈利思(Z. Harris)于20世纪50年代开创了语言学的话语分析。在他看来,正像语法规则支配着句子内部各成分的关系一样,话语内部句与句之间也有某种支配法则使之配合。他认为这些法则同语法和修辞上的法则多少类同。一般认为,西方话语研究有三条途径:形式研究(the formal approach)、经验主义研究(the empirical approach)和文化批判研究(the critical approach)。哈利思等人的形式研究重视对话语进行文本式研究,并作结构性分析。经验主义研究如伯明翰学派在对话的意义上来理解话语,并进行社会学分析和建立对话规则的普遍知识。文化批判研究以福柯和洛伊塔德(Jean-Francois Lyotard)为代表,研究话语与人类文化和知识的关系等。

20世纪60年代,佩克(K. Pike)提出从语境和文本的关系角度分析话语。[②] 法国社会语言学家马塞勒斯(I. Marcelles)主张用比较的方法进行话语分析,即研究话语文本内的修辞形式,也从社会语言角度研究文本同语境之间的关系,比如讲述者的意识形态倾向等。但他也认为在话语产生过程中形式主义方面的因素远比意识形态起更大作用。马拉迪迪尔(D. Maldidier)认为在文本话语分析中有四个方面的因素介入:语言语法方面的、意识形态(政治经济状况)方面的、分析(讲述者下意识的过程)方面的和文本(讲述者能够选用的话语类型)方面的因素。[③] 在历史文本或话语分析领域中,罗兰·巴尔特于19世纪对历史话语进行了开创性研究。而美国学者海登·怀特提出了非常系统的理论。怀特认为,历史话语不仅包括文字对历史事实的描述,以及符合一般科学定理或普通常识的解释,更主要的还有以比喻和象征为特征的情节叙述结构。

---

① Ted Honderich(特德·冯德尔里奇),ed.,*The Oxford Company to Philosophy*(《牛津哲学手册》),Oxford University Press, 1995, p. 202.

② K. Pike(克·佩克),*Language in Relation to a Unified Theory of the Structure of Human Behavior*(《语言与统一的人类行为结构理论的关系》),The Hague, 1967.

③ G. Iggers(伊格斯)and H. Parker, eds., *International Handbook of Historical Studies*(《历史研究国际手册》),London, 1980, pp. 137－138.

二、结构主义与后结构主义

兴起于20世纪70年代末的“后结构主义”是西方人文社会科学中的“语义学转向”的重要组成部分。后结构主义受到索绪尔(1857～1913)和雅各布森(1896～1982)的结构主义语言学理论的强烈影响。结构主义作为一种方法,感兴趣的不是具体的个别的内容,而是抽象的一般的形式和关系、组合与聚类的形态等。它表现出强烈的形式化倾向。结构主义推崇形式化试图填补人文科学和自然科学方法论上的鸿沟。作为本体论观点,它认为任何事物的结构都具有整体性和层次性、转换性和自调性。结构主义关于事物结构的理论是以20世纪化学和生物学的发现和成就为基础的。结构主义语言学家所描述的语言结构同无机物和有机物的结构很相像。遗传密码也跟语言符号一样表现为层次结构,染色体基因的DNA碱基也同语言中的音位一样形成各种区别特征。雅各布森认为这种相似性是因为它们分属于人类祖先传递到后代的两大类基本信息系统,即由细胞染色体传递的生物遗传密码和由神经生理及社会心理机制传递的语言能力。

20世纪60年代起,结构主义思潮形成一股洪流,冲击着其他人文社会科学,方法论得到广泛运用。方法论运用最有成效的是人类学家莱维—斯特劳斯。他在《亲属系统的基本结构》中,像语言学家先分析出音位和语素,然后在这些成分之间找出它们的对立、相互联系、排列组合与转换关系一样,研究决定亲属关系的意义的结构。在结构主义方法论的影响下,文化形式、信念体系和各种话语都被视为具有类似语言的结构和特征,可以采用像索绪尔等人研究语言的方法去理解它们。文学批评中主张研究文本的结构特征:诗学技巧、叙述的形式和修辞的类型等等。①

兴起于20世纪70年代末的后结构主义运动声称超越了早期结构主义。后结构主义认为,所有的感知、概念和“真理”都是由语言建构的,而且只不过是某种文化话语的短暂表象。后结构主义从索绪尔那里继承了关于语言是一个有各种内在关系和差异的系统,从尼采那里继承了一种认识论和伦理的极端的相对论,从福柯那里接受了反启蒙运动的观点和权能与知识的

① Michael Lane(麦克·兰恩),ed.,*Structuralism: A Reader*(《结构主义读物》),London,1970.

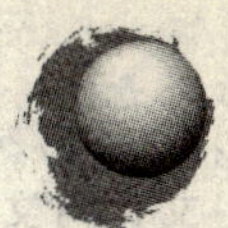

理论。[①]

（一）语言学对系统层次的揭示

结构主义的主要论点是认为语言学的概念可以用来阐明哲学、文学和社会科学的问题，以及跟科学理论有关的问题。因此，必须对索绪尔和雅各布森的结构主义语言学理论作一番更为详尽的探讨。在结构主义语言学的奠基人瑞士语言学家索绪尔的那本由讲学笔记编纂而成的《普通语言学教程》书中，索绪尔提出了影响20世纪所有语言学思想和实践的几对区分：语言和言语、共时和历时以及横组合关系和关联关系。语言的"历时性"即其纵向进化方面的特征。"同时性"，简而言之，就是同时代的、横向方面的特征。语言单位之间又有两种关系"组合关系"和"聚类关系"。索绪尔的《普通语言学教程》开创了语言学的新世纪。后来，特鲁别科（N. Trubetxkoj，1890～1938）和雅各布森在索绪尔研究的基础上提出了音位学理论。音位是指一个语音音素发声时所使用的口腔部位。

雅各布森在1971年提出了确定每一个音位的区别之点的方法，即什么是音位的区分特征。雅各布森宣称："至今已发现的世界任何语言中的内在区分特征……可归结为12个音位对，每一种语言都从中作选择。"[②]雅各布森把音位定义为系统中的要素，探讨要素间的区分及其关系，他认为二元对立是结构的最基本的关系类型。雅各布森生于莫斯科，1941年起在美国哈佛大学等校任普通语言学教授。雅各布森的音位学理论被认为是现代语言学和人类科学发展的转折点。雅各布森修改了索绪尔的学说，重新估价了索绪尔关于把语言作为一个静止体系的共时概念和把语言看成动态发展因素的历时概念这两者之间的对立。雅各布森毕生钻研诗学，并从数学原理的信息论中获取新研究角度。在他的应用语言模型中，他显示了诗歌在语

---

① Ted Honderich（特德·冯德尔里奇），*The Oxford Companion to Philosophy*（《牛津哲学手册》），Oxford University Press，1995，p. 705.

② 参见 Roman Jackbson（雅各布森），*Fundamentals of language*（《语言学基础》），The Hague，1971。结构主义语音学把人的发音部位从嘴唇到喉门分为11个部位，发音方法分为辅音8类和元音4类。如果把发音部位列为横栏，纵栏列出各种发音方法，就构成一个音位区别特征矩阵图。世界上所有语言的音素都可以在这个矩阵图中找到其位置。而每个特殊的音位都可由若干对区别特征加以标记，或者说分析为若干对区别特征。一切语言的音，无论是辅音或元音，都可以根据它的生理特性或物理特征分析成若干对二元的最小对立体，例如，辅音的发音方法非清即浊，元音的舌位非高即低。这些区别特征共有12对，可以用来描述世界上各种语言的语音。英语28个音位（音素）可以用9对区别特征来描述。

言活动中的作用。雅各布森对神经语言学的贡献是他的关于我们整个的语言活动围绕着选择和组合这两根轴运转的理论。他认为这两根轴又分别同隐喻和转喻两极相连。

结构主义语言学对人类语言的研究和发现在某种意义上可同门捷列夫创立元素周期表相比。19 世纪末以来,出现了一场结构主义革命。从门捷列夫的化学元素周期表的创立,直到染色体基因的内部结构和遗传密码的发现,人们越益认识到:世界上几乎所有的研究对象都存在复杂的层次结构。这些层次结构模式具备着无限的可能性,能够派生、演变出无限多样的事物。同时,这样的层次结构模式又具备着有限的规律性,可以把错综复杂的现象归结为少量基本单位的组合。索绪尔和雅各布森以前,人们认为把语音结构分到元音和辅音就不可再分了,正如化学中以为原子是最小单位。而现在不论是原子和音位都被发现是由更深层次的要素构成的区分造成的。从结构主义观点看来,现代物理学中的夸克跟现代语言学中的区别特征相似。

结构主义语言学视语言为一个分层结构。有声语言系统的底层是一套音位,一种语言的音位数目只有几十个。语言系统的上层是音义结合的符号及其序列。它又分为若干层次:第一层次是“语素”,即音义结合的最小单位。如汉语中的语素就是所用的汉字。第二层次是由一个或多个语素构成的词。它是语言系统中能够独立使用的单位。第三层次是由词构成的句子。词和句子之间如果细分还可分出短语或分句。语言符号的分层结构跟物质的分层结构非常相似。音素和音位(类似原子、中子和质子)沿各层次一级一级组合起来,派生构成无限的句子。有限种类的基本粒子也沿各层次组合起来,产生无限的化学物质。

结构语言学家所发现的语言结构同遗传密码结构的惊人相似性使结构主义者把在语言中发现的结构抽象为物质精神世界的本体论意义上的模式。语言符号同遗传密码一样都必须在用某种方式组织起来的系统中才获得价值。遗传密码同语言符号一样表现为层次结构:一个层次上的单位,只有在更高层次的单位中确认其唯一性后方能判定。遗传密码也跟语言中的音位一样,形成二元对立的结构。雅各布森认为这种类同绝非偶然,而是因为遗传密码和语言符号乃是人类从远祖传递到后代的两种最基本的内存信息系统。

语音系统里存在两种基本关系:聚类和组合关系。在言语链的某一环节上能够互相替换的符号具有某种共同的作用,可以聚集为一类,它们之间

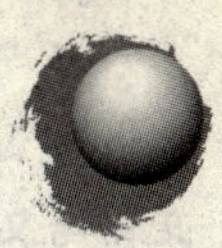

的关系叫做聚类关系，如所有的代词、某类副词和动词等等。语言符号的组合关系和聚类关系犹如解析几何坐标上的横轴和纵轴，语言单位在同一层次的横轴上可以组合排列起来。比如若干辅音、元音可以组合成有意义的音节，上升到语素层次，若干语素又可以组合起来上升到词或短语层次，再上升到句子层次。语言单位在同一层次的纵轴上又可以按照各种不同的特点，如读音或意义聚集成类。结构主义认为这两种关系是所有结构的层次特征。

早期结构主义重视同时性研究。索绪尔认为有关科学的稳态的一切都是同时的，涉及进化的一切都是历时的。要研究和了解语言的现状，必须采取同时的和静态分析方法，即语言的横向方面，某一特定时期的语言结构和系统。雅各布森不赞成索绪尔关于语言中一切历时的因素都萌芽于具有特殊性的个别言语中，然后被社会普遍使用，进化为语言中共性的特征的观点。雅各布森认为，语言的变化往往以系统、系统的稳定、系统的重建等等为目标，如果认为语言的变化只是出于偶然的个别情况，与系统毫不相干是不合理的。因此，研究语言系统的发展进化，找出其演变规则，即历时性研究也是同等重要的。结构主义语言学的观点，特别是同时性的研究方法对法国年鉴学派，诸如布罗代尔等人产生了深刻的影响。

(二)人类学和史学的结构主义革新

雅各布森的可应用于世界任何一种语言的音位理论被莱维—斯特劳斯运用于人类学研究中产生了巨大的效果，莱维—斯特劳斯从民族志的角度利用了来自西伯利亚、中国、印度、东南亚和澳大利亚的材料，研究乱伦和外婚制以及对立的概念。莱维—斯特劳斯也把索绪尔的语言中只存在差异的结构主义观点应用于图腾制度的研究。在《神话学》中，莱维—斯特劳斯分析了南美和北美印第安人的813个神话。

法国年鉴学派，特别是费尔南德·布罗代尔受到结构主义理论的深刻影响，他把“结构”看作历史的三种类型之一，是历史的“间隔语言”。莱维—斯特劳斯认为每一个社会都表现出双重的方面：结构的方面和历史的方面。历史学家们常常认为历史只能在流变中被觉察出，改变是无止境的。他们因而总是努力克服不连续性，试图建立一个社会状态与另一个社会状态之间的系谱的联系。人类学家则试图从不连续性中得益，他们在有区别的社会中寻找相似性，例如人类社会关系特别是亲属关系的基本结构。莱维—斯特劳斯认为在人类社会行为和情感表达的多样性下面存在“原始逻辑”。

这种多样性不是环境作用于一种不定形的意识之后的一种呆板的产物，而是“心灵结构的一种直接的表达”。

莱维—斯特劳斯试图发现人类精神意识的原始逻辑的努力同康德试图找到人类思维的先验范围的努力十分相像。然而结构主义以两种方式重构了康德的先验论。首先，结构主义不是设置一个先验的主体，而是试图从人类描述认识世界的具体系统的多样性中分离出思想的集体样式。其次，它从这些人类精神思想的系统中选择了离我们的系统最远的那些东西。这种无先验主体的康德主义试图发现人类思想精神的共同策源地。

莱维—斯特劳斯对历史学与人类学和民族学的关系作了说明，人们常常批评结构主义人类学家忽视历史，把自己所研究的社会看作似乎是静态的，而没有看到这些社会像结构人类学家所在的社会一样存在于时间中。在《历史与民族学》(1949)一文中，莱维—斯特劳斯指出，这两个学科之间既区别又互补。历史学根据有意识的特征表现来组织其材料，而民族学则根据无意识的特征表现来组织材料。因而，历史学家可以通过与民族学和人类学的接触去认识到那些模糊的、部分已被淹灭了的社会，并给民族学家以相当大的帮助。他认为历史学家不应当把自己局限于王位的继承、战争、条约和行动者的有意识的动机，而应当也去研究特定时期、特定社会中的习惯、信仰和“心态”所包括的一切内容。

后结构主义的最著名学者是福柯和德里达。让·皮亚杰把福柯的思想称为“一种无结构的结构主义”，德里达则以其“解构”方法论而著称。后结构主义批评古典结构主义的实证主义倾向，认为像索绪尔、皮亚杰、哥尔德曼和马克思等人太注重意识结构的科学确定，试图构设一个“结构的结构”。古典结构主义在目的上是整合性的，而后结构主义则是播散性的。后结构主义有时又被称为“结构主义的末世学派”，在某些方面带有深刻的反科学性和蒙昧主义倾向。

同莱维—斯特劳斯一样，福柯和拉康(Jaques Lacan)都对意识的深层结构感兴趣，并相信对这种深层结构的研究必须从对语言的分析开始。莱维—斯特劳斯认为，在任何一种原始社会的惯例被理解之前，必须首先确定惯例的语言形式。福柯力图把这种阐述策略运用于一般人文科学，他研究16～20世纪西方人文科学被囚禁于其中的特定话语方式。他认为人文科学一直为话语的修辞所控制，这些修辞构造它们的研究对象。福柯因而力图揭示造成这些学科溺恋自身的概念化仪式的修辞策略。在他看来，除心理学和人类学而外的人文社会科学所发明的一切概念不过是它们所代表的语

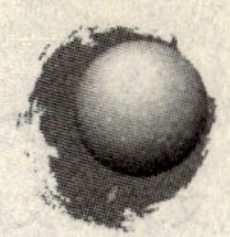

言规则的抽象物。其理论仅是它们使用形式化的句法策略去命名假存于其研究对象之中的关系的产物，规律不过是用于分析各自领域蕴含的话语方式所预设的意义场的投射而已。[①]

（三）解构欧洲近现代思想史

福柯批判历史描述与解释的传统范畴。他拒斥他在《词与物》中所描述的对事件解释的四种形式：(1)依靠类似性方法来限定存在于不同思想形式之间的类同性的比较方法；(2)力求在研究领域中确立其对象所特有的秩序、等级、属性与种类的类型学方法；(3)对思想史现象的因果性解释；(4)凭借一个时代精神或心态概念的解释。[②] 福柯也力图解构不同时代的西方文化思想史被禁锢于其中的特定的话语形态。他声称，16 世纪占主导地位的话语被一种追求相似性也就是异中求同的欲望所主宰，17 世纪占统治地位的则是度量法与序列的范畴，19 世纪则是分析形态的模拟演替范畴崛起。16～20 世纪西方人文科学没有而且也无法确认各自受语言本身囚禁的程度，也没能把语言当作一个问题来加以研究。然而，人文科学必须建构本体上中立的语言规约，以便从对意识的反思和分析中去再现事物的秩序。人文科学的这种寻找一种价值中立语言的梦想，部分是由于受到自然科学把约定的语言与数学公约应用于数据分析的成功的鼓舞。

福柯继承欧洲大陆哲学的思辨传统，像维柯、黑格尔和斯宾格勒一样，也试图构筑一个能解释所有文化和思想现象的宏大体系。他提出了一种对中世纪末以来西方意识演化的理论阐述。他在《疯狂与文化》、《词与物》和《知识考古学》三部著作中重构了欧洲知识史的根本概念，质疑人文科学中存在一种类似历史学家在自然科学发展中已找到的内在逻辑。福柯构设了一套关于理性科学和意识转换的理论阐释系统。他的理论与系统可以追溯到维柯的《新科学》，乃至文艺复兴的语言哲学家和古希腊罗马的雄辩修辞家所开创的语言历史主义传统。福柯试图重新发现语言的具象化的重要性。他研究语言复现事物世界的程度，或者说语言通过在事物之前所采取的一种姿态行为本身而构造事物之间的关系的形态，认为 17 世纪科学与修辞分离以后，科学对其自身内含的语义或“诗性”本质的敏悟和研究便丧失

① 参见海登·怀特《解码福柯：地下笔记》，载张京媛编译《新历史主义与文学批评》，北京大学出版社 1997 年版。

② 参见海登·怀特《解码福柯：地下笔记》，载张京媛编译《新历史主义与文学批评》，北京大学出版社 1997 年版，第 119 页。

了。这种思想同海登·怀特研究历史的诗性本质以及历史叙述话语在正式的理论分析之前预先构造事件之间的关系的模式的努力是相似的。

莱维—斯特劳斯曾指出所有的知识都由两极组成:对经验整体的想象式理解和繁杂混乱的个人感觉。历史编纂学力图占据两个极端之间的中间地带。历史家往往利用某种叙述策略把历史事件按某种顺序或结构加以排列。历史学家无论是以社会科学的形式(即运用概念和范畴,诸如革命、阶级、城邦等),还是以史学的形式(叙述故事),都参与了神话(即对事件进行了变形)的制造。曼海姆在《意识形态与乌托邦》中分析了历史意识的各种形式。莱维—斯特劳斯则在语言性质中找到了制造神话的冲动。雅各布森对文体问题的研究表明,每一种话语都是借助原先由古典修辞学发现的那些比喻来在语言行为的隐喻极与转喻极之间作衔接。

历史学中的后结构主义把探索的重点放在历史文本产生的过程和形成的方式,也就是说历史家得以进行理论性分析和解释之前就已存在的历史文本或数据的性质以及它们是如何产生的。海登·怀特认为,即使是非常注重历史细节或者是单纯历史叙述都含有运用某种历史哲学的成分。因为历史家必须对手中的材料进行梳理。而这一梳理即使不遵循某种理论框架,也要适应或运用普通叙事话语的修辞规则。换句话说,历史家在正式作出努力去解释或阐述研究对象前,已先用一种语言对之进行描述了。[①]

同时兴起的对历史叙述的模式、性质和作用的研究在某种程度上也是20世纪60年代以来人文社会科学中对文本和话语的探讨冲击历史哲学的结果。60年代末期,巴尔特发表了《历史的话语》的重要文章,研究历史著述中对事实的叙述和文学作品中想象的叙述的区别。巴尔特认为两者没有区别。首先,在巴尔特看来,不存在没有语言介入的事实。换句话说,"事实"是由语言所陈述出来的。由于语言的必定介入,历史事实也就不再是某种历史实在的复制品了。其次,历史叙述或话语从结构上来看,是意识形态或想象的产物。[②] 历史学家在叙述时,实际上是根据自己的意识形态倾向和其他想象,将一些他认为可以编纂成历史故事的材料按照他所构想的模式组合起来,然后交给读者阅读。因此,同在文学著述中一样,想象在历史著述

---

① 参见海登·怀特《历史主义、历史和修辞想象》,载张京媛编译《新历史主义与文学批评》,北京大学出版社1997年版,第180页。

② 参见罗兰·巴尔特《历史的话语》,李幼蒸译,载张文杰编《现代西方历史哲学译文集》,上海译文出版社1984版;Roland Barthes, "Historical Discourse", in M. Lane, *Structuralism*, Jonathan Cape, 1970。

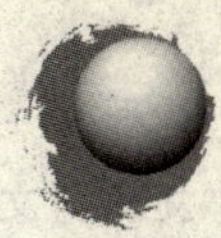

中也起了至关重要的作用。海登·怀特 1973 年发表《元史学：19 世纪欧洲历史想象》，探讨历史思维的基本结构。对历史叙述的研究标志着许多西方历史学家已经不再把历史编纂主要看作是一种类似于科学调查的活动，而开始把注意力放在写作表述活动本身。

结　语

“分析历史哲学中最重要而又最令人困惑不解的问题”是历史认识的客观性问题。[①] 20 世纪 70 年代来以来，历史哲学的许多问题在某种意义上可以说也是围绕这个中心问题派生而出的。相对主义和建构主义(Constructionism)对历史话语和叙述结构的研究猛烈冲击着客观主义和实在主义关于认识的对象独立存在于认识的主体的观点。历史实在主义相信历史叙述指涉一实际存在过的历史现实，它外在于历史家的思维。其中历史事件的发生以实际发生的方式发生了，而不是以任何其他方式发生。[②] 门德尔班就宣称社会历史的结构及其演化特征是不依赖于我们的观察方式而改变的，历史学家的责任就是去发现并表述历史现实的事实性。

实在主义者相信，历史学家通过分析过去事件的遗迹或其他证据可以认识历史过去，或者至少部分历史现实。20 世纪 70 年代流行的透视实在主义观点(Perspectival Realism)认识到，历史学家不可能成为历史现实的一面镜子。因为历史学家所要反映的历史现实已经永远消失了，此外也由于留存下来的历史证据的不完整和支离破碎性，以及历史学家的社会局限。尽管如此，实在主义仍然肯定，即使由于我们对历史事件的看法和解释不断变化，历史事件仍然是以其原来发生的方式存在。门德尔班就曾指出，当代相对主义者对历史叙述的环境进行社会学的批判并未触及对历史陈述本身是否是真实作出判断。历史叙述的可靠性与否应该看它同证据的逻辑关系是否严密。如果说相对论者从社会学和心理学的立场上来批判历史客观主

---

① 参见[英]沃尔什《历史哲学导论》，何兆武、张文杰译，社会科学文献出版社 1991 年版，第 94 页。

② Louis Mink(明克)，“The Anatomy of Historical Knowledge”(《历史知识解析》)，in William Dray, ed., *Philosophical Analysis and History*, *Harper and Row*, 1966, p. 215；David Fischer(哈尔特·费希尔)，*Historian's Fallacies*: *Toward a Logic of Historical Thought*(《历史学家的谬误：向一种历史思维的逻辑迈进》)，New York, 1970, p. 66.

义,实在主义者则从方法论上来捍卫历史认识可以获至客观性的信念。他们认为,当代历史研究在对证据的分析和研究结果的表述上同自然科学并无多少差别,可以说是遵循同样的方法论原则。

新实在主义宣称,使一种探讨方式客观并不在于它像镜子一样真实地反映一个独立的对象,而在于它是否发展出一套思考其研究对象的标准方法。这就是说,其研究者在什么构成其研究素材和怎样研究上多少有一致同意的原则和方法。客观性就意味着准确地从其学科观点上而不是以其他方式去描述其研究对象。这种理论同库恩的科学范式理论接近了。客观性概念的定义被修改了。超然于研究对象,甚至本人的偏见的绝对主义的观念被放弃了。有限的客观性,即被本学科研究者认可即是客观的观念被提出来了。

综上所述,20 世纪 70 年代以后,西方历史哲学的题材仍是多种多样的。但是,可以看到一些新的哲学思想成为一股影响很大的潮流,它使旧的题材和研究领域退居次要。20 世纪后半叶对历史哲学思维影响最大的结构主义语言学,以双重形式推动了 20 世纪后半叶西方历史哲学的发展:从语言的角度开拓了研究历史写作和表述的新层面;在历史的理性探索的目的上,用"结构"一词替代了有争议的"规律"一词。20 世纪 70 年代末以后西方历史哲学的这些新进展,还有待于我们更深地去加以认识,以为我所用。

(本文原载陈启能编《二战后欧美史学的新发展》,山东大学出版社 2005 年版。有删节和改写)

近五十年来西方学者对清代历史的解读

这篇文章初步梳理了西方汉学界近半个世纪以来对清代历史的研究。文章认为有三种理论对西方清史研究影响甚巨：现代化理论、世界历史的整体观和后现代主义。同时，社会学、人类学和政治学等社会科学的理论概念也影响西方汉学家在研究清代历史时的选题和解释的路数。文章对西方清史研究的五种重要范式及其对清代社会历史不同层面的解释进行了评述。

清代历史与现代有直接的传承关系，可以找到远比其他朝代更为丰富的文献资料，因而成为西方汉学研究的重要领域。[①]西方汉学界的清史研究题材多样，视角和解释框架复杂，很难用若干简单的范式对其进行高度概括的分类。美国汉学家柯文在他那本《在中国发现历史——中国中心观在美国的兴起》书中，区分了近年来四种晚清史研究范式。柯文的书写于20世纪80年代初，他对18世纪以前的清史研究基本未涉及。实际上，在以晚明到清中叶(18世纪)这段时期为研究时段的众多的西方论著中，还可以看到其他研究清史的范式。本文拟对这些编纂模式进行评述，同时也涉及柯文所提到的晚清史的那些编纂模式。

---

① 近半个世纪，西方出版的汉学研究论著可以说如汗牛充栋。20世纪70年代以前，这些研究成果主要基于藏于中国以外的文献。80年代以来，许多论著引用了国内的文献资料，不少的作者甚至在中国受到培训和长期访学，例如剑桥大学首席汉学家麦克姆伦撰写他那本研究唐代思想文化史的著作《我们的文化》时，就曾花半年多时间在山东大学查阅资料。西方汉学研究的进步，还由于利用了日本学者的研究成果。在牛津大学，日语是从事汉学的研究生必须掌握的语种。80年代起，赴海外留学并定居于西方的中国学者也加入到西方汉学研究的阵营中。英、美、加、澳和法等国的几乎所有重要大学都有获学位后任教的中国学者。学术研究的全球化不仅表现在众多中国学者留学归来引入国外历史研究的概念和方法，也表现在相当数量的中国学者加盟西方汉学界。

一、现代化理论视野下的晚清历史:发展趋势

柯文所总结的三种范式——“冲击—反应”、“传统与近代”以及“帝国主义对中国的控制”都可以归纳为是植根于现代化理论的视野，把晚清的历史主线看作是西方现代性对中国社会传统进行挑战，迫使中国作出反应的过程。这种观点在战后美国汉学的泰斗费正清的著述中最早得到表述，并影响了几代美国汉学家。

费正清以中国的文化传统解释中国不能成功应对现代性的挑战的观点可以追溯至美国著名社会学家帕森斯的“结构—功能解释”理论。帕森斯把中国描绘成是一个重视符号象征和礼仪的社会，其中上层知识精英导演整个社会的礼仪。他认为，传统中国社会过分注重血缘宗族关系，妨碍了社会制度包括法律和司法程序的理性化。中国社会的经济也不能从文化和政治中分离出来，并获得独立自主发展的机会。①沿着这种思路，费正清把朝贡制度看成是中国文化体制的最具象征意义的制度。从 20 世纪 40 年代初期，费正清就试图揭示中国外交的历史文化传统。他认为这种文化传统仍然影响现代中国的外交行为。在费正清看来，朝贡制度的发展是中国文化长期优越于周边民族的结果。“朝贡制度调节与边疆民族的关系，起着再生产中国文明和维持社会平衡的作用。”②

费正清把中国长期处于隔离状态和没有机会同更优越的文明交流接触看作是中国滋生文化优越感和所谓“华夏中心主义”(Sino-centrism)的重要原因。它认为这种华夏中心主义或文化至上论(Culturalism)因周边的“蛮夷”民族不时到天朝朝贡，索取中华帝国的文化产品而得到巩固。帝制中国因而不能够发展出一套国际法准则，也不能把经济活动同文化活动相分离。而在西方，朝贡制度逐渐让位于正规的税收制度，经济活动理性化的同时法制也发展了，逐渐演化完善的法律维护经济活动，也为民族、社会和文化之间的交往和行为制定法则。这些历史发展趋势在帝制中国均未出现；相反，由于缺少外来的挑战，帝国的体制开始退化。经济和法律领域的自生活动

① Talcott Parsons(特尔卡特·帕森斯)，*Societies: Evolutionary and Comparative*(《社会演化之比较理论》)，Englewood Cliffs, NJ: Prentice-Hall，1966，pp. 73—77.

② Farquhar and Hevia(法库和何伟亚)，“The Concept of Culture”(《文化的概念》)，AAS，April 1992(亚洲研究学会 1992 年年会论文)，p. 5.

不仅未能成长，反而崩溃消溶于象征性文化活动之中。表面上来看，朝贡制度似乎糅合了外交和贸易两项活动，但它既未公开承认和界定这两项活动的正当权利，也未能履行它们的社会作用。在华夏中心主义主导的情况下，中国不可能有真正意义的外交。自我封闭的中国连同其冥顽不化的文化至上论，使中国无论从精神上还是从物质上都不足以在19世纪应付西方列强的挑战。

费正清的理论主导了战后美国汉学对清史的解释。费正清与邓嗣禹合著的《中国对西方之回应》、与美国驻日大使赖肖尔合写的《东亚文明史》以及克莱德和比尔斯写的《远东：西方冲击与东方回应之历史》是"冲击—反应论"的代表性著作，在20世纪50～60年代影响巨大。[①] 这些著作突出19世纪晚清那些灾难性的事件——传统的崩溃、经济萧条、政治腐朽、动乱和民生凋敝，认为这是由古老的中国与侵略扩张性的西方接触所推动的。晚清另一些重要事件——农民起义、保守的改革、自强运动乃至革命的风起云涌则是体现了古老的帝国对西方冲击作出的反应。

"冲击—反应"框架在解读晚清历史时突出这些事件并着重分析这方面的背景，显然具有某种合理性，然而它在再现晚清历史的全面性时忽视了广袤的中国内地很少受到西方影响的那些缓慢的社会生活变化，它也看不到19世纪许多思想文化变迁可以追溯至数百年以来的中国历史的内部演化。太平天国起义、同治中兴、清议派和反洋教事件可以被视为是对西方入侵所作出的反应的不同表现形式，但19世纪此起彼伏的骚乱应该说是18世纪以来经济发展停滞、人口剧增、政府解决日益增多的社会问题的能力衰退、农村秩序渐次崩溃的长期积累的效应。西方的冲击只是间接地对这些事件的爆发产生影响。晚清时，内部的挑战与外部(西方)的挑战相比，其意义也许更为重要。帝制的推翻不仅是在西方冲击的影响下，而毋宁说更是由于中央政府统治体制僵化、不能适应地方经济和军事力量增强的结果。

与"冲击—反应"编纂框架相联系的是对西方冲击到来之前的清代中国社会的解读。费正清认为19世纪的中国已表现出马尔萨斯人口经济陷阱的

---

① S. Y. Teng and J. K. Fairbank(费正清和邓嗣禹)，*China's Response to the West: A Documentary Survey, 1839－1923*(《中国对西方之回应》)，Cambridge: Harvard University Press, 1954; J. K. Fairbank, Edwin Oldfather Reischauer and Albert Craig(费正清、赖肖尔和克莱格)，*East Asia: The Modern Transformation*(《东亚的现代历史转变》)，Boston: Houghton Mifflin, 1965; Clyde and Beers(克莱德和比尔斯)，*The Far East: A History of the Western Impact and the Eastern Response, 1830－1965*(《远东：西方冲击和远东回应之历史》)，Eaglemood Cliffs, Prentice-Hall, 1996.

种种迹象。而伊懋可(Mark Elvin)则用“高均衡陷阱”来形容晚清的经济形势。二战后的现代化理论把工业化以前的社会称为“传统社会”,这为西方汉学家解读清代社会提供了概念框架。从费正清、徐中约(Immanuel C. Y. Hsu)到李文森(Levenson)都把西方冲击之前的中国社会视为传统社会,认为清代的社会结构、经济制度和政治体制同此前两千年的情况大体一样。未和西方接触以前,中国只发生过传统范围内的变化,而未出现社会制度的质变。

基于以上看法,他们认为西方的到来开创了中国近代化的历史潮流,从19世纪中叶起中国进入了近代。许多受到现代化理论影响的西方汉学家把重构清代中国从传统走向近代的思想文化历程视为己任。例如英年早逝的美国汉学家李文森写下了他的《儒教中国及其现代命运》三部曲。李文森试图探讨是否有迹象表明“貌似稳定的带传统性的中国社会,无须西方工业主义入侵起催化作用,也能够独立发展为具有科学气质的社会”[①]。孔斐力的力作《帝制晚清中国的叛乱及其敌人》提出一个有趣的假设:处在衰亡状态中的清代文化很可能就要从自身内部生成某种社会与政治组织的新形式。按照现代化理论,文化价值观的转变是传统社会向近代社会转变的关键。

李文森的研究使他发现了19世纪中叶以来中国思想文化精神的若干影响深远的内在矛盾。其中最重要的是“历史与价值”的冲突。19世纪初期的中国社会,无论是精英还是社会大多数人都仍相信中国的文化价值和生活方式天经地义,十分优越。西方现代性的挑战,使他们开始怀疑两千年来确立的文化的有效性,并意识到必须完成一个新的历史使命,向近代社会转变,达到与西方同等的发展水平,而这意味着抛弃重要的中国文化传统,接受西方的文明价值观。长期形成的中国文化中心主义使许多儒教知识分子总想重建与西方对等的心理态势,即使在承认西方物质文明的优越性时,也要在想象中找到在心理上同西方对等的精神依托。中国的近代思想史就表现为两种思潮相互激荡,虚无主义者和激进思想家日益背弃传统,而保守主义者则使传统日益僵化。每一个不能使中国马上达到与西方对等的现代化方策都会受到激进主义者的批判,然后在中国开始新一轮的寻找解决“历史与价值”冲突的方案,直到历史与价值协调,并恢复心灵宁静。

李文森的解读已超出了晚清历史,而能应用于民国初年以来的中国近

① [美]柯文:《在中国发现历史——中国中心观在美国的兴起》,林同奇译,中华书局1997年版,第54页。

现代思想史，包括1919年的东西文化论战、20世纪60年代的“文化大革命”和80年代兴起的“文化与现代化的讨论”。李文森认为，清末许多著名的革新派官僚如曾国藩等人的文化认同发生变化并出现折中主义倾向。[①]在李文森看来，儒教到19世纪末叶已丧失客观意义，因为它已和现实脱节，并不再是能对社会起规范作用的意识形态，而退缩为一种伦理理想。尽管当时许多具有传统意识的思想家仍然活着，但两千年来曾作为一种活生生的社会实践思想的儒教已经死亡。

像芮玛丽和费维恺（Albert Feuerwerker）这样的美国汉学家也认为儒家价值和社会制度阻碍中国适应近代世界。[②] 而另一些汉学家如史华慈、鲁道夫夫妇、宣道华和珀金斯等则相信传统文化与近代文化并不是水火不相容。史华慈强调中国文化的延续性，而鲁道夫夫妇则批评那些低估在中国传统社会中有着潜在近代因素的观点。珀金斯（Dwight Perkins）认为，19世纪西方冲击之前中国社会内部已孕育某些和近代经济发展相符的价值观和社会制度。[③] 在张灏眼中，晚清中国知识分子沿袭了儒家传统所关切的一套问题来对西方冲击作出回应。狄百瑞相信理学能够成为对现存秩序的一股批判力量。墨子刻断言理学家内心充满一种强烈的、痛苦的困境感，他们的根本目的在于改造自己和社会，西方的方法使他们看到了实现屡遭挫折的变革社会的理想的手段。[④] 这些观点反映了美国汉学界对晚清历史和儒家思想体系的现代意义的不同认知。

二、世界历史视野下的清代历史：社会转型失败的原因

现代化理论视野下对清代历史的解读必然要涉及一个为什么清代中国

---

① Joseph Levenson（李文森），*Confucian China and Its Modern Fate*（《儒教中国及其现代命运》），Vol. I，London：Routledge and Kegan Paul，1958，pp. 54，57.

② M. Wright（芮玛丽），*The Last Stand of Chinese Conservatism：The Tung-chih Restoration，1862－1874*（《中国保守主义的最后防线：同治中兴，1862～1874》），New York：Atheneum，1965.

③ Dwigh Perkins（珀金斯），ed.，*China's Modern Economy in Historical Perspective*（《历史视野下的中国近代经济》），Stanford University Press，1975.

④ Theodore de Bary（狄百瑞），ed.，*The Unfolding of Neo-Confucianism*（《理学的发展》），New York：Columbia University Press，1975；Thomas Metzger（墨子刻），*Escape from Predicament：Neo-Confucianism and China's Evolving Political Culture*（《摆脱困境：理学和中国政治文化的演变》），New York：Columbia University Press，1977.

不能像西方那样步入工业资本主义的发展道路问题。西方汉学家对中西历史的有意或无意的比较也推动许多学者对此问题进行探讨。早在启蒙时代,亚当·斯密和孟德斯鸠就注意到中国的停滞。19世纪末叶,德国社会学家马克斯·韦伯对中国的文化传统同发展理性资本主义的关系的问题给予极具理论性的研究。在他看来,中国传统的两个方面阻碍了理性资本主义在中国出现:首先是中国社会政治和经济制度的某些形式和原则,诸如繁杂的税收制度,城市缺少自主独立性,行会制度的长期延续,司法缺乏独立性,宗法主义和帝国官僚的僵化等;其次是涉及中国儒生士大夫阶层的世界观,例如缺乏人与自然的紧张感,倾向于有理性的适应而不是征服世界,以及从伦理上轻视赚钱的活动等等。

美国社会学功能主义流派的代表人物帕森斯受到韦伯的影响,也认为中国的文化传统价值观阻碍理性资本主义在中国兴起。实际上,现代化理论家都认为非西方社会的传统文化价值阻扰现代化的开展。在帕森斯看来,中国的传统文化在某些方面倾向于理性精神,但这种理性主要表现为实践理性,而缺少形式上的理性化。他认为,任何一个社会制度如果要延续,就必须要发展出各种功能以应付该社会所面临的各种生存问题。现代工业社会是一种高度发展的社会系统,因为它分化出各种复杂的功能,而这些功能在低度发展的社会中则处于未分化的状态。[①] 帕森斯把帝制中国放在他的社会演化模式的中间,称之为"历史中间帝国(thc historical intermediate empires),紧随其后的是像古代希腊和罗马这样的"种床"(seed-bed)国家,最后是现代西方。

晚近的西方汉学家是在对中国历史的新认知(即中国社会经济和政府组织相当发达)的基础上重新提出这个问题的。围绕这个中心问题进行研究的西方论著中,最有名的是伊懋可的著作《中国历史的模式》。伊懋可认为,到宋代,中国的经济与技术进步已演进到掀起一场工业革命的门槛,中国创造了世界上第一个机械化工业体系,水排推动的联动机具从事机械化谷物加工、鼓风炼铁等。发展的势头到元后期消失了。明清两代经济没有质的变化,只有量即规模的扩充。清代中国不能自主发展步入工业资本主义社会,恰恰是因为"前现代"的中国过度发达,其技术、市场和运输网络都达到了相当完善的程度,由此使发明节省劳力的机器和其他生产技术的改

---

① Guy Rocher(盖伊·罗切尔),*Talcott Parsons and American Sociology*(《特尔卡特·帕森斯和美国的社会学》),London: Thomas Nelson and Sons Ltd.,1972,pp.155－157.

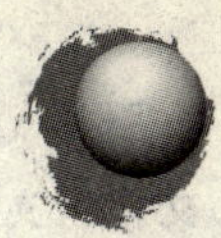

进都不能导致生产成本和产品价格的大幅度下降，这使得以采用节省劳力的机器为特征的工业革命在晚清没有经济意义。

在伊懋可看来，18世纪后的中国已陷入他所称的“高均衡陷阱”(high equilibrium trap)，只有依靠现代科学技术的投入才能打破这种陷阱，而中国当时不可能发展出自己的现代科学技术体系。伊懋可的“高均衡陷阱”是在高度发达的传统社会中出现的马尔萨斯人口经济怪圈的变异形式。费正清在更早的一本书中已描述到19世纪初的中国处在马尔萨斯人口经济怪圈的第二阶段，伊懋可以更具理论复杂性和精确性的方式对晚清社会经济的这种现象进行了解读。他的书在1971年发表后，立即在大西洋两岸受到高度关注。伊懋可的《中国历史的模式》是马克斯·韦伯以后对中国历史所作的最具理论性的解读。

另一位英国历史学家琼斯与伊懋可持相同观点，琼斯也认为宋代中国曾短暂出现现代型的集约性经济增长，当时的人均国民收入是整个中国帝制时代最高的。清朝政府的重农轻商政策和人口压力使这样的现代集约性增长未能再出现。①

史坚雅把中国未能独立演化出工业资本主义归因于中国的经济地理特征和狭隘的行会制度。中国传统社会的经济是市场导向的，但市场还不是那种理性资本主义性质的自由市场。围绕区域性中心城市和附近的小镇是星星点点的规模不等的市场和复杂的物流体系。商人们组建起各种僵硬的行会组织，以垄断手法控制市场，阻碍着商品的自由流通和生产的交换关系的形成。中国传统经济中的乡镇和城市市场弥漫着狭隘的地方主义，不利于资本主义经济的发展。②

李约瑟在他的一篇从科技角度对中国社会性质的解读文章中看到，中央集权的官僚政府对科学技术的促进作用，同时又发现在农业基础上建立起来的官僚同发展商品经济之间的内在矛盾。帝制晚期的中国社会也缺少许多发展资本主义的现代经济制度和手段。③

墨子刻和马若孟对清代经济社会史却有不同的看法，他们力图客观地

---

① E. Jones(琼斯), *Growth Recurring, Economic Change in World History*(《增长再现：世界史上的经济变革》), Oxford: Clarendon Press, 1988.

② William Skinner(史坚雅), *The City in Late Imperial China*(《帝制晚期的中国城市》), Stanford: Stanford University Press, 1977.

③ Joseph Needham(李约瑟) and Ray Huang, "The Nature of Chinese Society—A Technical Interpretation"(《中国社会的性质：技术层面上的解读》), *Journal of Oriental Studies*, vol. 1, 1974.

研究前近代社会向近代社会变迁过程中的连续性与断裂，发现制约清代历史发展的社会制度和结构上的变化的原因。在他们看来，1500～1800年间经济组织发生重要变革，从而能支撑同期的巨大人口增长。马若孟认为这一时期私营工商业十分活跃，并受到政府更加合理的金融政策的鼓励，还伴随着财产关系和阶级结构的变化，社会等级制度也削弱了。① 这些生产和生产关系的变化使中国经济在18世纪支撑3亿多人口。明后半叶以后，区域间的商品交换充分发展起来，东南沿海的盐、糖、水果、茶叶，长江三角洲的丝绸，东北的烟草、棉花，西湖和江西的谷物，景德镇的瓷器，云南的铜，西北和四川的铜、铅、铁、煤、木柴和纸张等等在全国市场上交换。

马若孟和墨子刻等人的探讨突出了这样一个问题：清代的国家政权和官僚体制是阻碍还是促进中国经济发展。晚近的研究更多注意到国家对经济干预的有限性。国家除管理相当部分的运输、邮道，少数奢侈品的生产、马匹的征用和盐业垄断性经营外，仅局限于收集谷物价格指数，通过兴修水利和调运粮食来应对灾变，平抑粮价。尽管皇室也经商并拥有相当地产，帝制政府主要致力于营造一个更有利的经济氛围。中央政府对水患的治理也是有限的，许多水利工程是由地方社区所组织的。

明末推行一条鞭赋税制后，(财政部)仍然是一个类似统计局之类的机构，而不是一个对帝国的财政收支负责的部门。清政府推行丁赋，并以交银代替所有的徭役赋税，也未能改变这种情形。18世纪前后，人口剧增后，清廷似乎并未从剧增的人口获取更多税收，而是宣称“永不加税赋”。刘翠容等人的研究表明，17世纪到19世纪中叶，人均税收可能实际上是下降了，而不是增加了。②

这些“新汉学”的研究认为，清政府通过这些举措，对人口经济的变迁在

---

① Thomas Metzger(墨子刻), “On the Historical Roots of Economic Modernization in China: the Increasing Differentiation of the Economy from the Polity during Late Ming and Early Qing Times”(《中国经济现代化的历史根源：明末清初政治与经济的渐益分离》), in Proceedings of the Conference on Modern Chinese Economic History, Taipei: Institute of Economics, Academia Sinica, August 16－29, 1977; Ramon Myers(马若孟), “Transformation in Chinese History and Continuity in Chinese Economic and Social History”(《中国经济社会发展中的连续性与变革》), *Journal of Asian Studies*, no. 2, 1974; and “Some Issues on Economic Organization during the Ming and Qing Period: A Review Article”(《明末清初若干经济制度问题综述》), *Issues of the Qing History Studies*, no. 2, 1975.

② Liu Tsui-Jung(刘翠容) and John C. H. Fei, “An Analysis of the Land Tax System in China, 1650－1868”(《1650～1868年间中国的地税制度研究》), *Journal of Economic History*, vol. 37, no. 2, 1977.

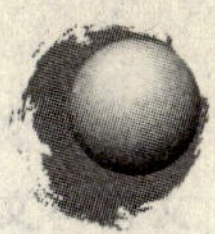

体制上作出灵活应对，轻徭薄赋，对货币的生产和流通进行管理，使经济保持稳步发展，臣民的福利得到基本保障。这期间，非农业部门获得发展，财富的分配似乎较前趋平，各种专门社会机构开始分化萌生。所有这一切都是在较少政府干预的情况下取得的，例如明清两代都未根据产量和价格来调节纸币的供应量。这幅图画与我们认为专制政府无所不管、对社会的发展有支配性影响的传统观点相异。

与清季现代资本主义难产问题相连的是把清代历史放在世界历史的大框架下来研究的尝试。新汉学的这个研究领域不是比较史学，也不是中外关系史的分支，它侧重于观察中国同世界其他文明的交流与互相影响。参照中国以外的事件来评价中国内部发生的事件。它也不是结构主义史学，结构主义史学偏重那些跨文化的共同模式，例如出生、死亡和婚姻的社会学模式。

在世界历史的大框架下研究清代历史变化也探讨在中国境内从事传教活动的耶稣会士与外界的联络途径，中国如何参与世界贸易，中同与阿拉伯世界的交往[①]，中国与欧洲的海上贸易[②]，外国如何影响中国军事和纺织技术的提高，疾病如何从新大陆和欧洲传入中国[③]，新种类的粮食作物从美洲的传入[④]，以及外国银币的输入[⑤]等等。

17 世纪外国银币大量流入中国是许多学者感兴趣的题目。阿德希和安特维尔研究了影响欧洲和中国的世界范围内的危机。[⑥] 17 世纪初的这场金融危机的发生是由于从 16 世纪起从日本、欧洲经中亚、西属美洲殖民地经非

① Jonathan Spence（史景迁），*The Memory Palace of Matteo Ricci*，New York：Viking Press，1984；Chang Kuei-Sheng（张桂生），"The Maritime Scene in China at the Dawn of the Great European Discoveries"（《欧洲地理大发现前中国的航海活动》），*Journal of the American Oriental Study*，no. 3，1974.

② C. R. Boxer（巴克塞），"Macao as a Religious and Commercial Entrepot in the Sixteenth and Seventeenth Centuries"（《16～17 纪作为宗教和货物集散地的澳门》），*Acta Asiatic*，no. 26，1974.

③ Chuan Han-Sheng（全汉升），"The Chinese Silk Trade with Spanish America from the Late Ming to the Mid-Qing Period"（《明末后至清中叶中国与西属美洲的丝绸贸易》），in Laurence G. Thompson，ed.，*Studia Asiatice*：*Essays in Asian Studies in Felicitation of the Seventy-fifth Anniversary of Professor Chen Shou-yi*，San Francisco：Chinese Materials Centre，1974.

④ K. C. Chang（K. C. 张），*Food in Chinese Culture*（《中国文化中的粮食》），New Haven：Yale University Press 1977.

⑤ William Atwell（安特维尔），"International Bullion Flows and the Chinese Economy，Circa 1530-1600，"（《1530～1600 年间世界金银流通和中国经济》）*Past and Present*，no. 95，1982.

⑥ William Atwell，"Some Observations on the Seventeenth Century Crisis in China and Japan"（《17 世纪中国与日本的危机》），*Journal of Asian Studies*，no. 2，1986.

律宾输入中国的银币急剧减少。魏菲德估计新大陆生产的半数黄金白银最后流入中国。① 如此大量贵金属的流入给中国经济产生极大影响，它造成通货膨胀，影响谷物价格，使许多原来的产粮区变为生产出口丝织品的产地。它推进了中国经济的商业化，也使许多区域互相依赖。②

1620年以后，白银的输入急剧减少，在那些主要生产丝绸和其他供出口的商品的地区出现经济萧条。与此同时出现一系列的天灾加剧了经济危机，旱灾和洪涝在全国许多地区发生，继之而起的蝗虫和天花也造成大量人口死亡。明朝廷因派军入朝鲜抵抗日本侵略大量支出，再加上修建王宫和维系人数众多的皇亲国戚的奢侈生活花费巨大，根本无钱赈灾，导致农民起义，城市暴动。明末，政府再也无法扑灭烽烟四起的骚乱与暴动，最后在农民起义的打击下彻底崩溃。

把明朝的崩溃放在世界历史的大背景下，认为世界历史运动影响中国是一个新颖的解释。更有趣的是，在欧洲同期也发生了由经济变化引起社会骚乱而导致政治秩序的危机。尽管难以把晚明的变迁同17世纪欧洲的政治革命相比拟，然而两个地区似乎都受到白银流入的影响。而且这种白银的流向是从墨西哥和南美经欧洲再到中国，在这种世界性的金融运动格局下，中国成为世界历史的一部分。

17世纪以后，中国再次繁荣，一些学者探讨中国从危机中迅速复苏的原因。他们认为，17世纪80年代起白银再次流入中国，谷物价格趋于稳定，是中国社会再现繁荣的原因。魏菲德认为，正是由于清朝成功地开疆掠土，并能维持臣民小康生活水平，清朝的统治者对18世纪期间英帝国在亚洲的扩张视而不见。政治秩序的迅速重建使他们也不再有远见和采取主动的经济或国防措施。蒙代尔认为，中国那时融入世界经济为中国在19世纪的灾难性遭遇拉开序幕。

蒙代尔从他的导师华伦斯坦的世界体系论框架来解释清朝中国与世界的碰撞和融合，中国16世纪以后被整合进以西方为中心的世界资本主义体系，成为这个体系的边陲国家，西方中心的霸权和不平等的经济交换被强加

---

① Frederic Wakeman(魏菲德), "China and the Seventeenth Century Crisis"(《中国与17世纪危机》), *Late Imperial China*, no. 1, 1986.

② William Atwell, "Notes on Silver, Foreign Trade and Late Ming Economy"(《银钞、外贸与晚明经济》), *Issues Concerning Qing History*, no. 7, 1977.

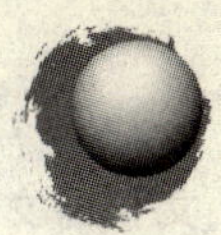

在中国头上，由此导致中国现代化的困境。[①] 对麦克唐纳德来说，在中国历史上，边陲地带则成了孕育新的朝代政权的区域，例如清朝崛起于东北边陲满洲，明朝兴起于元朝的边陲区域江南。[②]

三、站在中国内部来解读清史

费正清曾经谈到西方汉学有一种由外向内的研究视角转移的趋势。美国汉学家柯文认为这种趋势在20世纪70年代前后形成"以中国为中心的"历史编纂模式。以中国为中心的历史编纂史观认为，西方对中国历史发展并不是那么具有决定性意义的，因为中国历史发展有它的内在结构和趋向，许多影响或者支配中国社会发展的力量和趋势在18世纪以前甚至更早就已形成，并一直发挥作用制约着晚清历史的变迁。

在这种观点影响下形成的新历史编纂学强调站在中国社会内部，关注那些发生在中国的历史事件的主角，他们所生存的环境、愿望和参与历史事件的动机，以此对历史事件作出说明。芮玛丽的《革命中的中国：1900～1913年的第一阶段》[③]即是一例。该书研究了20世纪初中国士绅阶层的财产收入，得出结论认为那时士绅阶层已越来越依靠商业或行政管理来维持生计。中央政府推行扩大自己的行政与经济活动的范围的改革时，侵犯到地方士绅的经济权益，因此导致辛亥革命爆发。与革命相联系的一些事件与其说是受西方影响的激进分子对保守的清朝政府发动的反抗，还不如说是进行改革的清廷和在维护自己的特权上相当保守的地方上层社会冲突的结果。中央政府收回修建川汉铁路的行动触犯了四川地方士绅的经济和行政管理特权。

在现代化理论指导下的历史编纂多用中国社会的特殊性质来解释晚清历史，从费正清、李文森到费维恺都是如此。而中国中心论的历史编纂则用

---

① Francis Moulder(弗朗西斯·蒙代尔), *Japan, China and the Modern World Economy: Towards a Reinterpretation of East Asian Development, ca. 1600 to 1918*(《日本、中国和现代世界经济：重新解释1600～1918年间东亚的发展》), Cambridge University Press, 1969.

② Angus McDonald(麦克唐纳德), "Wallerstein's World-economy: How Seriously Should We Take It?"(《华伦斯坦的世界经济体系：我们应如何认真看待它?》) *Journal of Asian Study*, no. 3, 1979.

③ Mary Wright(芮玛丽), ed., *China in Revolution: The First Phase, 1900－1913*(《革命中的中国：1900～1913年的第一阶段》), New Haven: Yale University Press, 1968.

事件的历史背景和演变来解释，由此导致出现柯文所说的美国汉学20世纪70年代前后从诉诸文化转向诉诸历史的解释路数的变迁。清代历史中那些长期的趋势受到了关注，魏菲德在他的《帝制晚期中国的冲突与控制》一书中就认为，从16世纪中叶到20世纪30年代构成连贯的整体，出现若干横跨四个世纪的历史过程，如长江下游的城市化，区域性贸易网的发展，力役折银，识字率的提高，政府管理工作的商业化等。马若孟则更把明清两代看作是中国历史上的一个单独的时代。[①]

约瑟夫·弗莱彻(Joseph Fletcher)甚至认为18世纪清疆域扩大一倍和人口的翻番是推动中国仍在进行的近(现)代化转变的根本原因之一。史景迁在他的研究中看到了从明到清士大夫思想气质中存在一种“内在的连贯性”，表现在从东林党人到清初的伟大学者如王夫子等都有一种强烈的个性色彩浓厚的对儒教道德理想的追求。在处理周边国家和地区上，清朝继承了前朝把外交政策放在内陆的做法，由于满洲人在处理亚洲内陆的政治与军事手腕的熟练，他们也把中国控制内陆边陲的能力提高到新的水平，并引起东亚地缘政治的重要变化。[②]

以中国为中心的历史编纂模式的另一特征是把中国从空间上划分为较小的单位，以区域或省来研究中国的历史变化。这种研究范式不太注意世界其他国家对中国腹地的影响，而是从中国长期延续的历史、文化、生态和经济环境来观察和解释清代社会历史。史坚雅的《19世纪中国区域城市化》和《中国农村的市场和社会结构》两篇文章对这股史学潮流的兴起发挥了重要的作用。[③] 英国汉学家伊懋可(Mark Elvin)的观点与史坚雅不同，伊懋可认为，10世纪前后，大运河的修建，再加上在一系列的领域如交通运输、金融、农业等领域内的革命，区域经济已被整合，全国性的市场出现。史坚雅的研究则勾勒了不同的图景，他认为帝制晚期，没有形成单一完整的全国性

---

① Frederic Wakeman, Jr. and Carolyn Crant, eds., *Conflict and Control in Late Imperial China*(《帝制晚期中国的冲突与控制》), Berkeley: University of California Press, 1975; Ramon Myers, “Transformation and Continuity in Chinese Economic and Social History”, *Journal of Asian Studies*, February 1974.

② Jonathan Spence and John Wills, Jr.(威尔斯), *From Ming to Ching: Conquest, Region and Continuity in Seventeenth-Century China*(《从明到清：征服、区域与17世纪中国的连续性》), New Haven: Yale University Press, 1979.

③ W. Skinner, “Regional Urbanization in Nineteenth-Century China”(《19世纪中国区域城市化》), in W. Skinner, ed., *The City in Late Imperial China*; and “Marketing and Social Structure in Rural China”(《中国农村的市场和社会结构》), *Journal of Asian Studies*, February 1965.

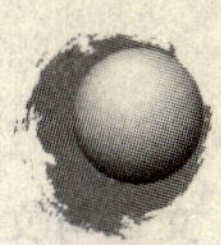

商业系统，而是以大城市为中心形成了若干区域性系统：东北、华北、西北、长江上游、长江下游、东南沿海、岭南与云贵，这些区域同大河流域和盆地的地貌学的单位相吻合。在各个区域，人口与资源集中在以大城市为中心的核心地带。地理状况（利于运输的河流或妨碍交通的山岭）以及技术特别是运输技术的好坏决定着各个区域的面积大小。中国历史上天灾人祸的发生总是区域性的，区域经济也都经历发展与停滞的循环，同朝代的兴衰更迭相一致。留美中国学者冀朝鼎20世纪30年代的一篇博士论文提出，中国存在六大农业经济区域，而台湾著名学者全汉升先生则研究了中国若干大经济区域间的贸易。

中国为中心的研究范式多利用藏于中国的文献资料，研究所涉及的这些资料往往是以行政区域如省或县来保管的，且多围绕辛亥革命及随后的军阀时期。例如，爱德华·罗兹和玛丽·朗肯研究辛亥革命前后广东、上海和浙江等省市的激进知识分子的活动。[①] 美国的许多博士研究生也选择研究各省辛亥革命时期的题材。

清代地方上层社会以及清朝政府官吏的地域构成是以县为单位研究的重要题材。在帝制时代，像苏州、杭州、绍兴和桐城是大批中下级官吏的来源地，人数之多同其地方总人口不成比例。寇尔（James Cole）在他研究“绍兴帮”的著作中分析了各级官员喜欢从绍兴府招雇幕友的原因。他认为，并不是绍兴人才能出众，而是各级衙门都有绍兴幕友，低级衙门官员为了疏通与上级衙门的关系，就也喜欢雇佣绍兴幕僚。希拉里·贝蒂对安徽桐城县地方上层社会的研究推翻了关于清代上层社会上下流动频繁的传统观点。他的研究发现该县上层社会人物的绝大多数出自豪门大家族。

站在中国内部来撰写中国历史也关注中国内部那些很少受到外国影响的宗教文化思想发展。伊夫林·罗斯基对清朝民众识字率的研究打破了费正清的某些传统论点。费正清认为难以掌握的中国的象形表意文字是农民向上发展的阻力。而罗斯基则认为，到19世纪后期，30%～45%的中国男子和2%～10%的中国女子都会读书写字。清代的启蒙教育很便宜，几乎所有想接受启蒙教育的中国男子都能得到。几乎每户人家平均有一人识字。她

---

① Edward Rhods（爱德华·罗兹），*China's Republican Revolution: The Case of Kwangtung, 1895－1913*（《中国的共和革命，1895～1913年的广东省》），Cambridge: Harvard University Press, 1975; Mary Rankin（玛丽·朗肯），*Early Chinese Revolutionaries: Radical Intellectuals in Shanghai and Chejiang, 1902－1911*（《早期中国革命者：1902～1911年期间浙江和上海的激进知识分子》），Cambridge: Harvard University Press 1971.

认为掌握几百字就具有起码的识字能力，帮助许多中国店主和商人应付日常经济活动。晚清的识字率与17世纪的英国相当。[①]

韩书瑞和欧大牟(Daniel Overmyer)通过对白莲教起义的研究揭示了晚清民间宗教与社会动乱之间的关系。两人利用来自当事人的原始资料、教派经典和被俘的起义者的供词构筑了从教派运动内部体验起义的画面。欧大牟认为，白莲教起初并不是一个利用宗教的外衣进行政治颠覆的组织，只是在清政府的监视下他们才以秘密结社的形式进行活动，宗教信仰和宗教活动是他们解决生活困惑的意识形态工具。晚清的动乱和不断的灾变印证了关于来世的教义，然而叛乱和起义的话语始终是宗教的：需要追随神灵去迎接一个新世界。韩书瑞的书栩栩如生地描述了白莲教徒的日常生活和起义经过，白莲教徒多以习武和行医为生，教派组织的纽带多是在师徒关系基础上建立起来的。[②]

站在中国内部来撰写清史的模式表现出借鉴多种社会科学概念方法的趋势。历史学家们不仅考察历史事件，也研究经济发展过程和社会结构。某些西方学者已经把20世纪70年代以来的西方汉学称为“新汉学”。它的特征是运用跨学科的理论方法，并扬弃过去借以解释清代历史的那些概括性标签，例如“官僚专制社会”、“封建生产方式”和“传统范围内的变革”等。帝制中国不再被看作是一个停滞的社会，甚至帝国中央政府也被认为是一个不断适应地方权力结构变化的机构。研究的题材也由过去的精英阶层和“大传统”转向普通民众和更基本的社会制度。

四、清代政治史：国家与社会的关系的研究

20世纪70年代以来，大量的西方汉学著作围绕国家与社会的关系的问题来研究清代历史。过去，许多西方汉学家借用诸如“亚细亚生产方式”和“东方专制主义”这样的概念来分析帝制中国社会中的国家与社会的关系，

---

① Evelyn Rawski(伊夫林·罗斯基)，*Education and Popular Literacy in Qing China*(《清代的教育与民众识字率》)，Ann Arbor：University of Michigan Press，1979.

② Daniel Overmyer(欧大牟)，*Folk Buddhist Religion：Dissenting Sects in Late Traditional China*(《民间佛教：晚清的教派》)，Cambridge：Harvard University Press，1976；Suan Naquin(韩书瑞)，*Millenarian Rebellion in China：The Eight Trigrams Uprising of 1813*(《中国的千禧年叛乱，1813年的八卦教起义》)，New Haven：Yale University Press，1976.

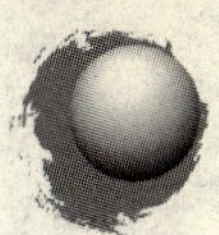

认为中国的政治体制造成了中国的贫弱地位。

20世纪60年代，沃夫拉姆·伊伯哈德（Wolfram Eberhard）和弗朗兹·麦克（Framz Michael）等开始抛弃“国家与社会的对峙”这样简单的概念，尽管国家政权的作用仍是他们历史解释的中心，他们已注意到士绅和地方精英与帝国政治结构的复杂关系。构成社会基层统治阶级的士绅通过其在国家政治制度的影响和作用获得政治影响。他们经由科举考试在官僚机构中获得官职，致仕后以儒家意识形态的名义对皇权的运用进行评议和制衡，而且随着帝国陷入王朝循环的衰退期，士绅的权力特别是对地方税收的控制力增强了。中央集权同地方主义两个对立趋向的此消彼长与王朝衰微和换代息息相关。

不少西方汉学家20世纪70年代以来开始深入从地方或民间层次对国家与社会的关系进行研究。贝特（Beattle）和邓纳尔林（Dennerline）等人的著作探讨地方精英的构成及其社会作用，而布鲁克（Brook）和康恩布鲁斯（Kornbluth）等则研究了国家权力如何在地方行使。他们发现宗族、地方学正、商人和佛道僧侣同乡绅有联系，并在一些情况下取代国家政权机构或乡绅的权力。[①]

“新汉学”是以批评以儒家哲学为编纂理论的旧汉学的面貌而出现的。因此它摒弃“儒教史学”过分关注京城的权势人物和宫廷政治的做法，而力图探讨过去未受到注意的、中央权力影响不那么明显的层面，例如外省的经济、边疆的治理和军事防御、社会控制等等。新汉学也受到社会学的影响，它研究的另一重要领域是中央国家机器治理权的合法化，即统治借助中国社会的主流文化传统而合理化的过程。

国家政权对社会的垄断控制最明显的应该体现在边防和军事领域，然而晚近的西方汉学同样注意到中央政权在这个领域内的支配性领导的有限性。中国的军事威力似乎主要表现在他在后勤补给、武器和边防战略诸方面达到的水平。即使像清廷这样的“外族政权”，其国防和军事技术也是在向汉族学习的基础上发展起来的。尽管中国在战争的战略策划和军事技术诸方面非常卓越，似乎总是比周边地区的“蛮族”技高一筹，然而大多数朝代

---

① Hilary Beattle（希拉里·贝特），*Land and Lineage in China：A Study of Tungcheng County，Anhui in the Ming and Qing Dynasties*（《中国的土地和家族：明清两朝的安徽桐城》），Cambridge University Press 1979；David Kornbluth（大卫·康恩东布鲁斯），“Ku Yen-Wu and the Reform of Loal Administration”（《顾炎武和地方行政改革》），*Selected Papers from the Centre of Chinese Studies*，University of Chicago Press，1976.

都把武力征服放在和平共处和怀柔政策之后，明朝在相当时间内似乎对外敌入侵并无准备。中国一般来讲更关注国内的稳定和安康，而不追求武力扩张，只有清廷，特别是乾隆皇帝才热衷于开疆掠土。在他的统治下，清朝的疆域扩展至外蒙和塔里木盆地，尼泊尔、缅甸和越南成为藩属。[①] 清以前的各朝(元代除外)的边疆政策是建立在中国汉族的世界秩序的观念框架中。以中国为中心的这个世界是等级制的，周边缺少高级文化的夷狄或保护国以朝贡的形式表示臣服。天朝也通过怀柔之策或货物易换的慷慨条件与周边国家友好相处。当夷狄索取过高而得不到满足并进犯边陲时，天朝惩罚性的军事活动便成为必要。中国的边防和外交政策总的来说并不是黩武的。

现今留传下来的大量清代文献是有关政府对社会的管理及相关事件。随着中国的对外开放，西方汉学家们更多地了解到这些文献，从而把这方面的研究推向深度。令许多汉学者感兴趣的是地方精英在乡村社会控制中的作用。魏菲德等人认为，从 16 世纪中叶起，科举考试中的竞争变得激烈了。那些通过科举考试致仕的和未能通过科举考试的在地方上形成上层乡绅和下层乡绅两个集团。

乡绅致仕做官时，行事多以朝廷的利益为准绳，而退休回到故乡，则往往利用自己在官场的影响和地位获取财产，为自己的宗族，也为地方谋利益，兴办水利、教育和慈善事业。中国乡村的政治生活就是在这两种互相冲突的力量和原则间达到某种平衡的情况下演进的。

农村的动乱是在多种原因下发生的，并不一定是由灾荒、反抗朝廷或抗租所引起。在许多情况下是由大姓之间为争水、争地、控制重要交通运输线和市场而发生械斗扩大化造成的。约翰·威尔斯认为，从明末开始，中国农村出现某种武装化过程，明朝的崩溃和清军的入侵带来的危机感，使乡村行政组织和社团发生变化。在江南，过去存在的各种准军事组织，例如防盗匪和守护庄稼的自保组织和团练等，同乡绅和普通民众一起，形成一支统一的武装自保力量。[②]

---

① Frederic Wakeman, Jr., "High Qing: 1683－1839"(《1683～1839 年的清代盛世》), in James B. Crowley, ed., *Modern East Asia: Essays in Interpretation*(《近代东亚历史解释论文集》), New York: Harcourt, Brace and World, 1997.

② Jerry Dennerline(吉瑞·丁纳尔林), "Hsu Tu and the Lesson of Nanking: Political Integration and the Local Defense in Chiangnan, 1663－1645"(《1643～1645 年期间江南的地方自卫和政治统合》), in Jonathan Spence and John Wills, Jr., eds., *From Ming to Ching: Conquest, Region and Continuity in the Seventeenth Century China*, New Haven: Yale University Press, 1979.

城市里的骚乱也有多种原因，例如抗税，抗议官员腐败和滥用职权，反对某项官方法令等。20世纪70年代以来，西方新中国史试图探讨把乡绅和普通民众维系在一起的那些结构性力量。他们认为，中央政府正是在这种制度结构框架内建立起对民众的统治。

帝制时代国家对社会的统治程度是一个引起很大关注并争议颇大的问题。威特法格尔的名著《东方专制主义》认为帝制中国君权是不受节制的，皇帝及权臣亲信牢牢控制着行政官僚机构，严密防范任何集团对皇权的挑战。魏特法格尔的观点受到广泛的批评，日本汉学家Nalto Konan与魏特法格尔相同的观点却被美国和法国的汉学泰斗，例如费正清和吉奎斯·格尔里特(Jacqnes Gernet)等人所接受。Nalto认为，唐下半叶贵族势力削弱，中国的政治权力结构关系发生变化。宋以降，皇权加强，行政官僚系统特别是首辅的权力衰退，到明清，官僚士大夫们变成皇帝的奴仆，丧失了合法的权力来质疑君命的合理性。①

20世纪80年代黄仁宇的著作修正了这种过于简单的看法。黄根据《明实录》特别是其中有关万历朝时期皇帝与官僚的纠纷，勾勒了官僚是真正的统治者，而皇帝只不过是官僚集团手中的工具这样一幅图景。晚近的研究更多地把国家看作是一个管理调节机构，一个使中国传统社会和政治秩序合法化的工具。②

国家通过教育和科举考试在意识形态上控制社会是许多汉学著作研究的重要题材。教育在传播儒家意识形态方面有着特殊作用，历朝几乎都把教会学生正确理解儒家经典作为教育的主要内容。查费在1985年出版的书中认为，宋代所主要关心的是通过标准的科举考试找到道德品质合格的儒生担任公职。南宋时官方学校同民间书院已出现教学目的的分叉，前者为科举考试作准备，后者在追求真知。强调达到个人道德的完善的理学的兴起预示官办学校的衰落。③ 受教育和赴京应试的昂贵费用使之成为少部分人的特权，宋以后，教育机会增多了，私立书院成为保存和传播儒教精髓的中心和持不同政见者的会所。至元代，进书院读书是儒生在异族统治下的

---

① A. Fogel(法格尔), *Politics and Sinology: The Case of Nalto Konan, 1866－1934*(《政治与汉学：Nalto Konan 1866～1934》), Cambridge, Mass.: Harvard University Press, 1984.

② Huang Ray(黄仁宇), *1587, A Year of No Significance: The Ming Dynasty in Decline*(《万历十五年》), New Haven: Yale University Press, 1981.

③ John Chaffee(查费), *The Thorny Gates of Learning in Song China: A Social History of Examinations*(《宋朝荆棘丛生的学问之门：科举考试的社会史》), Cambridge University Press, 1985.

一种很实际的应对举措。明代，书院的重要性增强，而科举考试的质量则下降了，考试的范围已不再是五经必考。在清代，满清统治者为了把汉族儒生整合进官方政治主流，并为官僚行政机构遴选人才，使教育得到了发展。①

明末清初改朝换代时，士大夫忠诚问题也是一个重要题材。海格尔(John Haeger)认为，在中国，忠诚是一个社会交往方面的德行，它守护着人与人之间的关系，到后来对国家的忠诚同无条件的忠君连在一起。斯特鲁非在她的两本书中研究了明遗臣和士大夫对满清招降入仕的反应。明末儒生的妥协程度与儒生的年龄相关。黄宗羲和顾炎武拒绝为官清廷，却鼓励儿子到清政府任职。② 魏菲德的著作考察了不同地区明臣和儒生对清朝的反应，提示了儒生相当复杂的选择：投降、合作、自杀、抵抗和退隐山林等等。③

皇帝如何通过操控带有宗教意义的仪式和典礼来表现自己的正统合法性也是不少学者的研究题材。纽奇姆和热托对国家宗教仪式的界定以及它在朝廷内外的意义进行了探讨。④ 每一个朝代都借助一套国家宗教仪式和典礼来强化社会政治秩序。威尔士研究了从汉代至清代的国家仪式的内容，他认为这些仪式表达了国家在土地和农业生产、家庭、上下级政治关系以及宇宙和谐等方面的观念和意愿。⑤

清初的统治者如何使自己成为儒教国家的开国之君的合法化过程也成

---

① Adam Y. C. Lui(亚当·雷), "The Practical Training of Government Officials under the Early Qing, 1644－1795"(《清初对官员的培训，1644～1795》), *Asia Major*, vol. 16, 1971; and "The Academies under the Qing"(《清代书院》), *Journal of Asian History*, vol. 7, 1973.

② Lynn Struve (斯特鲁非)"Ambivalence and Action: Some Frustrated Scholars of the Kangxi Period"(《矛盾的心情和行为：康熙时期事业受挫的儒生学者》), in Jonathan Spence and John Wills, Jr., eds., *From Ming to Qing: Quest, Region and Continuity in Seventeenth Century China*, New Haven: Yale University Press, 1979.

③ Frederic Wakeman, *The Great Enterprise: The Manchu Reconstruction of Imperial Order in Seventeenth Centry China*(《伟大的事业：17世纪满清在中国重建帝国秩序史》), Berkeley: University of California Press, 1985.

④ Christian Jochin(纽奇姆), "The imperial Audience Ceremonies of the Qing Dynasty"(《清代的朝觐仪式》), *Society for the Study of Chinese Religions Bulletin*, 1979; Angela Zito(热托), "Representing Sacrifice: Cosmology and the Editing of Texts"(《献祭表演：宇宙论与对文献的编辑》), *Issues Concerning Qing History*, no. 2, 1984.

⑤ John Wills, "State Ceremony in Late Imperial China: Notes for a Framework for Discussion"(《帝制中国晚期的国家仪式》), in Jonathan Spence and John Wills, eds., *From Ming to Qing: Quest, Region and Continuity in Seventeenth Century China*, New Haven: Yale University Press, 1979.

为不少汉学家的研究题材。亚当·雷研究了多尔衮摄政时期如何在汉族监察御史(cencor)的建议下巩固新政权,钳制腐败。克斯勒和史景迁等人则探讨了康熙皇帝14岁亲政、逮捕摄政鳌拜、镇压三藩、收复台湾、抗击俄国和外蒙古,把权力集中于自己手中的过程。费希尔和费维恺描述了雍正皇帝推行密折,让官员直接向皇帝密报官场是非,改革八旗制度,斥责歧视汉族官员的言行,他们认为雍正的这些举措有助于清除官僚的政争。[①]

五、后现代视野下的清代社会历史

后现代主义是一个复杂的思想潮流,20世纪90年代起对西方汉学产生影响。何伟亚的《怀柔远人:清代的宾礼与1793年马嘎尔尼使团》是最为著名的一本。该书被称为是"后现代主义的批判性产物",把"后现代式的解释与新的档案材料"结合起来,使马嘎尔尼使团访华事件呈现一种全新的诠释。[②] 后现代主义受到结构主义的影响,它以关心受到压迫的、卑微的社会阶层和非主流文化现象而著称。后现代主义新汉学偏离过分关注精英和上层政治生活的旧汉学,试图把过去受到忽视的下层普通人物纳入新历史编纂的视野。从事农耕的农民、商人、市民、工匠、店员、妇女、佃农、奴仆和少数民族都成为新汉学的历史编纂题材,他们的生活在汉学家研究特殊的历史事件、影响深远的政治经济和生态变迁中被加以认真对待。

精英阶层的内涵也被扩大,从旧历史编纂所属意的儒生士大夫和政府官员到包括所有能够参与政治运作的人、握有重兵的将领、富商和宗教界上层人物等。许多情况下,精英和下层的区分存在界定的困难。"中国下层的历史"有两种编纂的趋向:一是研究下层人员政治经济上遭压迫的状况;二

---

① Adam Lui(亚当·雷), "Censor, Regent and Emperor in the Early Manchu Period, 1644—1660"(《清初的监察官、摄政王和皇帝,1644～1660》), in *Papers on Far Eastern History*, no. 17, 1978; L. D. Kessler(克斯勒), *Kangxi and the Consolidation of Qing Rule, 1648－1661*(《康熙皇帝和清朝统治的巩固,1648～1661》), Chicago: University of Chicago Press, 1971; Albert Feuerwerker(费维恺), *State and Society in Eighteenth Century China: The Qing Empire in Its Glory*(《18世纪中国的国家与社会:荣耀中的清朝》), Ann Arbor: Centre for Chinese Studies, University of Michigan, 1976.

② James L. Hevia(何伟亚), *Cherishing Men From Afar: Qing Guest Ritual and the Macerthey Embassy of* 1793(《怀柔远人:清代的宾礼与1793年马嘎尔尼使团》), Durham and London: Duke University Press, 1995.

是研究他们在中国经济发展中的作用。前者特别关注中国社会中的所谓“贱民”,包括陕西省和山西省的从事音乐的家庭、广东省的船民等等。这些受到歧视的人户籍注入另册,不能参与科举考试,与一般臣民相比,权利受到更多限制。

汉学家们试图在各地找到这些贱民,对他们的生活加以描述。柯尔关注在绍兴的“to-min”,安维尔利探讨长江上游等地的棚民。[①] 农奴成为不少汉学家的研究对象,温思研究了唐至清代农奴在农业生产中的地位,以及与其他农民如佃农和短工的区别。[②] 伊懋可认为,从宋至明大多数中国农民的经济地位同农奴不相上下。伊懋可受到具有马克思主义倾向的日本东京汉学派的影响。东京学派否认自唐朝贵族衰落、以才取士的科举制实行以后中国社会的等级划分已不太严格的观点。

许多西方汉学家认为在农民的地位和农村的土地关系上16世纪是个转折点。大量种植经济作物引起的农业的商业化、新型的农业管理和土地所有制、乡村手工业的蓬勃使明末以来中国社会经济结构发生转变。[③] 农业的变化伴随工场手工业的产业专门化、市场和商业活动的扩张以及新的契约关系的出现。

妇女史的研究也是后现代主义新汉学的一个重要领域,西方汉学家所探讨的对象不仅限于下层妇女的生活,也包括宫廷仕女、上层阶层的女性,她们如何操持家务,她们的情感世界和文化程度。[④] 伊懋可和曼恩认为随着妇女的品德越来越成为道学家们关心的问题,妇女的地位趋于恶化。[⑤] 瓦蒂

---

① James Cole(科尔),“Social Description in Traditional China, the To-min of Shaohsing”(《传统中国的社会歧视》), *Journal of the Economic and Social History of the Orient*, no. 25, 1982; Stephen Averlli(安维尔利), “The Shed People and the Opening of the Yangzi Highlands”(《长江流域山地的开发和棚户》), *Modern China*, no. 1, 1983.

② Wiens Chu(温思·楚), “Masters and Bondservants: Peasants Rage in the 17th Century”(《17世纪农民的愤恨:农奴和主人》), *Ming Studies*, no. 8, 1979.

③ Chao Kang(赵康), *Man and Land in Chinese History*(《中国历史上的人和土地》), Stanford: Stanford University Press, 1986; Evelyn Rawski, *Agricultural Change and the Peasant Economy of South China*, Cambridge, Mass.: Harvard University Press, 1972.

④ Roxanne Witke(卫特克) and Margery Wolf(沃尔夫), eds., *Women in Chinese Society*(《中国社会中的妇女》), Stanford: Stanford University Press, 1975.

⑤ Mark Elvin(伊懋可), “Female Virtue and the State in China”(《中国的妇道与国家》), *Past and Present*, no. 104, 1984; Susan Mann(曼恩), “Historical Change in Female Biography from Song to Qing Times”(《宋至清中国妇女自传的变化》), in *Transactions of the International Conference of Orientalists in Japan*, no. 30, 1985.

纳的研究显示一段时间内，要求寡妇守寡甚至殉葬的社会压力增大了。[①] 在研究妇女史和其他下层人民的历史时，出现的一个问题是所依据的文献史料大多是精英阶层撰写出来的，其中充满了对妇女和下层人民的偏见。

后现代主义也从结构主义的观点来研究清代社会文化和经济生活的某个特殊的层面和某一特定地区。新汉学的结构主义流派并未提出或运用特定的哲学和历史解释理论。在方法论上，他们受到计量史学的影响，研究的范围从俗文化到人口模式，非常宽广。他们不太注意历史事件的细节，而专注于分析在中国某一历史现象的结构和内部的机制。他们所关注的不是历史事件的具体性及原因。结构主义新汉学把中国历史看作是一个多层次的立体主义绘画，关注每一个主体的内部关系，而不是它们之间的外部联系。这样的观点使他们能够跨越朝代，较为全面地研究某一现象，例如气候、疾病的传播、营养、食物供给、识字率、儿童的福利等等。[②]

这些研究不仅在中国各个地区之间进行比较，而且都运用数量化的研究手段。历史人口学问题吸引了许多学者的注意力。学者们对 18 世纪人口剧增的原因争论不休，认为人口的增长到 19 世纪超过了中国耕地能够支撑的限度。一些学者研究特定地区和时期的人口问题、节育措施和迁涉等等。[③] 詹姆斯·李等学者探讨了食物供给状况与人口增加的长期模式，并通过赈灾款项来估算人口数字。刘翠蓉把全国范围内人口的增长与人均消费水平联系起来。

结构主义史学不仅看到中国社会的地域性的空间结构，同时把清代中国社会视为由若干社会层次组合的等级结构。它研究中央政府的权势人物和省级统治人物总督和巡抚，他们的政治行动及其影响，震动全国的历史事件，声望超出地方的思想文化界人物等等。它也研究在政治体制基层提供实际领导的人物，如士绅、土豪、宗教专职人员等。

---

① Ann Waltner(瓦蒂纳), “Widows and Remarriage in Ming and Qing China”(《明清中国的寡妇和再婚》), *Historical Reflections*, no. 8, 1981.

② Wang Yeh-Chien(王烨涧), “Food Supply in 18th Fukien”(《18 世纪福建的粮食供给》), *Late Imperial China*, no. 2, 1986; David Johnson, Nathan and Rawski(约翰逊、兰西和罗斯基), eds., *Popular Culture in Late Imperial China*(《帝制晚期的俗文化》), Berkeley: University of California Press, 1984.

③ Michael Marme(马尔墨), “Population and Possibility in Ming Suzhou: A Quantified Model”(《明代苏州的人口及发展可能性：一个数量化模型》), *Ming Studies*, no. 12, 1981; Robert Entenmann(埃腾曼), “Sichuan and Qing Migration Policy”(《四川省与清代的移民政策》), *Ching-shih Wen-ti*, no. 4, 1980.

结　语

西方汉学界清史研究近半个世纪以来发生的这些重要变化同汉学研究的重镇从早期的荷兰、法国、英国转移到现在的美国几乎同时发生。它同西方世界中政治、经济和学术中心的向美漂移相一致。近半个世纪美国领衔的西方汉学经历的这些研究范式的重要变迁——从二战后以现代化理论为解释框架的中国历史研究到以中国为中心的历史编纂，再到20世纪70年代以来的“新汉学”和近几年的后现代主义诠释——反映了西方学术重视推陈出新的传统，它也与研究者们受到更好的汉语能力训练以及近年来西方思想学术的时代潮流的影响有关，对西方清史研究的进一步了解无疑将有助于当前的清史编纂工作。

（本文原载《史学月刊》2005年8期）

后现代主义历史观及其方法论

后现代主义是影响当代西方人文社会科学乃至文化的重要理论思潮，到20世纪90年代据称已取得文化霸权。本文探讨后现代主义作为历史观和方法论的内涵，包括后现代主义对启蒙运动的批判、后现代主义关于历史及历史著述的本质、解读文本到构建新的历史叙述的方法及其意义等。作者在看到后现代主义带来一些新颖而深刻的观念时，也提到它的一些极端观点具有的破坏作用。

后现代主义是与现代主义相对立的重要理论思潮，从20世纪60年代起影响遍及文学、哲学、音乐、建筑、历史和艺术等许多领域。它起初与一种轻松和多元的风格有关，后来同哲学中批评启蒙运动的价值观和客观真理观的运动合流。它怀疑客观知识的可能性和文本的单义性，解构西方近几个世纪的文化和知识形态。在发展过程中，后现代主义融合了多种理论观点流派。受到"语义学转向"和后结构主义思潮的推动，它把语言和修辞作为研究的重点，继承了索绪尔关于语言是一具有内在差异和关系的结构的理论，认为所有的知觉和概念都建基于语言，并与主体的地位相一致，也是文化话语的暂时的现象；从尼采那里，它纳入了认识论和伦理的相对主义；从福柯那里，它接受了反启蒙运动的观点，并从知识与权力的关系来理解理性和真理的起源；从马克思主义那里，它继承了批判资本主义和殖民主义的理论观点。

近年来，国内一些重要刊物刊登不少讨论后现代主义理论及其实践的文章。在欧洲，著名的文化马克思主义者、牛津大学教授伊格尔腾的讨论后现代主义的《文学理论》自1977年问世后受到广泛的注意，已再版15次，并被译为两种中文版本。有学者甚至声称后现代主义在西方取得了“文化霸权”。[①] 后现代主义作为一种历史观和方法论，它的主要内容有哪些呢？这就是本文所要讨论的中心问题。

一、解构理性主义历史观念

近现代西方历史编纂的基础理论是理性主义和历史进步观。从批判所谓“启蒙运动构想”的立场出发，后现代主义质疑批判启蒙运动以来西方社会所确立的许多观念，包括理性行为和真理的标准以及知识的含义等等。后现代主义特别批判它所宣称的启蒙运动带来的现代文化的专制和绝对论倾向，力图把思想从所谓“理性的桎梏”和独断论的价值观和真理观中解放出来。[②] 18世纪启蒙哲学家们抨击阻碍社会进步的宗教蒙昧主义和专制主义，要求理性独立和思想自由[③]，认为按照理性与经验论的方法，一个理性王国便可最终建成。[④] 受这种思想影响，启蒙思想家们提出了改造人类社会的理想和计划[⑤]，被认为是标志着现代性的开端。[⑥] 从孔多塞到韦伯都继承了这种认为通过社会理论和实践的革命可以实现现代性的观点。孔多塞相信他已经看到人类的理性在文明的自然进程中慢慢形成，以及康德关于“启蒙运动使人类从自我加与的不成熟中解放出来”[⑦]的言论，都表达了这种信念。

后现代主义者却认为这些理念是现代社会诸多恶性事件的思想根源。

---

① David Harvey（哈维），*The Condition of Postmodernity*（《后现代性的状况》），Blackwell，1990，p. 4.

② Ted Honderich（特德·冯德尔里奇），*The Oxford Companion to Philosophy*（《牛津哲学手册》），Oxford University Press，1995，p. 708.

③ Lawrence Cahoone（卡宏），ed.，*From Modernism to Postmodernism：An Anthology*（《从现代主义到后现代主义：论文集》），Blackwell，1996，p. 72，82.

④ Carl Becker（贝克），*The Heavenly City of the 18th Century Philosophy*（《18世纪哲学的天国》），Yale University Press，1932.

⑤ S. Crook（格鲁克），“Radicalism，Modernism and Postmodernism”（《激进主义、现代主义和后现代主义》），in B. Boyne & A. Rattans（波伊恩和拉滕西），eds.，*Postmodernism and Society*（《后现代主义与社会》），Macmillan，1990，p. 50.

⑥ Roy Porter（波特尔），*Edward Gibbon：Making History*（《爱德华·吉本：创造世界》），Weidenfeld & Nicolson，1988，p. 26.

⑦ Immanuel Kant（康德），“Ideas for a Universal History with a Cosmopolitan Purpose”（《世界通史的观念》），reprinted in Hans Reiss，ed.，*Kant's Political Writings*，Cambrideg University Press，1978，p. 54.

他们声称启蒙运动的"历史主义"——人是启蒙运动所创立的理性计划的执行者，民族国家是历史变革的推动者等——应对现代社会出现的诸如膨胀的官僚机构、被剥夺的个人自由、受到国家压制的市民社会、大屠杀和专制主义等负责。从批判"启蒙计划"派生出的"弊病"以及"工具理性"的获胜等导致的现代性的"阴暗面"中，后现代主义解构启蒙运动以来的人类思想史。他们认为，启蒙运动相信理性万能是一种错误，因为废除了形而上学和宗教，也就摧毁了人生价值观和意义的基础，理性变成冷酷的算计。在后现代主义眼中，启蒙运动具有集权性和宿命论倾向，把人和世界看成机器。

后现代主义认为当代历史已是现代以后，有"后现代性"特征，因而后现代主义也被称为后历史主义。它"不再以一个社会事实在一个假定有方向和意义的历史过程中的地位来解释这个社会事实。突然自发产生的社会思想、意识形态和时代精神排除了与历史的任何相关性"①。后历史主义否认历史过程有秩序，否认人类能认识历史发展的方向，以及人类正朝着更理性、更自由和更繁荣的方向前进。历史学家也不能把社会政治事件安排在历史过程的适当位置上。在他们眼中，历史遗迹、古书、旧房子、古旧的风格是一些杂乱无章的集合物，犹如海滨沙滩上的浮渣或布满尘埃的抽屉里的杂物。在否定近现代历史编撰基础的历史进步观之后，后现代主义用"形式的同时性代替文化的序列"，用审美的多样性取代历史的原则。②

二、解构客观主义史学认识论

德里达的"逻各斯中心主义"理论认为近现代西方认识论的要点是预设假定现象背后有一潜在结构，而认识的目的就在于发现现象背后的结构。这也是艺术中的认识论，就像科学试图发现有关现象世界的规律和结构一样，近现代艺术也主要还是寻求再现现实。19世纪中叶以后，一些现代主义艺术家开始对传统的现代艺术观发难。在他们眼中，传统的以准确再现现实世界的艺术过分强调外表，因而是不足取的。现代主义艺术家想要揭示外表后面的真实存在，力图把他们所理解的场景或现象背后的世界和意义

---

① Alan Touraine(多莱恩)，*Critique of Modernity*(《现代性批判》)，tr. David Macey，Blackwell，1992，p. 178.

② David Harvey(哈维)，"Postmodernism in the City"(《后现代性与城市》)，in *The Condition of Postmodernity*，Oxford：Blackwell Publishers，1990，p. 189.

带到表面上来。现代主义的绘画因而不是对场景的照相机般精确的再现，而是经过扭曲、夸张或变形了的艺术家的世界。

后现代主义艺术家对现代主义艺术观仍然感到不满。他们认为，当现代主义把现象外观下面的现实带到表面并揭示出来，这个被揭示出来的现实仍具有一个外表。后现代主义因而主张取消艺术家的意图的问题，并否认世界具有稳定含义，同时也漠视现实的问题。“都在那儿，你所看到的就是你所获得的，除此之外再没别的。”历史编纂学中的后现代主义思潮同这种理论一脉相承。它取消了是否存在客观现实以及历史著述是否真实地再现了历史现实的问题，而提出历史家的叙述文本就是现实。艺术作为人类反映和表现世界的形式影响人的历史观念。

后现代主义从历史必须经历史学家口中讲述出来这一事实出发声称历史过去仅是历史学家的话语，历史家的讲述文本即历史现实本身。这一理论的重要代表安格尔斯密特在 1986 年的一篇文章中对此作了详尽的阐释。他声称真正的历史不是过去，而是现在对这历史过去的再现。在他看来，历史学家主要关心历史油画的美学特征，而不是认识论的或者是它要说明解释什么这些方面，因此，我们是在观察这种历史再现本身，而不是通过历史叙述去考察历史过去的现实。这里，源于克罗齐的一切历史（著述）都是当代历史（思维史）的观点被发展到了极端。

安格尔斯密特声称历史书中所勾勒的“微型故事”本身就是历史。“远远不是用对话叙述的异化的手段来建立历史过去的再现”，“书中的这些微型故事本身已以历史现实的形式存在”①。历史叙述的文本就像一扇雕刻或彩绘的窗户玻璃，我们关注的兴趣不在于窗户玻璃后面的天空和地面上的风景，而是蚀刻过的窗户玻璃本身。换言之，后现代主义史家所关心的是历史编纂的形式，以及这种再现是如何把历史现实囊括进来。②

安格尔斯密特以霍布斯的《利维坦》为例争辩说，《利维坦》被以多种方式解读，主要是由于无法获得一致的理解。因此，透彻地来讲，我们现在已明白“我们没有客观的文本和历史过去，而只有对它们的说明”③。他声称历

---

① F. Ankersmit（安格尔斯密特），“Historical Representation”（《述现历史》），*History and Theory*，vol. 27，1988，p. 226.

② F. Ankersmit，“Historical Representation”，*History and Theory*，vol. 27，1988，pp. 227—229.

③ F. Ankersmit，“Historigraphy and Postmodernism”（《历史和后现代主义》），*History and Theory*，vol. 28，1989，p. 137.

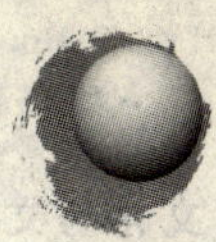

史过去宛如一棵树，传统史学集中注意力于历史之树的树干，但是，历史编纂学的本质不在树干和树枝，而在树叶。他认为已到了历史编纂学的秋天，后现代历史家的任务是收集落叶，并且看看能用这些落叶组成什么类型模式，而不是去研究这些落叶原来在树的什么地方。[①] 后现代主义显然过分夸大了历史著述的主观性，而走到了否认历史过去真实的地步。

后现代主义合理地认识到，"过去事件的结构和过程同记载表现它们的文献的形式、思维的概念和政治观念以及建构它们的历史著述的活动无法区分"[②]，它却对历史再现的载体形式和性质作出了十分极端的解释。乔伊斯总结与此相关的这些论点如下：(1)历史"叙述的语言是具有本体论意义的(研究)对象[③]；(2)并没有确定的历史过去或文本，而只有对它们的解释；(3)历史的过去仅是当代历史家的创造；(4)历史叙述的语言和文本如诗歌一样，并不参照现实，也不是现实的一个窗口，它是晦涩的和不能被详解的，因此只能用美学的标准而不是用真实或虚假之类的认识论的标准去判断它"[④]。可以看出，除了第一点具有合理性而外，其他各论点都是非常值得怀疑的。

后现代主义把一手和二手的资料在重要性上等同起来。它认为：历史事件虽然首先是作为真正发生过的，或者是据信发生过的事件而存在的，但它们已不再可能被直接感知了。因此，为了将其作为思辨的对象来进行建构和研究，它们必须被以某种普通或技术语言来加以叙述。由于这种情况，后来对于事件所进行的分析式解释，无论是思辨的还是科学性的，都已是对于预先已被叙述了的事件的分析和解释。这种叙述解释是语言凝聚、替换、象征化和某种贯穿着文本产生过程的历史学家的思维活动的产物。[⑤] 换言之，研究只是通过预先存在的各种文本形式来开始。这些文本有可能是以历史文件记录的形式，或者是以历史家在研究文献的基础上所作出的叙述的形式体现出来的。

---

① F. Ankersmit, "Historigraphy and Postmodernism", *History and Theory*, vol. 28, 1989, pp. 149－150.

② P. Joyce(乔伊思), "History and Post-Modernism"(《历史和后现代主义》), *Past and Present*, vol. 133, 1991, p. 208.

③ F. Ankersmit, "Reply to Professor Zagorin"(《答复萨格林教授》), *History and Theory*, vol. 29, 1990, pp. 295－296.

④ Michael Stanford(斯坦弗), *An Introduction to the Philosophy of History*(《历史哲学导论》), Blackwell, 1998, pp. 233－234.

⑤ Michael Stanford, *An Introduction to the Philosophy of History*, Blackwell, 1998, p. 100.

三、对历史文本解读的新历史主义方法

海德格尔对20世纪文化与哲学产生了深远影响。海德格尔对人类意识和理解的性质及其方式提出了新理论，被认为是“哥白尼式的革命”。海德格尔认为，人对世界包括他人以及体现为文本的思想等的阐释并不仅是人类意识或认识的一种活动，而是人类生存的一种基本形式。人类的生存实际上就是一个通过理解和阐释来扩大意义和寻找新的意义的过程，而理解是一个对话的过程。胡塞尔的现象学揭示了关于自我可以意识的观念是错误的，因为只有具有对象意识，才会有自我意识。伽达默尔进一步阐发了海德格尔关于理解不可避免地要受“理解的前结构”制约的观点。这个“理解的前结构”包括成见、权威和时间间距的“有效历史”等。海德格尔认为世界是此在和他人与其他非人的存在物的总体关系。人的存在的重要内容——“理解”就是对这种关系的把握的明晰化。利科认为，文本的深层结构——文本的所指和意义具有独立性，它将随不同的理解而增值。

海德格尔阐释学从本体论的路径出发，认为读者在阅读文本时头脑不是白板一块。即使读者对所读作品没有知识，他也会对自己在社会和世界上所处的位置有些感知。因此，他在阅读时实际上会将自己的期望或先见投射到被阅读物中，诠释也是读者寻找自我的一个过程。举例来说，康有为对儒家文本的新解释既体现了他对自己所处的社会和世界的认识，也是他在世界所寻找到的自我位置。海德格尔和利科等后现代主义理论家关于“作者已死”的理论是从又一新角度对近代客观史学认识论的解构。假如我们不把这种理论诠释为完全否认文本史料的客观性，这种理论确实揭示了史料文本的又一复杂的层面。海德格尔诠释学的重要观点是：“文字”也表达了撰文者的“存在”状况；阐释方法能够了解许多撰文者本人都未曾意识到的情况。[①]

海德格尔关于人类意识和理解的哲学理论成为后现代式文本解读理论的基础。后现代式文本解读也被称为“新历史主义”。新历史主义是“一个

---

① Ted Honderich(特德·亨德里奇), eds., *Oxford Dictionary of Philosophy*(《牛津哲学辞典》), Oxford University Press, 1995, p. 353, 354.

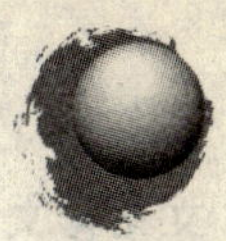

没有足够(理论内容)可资参照的措词”,这股思潮基本可以看成是对后结构主义的非历史倾向的反击。① 新历史主义首先发源于研究文艺复兴时期的文化。他们通过重构文艺复兴时期文化来表达他们对后工业化时代文化的关注。②

古典历史主义反对实证主义以理论模式解释社会的行为,试图将个体放回到它本身具体的时空中去辨认③,因为它深信历史文化现象是具有特殊性和完整性的国家文化中不可分割的部分,对任何一个现象的本质和价值的充分评价只能通过考查该现象在发展过程中所占的位置和所起的作用来获得。古典历史主义认为语境比文本更真实具体,并且是解释文本的基础,因而集中探讨作品的社会历史文化背景、作者的世界观和创作意图等。新历史主义者把这种阐释方法批评为“单一逻辑的”文学阐释,提倡既研究文本的语境,也分析文本所包含的社会存在,以及两者的互动关系。它反对单纯从语境出发来阐释文本的实证主义式的阅读,也反对把文学作品看作是孤立现象的形式主义方法。

新历史主义强调对阐释语境,包括写作的语境、接受的语境和批评的语境等的理解和分析。它主张结合历史背景、理论方法、政治参与、作品分析去解释作品与社会互动的过程。新历史主义者试图同过去对话,他们不仅要解释一个已经存在的文本,也要识别当时文本写作的话语与作者本人的话语,使历史再现,并为历史确定一个现在的位置。新历史主义者因而常在批评中自我反思,质疑自己在批评中的作用,探讨自己的理论假设和论据,表明自己话语的立场。这似乎代表了一种试图寻求更为客观的立场的努力,虽然他们并不喜欢“客观性”这个词。

新历史主义者倡导使用文化学的研究方法(culturalogical approach)和后结构主义的理论。他们往往忽视历史的“社会结构”和“政治”本质④,而将社会和文化过程简化为“话语式实践”。新历史主义主张首先考虑“文学和

---

① A. Veeser(维塞尔), ed., *The New Historiscism*(《新历史主义》), London: Routledge, 1989, p.9.

② 参见葛林伯雷《通向一种文化诗学》,载张京媛编译《新历史主义与文学批评》,北京大学出版社 1997 年版,第 1 页。

③ Georg Iggers(伊格斯), *The German Conception of History: The National Tradition of Historical Thought from Herder to the Present*(《德国历史观念:历史思想的民族遗产,从赫尔德到现在》), Middletown, 1968, pp.287—290.

④ Georg Iggers, *The German Conception of History: The National Tradition of Historical Thought from Herder to the Present*, Middletown, 1968, pp.287—290.

戏剧作品得以最初形成的社会文化语境”，不仅把文本“与别的话语模式和类型相联系，而且也与同时代的社会制度和其他非话语性实践相关联”[①]。它关注文学与其他文化系统联系的“共时性”，而不是“历时性”。这是新历史主义与古典历史主义的根本区别。[②] 新历史主义把文学文本和文化系统之间的联系看作是两种文本之间的关系，这样就“进行了双重意义上的简化：它首先把社会理解为是表现了一种‘文化’功能的地位，然后又进一步将文化置于‘文本’的地位”[③]。

我们知道，历史是由曾经发生在过去的所有事情组成。历史家在研究时为了区分哪些是“历史的”和“有意义的”，哪些是“非历史的”和“无意义的”，往往必须使用一些所谓“第三类参照物”，即关于社会现象的结构和发展模式等等的理论或范畴，以此建构自己的研究对象。而新历史主义虽然从历史写作的更早一个阶段对历史写作与研究的过程作出了新的阐释。但是这类关于“文本”的概念能否产生出关于历史过程的结构和事件相对有历史意义或不具有历史意义的有效认识，仍是值得讨论的。

四、后现代主义历史编纂理论的反主流倾向

后现代主义从理论上论证并强化了 20 世纪 60 年代以来历史编纂学中的研究非主流的、不处于支配地位的或者说反常社会文化历史现象的潮流，他们用“历史诗学”的概念来对当代历史编纂学中的这股潮流进行理论概括。历史诗学对历史记载中的零散插曲、轶闻轶事、异常事件和外来事件、卑微或不可思议的情形等表现了特别的兴趣。在这些历史学家看来，这些内容在创造性的意义上如诗学。像诗学语言不仅具有意义，而且是对据统治地位的语言表述的规范和逻辑原则的抵触和挑战一样，社会历史的这些层面也是对占统治地位的社会政治组织结构以及文化符码和规则的逃避、超脱、抵阻和破坏。对它们的研究有助于对那些居于统治地位的或在特定

① 海登·怀特：《评新历史主义》，载张京媛编译《新历史主义与文学批评》，北京大学出版社 1997 年版，第 95 页。

② 参见海登·怀特《评新历史主义》，载张京媛编译《新历史主义与文学批评》，北京大学出版社 1997 年版，第 97 页。

③ 海登·怀特：《评新历史主义》，载张京媛编译《新历史主义与文学批评》，北京大学出版社 1997 年版，第 97 页。

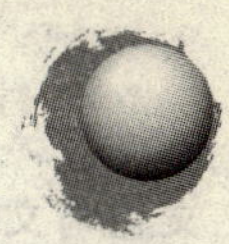

历史时空中占优势的社会政治文化心理及其符码进行破解、修正和削弱。这些理论和阐述无疑有助于扩大历史编纂学的概念和内容。维柯就曾说过历史逻辑的诗学性质绝不亚于它的语法性质。

在英国,后现代主义思潮被称为“文化马克思主义”。英国的“文化马克思主义”以已故剑桥大学教授雷蒙·威廉士和牛津大学英国文学教授特利·伊格尔腾为代表。威廉士强调文化现象优先于其他层面,认为文化唯物论是对所有意指形式的分析,包括写作和写作过程中的实践环境和手段。伊格尔腾则研究后结构主义语言理论,并力图发展马克思主义文化理论。英国的文化唯物主义强调文化的政治作用和阶级关系,美国的新历史主义则更重视分析文化中的语言表述。他们都着重研究文艺复兴时期的历史。美国学者的重点在重构最初产生文艺复兴文本的那个社会文化领域,而英国文化马克思主义者则更强调现在是怎样利用现时对过去进行各种描述的。

后现代主义是以批判现代资本主义社会及其主流意识形态和方法论为特征,因而它吸收马克思主义文化批判方法论的观点就不足为奇了。带有文化唯物主义[①]倾向的新历史主义主张不简单地把一部文本、剧本、诗歌或小说作为一自我封闭的作品来加以研究。它提倡同时考查该文本被创作出来的环境及该作品对同时代人的影响。它不仅把文学作品放在它所处的历史文化环境中来加以研究,也研究“不同文化实践的集体创作并探讨这些实践之间的关系”[②]。

其主要理论观点可以归纳如下:(1)“每一(艺术)表现活动都植根于物质实践的网络”,这就是说,每一个艺术家、画家、文学家、作曲家等都生活在充满需求的物质世界。他的艺术不是脱离这个物质世界的,而是其中的一个部分。(2)“文学和非文学的‘文本’流通融汇,不可分离。”“非文学的文本”这里指文学文本被创造出来的那个社会中流行的观念、制度、习惯和风俗等。(3)“批判的方法和那种用以描述资本主义文化的语言参与它们所描述的经济(过程)”[③],换句话说,文学批评家和历史学家的话语实践影响所在社会的其他领域包括经济活动领域。

---

① 参见路易斯·孟酬士《文艺复兴文学研究与历史的主题》,载张京媛编译《新历史主义与文学批评》,北京大学出版社 1997 年版,第 68 页。

② A. Veeser, ed., *The New Historiscism Reader*(《新历史主义读物》), London: Routledge, 1994, p.89.

③ A. Veeser, ed., *The New Historiscism Reader*, London: Routledge, 1994, p.2.

这些观点是对马克思关于意识是社会存在的反映、上层建筑(包括哲学、宗教、道德等意识形态的“文本”)是以经济活动为基础的理论以及毛泽东同志等关于文学艺术与社会生活的紧密关系的理论[①]的重述和发展。由于这种重述是在社会科学已发展到20世纪下半叶的语境中进行的,因此,它的意义就是不可忽视的。

结　语

可以看出,后现代主义是一个融合了多种观点的流派。它既表现为“是一种更具破坏性的不稳定力量”[②],也带来一些令人深思的理论观点。后现代主义的许多理论表面上似乎都是关于文学文本和文化的研究以及哲学上的一些问题,它们似乎同具体的历史研究风马牛不相干,然而,在人文社会科学各门分支学科之间已经互相渗透和融合的时代,我们绝不可以对这些新的理论掉以轻心。在历史编纂史上,许多具有创新意义的历史研究都是与运用新的眼光和其他学科的新概念分不开的。我们应当对国际学术史上的每一股重要思潮及时追踪。

(本文原载《社会科学研究》2002年第2期)

① 参见毛泽东《在延安文艺座谈会上的讲话》。

② [英]特利·伊格尔腾:《后现代主义的幻想》(Terry Eagleton, *The Illusions of Postmodernism*, Oxford: Blackwell Publisher, 1997),华明译,商务印书馆2000年版,第2页。

后现代主义及其对清代国际关系的新阐释

这篇文章对何伟亚的《怀柔远人：清代的宾礼与1793年马嘎尔尼使团》引发的关于后现代主义方法论的争论提出一些初步看法。文章认为何伟亚对其书题目的汉语对应语的选择和一些重要清史料的"误读"折射出了后现代主义对历史文本复杂意义层结构的令人深思的理论。何伟亚对具体史料的解读是否准确是可以继续争论的，然而，他从"历史诗学"的角度对马嘎尔尼使华失败背景和原因的新诠释可能会有助于破解清代占优势地位的政治文化心理及其符码。

1997年，一本从后现代主义角度重新解释1793年英国马嘎尔尼使团访华的外交事件的著作在美国亚洲学会上获列文森最佳著作奖。该书《怀柔远人：清代的宾礼与1793年马嘎尔尼使团》被称为是"后现代主义的批判性产物"，把"后现代式的解释与新的档案材料"结合起来，并使马嘎尔尼使团访华事件呈现一种全新的诠释。① 该书的获奖不久就在香港《二十一世纪》上引发一场论战。② 争论的中心既包括对具体史料的读解，也涉及后现代主义历史观和方法论的利弊。本文拟就《怀柔远人》引发的争论及其所涉及的后现代主义的史学方法论提出一些粗浅的看法。

---

① James L. Hevia(何伟亚), *Cherishing Men From Afar: Qing Guest Ritual and the Macerthey Embassy of 1793*(《怀柔远人：清代的宾礼与1793年马嘎尔尼使团》), Durham and London: Duke University Press, 1995.

② 参阅香港《二十一世纪》1997～1998年刊登的周锡瑞、艾尔曼、胡志德、张隆溪和葛剑雄的讨论该著作的文章。此外，《历史研究》也登载了罗志田的评论文章。

一、马嘎尔尼使华的后现代式阐释

西方汉学界20世纪70年代以前解释清代历史的主导范式是费正清所表述的"冲击—反应论"。何伟亚夫妇在1993年洛杉矶亚洲年会上的一篇论文就评论了费正清理论范式。费正清以中国的文化传统解释中国不能成功应对现代性的挑战的观点可以追溯至美国著名社会学家帕森斯的"结构—功能解释"理论。帕森斯把中国描绘成是一个重视符号象征和礼仪的社会,其中上层知识精英导演整个社会的礼仪。他认为传统中国社会过分注重血缘宗族关系,妨碍了社会制度包括法律和司法程序的理性化。中国社会的经济也不能从文化和政治中分离出来,并获得独立自主发展的机会。[①] 沿着文化传统阻碍经济现代性在中国进展的思路,费正清把朝贡制度看成是中国文化体制的最具象征意义的制度。从20世纪40年代初期,费正清就试图揭示中国外交的历史文化传统。他认为这种文化传统仍然影响现代中国的外交行为。在费正清看来,朝贡制度的演绎是中国文化对周边民族长期保持优越的结果。"朝贡制度调节与边疆民族的关系,起着再生产中国文明和维持社会平衡的作用。"[②]

从朝贡制度的研究中,费正清看到中国长期处于隔离状态,没有机会同与之同样优秀的文明相接触,滋生了文化优越感和所谓华夏中心主义"(Sino-centrism)。这种华夏中心主义或文化至上论(Culturalism)因周边的"蛮夷"民族不时到天朝朝贡、索取中华帝国的文化产品而得到巩固。帝制中国因而不能够发展出一套国际法准则,也不能把经济活动同文化活动相分离。而在西方,朝贡制度逐渐让位于正规的税收制度。经济活动理性化的同时,法制也发展了。逐渐演化完善的法律维护经济活动,也为民族、社会和文化之间的交往和行为制定法则。这些历史发展趋势在帝制中国均未出现,相反,由于缺少外来的挑战,帝国的体制开始退化。经济和法律领域的自生活动不仅未能成长,反而崩溃,消融于文化象征性活动之中。表面上来看,朝贡制度似乎糅合了外交和贸易两项活动,但它既未公开承认和界定这两项

① Talcott Parsons(特尔卡特·帕森斯), *Societies: Evolutionary and Comparative*(《社会演化之比较理论》), Englewood Cliffs, NJ:Prentice-Hall, 1966, pp. 73—77.

② Farquhar and Hevia(法库和何伟亚), "The Concept of Culture"(《文化的概念》), AAS, April 1992(亚洲研究学会1992年年会论文), p. 5.

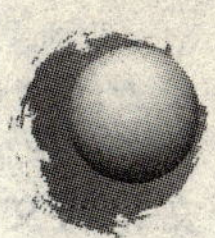

活动的正当权利，也未能履行它们的社会作用。在华夏中心主义占主导的情况下，中国不可能有真正意义的外交。自我封闭的中国连同其冥顽不化的文化至上论使中国无论从精神上或是从物质上都不足以应付西方列强的挑战。费正清的理论主导了战后美国汉学对清史的解释。何伟亚所要修正的正是这种历史解释理论。

传统美国汉学把18世纪末这次中英外交相遇描述为执著于朝贡制度的顽固清廷与要求以相互承认主权为基础来建立外交关系的扩张的西方之间命定要发生的文化冲突。何伟亚则认为清朝的宾礼是一种“灵活应变的”“关于主动者的话语”①，英使臣的失败是由于清朝宫廷官员不适当组织礼仪程序而导致的失败。何伟亚断言从费正清到威尔斯等现代学者都陷入了萨伊德所称的“东方主义”的理论构架，这种理论把西方文化和价值拔高为代表人类发展的最先进阶段，即现代性。西方社会科学的模式和理论被冠以客观主义的标签而声称具有全球普适性，换言之，“东方主义”提供了话语规则。但是，这种貌似公正的话语及其内涵却同话语者与当时的权威和统治意识形态的关系和位置有关。换句话说，他们是在为殖民主义服务，或体现了其价值观。当代历史编纂必须从这种“现代性”话语桎梏下解放出来。

实际上，中英18世纪的外交冲突是不是“文化”冲突（如费正清为代表的几代美国和欧洲汉学家所称）或是“帝国”（如何伟亚所认为）之间的冲突也许仅是一个语义学上的问题。它取决于怎样界定“文化”这一核心概念。艾、胡两位学者在回应周锡瑞并替何伟亚辩护的文中写道，清朝的“礼仪及礼仪行为（如叩头）是以宇宙象征形式表达清王朝的皇权与藩属王权之间的关系”。这里，应该指出，上升到宇宙象征的层面上的具有特殊性的礼仪本身就是一个民族或社会“文化”的表现形式。在辩护中，艾、胡也不自觉地使用了“文化”一词来指涉中英外交冲突的性质。他们评论说，马嘎尔尼的外交行为出自一种文化。“这种文化强调大英帝国特有的自由宽容的价值观，要求通过对启蒙理性的应用，将空洞的礼仪形式从实实在在的外交事务中区别开来。”②

葛剑雄和张隆溪都曾提到的乾隆皇帝1793年阴历八月初六的上谕的那

---

① James L. Hevia, *Cherishing Men From Afar: Qing Guest Ritual and the Macerthey Embassy of 1793*, Durham and London: Duke University Press, 1995, p. 185。译文转引自周锡瑞《后现代研究：望文生义，方为妥善》，载《二十一世纪》1997年12月号。

② 参见艾尔曼（Benjamin Elman）、胡志德（Theodore Huters）《马嘎尔尼使团、后现代主义与近代中国史：评周锡瑞对何伟亚著作的批评》，载香港《二十一世纪》1997年12月号。

段史料表明，乾隆皇帝也许确实继承了华夏中心主义和费正清称之为的“文化（中心）主义”（Cultralism）的意识形态。“朕于外夷入觐，如果诚心恭顺，必加以恩待，用亦怀柔；若稍涉骄矜，则是伊无福承受恩典，亦即减其接待之礼，以亦体制。此驾驶外藩之道宜然。”[①]从整个事件的结局以及大量的文献来看，华夏中心主义和朝贡制度的想象也可能就是乾隆皇帝及其官僚精英对待此一来访的基调。

但是，在主导性的语境和深藏于当事者意识中的关于世界秩序的观念指导下导演的这起事件中，是否还存在一“诗意”的成分[②]，即与主导结构语境相异的因素，而且这种“诗意”的成分，假如恰如其分起了作用，可否会导致事件的另一结局。换句话说，中国文化的那种厚待客人、以德感召天下的慷慨性格特征和在清朝统治者所承继的正统儒家世界观念之外的、与当时多民族和多宗教共存的大清国环境相适应的天下观能否也在某些时候成为指导满清官吏导演这出历史剧的观念呢？[③] 在分析和解码了在当时占居主导地位的语境下产生的大量文献后，能否找到这些“诗意”的成分，从而使历史学家能对这一事件的认识和描述更加全面？何伟亚也许就是想要从这一研究视角入手。

事实上，正如相对论者所说，历史家总是能找到自己所需要的史料。清初皇帝康熙就同乾隆皇帝截然不同，康熙对西洋事务表现了浓厚的兴趣，不仅在宫廷设立了类似“法兰西学院”的宫廷实验室，而且让教廷派员长驻大清帝国，传授知识，增进了解。那种我们称之为是“闭关自守”、“盲目自大”的华夏中心主义文化观念在这里似乎并不占主导地位。难怪何伟亚认为，迄今为止的西方汉学界对马嘎尔尼出使大清失败的原因的传统解释是建立

---

① 转引自葛剑雄《要是世界上不止有中文:〈英使马嘎尔尼来聘案〉与〈英使谒见乾隆纪实〉之对勘》，载《读书》1994 年第 11 期。

② 后现代主义历史诗学对历史记载中的零散插曲、轶闻轶事、异常事件和外来事件、卑微或不可思议的情形等表现了特别的兴趣。在这些历史学家看来，这些内容在创造性的意义上如诗学。像诗学语言不仅具有意义，而且是对居统治地位的语言表述的规范和逻辑原则的抵触和挑战一样，社会历史的这些层面也是对占统治地位的社会政治组织结构以及文化符码和规则的逃避、超脱、抵阻和破坏。对它们的研究有助于对那些居于统治地位的或在特定历史时空中占优势的社会政治文化心理及其符码进行破解、修正和削弱。

③ 儒家世界秩序观同官僚精英和皇帝对天下的想象及其处理国际关系的实际行为并不是完全蕴合的。如周锡瑞所引述北京故宫博物馆 1928～1930 年出版的《掌故丛编》记载，乾隆皇帝最初对马嘎尔尼使臣颇具好感。因听说英“贡使等十分恭敬”，乾隆甚至愿意调整礼仪方式以接待英使来访一事进展顺利，乾隆还严厉斥责清廷接待人员“自居尊大，与远人斤斤计量”。参见周锡瑞文《后现代研究：望文生义，方为妥善》，载《二十一世纪》1997 年 12 月号。

在欧洲学者从欧洲的观点对那份重要文件——乾隆致英王信函的误读。

此外，也应当考虑到文化意识形态并不等于外交的具体实践。具体的外交政策和实施还取决于对国与国之间的力量对比和国际关系结构的其他因素的考虑。不应忘记文化观念和意识形态并不是一个被社会存在所完全决定的，也不是一个可以完全决定社会存在和人的行为的因素。自儒家正统的世界秩序观念诞生以来，这种观念不断因环境的变迁而得到调整和修正。[①] 何伟亚根据他对清史料的解读，发现满清帝国对大清帝国一统天下的内部国际关系结构的想象是"以满清皇室为最高君主的多主制"，差异于与"朝贡体制"相联系的那种概念。这种想象在一定程度上是承认清帝国包容下的天下由近及远的各地区和国家的民族和文化差异性。[②] 清朝时期的中国自我认同观念（Identity）已不同于前面的朝代。传统自我认同感的核心——儒家教化已由于黄教等教的教化的渗和而变得模糊起来。

新旧历史解释还围绕对关键证据——史料文本的解读方法上的差异展开争论。周锡瑞认为包括 1793 年 9 月 23 日乾隆皇帝的谕书和何伟亚"误读"的其他文件都是清朝的上谕和奏折。这些清廷内部信函所用词汇都是"具有固定意义的约定俗成的用语"，它们的表述是"清楚和准确"的，从而使皇帝和大臣对文件的理解一致。因此这些文件对当时的所有的读者和现代学者来说，都是清楚和毫不含糊的。要想"恰当地理解清朝的统治，就必须坚持这些约定俗成的意义"[③]。对后现代主义者来说，恰恰是周所提及的这些情况——可以概括为是强势的语境和同权势相连系的强迫性的意识形态——有可能使文本对事件的反映扭曲。例如，根据中英双方史料，佩雷菲特和戴廷桀认为英使节最后只是行了九次单膝跪地和俯身向地之礼，而中国所有的官方记载都对使节不符礼仪之事隐瞒不录。

可以想象，在当时的语境和深深植根于中国文化的关于世界秩序的观念影响下，对马嘎尔尼出使清朝这一事件的官方描述，在变为文字前已经有一个潜在的结构指导记史者的遣词造句。大多数官方记史者与当事官员会选择讽刺的故事情节来观察和描述事件的起因、进展和结局，把马嘎尔尼的来访描绘为一个不谙礼节、不服教化的蛮夷之国的使节在天朝京城闹出的

---

① John Fairbank(费正清), *The Chinese World Order*(《中国的世界秩序》), Harvard University Press, 1968.

② 参见罗志田《后现代主义与中国研究:〈怀柔远人〉的史学启示》，载《历史研究》1999 年第 1 期。

③ 周锡瑞:《后现代研究:望文生义，方为妥善》，载《二十一世纪》1997 年 12 月号。

笑话。哪一种情景更接近历史“真实”？何伟亚的新解释还是业已被运用的清朝史料或者中国和西方学者对此事件的“传统”叙述？这显然需要更深入的研究。

二、清史料的后现代式解读

实证主义史家在史料与解释的文本之间连以证伪、归纳和演绎方法，而后现代主义则更多看到历史叙述与解释的非实证主义层面。后现代主义否认文本的单义性，认为存在多重诠释的可能性，而且每一种诠释同权力结构和诠释者的意识形态倾向有关。“怀柔远人”的题目的翻译就体现了这点。何伟亚把其著作的中文题目《怀柔远人》对译成英文“*Cherishing Men From Afar*”。张隆溪撰文批评何伟亚是误译，因为“怀柔”含有统治者以权势和力量为后盾安抚蛮夷或被统治者的意思。“Cherish”则含有珍爱的意思。[①] 的确，“怀柔”的含义同英文词“cherish”的含义有差异。批评家们当然有理由质疑这种诠释是否正当。张隆溪批评这是由于何伟亚对中国古典文言文的掌握不好而导致的误译。[②] 实际上，这极有可能浓缩了何伟亚整本著作欲达到阐释目的，换句话说，何伟亚也许是有意这样翻译。

周锡瑞也围绕何书收入的北京第一历史档案馆 1996 年出版的《英使马嘎尔尼访华档案史料汇编》书中的一份重要文件——1793 年 9 月 23 日乾隆皇帝的谕书——的翻译和解读展开重点批评。周锡瑞认为，这份签署于马嘎尔尼使团即将离开北京之时的文件“总结了清廷对这一不愉快插曲的看法”[③]，足以推翻何伟亚精心建构的新解释：马嘎尔尼谈判失败与中英双方外交礼节水火不相容并无关系。这段原文如下：

> 向来西洋人唯有情愿来京当差者，方准留京，遵用天朝服饰，安置堂内，永远不准回国。今伊等既不能如此办理，异言异服逗遛京城既非天朝礼制，于该国亦殊属无谓。

---

① 在《牛津大辞典》中，“cherish”被解释为“foster, nurse value, keep in memory or heart, cling to”[J. Coulson(科尔松) etc., eds., *The Oxford Illustrated Dictionary*(《牛津插图词典》), Oxford, 1975, p. 141]。

② 参见张隆溪《什么是“怀柔远人”？正名、考证与后现代式史学》，载《二十一世纪》1998 年 2 月号。

③ 周锡瑞：《后现代研究：望文生义，方为妥善》，载《二十一世纪》1997 年 12 月号。

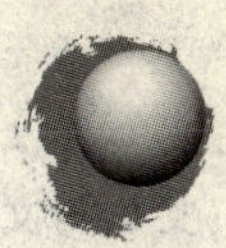

何伟亚的译文："在说明了那些要求来帝国当差的西洋人（天主教神父）必须遵用天朝服饰，安置堂内，并且永远不准回国之后，弘历推论到：英国使臣也许不愿意这样行事。他异言异服，而且可能只是在北京遛达。更有甚者，由于他们对适宜的礼仪关系一窍不通，他们的要求便可以被归入荒唐之类。"①

的确，何伟亚的翻译同一般人认同的史料原义似有出入。但是，正是在这里也许可以看出后现代主义历史家同非后现代史家的区别和分歧之所在。后现代主义否认文本具有固定的意义，同时也不认为对文本的阅读与理解上存在着准确与谬误之分。对周锡瑞和大多数历史家来说，史料的含义是不可以随意解释的，他们赞同阿普勒伯（Joyce Appleby）关于历史的客观性是"研究主体与外在客体之间的互动关系"和亚科比（Marqaret Jacob）所说的"对客观知识共担承诺的益处"②。因此，史学家必须在解读史料时尽量减少个人的偏见和意识形态的影响，"以求得到一种历史的准确重构"③。当然，我们知道，上面引文的那部分朗克式的用语也遭到20世纪分析历史哲学家的质疑。

何伟亚在颠覆史料（事实）与解释之间的那种被认为是理所当然的关系上是否走得过远？人们也许有理由这样质疑。然而，不应当忘记，在后现代主义者看来，史料本身是一个受撰写史料或记录文字的人所使用的修辞结构或潜在意识形态影响的文本，当事件被转换成文字叙述时已掺入记史者使用的价值判断和情节修辞成分。因此，后现代主义要求历史学家不仅要通过严格的文字和文本考证去断定它是不是原始的记载，还要善于去察觉"原始史料"已有的"理解的前结构"。

艾尔曼和胡志德在应战周锡瑞对何伟亚的批评时就强调，发现了史料的不一定能当历史学家，优秀的历史学家不一定是史料发现者，史料和解释之间还有个眼光问题。这个眼光就是"综合分析证据达成对历史的深入理解，甚至引用同一史料中的相反证据来拓宽对历史事件的已有的理解"④，换言之，须要参考来自不同视角的更多的史料。据信，何伟亚为此目的使用了前几位学者未曾问津的《大清通礼》以及清廷与亚洲内陆各国的交往及与黄

---

① 周锡瑞：《后现代研究：望文生义，方为妥善》，载《二十一世纪》1997年12月号。

② 周锡瑞：《后现代研究：望文生义，方为妥善》，载《二十一世纪》1997年12月号。

③ 周锡瑞：《后现代研究：望文生义，方为妥善》，载《二十一世纪》1997年12月号。

④ 艾尔曼（Benjamin Elman）、胡志德（Theodore Huters）：《马嘎尔尼使团、后现代主义与近代中国史：评周锡瑞对何伟亚著作的批评》，载香港《二十一世纪》1997年12月号。

教的关系的史料。

后现代主义的认识论要求对文本的诠释和字句的解读要参考话语的语境、话语者的具体位置和当时的权力和意识形态结构。这的确使我们在阅读史料时会有更复杂的眼光。罗志田就敏锐地指出把"藩"诠释为"蛮夷之邦"不一定准确。在清初相当一段时期,对清统治者来说,受辖于理藩院者(特别是蒙古诸部)是比华夏子民更亲近的族群。"这正如旗人对皇帝自称奴才却比称臣的汉人更亲近一些。"①同样的词,在不同的语境中,对不同的对话者,包括后代的历史学家,其义是不相同的。由此可见俗定的解读方式有时不一定对。当然,这并不是说,我们可以随意解读文献。

结语

《怀柔远人》的后现代式的解读史料的方法是否合理?何伟亚以后现代的方式构建起来的清代国际关系史新阐释是否比传统解释更接近历史现实?这些是可以进一步加以讨论的。然而,何伟亚所持的文化相对论立场和他试图从中国的观点以同情心来理解中国的对外关系仍是值得我们感谢的。凡是在国外亲身感受过英美研究中国国际关系史的学者中存在的对中国的强烈偏见和敌意的人都会认识到这点的。此外,一般来说,虽然后现代主义试图全面动摇业已确立的历史观及其研究方法远不是那样令人信服的,后现代主义显然也带来许多令人深思的新观念和新方法。不应忘记,在历史编纂史上,许多具有创新意义的历史研究都是与运用新的眼光和其他学科的新概念分不开的。

(本文原载《史学月刊》2002 年第 9 期)

① 罗志田:《后现代主义与中国研究:〈怀柔远人〉的史学启示》,载《历史研究》1999 年第 1 期。

“现代性”概念对 20 世纪历史编纂学的意义

20 世纪中国的历史可以被看作是对现代性的追求。现代性的观念是由西方传到中国来的。18 世纪法国启蒙运动孕育了我们今天称之为具有“现代性”的一系列基本理念和行为规范，例如理性主义、实证思维方式、经验科学和历史进步观念等。现代性理念的核心是对传统的批判思维和文化革新精神。在“现代性”的理念中，“自然的”人类行为方式、信念和社会制度被认为是可以在人类理性的反思中得到解构和重构。“现代性”的观念一经确立，人作为独立和自主的实体与传统和世俗权威之间的关系被重新定义。

人与历史、自然、社会权威和其他思想建构的关系的重新定义标志着人类世界观的一场革命性的变动，鼓励人们提出革命性地改造社会的计划，包括所谓“启蒙运动构想”。现代性在中国萌芽于何时是有争议的，一些人认为是在明清之际，另一些人认为是在鸦片战争后，甚至在“五四”新文化运动期间。无论如何，20 世纪中国，它的主要任务似乎是对现代性的追求。在 20 世纪上半叶，中国社会主流舆论是以社会革命来创造现代性。三民主义革命与社会主义革命的歧见表现了国共两党对革命的目标与社会变革的深度的不同见解。新中国成立以后到 1976 年，在现代化过程中曾出现新传统主义和浪漫主义的倒退。20 世纪 80 年代以后，中国对现代性的追求获得长足的进展。这篇文章就是探讨 20 世纪中国思想文化话语的这个核心概念的。

早在 20 世纪初叶，“现代性”概念就在中国思想界出现。东西文化论战和“五四”新文化运动期间，陈独秀等人当时把正在解体的中国社会称为“中古世纪”的延续，而法兰西所代表的西方则是“近世文明”。此后不久，“现代化”一词被用来指称中国当时面临的社会发展任务。上海《申报》1930 年曾出专刊讨论现代化问题。从李大钊到胡适，思想家们通过中西文化比较，对西方及其所代表的“现代性”进行了种种诠释。“现代性”被归纳为民主和科学精神。“五四”新文化运动因而反封建礼教，提倡个性解放。这同同欧洲启蒙运动反封建神学，提倡理性如出一辙。它们都反对阻扰现代社会形成的传统宗教道德规范，宣扬提倡人的行为和思维方式的现代性。“五四”时期，“现代社会构想”也被提出。无论是中国马克思主义的现代社会构想或者是孙中山的预想社会都是与中国传统社会特征的决裂。前者所设计的现代社会无疑比后者的现代社会更具革命性，在对人类生活状况进行彻底思考和建立崭新社会的决心上也更接近法国大革命的气质。此后 20 世纪的中国史在很大程度上可以说就是争夺领导权来主导中国这场深刻的社会变革。

一、“现代性”的革命内涵

“现代性”一词以及它在艺术思维中的起源最早追溯于 12 世纪。1127 年丹尼斯教堂主持苏格尔把他所重建的长方形大教堂称为“opus moderum”（现代的）。因为新教堂的风格既不是古希腊风格也不是古罗马风格。这种新的风格被文艺复兴的学者称为“哥特式”，意指北方或野蛮的德国式样。文艺复兴的建筑艺术家所喜好的是一种他们称之为既是古代的又是优秀现代的，“antica e buona maniera moderna”①。“现代”这一概念在 17 世纪法国文学界围绕如何评论古典文学而展开的“古今之争”中得到进一步发展。现代派认为 17 世纪的文学优于古希腊罗马文学。这种认为现代（17 世纪）文学及其所反映的社会生活具有优越于古典时期的新的（现代）特征的理念（历史进步观）是 18 世纪启蒙运动的重要思想源泉之一。

正如基督教人类历史构想深刻影响了中世纪的物质和精神文明一样，“启蒙运动构想”（Enlightenment Project 或者 Modern Project）也被认为是现代社会的制度、思想和物质文明的思想渊源。现代性强调人的发展和自由、社会关系的民主形式以及对科学作为征服自然和推动社会进步的基本力量的信仰，而经济层面上的现代性则表现为持续的经济增长。同传统性

① Richard Appignanesi and Chris Garratt（安比兰尼斯和甘拉特），*Postmodernism*（《后现代主义》），Cambridge：Icon Books Ltd.，1999，p. 7.

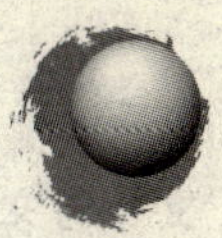

相比，现代性具有巨大的进步意义。

“现代性”的内涵在韦伯的手中得到极有影响的阐述。韦伯认为“现代性”的核心是“理性化”和“差异化”。16世纪以来，西欧理性化进程先从宗教领域（新教的出现）开始，扩展到其他领域，包括政治（国家及官僚组织）、文化、法律和人格等。理性化进程使经济与政治分开，变为独立自主的领域，受制于其内在逻辑，以精打细算和不讲人情等为原则。而在前现代社会中，经济与政治缠在一起，非理性与裙带关系横行。

现代性也源于前现代的一元化意识形态及缺少差异的社会的解体和发展出多元的、理性化的、具有差异的和互相竞争的自主领域。在现代性的理念中，社会生活中各个领域特有的价值观不逾越到另外的领域，例如政治领域的价值观不进入或论证美学和艺术领域内的行为，文化的范畴同政治范围和经济范畴分开。韦伯强调世界观的多元化以及个人能够不受集权的控制自由选择自己的生存意义。现代性也意味着合理地选择目标，思考最有效的手段途径达到特定的目的和知识对行为的导引。

二、“现代性”的二律背反

现代性也具有二重性：它在形式和内容上以及在欲达到的目的和使用的手段上存在深刻的矛盾性。从实质上，理性对人类起到解放作用，因为它强调公正、平等和自由等使人生具有意义的价值观；从形式上来说，它又具有压制性，因为理性化的法律、官僚机构和专门化的知识这些使现代社会有效运转的工具是建立在精打细算和不讲人情的原则上。在现代性中，社会生活领域、知识和人才的专业化威胁到人的独立自主性。理性的形式化束缚了理性实质内容的发挥。在目的上，理性是要为人类的解放提供手段，然而工具理性却又创造了压制人的制度和力量。理性把人安插于有预定目的的体系中，人变成了一个非人性化领域中没有个体性的单位。现代性虽然相对于传统性为人类提供了更大的自由和生活的物质舒适性，然而它内在的二律背反却又显示了人类受到新形式的限制。发展迅速的科学技术和客观知识侵蚀个人文化和主观性。劳动变成商品，对数量的强调取代了对质量的重视，金钱成为社会价值的基础。守时、准确和计算取代了传统的休闲生活方式。文化和社会生活的现代性使个人可以扮演更多的社会角色，参与到不同的社会群体中去，个人也从阻扰个性发展的地域和宗族的传统网络中挣脱出来，换句话说，现代性使文化“非中心化”，提供了文化和生活的多元化，然而社会制度的日益复杂化和数量化却威胁到这种可能性。[①]

马克思的理论为我们认识“现代性”的积极的和消极的意义提供了一个十分有用的框架。马克思也许并没有明确地使用“现代性”这个词，然而从他的著作特别是《共产党宣言》中可以看到马克思关于现代社会及其性质的理论。同波德莱尔(Baudelaire)一样，马克思强调现代性所具有的动态特征，它的骚动和不连续性，它的革命性和对传统的颠覆。“现代资本主义的经济动力渗透个人和社会生活，革新制度，社会实践和传统。生产的不断变革，社会关系的经常变动，永恒的不确定性和搅动，使资本主义区别于先前的社会。所有固定的、根深蒂固的关系……都被扫除。刚出现的形式还来不及固化就变得过时。所有稳固的都融为空气般流动，所有神圣的都遭到亵渎。”[②]

在资本主义的“现代性”中，人的社会联系是以金钱为纽带的。他的交换价值是以钱来客观衡量的。“个人的社会力量，他同社会的联系都装在他的口袋中。”[③]在马克思看来，异化是现代性的另一重要内容。人的创造物脱离了人，成为支配人的外在事物。马克思认为现代社会是一个特殊的历史社会形态，矛盾、冲突和危机贯穿它的发展过程。资本主义现代性异化、分解和原子化个人，侵蚀集体和社会纽带。在马克思笔下，现代性是与资本主义发展的客观规律以及生产力和生产关系的矛盾性相联系的。马克思主要从历史和结构主义的角度来描述现代性，而且更多的是看到它的负面。[④]

三、在后现代状况下寻求现代性的困难

在20世纪下半叶的后现代语境中，现代性的负面受到更多批判。现代主义者如福柯批判现代客观知识、科学和技术日益膨胀的权威使文化变得单一整齐和相似，处于边缘的话语被淹没了。福柯反对理性具有特殊形式

---

① G. Simmel(齐美尔), "Money in Modern Culture"(《现代文化中的金钱》), *Theory, Culture and Society*(《理论、文化和社会》), vol. 8, no. 3, 1991; and *The Conflict in Modern Culture and Other Essays*(《现代文化冲突与其他论文》), New York: The Teachers College Press, 1968.

② Karl Marx, *Capital*, Vol. I, London: Lawrence & Wishart, 1958, p. 37.

③ Karl Marx, *Grundrisse*, London: Penguin, 1973, pp. 156—157.

④ Alan Swingwood(爱伦·斯温伍德), *Cultural Theory and the Problem of Modernity*(《文化理论和现代性问题》), London: Macmillan Press Ltd., 1998, p. 158.

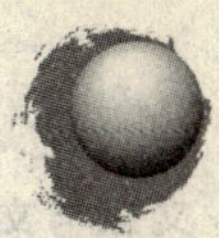

的思想，认为在不同的领域有不同的理性。韦伯把现代性看作是表现为一个结构化的进程，自主化原则在历史的语境中实现，福柯则把文化化解为对话。在现代性中，文化的分化和差异也意味着产生官僚科层制度、权力结构和影响，使得一些文化实践和知识有可能更有影响，并压制另一些文化和知识。

但是，正如哈贝马斯所指出的，尽管现代性有着上述种种负面作用，它仍具有解放人类的巨大意义。[①] 在还没有获得现代性的国家中，获得现代性仍是一项必须完成的任务，因为只有在现代性中，人类征服自然和发展文明的能力才能得到充分的发挥。应当看到，马克思和其他人所批判的现代性的种种负面作用主要还是与资本主义的原始形态相联系的。此外，西方所创造的现代性虽然有其普遍性，包括其种种负面作用，但这并不意味着它的所有层面都要在非西方社会的现代化中显现出来。普林斯顿大学的罗兹曼教授就区分了三种现代性：古典（欧美）式的现代性、东亚（保持某些儒家文化传统）的现代性和社会主义的现代性。[②]

20 世纪中国寻求现代性的过程由于两方面的情况而变得复杂起来。首先，由于苏联十月革命的成功，出现了不同于资本主义的社会主义的现代性。这种时间上的差异性，或者说出现了超越“现代性”的“后现代性”，使“现代性”的特征变得模糊和令人质疑了。其次是地域的差异。在第三世界或非欧文明中，现代性是难以捉摸的。缺少历史的比较和现代性借以在西欧演化出的那些观念、社会结构和制度，现代性移植困难，成长缓慢。最后，首先创造了现代性的西方却出于赤裸裸的国家利益对正寻求现代性的国家进行欺压。所有这些有可能使我们看不到现代性的欧洲表现形式中的那些具有普遍和积极意义的特征以及移植的必要性。

这种认知上的困难或误区是 20 世纪下半叶中国历史仍出现曲折和反复的重要思想原因。70 年代末“四个现代化”的提出和其后的改革开放以及经济现代化的突飞猛进标志着我们对“现代性”的认识和把握的巨大飞跃。以江泽民同志为首的党中央使中国加入 WTO 和建设中国特色的社会主义显示了对现代性的普遍性和具体表现形式的多样性的更为深刻的认识。辛亥革命 90 年后，我国现代化已取得长足的进展，并到了又一个发展阶段的起

① J. Habermas(哈贝马斯)，*The Philosophical Discourse of Modernity*(《关于现代性的哲学对话》)，Oxford：Polity Press，1987.

② Gilbert Rosman(罗兹曼)，*The East Asian Region—Confucian Heritage and Its Modern Adaptation*(《东亚区域：儒家传统和它对现代的适应》)，Princeton University Press，1991.

点。从物质和经济层面上来讲,我国所呈现出的现代性已相当明显,中国已成为现代世界制造业的中心之一;在精神、思想和道德价值层面上,我们却正寻求建立具有中国特色的现代性。这个现代性更难把握,因为它还不能同西方的现代性认同。探讨源于20世纪初叶的这场寻求现代性运动的动因,并把它作为20世纪中国历史的主线加以理解,会使我们更好地认识当前的改革,并确定新的方向。

四、解释20世纪中国史的新框架

在观察和解释中国近现代史上曾经有过两种大叙事框架:"冲击—回应论"和"中国中心论"。以费正清等美国汉学家的"冲击—回应论"(impact-response model)认为:19世纪中期以后,中国历史发展中起主导作用的因素是西方的入侵以及随之而来的近现代西方思想、制度和物质文明对中国传统的挑战。中国近现代史就是对西方的挑战作出反应的过程。这种解释理论最明白地体现在克莱德和比尔斯合著的《远东:西方冲击与东方回应之历史》。[①] 另一本有名的书是费正清和赖肖尔合著的《东亚文明》。在该书第二卷中,费正清探讨19世纪中国的中心问题是:"为什么中国对外国的入侵没有较早地作出更加有力的回应?"费正清用中国的"明显的惰性"来解释中国对西方挑战回应不力。[②] 在20世纪80年代中国研究文化与现代化的学术思潮中也可以看到这种解释框架的影响。[③]

然而,"冲击—回应"大叙事看不到中国前现代历史已出现的重要发展动向,它也无法解释中国近现代的复杂的多层面的历史,例如有许多事件在相当大的程度上是对内部而不是外部因素的回应。20世纪70年代兴起的中国中心取向的视角(China-centered approach)强调中国历史演化的内部动力和逻辑。它把中国近现代史看作是先前中国历史发展的继续。美国汉学家柯文列举了它的四个特征。[④] 然而,中国中心论有把中国近现代史同世

---

① 参见[美]柯文《在中国发现历史——中国中心观在美国的兴起》,林同奇译,中华书局1997年版,第2页。

② Fairbank, Reischauer and Craig, *East Asia: The Modern Transformation*(《东亚文明:近现代的转变》),Boston: Houghton Mifflin, 1965.

③ 参见何平《八十年代中国史学发展若干趋势》,载《史学理论研究》2000年第1期。

④ 参见[美]柯文《在中国发现历史——中国中心观在美国的兴起》,林同奇译,中华书局1997年版,第165页。

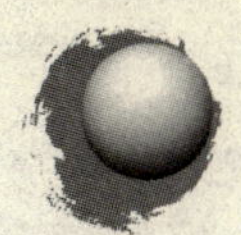

界历史割裂开来加以研究之嫌，它看不到19世纪末叶以来体现于许多国家历史的世界性历史运动对中国近现代历史产生的深刻影响以及西方现代性的挑战和中国日益融入资本主义世界体系、中国历史发展方向发生重大变化的情况。

在美国汉学界，从"冲击—回应"范式转向"中国中心论"使历史学家在探讨中国近代历史时把重点逐渐从关注文化转向历史。20世纪80年代的中国史学界则出现了一场相反的运动，即从政治、军事和经济史转向文化研究。90年代中国史学又出现某些变化，但这种变化尚不能用从研究文化再次转向关注历史来概括。用"革命—寻求现代性"的大叙事框架来观察中国近现代史，有可能使我们摆脱上述两种观点的片面性，因为它既未忽视中国以外的历史事件对中国的影响，又注意到中国的历史主要还是由中国人来创造的，同时，它还揭示了20世纪中国历史的深层运动。"现代性"范畴无疑可以成为我们重构20世纪历史的基础。

（本文原载《西南民族学院学报》2002年第1期）

法国大革命与历史研究

——牛津大学校长访谈录

启蒙运动与法国大革命是西方“现代性”肇始的时代，下面这篇文章是就法国大革命问题对牛津大学校长卢卡斯(Colin Lucas)博士的访谈。阅读这篇访谈录，我们可以对现代性的另一个侧面有所了解，对现代性和后现代性的讨论会使我们对当代历史及其历史意识有更为深刻的认知。

2000年6月，我在英国牛津访问了牛津大学校长、研究法国大革命史的著名历史学家柯林·卢卡斯(Colin Lucas)博士。卢卡斯教授曾任美国芝加哥大学人文科学院院长。20世纪90年代中期被聘为牛津大学贝里奥学院院长。贝里奥学院是牛津最古老的学院之一。美国前总统老布什曾在该学院学习。撰写了不朽名作《罗马帝国衰亡史》的爱德华·吉本也曾就读于贝里奥学院。五年前，卢卡斯教授被推选为备受尊重的牛津大学常务副校长。牛津大学正校长是一名誉性职务，现由英国自由民主党创始人金肯斯爵士担任。李岚清副总理1996年访问英国期间曾到贝里奥学院访问，受到卢卡斯院长的热情接待。北京大学百年校庆时，卢卡斯教授应邀赴会，并作了重要讲话。卢卡斯教授对中国非常友好，1998年受上海、深圳等市市长的邀请访问了中国五大城市，提出了不少建设性意见。卢卡斯教授后来对我说，这些市长都是很能干的人。2001年清华大学校庆，卢卡斯教授再次出席校庆会。

20世纪70年代，卢卡斯在牛津大学攻读博士学位，选法国大革命为其论文研究方向。卢卡斯独辟蹊径，前往法国内地一小镇，仔细阅读钻研该镇保存的大革命时期的大批档案文献，从而能从新的角度对法国大革命提出解释。他的研究成果博士论文后以《恐怖的结构》的书名出版。[①] 该书以详尽的史料、生动的笔触再现了法国大革命时期地方的政治，成为法国大革命史学经典之一，也是牛津大学历史系学生必读的参考书。70 年代，他还发表了另一篇影响很大的论文《贵族、资产阶级和法国大革命的起源》。[②]

在《旧政体和法国大革命期间的街头聚众和政治》[③]论文中，卢卡斯讨论了在旧制度和法国大革命期间以街头聚众的形式表现出的群众在法国政治文化中所起的作用：街头聚众是没有权力的群众从物质上、道德上和政治上进入公共对话领域的形式。[④] 在旧制度下，骚乱或街头聚众宣泄不满是受压迫的群众临时占据公共政治领域的形式。革命前，无论是群众或王室政府都采取了一种不正面公开对抗的克制形式。1789 年前夕，对旧政体持批判态度的部分上层阶级知识精英出现在这种形式的公共政治领域。他们在咖啡馆和民众可以旁听的沙龙讨论和演讲，使民众的意识形态从抽象肯定国王和中央政府到对旧政体持全面敌视。1789 年 7 月巴士底狱卫兵向监狱周围聚集的群众开枪以及群众的围攻标志着双方互相克制的旧的街头政治对话形式的破裂。这种公开较量以暴众对巴黎街头公共领域的长期占领和王室军队及警察的隐退为结果，象征性地反映了旧制度的瓦解。

我同卢卡斯博士的友谊开始于十多年前。当时，我是牛津大学的一名普通博士研究生，卢卡斯则是贝里奥学院的一名讲师。经一位德高望重的中国老师的介绍，我认识了他。从此，卢卡斯博士像对待多年的老朋友一样帮助我。卢卡斯博士后来到著名的美国芝加哥大学人文学院任院长。我几次到美国参加学术会议，有事找他，即使他正在主持院务会议，也要叫秘书回我电话。

20 世纪 90 年代中期，卢卡斯回到牛津任贝里奥学院院长。无论我在生活还是学习上遇到困难，他都给予我巨大的帮助。那种帮助以朋友般的平

---

① Colin Lucas（科林·卢卡斯），*The Structure of Terror*: *The Example of Javogues in the Loire*（《恐怖的结构》），Oxford University Press，1973.

② Colin Lucas，"Nobles，Bourgeois and the Origins of the French Revolution"（《贵族、资产阶级和法国大革命的起源》），*Past and Present*，vol. 60，1973.

③ Colin Lucas，"The Crowd and Politics between Ancient Regime and Revolution in France"（《旧政体和法国大革命期间的街头聚众和政治》），in T. B. Tanning，ed.，*The Rise and Fall of the French Revolution*，University of Chicago Press，1996.

④ Colin Lucas，"The Crowd and Politics between Ancient Regime and Revolution in France"，in T. B. Tanning，ed.，*The Rise and Fall of the French Revolution*，University of Chicago Press，1996，p. 212.

等方式给予，真诚得使人感动。卢卡斯博士也关心帮助其他中国留学生。记得当一位来自上海的女博士研究生的丈夫和孩子到牛津陪读后感到生活困难，卢卡斯知道后马上在院图书馆为她安排了课余工作。卢卡斯博士的帮助是建立在对他人的深切同情和乐于助人的精神之上的。后来当卢卡斯博士升任牛津大学校长时，我曾对他说，我很高兴优秀善良的人终于在事业上取得巨大成功。1995 年我完成学业后，一次见到他，他询问我哪一天是我的博士学位授予典礼，并把日期记在他的记事本上，并说那一天他将特别作为我的客人来参加我的学位授予典礼。当时他已是牛津大学候任校长。这样的关怀当然使我终生难忘。

卢卡斯博士对中国十分友好，并有一种少有的开明态度。20 世纪 90 年代初期，当国际上普遍出现敌视和批判中国的思潮时，卢卡斯常对我说，世界上没有绝对分明的黑和白，每一个国家既有弱点也有长处。在那样的背景条件下，仍坚执这样的观点是十分难能可贵的。

我曾在 20 世纪 80 年代末期采访过卢卡斯博士，可惜没带录音机，终未成文发表，但与另一位著名英国历史学家凯思·托马斯爵士的会晤刊登在《史学理论》上。2000 年我以客座院士的身份在以英国工党智囊戴维·马奎德教授为院长的牛津大学曼斯菲尔德学院访学，便萌生了一定要采访卢卡斯博士，向我国介绍这位杰出的历史学家的愿望。刚来牛津不几天，我就对卢卡斯校长进行了礼节性拜访。他如同多年的老朋友一样接待了我，并抱怨我上次离英返国时未向他告别。这次我又拨通了卢校长办公室的电话，两位秘书对我并不陌生，很快为我安排了日期，是我临离开牛津前的第三天早晨 8 点。

那天早晨，我从住处沿着牛津最美的沃德斯达克大街开车前往牛津大学行政大楼。大街绿树遮掩，两旁是树丛和花园环绕的古老建筑，有哥特式的、洛可可式的，也有维多利亚式的楼房。朝阳已经升起，天空中浮云朵朵，空气异常清新。牛津大学由三十多所学院组成。每所学院面积大小类似中国的一所中学，散布在全城各处。而牛津大学的行政大楼则在市中心的威灵顿广场。不远处就是钱仲书先生住过的诺汉花园街。

卢卡斯校长的一个秘书已经在行政楼一楼大厅恭候。到了三楼的校长办公室门口，另一位秘书走来同我打招呼。秘书如同其领导，待人热情而有礼。虽说还不到 8 点，卢卡斯博士已开始同他人商谈，处理校务。他把我迎进了办公室。办公室内除了书桌、书架、计算机，还有一长方形的会议桌。两支仿造清代乾隆皇帝朝代的青花瓷花瓶仍摆放在他的办公室。几句简短

的寒暄之后，我们便很快转入正题，就卢卡斯的研究领域、史学方法论和牛津大学的现状展开问答。

以下是我们的对话（未经卢卡斯博士审阅）：

何平：您的著作《恐怖的结构》和论文《贵族、资产阶级和法国大革命的起源》已成为法国大革命史研究的经典著作。在我看来，它们也提供了一个历史研究的科学典范。您的研究建立在深入细致地阅读源文件基础上，又使用新的研究策略和运用新的眼光。您对中国的历史研究也有些了解，在您看来，一个中国历史工作者应怎样从事他的研究工作？您能不能勾画一个好的研究路线？

卢卡斯：我认为历史研究真正开始于阅读二手文献和解释后面的原始资料，也就是说那个历史时期的手稿或其他文献。我开始研究时，在我的研究题目上，前人已收集相当一批资料，并有微缩胶片。主要是在我开始10年以前，一批法国大革命史研究者打下的基础，全都是第一手的数据。因此，我想说任何人想作出新的解释，必须先回到研究第一手的原始数据，而不是去简单评论其他历史家对那个历史事件的评价。

另外，我认为对传统的和经验主义的历史研究来说，历史家必须仔细倾听过去的人是怎么讲述的，并根据历史人物所处的环境和时代作出解释。历史家应当去理解为什么他们那样说，并使用那种语言，他们的行为如何在那种历史环境中具有意义。历史研究的一个陷阱是带着先有之见来诠释历史证词。历史研究者必须认真思考历史人物所使用的语言及其含义。以法国大革命史为例，我们应当从当时的含义去理解激进主义者所使用的“平等”这个词汇，而不是从其现代含义上去理解它。法国大革命迄今200年间，围绕这个词已累积起许多不属于那个时代的含义。把后来累积起来的意义层投射到人类心灵史某一时期的话语中去是危险的。

因此，你首先应以它们原有的含义来思考那些话语。当你开始构筑对那一时期话语的解释时，你才来思考以现在的语境可以从中获取什么信息。作为一个历史学家必须首先仔细地倾听历史的话语，然后才是以我们的体验面对历史。应当认识到，我们的思维仍然受到我们这个时代语境的束缚，我们关于某一历史时期的解释可能会同后来的历史家的解释非常不同。

何平：你的以上论述已涉及历史研究的方法论问题，但我仍要再问您这方面的问题。近来后现代主义和新历史主义似乎已揭示出历史研究的主观性，他们把原始文献同二手资料，也就是历史家对历史事件的重构叙述和解释，都看作是同等价值的文本。您对此是怎样看的？

卢卡斯：是的，不过，关于后现代主义历史观，我不太同意的一点是他们过分注意考查那些著名的文本(high text)，即伟大人物和显赫政治家的文献。而我则属于传统历史家，主要关注普通人的日常生活及话语，特别是普通人的生活体验，以及他们是怎样处理他们所面对的社会经济关系的。我认为历史的这些层面更为重要，更值得历史家去仔细倾听。

何平：您小心翼翼地不在您的研究中提出关于现代革命的一般理论。但是，在我看来，您对法国大革命的某些分析方法、视角和结论可以被用来研究中国的革命，或者说也被中国革命的历史事件所论证。例如，您关于法国大革命起源的分析，同样的现象也存在于20世纪初的中国辛亥革命。清末科举制度的废除使儒生阶层的社会生存方式受到威胁，传统的仕途被打破，他们不得不寻找晋升入政治上层的其他途径，这也许导致儒生阶层的许多人走上反叛清廷的道路。您在论文《法国大革命和旧政体时代的街头聚众和政治》中的某些分析也可运用于研究中国的"文化大革命"，它会使我们以一种新的眼光来审视它。不仅如此，这两个革命似乎都以激进主义著称，并以"民主"的名义开头却终结于某种专政政体的回归。

卢卡斯：是的，是有可能从我的研究中建构一个关于历史上的革命的一般模式。但我本人这样做却有些困难，因为我所从事的是一种具体入微的历史研究，通过尽可能地靠近研究法国大革命历史时期的革命和群众来操作的。而要构筑关于革命的一般历史理论，则必须首先研究每一场革命的话语，如俄国革命和中国革命的话语，为此你必须懂得革命所发生的这些国家的语言，才能真正理解它们的含义。

当然，我的著作呈现出的某些一般性的论点，例如关于法国大革命的起源、关于革命群众大规模集体行为的意义以及暴力在革命中的作用等等，对我来说都是很复杂的社会现象。这些论点当然可以为我们观察其他革命提供一些有用的分析框架。但是，我并不认为每一场革命都是相同的，或者说历史学家能根据一场革命而推断另一场革命会怎样进行。每一场革命都具有特殊性。同样清楚的是有一些共有的普遍条件贯穿于所有的革命。因而可以从中概括出某些革命发生的共同条件，虽然它们并不全部呈现在每一场革命中。革命似乎都经历同样的周期，但每一场革命经历的阶段和进行的速度却不同。每一场革命都试图使社会生活出现新的开端，或者说建立一个崭新的社会，并提出了试图改造人类的雄心勃勃的计划。假如没有这些要素的卷入，也就不能称之为是“革命”，这就是为什么革命总是呈现为带有悲剧色彩的戏剧性的历史时刻。而有一点对我来说则是十分清楚的，那就是无法改造人性。每一场革命都存在内在的冲突，人性的实际状态同革命者总是想要创造一个透明公正社会的企图之间的冲突。

何平：法国大革命时期的哲学构成了现代意识形态的基础，人们常说现代性源于法国大革命时期的“启蒙构想”。您对此有什么评论？此外，为什么法国人提出这些思想？

卢卡斯：的确，法国大革命时期的哲学构成了现代意识形态的基础。但是，我并不认为启蒙运动是法国独有的。德国也出现了启蒙运动。美国革命受到关于个人和社会的现代观念的鼓舞，而这些理念在本质上也是启蒙类型的。虽然一些优秀的法国学者对启蒙运动的出现起了很大的推动作用，启蒙运动并不仅是法国人的专利。在18世纪，不仅在法国，而且在整个西欧，文化领域内出现了具有历史意义的新的思想倾向。人类第一次试图依据人类自身的经验和对社会的实证式的研究所得出的结论，而不是依据外部的，例如宗教原则等先验理念，来从根本上探讨人类及其生活。这是人类思想的极其深刻和伟大的历史性运动，它从17世纪下半叶一直持续到18世纪末。

何平：请让我问您最后一个问题。我注意到您最近在中国北京大学校庆时发表讲演，强调每个大学应保持其特点。您现在也在牛津大学进行改革。牛津大学是世界闻名的一流大学，是什么原因使您认为牛津大学仍需改革？此外，您认为中国的大学应怎样来应对现代化的挑战？

卢卡斯：认为一所成功的和重要的大学可以不变化并不对。必须面对不断变化的世界，对学校的结构作出调整，并使学校的潜力得到最大发挥。我讲到每所大学应保持其个性，是因为看到每所大学所处的特殊的民族和环境，并不存在一个适用于所有大学的模式，因为文明和社会已高度分化，必须警惕不要盲目模仿或借用其他大学在其特殊人文社会环境中取得成功的经验。大学应成为各种伟大思想碰撞的地方，它是对各种不同的思想进行反思的中心，也是保存一个民族文化精神传统的中心。在这种总的原则下，每个大学可以追求自己特殊的使命。

半个多小时不知不觉中就在我们对人类历史和现状的海阔天空似的思考和问答中过去了。透过办公室窗户，可以看到威灵顿广场四周的维多利亚式楼房和广场中央的绿树环绕的草坪。秘书已敲过两次门，提醒时间已过。告别时，卢卡斯博士要我下次到英一定再来牛津。秘书送我出去时，外面秘书房外的候客厅已站了三四个等待与校长开会请示工作的行政人员，我为耽误时间稍长略感歉意。

前美国总统卡特到牛津讲演时把牛津称为“世界学术中心”。始建于13世纪的牛津的确是世界最古老而又最著名的大学之一。13世纪起，在牛津大学默顿学院以罗伯特·格罗塞特斯特(Robert Grosseteste，1168～1253)为首的一批科学家就在此从事现代类型的物理和力学研究，哲学家罗吉尔·培根(1214～1294)更开始构想科学研究的哲学方法论原则。在一定意义上讲，科学革命开始于牛津大学。迄今为止，牛津大学已产生了二十多位诺贝尔奖获得者和二十多位英国首相。牛津大学校史游览园解说词“我们(牛津大学)革命了科学，创造了政府”并不是牵强附会的。阐明现代资产阶级政治制度哲学原理的约翰·洛克也曾在牛津大学接受教育。

13世纪时，由于巴黎大学的关闭，一批僧侣便辗转来到牛津。他们往往聚居在一所教堂、一栋宿舍楼房和一间饭厅(Hall)，潜思宗教教义，探讨经院哲学及其相关的自然科学问题。牛津大学的初期便由这些僧侣教会学院组成。直到现在，牛津大学的一些学院仍被称为“Hall”。哲学和历史历来是牛津的强项。在欧洲历史和大英帝国历史研究方面，牛津人才济济，高质量的出版物如汗牛充栋。

然而，牛津大学到20世纪初仍是一所贵族学校。当时的许多学生是带着仆人来住读的。20年代开始接纳女生。如今牛津学生一半仍是来自私立学校的富家的子弟。牛津现在正力图改变牛津大学校门为特权阶层子女而开的传统形象，以适应高等教育的大众化和平民化的时代潮流。在办学和科研经费上，牛津已不能和美国一流大学如哈佛和耶鲁等相比。如何在科研经费落后的情况下保持并发展一流的科研水平，是牛津面临的一个重要问题，这也是卢卡斯博士正在牛津大力推行改革的背景之一。

回到沃德斯达克大街的住处已是9点过。朝阳透过二楼上卧室宽大的前窗，把金色的阳光洒在淡黄色的地毯上。我坐进了沙发，望着窗外在微风中摇曳的绿树枝叶和鲜花，陷入了沉思……是啊，牛津之所以能在八百多年的历史中一直保持其学术领先地位，或许就是因为像卢卡斯博士这样对人友善又有创新精神的人能执掌其行政岗位的缘故吧。这些人的杰出不正就

是因为他们像启蒙哲学家一样能深刻地思考人类的生存状况，并探讨其改善之道吗？而历史研究的目的不也就是要回答那个永恒的问题——“我们从何处来，正走向何方”吗？

（本文原载《史学理论研究》2002 年第 1 期）

访问法国著名史学家拉杜里

拉杜里可以说是当代西方最著名的历史学家，法国年鉴学派第三代领袖，极受尊敬的法兰西学院院士。作者曾有幸能与他晤面，并了解他功成名就后晚年的某些思绪。下文是那次访问记，希望有助于我们认知影响世界的年鉴学派的史学思想。

2006 年 7～9 月，我应巴黎高等师范学院历史系邀请在巴黎高师做访问教授。在一位巴黎老朋友的帮助下，我有机会和法国年鉴学派第三代领袖伊曼纽尔·勒·胡瓦·拉杜里(Emmanuel Le Roy Laduri)教授会见。早在十多年前，我就拜读过拉杜里的著作，对他用新马尔萨斯主义观点对欧洲从封建社会向近代资本主义社会的转变的分析印象颇深。这次能在巴黎和拉杜里先生见面晤谈感到非常高兴。拉杜里是法国当代最著名的历史学家。他生于第一次世界大战结束的第二年，即 1919 年。1973 年成为法兰西科学院院士，任现代文明史讲座教授和法国图书馆馆长，现为《年鉴》杂志主编。

拉杜里出版了许多蜚声世界的名著，包括《朗格多克的农民》(1966)、《蒙塔尤·奥克西坦尼的一个山村(1294～1324)》(1975)、《历史学家的领域》两卷本(1973、1978)、《气候与人类文明史比较》(2004)、《世界气候简史》(2007)以及《1460～1610 年的法兰西王国》(1987)、《古代政体，1610～1714 年的法国历史》(1991)等。后两书是由牛津布莱克维尔出版社出版的拉杜里五卷本的《法兰西历史》的第二卷和第三卷。整套丛书涵盖 987～1992 年的法国历史。拉杜里现已 87 岁，仍然在从事研究和写作。

拉杜里毕业于我现在正在访学的巴黎高等师范学院。这所成立于 1794 年的师范学校多年以来就是法国首屈一指的高等学府，以其师生的高素质而闻名遐迩。在短短两百多年的历史中，产生了 11 位诺贝尔奖得主。像拉

杜里一样，20 世纪后半叶影响全球历史学界的那一批法国后现代主义的思想大师，如福柯、德里达、拉康、罗兰·巴特等都有曾在高师学习和任教的经历。另一些影响当代历史研究的思想家，如杜克海姆、马克·布洛赫、雷蒙·阿隆、莱维一斯特劳斯、让一保罗·萨特、布罗代尔也曾在巴黎高师就学。

巴黎高师坐落在名校云集的巴黎拉丁区，旁边是古老的巴黎索邦大学的建筑群。如今，索邦大学历史久远的建筑已由 20 世纪 70 年代高教改革后分别成立的巴黎第一、第二、第三及第四大学使用。从巴黎高师所在的乌尔姆大街可以看到法国思想界的孔庙——先贤祠的穹顶。那里停放着 18 世纪以来法国的伟人和圣贤的灵柩。出乌尔姆大街，就可看到挺立在宏伟典雅的先贤祠两侧广场上的卢梭塑像。

在巴黎访学期间，已故的法国大革命史专家索布尔的遗孀盛情邀请我住到她的家里。索布尔的旧居在巴黎郊区风景旖旎的安东尼小镇的一个长满参天大树的花园般的公寓住宅区。几个月的时间里，我在索布尔生前曾伏案工作的长条桌上读书和写作。书房里书架上仍摆放着索布尔生前阅读过的书籍，从书架上一个敞开的材料夹封面上，我还能看出那是索布尔 20 世纪 80 年代为参加一次纪念法国大革命的学术讨论会而准备的材料和发言稿。

2006 年 9 月下旬的一天，终于确定了我和拉杜里见面的地点和日期。漫长而多姿多彩的法国暑假结束了，巴黎的大学相继开学，随着到法国南部和国外休假的巴黎市民的返回，巴黎变得熙熙攘攘，索邦大学旁边的圣米歇尔大街到下班时车排成长龙。拉杜里盛情地邀请我到巴黎第三大学附近的一条小街的咖啡馆里见面和共进午餐。不到 11 点，我的老朋友让一克罗·李维先生就开车来到安东尼我的住处，带我去巴黎第三大学会见拉杜里。

从风景幽静的安东尼小镇出发，小轿车从小镇旁边森林中的公路进入巴黎市区，穿过一条条由有着典雅奢华外观的新古典主义楼房组成的街区，来到卢森堡公园旁，驶入圣米歇尔大街，在离巴黎圣母院不远的街口，转入古老索邦大学建筑旁的一条小街。我和让一克罗·李维刚在那间咖啡馆坐下，拉杜里教授便拖着一个小行李箱如约而至。老人衣着整齐，年龄看起来比实际年龄年轻十岁。拉杜里热情地和我握了手，似乎对我的情况很有了解，知道我毕业于那所著名的牛津大学，研究西方史学史，目前正在他的母校巴黎高师访问。拉杜里向我推荐了咖啡馆的茶点和特色菜。用不着过多寒暄，我们便一问一答地晤谈起来。下面是我们谈话的一些主要内容。

何平：二十年前我就注意到您与美国学者布伦纳等人就西欧从封建社会向近代资本主义社会转变的动因问题的争论，您的名著《蒙塔尤》中文版出版后在中国历史学界引起广泛关注，《史学理论研究》等杂志曾专门召开讨论《蒙塔尤》的座谈会。从很多伟大的学术著作中，我们都可以察觉出史家所生活的时代和文化背景，以及他们欲表明的某种理念，请问您通过写这本书想表明一种什么思想呢？

拉杜里：我认为主教雅克·富尼埃主持的宗教裁判所法庭对蒙塔尤小山村村民三百多天的审判是对自由的人类生活及其传统和它所蕴含那些实质性内容的攻击。我是从这次审判所具有的普遍意义的角度来看待这次"特殊的"历史事件的。以前，我曾对中世纪农村生活进行过一些定量的研究。在写作《蒙塔尤》时，我想如果能对普通人民的生活有一个全景似的研究会很有意义，特别是对印刷术的传播和美洲被发现后造成封闭状态的普通人的心态变化之前的那种生活状态。小山村的农民展现出许多源于乡土的、自有的、独具特色的和自由的观念和行为。我的研究描述的那个小山村的居民的心态，他们的家庭观念、性生活以及以村落为中心的农村生活方式，可能会对许多敏感的人和持传统观念的人产生触动。我的研究成果可能会引起许多争议，对这点我并不存在幻想。

现在看来，"总体史"是不太可能了，但我们可以努力具有一种全球视野，我属于那种认为社会生活具有多样性的"复杂史学派"的学者。举例来说，在维希时代，法国有正派人，也有坏人。不仅如此，许多人的心态还是处在不断变化中的，社会具有相当的复杂性。你是研究当代史的，你知道1944年6月20日德国内部颠覆希特勒政权的阴谋就是由原来的纳粹分子所发动的。他们的心态变化显示出人的心理变化的复杂性。在中国，"文化大革命"期间的红卫兵现在成为更为文明的人，这也是一个例证。

何平：您被誉为年鉴学派的第三代掌门人，能否评论年鉴学派对西方史学的影响？

拉杜里：是的，我也许属于年鉴学派的最后一代。当初，年鉴学派的史家力图从纯粹的事件史中挣脱出来。当然，对事件尤其是对群众性的事件的叙述是应该的。虽然自传对古代历史的撰述很重要，但我们应该摆脱纯粹自传体的叙述方式。我已不再幻想能够写出整体史，但主张有全球史的视野。我有保留地摒弃结构主义方法，主张关注社

会历史的复杂性。法国史学家费雷主张不追求做绘画似的历史家，而研究各种制度、社会组织，例如共产国际组织，从制度上去系统处理历史过去。我赞成这种观点。如果要我选择做绘画式的史家还是研究制度史，我选择后者。年鉴派史家不写自传，而研究社会演化的趋势和经济发展的倾向，这就是年鉴史学。我受到美国史学的影响，但法国年青一代对数量化的史家不感兴趣。

何平：您曾说过，只有数量化的史学才是科学。

拉杜里：这是被别人夸张了的。但是，如果你研究法国大革命史，你必须研究物价。1830～1847 年气候改变造成食物短缺，在一定意义上可以说，革命是由气候变化引起的。在美国，经济史很发达，数量史学家系统研究食物价格。我早年受到美国数量经济史学的影响，在研究法国大革命前的社会历史时，也研究路易十六时代的食物价格及其影响。在美国有成就的数学家都是中国人。因为那些功成名就的中国数学家们的英语不十分好，他们只能培养说同一种语言的中国研究生(说到这里，老人露出了幽默的笑容)。

何平：20 世纪 70 年代，布伦纳曾写文章与您讨论，批评您所代表的“新马尔萨斯人口论”对欧洲从封建社会向近代资本主义的转变原因的解释。二十多年过去了，请问您有何评论？

拉杜里：布伦纳是个蠢人(听到这里，我不仅哈哈笑起来，老人明显对布伦纳的做法感到不满)。布伦纳看不到气候和人口的增减对人类社会的影响，而认为纯粹是生产方式变革的作用。以英国和法国的人口为例，1340 年，法国人口为 2000 万，黑死病猖獗后的一个世纪人口降到 1000 万，到 1550 年人口再次达到 2000 万。英国在 1550 年人口也是 2000 万，100 年前是 1000 万。人口的这种大幅增减的原因和影响本身就是值得探讨的。

我们的谈话又转入拉杜里的另外一些著述。布罗代尔的《腓力二世时代的地中海世界》描绘了一个西欧人口经济缓慢持续增长的“漫长的 16 世纪”——包括 16 世纪和 17 世纪上半叶。增长以后是一个世纪的停滞不前，直到 18 世纪中叶才又开始增长。拉杜里的《朗格多克的农民》巩固了年鉴学派所描绘的这样一幅历史图景。在《1460～1610 年的法兰西王国》著作中，拉杜里开始对这幅图画进行修正。他对法国更多资料的研究显示，增长仅出现在 1450～1550 年，经济发展的停滞则从

16世纪中期延长到整个16世纪。拉杜里的《蒙塔尤》一书也被其他学者评论为是拉杜里开始背离年鉴学派的范式，疏远了经济基础的分析视角和结构主义的方法论。誉满全球史学界的拉杜里似乎总是少不了与他"商榷"的作者。

何平：您的《古代政体——1610～1774年的法兰西历史》的英文版于1996年出版后，牛津大学的劳伦斯·布洛克里斯博士曾写过一篇评论文章，批评说您的这部著作是一本老式的史书。尽管社会经济和文化的发展也包括在内，但整本书采用的仍是从上往下看的观点，关注外交和国家政权的构建、国王及其大臣的活动。劳伦斯还评论说，在您这本书里，17世纪的停滞景象消失了，取而代之的是缓慢但却不平衡的经济增长，您提到了纺织业的兴旺和地中海沿岸世界贸易的复苏。劳伦斯认为这样的描述是您对年鉴学派过去所描绘的图景的否定。您几年前曾经写过一篇回应文章，请问您现在有什么新的评论吗？

拉杜里：这两卷书有关法国和地中海世界16世纪的政治、社会和经济的发展图景引起了争论，但大多数批评是愚蠢的（老人回答的高傲和孩子气再次使我笑了起来）。

何平：您写过两本有关历史学家和历史研究方法论的著作，作为一位卓有成就和经验丰富的历史学家，您对当代历史学界有什么忠告？

拉杜里：还是从我自己谈起吧。我年青时受到马克思主义历史观及其方法论的训练。在马克思主义历史观的影响下，我习惯于从观察物质基础入手，注意社会群体间斗争的重要性。当然，我同费雷不是站在同一条战线的，我也不像索布尔那样狂热。索布尔当然有很多自己的思想要表述。托克维尔没有终结对法国政治的思考，马克思主义仍有很多有用的理论遗产。我在1949年加入法国共产党就是受到中国革命胜利的影响，虽然我在六年后就退出了法国共产党。我想毛泽东的理论至今在中国影响还会很大。我主要还是实证主义史家，从分析史料来研究历史，我也采用新马尔萨斯主义观点。

让我以14世纪为例来说明我的历史观念。14世纪中国的重要性增大了，成吉思汗统一了亚洲旧大陆，但欧洲也在发展。在成吉思汗的主导下，亚洲的游牧军事力量扩张到欧洲边缘，结果，瘟疫也随之传播到欧洲，带来了全欧范围的黑死病，使三分之一的欧洲人病死。16世纪文艺复兴以后，强大的国家在欧洲形成，城市在社会生活中变得重要起

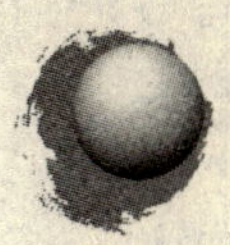

来，人口大量增加。人口密度的变大也促使传染病易于传播。我的一篇文章谈到瘟疫在全世界的传播，受到一些美国历史学家的批评。我认为世界在那时首先在微生物（细菌）的层次上一体化了。传染病随着到达美洲的欧洲人传播到美洲。由于当地居民缺乏免疫力，印第安人、海地人、古巴人成千上万地死去。墨西哥 90% 的人病死。如果不是传染病摧毁了墨西哥大量人口，阿兹特克文明会非常强大。

我对人口的增长对中国社会发展的影响也感兴趣，但我并不是专家。18 世纪中国的人口从 1 亿增加到了 3 亿，这与气候的变化、食物的增收有关系。同传统的年鉴派史家一样，我认为应从整体上研究世界史，而且，研究离不开比较，对人类社会的人口变迁、文明习俗和心态都应系统地研究。

不知不觉中，我和拉杜里的见面将近一个小时，中午小歇的时候也该到了。老人不时地有点咳嗽，我向这位著名的历史学家表达了谢意并告别，希望他能再次访问中国。拉杜里向我赠送了他的近作《气候与人类文明史比较》。离开那间拉杜里先生常来就餐的小咖啡馆后，我久久地回头望着拖着一个小行李箱慢慢走远的著名历史学家，他也回头看了我一眼。索邦附近的这条小街，行人不多，没有人去过多注视他，或担心他的安全。我知道这极有可能是我和他的唯一一次也许是最后一次见面。

（本文原载刘新城主编《全球史评论》第 1 辑，商务印书馆 2008 年版）

作为历史研究本体论范畴的历史进步观及其内涵

对比近现代历史观念和后现代历史观念是一件很具启发意义的事情，它使我们能更清楚地了解我们的历史观念的发展和现状。历史进步的观念是近现代世界占统治地位的历史观念，它是由18世纪法国思想家提出来的。这一历史观念区别于古代世界的历史循环论和中世纪欧洲的基督教神学史观。历史进步观念关于世界历史具有统一性，人类社会的发展呈现出模式以及科学推动人类社会进步等观点仍然构成我们当代历史思维的基础。后现代主义对这些理论观点进行了挑战。他们也批判历史进步观的所谓“启蒙运动构想”，这使得讨论历史进步观的理论内涵在今天仍具有现实意义。

出现于17～18世纪西方的历史进步观是人类对社会历史过程性质的认识的一个重要里程碑。今天，历史进步观仍是我们解释人类历史的基本概念框架。正如卡尔所说：“历史就其本质而论就是变化……进步。”“恰当地名之为历史的那种历史，只有由在历史本身找到了一种方向感，而且接受这种方向感的人来写作。”“只有这种历史中的方向感才使我们能够（正确地）整理和解释过去的事件”，并在此基础上“以将来为目标”正确地制定现时社会的、政治的和经济的行动方针。[1] 因此，对历史进步观念的基本内容的讨论在今天仍具有学术意义和现实意义。

---

① 参见［英］E. H. 卡尔《历史是什么》，吴柱存译，商务印书馆1981年版，第144、145、133页。

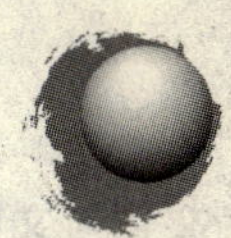

一、历史进步的动因和内涵

在历史编纂史上，历史循环论和历史宿命论是近代以前编史家们整理和解释史料的指导性概念框架。在中世纪，对世界历史的描述是“圣经故事”、“神话性质的事件”和“胡乱摘引的可靠的史事”的混合。历史编纂学是用“世俗的事件来证明基督教义的真理性”和神的计划，对这种历史“我们必须忘记历史作为一门科学的水准……而记住圣经的权威”①。历史进步观念萌芽于17世纪法国文坛的“古今优劣之争”，并在18世纪启蒙运动中得到发展。它不是把神性而是把理性看作历史事变的原因。人类的理性“潜藏在所有的历史事变之下，并制约着一切历史事变”②。在把理性看作是推动社会进步的根本原因时，进步史观理论家们也注意到其他因素的推动作用。

1. 伟大的思想家和立法者

休谟认为，法制的进步是与立法者的理性进步密切相关的。杜谷提出，“是伟大的思想家改变了历史”，“文人学者能够放射出的知识之光一定会或迟或早摧毁所有人为的罪恶”③。

2. 科学推动社会进步

他们认为科学本身的进步是必然和不可避免的，“政治和道德中的所有错误都是建立在哲学错误的基础上，而哲学错误反过来又同科学错误有关”④。因此，随着自然科学的进步，道德、法律政治科学也必然会进步，从而引起社会的法律政治制度和人的精神道德的进步，并推动生产力的进步。⑤

3. 非理性的活动也对社会进步具有积极意义

---

① Karl Lowith(罗威思)，*Meaning in History*(《历史的意义》)，Chicago，1949，pp. 160-173.

② R. G. Collingwood(科林伍德)，*The Idea of History*(《历史的观念》)，Oxford：Oxford University Press，1948，p. 83.

③ S. Pollard(波兰德)，*The Idea of Progress*，*History and Society*(《进步观念，历史和社会》)，Pelican Books，1971，p. 87.

④ M. J. A. Condorcet(孔多塞)，“Sketch for a Historical Picture of the Progress of the Human Mind”(《人类精神进步史纲》)，in *Condorcet：Selected Writings*(《孔多塞文集》)，London：Macmillan，1979，p. 250.

⑤ M. J. A. Condorcet，“Reception Speech”(《答词》)，in *Condorcet：Selected Writings*，London：Macmillan，1979，pp. 13－21.

"贪欲在没有理性的时候代替了理智，从而丰富了思想，传播了知识，完善了才智。"[1]即使是战争也能帮助国家摆脱孤立和封闭，从而使"启蒙传播得更迅速，更广泛，使艺术、科学和风习进步的速度加快"[2]。康德认为，人性及其社会行为的"矛盾"、"对抗"和"纷争"推动社会进步，使社会"由野蛮的原始状态走向文明的文化阶段"[3]。对抗导致人性的充分发展，促使政治制度的完善化，并制定国际公法。[4] 这后来被黑格尔称为"理性的狡诈"。

4. 经济发展

杜谷就几乎完全从产业的变更（采集经济到狩猎、畜牧业到农业）中去寻找早期人类社会发展的原因。他认为产业由畜牧业转变为农业是社会进步中的转折点。它使"劳动分工"、"商业"和"城市"出现，带来"生活条件"和"教育"的差别、法律和政权的形成。[5] 这种观点同马克思生产方式推动社会进步的理论相比尚属不成熟。

5. 民族的相互往来和影响推动社会变革和进步

杜谷就曾提出，在彼此隔绝同外界没有商业往来的情况下，各地区的人类都停留在同样野蛮的状态，不同民族之间的商业、政治和文化等领域的交往成为促使一个停滞保守的社会变革和进步的动因。[6] 休谟认为，国与国之间的交流导致"科学和艺术的输入"，引起社会变化。

关于社会进步的内涵，18 世纪的历史家一般把精神进步看作社会进步的内涵。但实际上，精神的概念下却包含了社会生活的其他内容，在伏尔泰《风俗论》那里，社会进步就几乎包括那时社会生活的各个领域。孔多塞也把历史看成是"朝向知识和智慧的进步"[7]。休谟虽把历史主要看成是政治史，但也包含经济方面的进步。"文明的进步，即政府目的的实际的、历史的

---

① Karl Lowith, *Meaning in History*, Chicago, 1949, p. 103.

② A. R. J. Turgot（杜谷）, *On the Progress of the Human Mind*（《论人类精神进步》）, translated with notes and an appendix, by M. D. Grango, Hanover, NH, 1929, p. 7.

③ A. R. J. Turgot, *On the Progress of the Human Mind*, translated with notes and an appendix, by M. D. Grango, Hanover, NH, 1929, p. 7.

④ F. Meinecke（梅涅克）, *Historism, the Rise of a New Historical Outlook*（《历史主义：新历史观的兴起》）, translated by T. E. Anderson, Routledge & K. Paul, p. 327.

⑤ A. R. J. Turgot, *On the Progress of the Human Mind*, translated with notes and an appendix, by M. D. Grango, Hanover, NH, 1929, p. 7.

⑥ F. J. Teggart（特卡尔特）, *Theory and Processes of History*（《历史的过程和理论》）, California, 1972, p. 185.

⑦ P. Gardiner（卡丁纳尔）, *Theories of History*（《历史理论》）, London, 1959, p. 50.

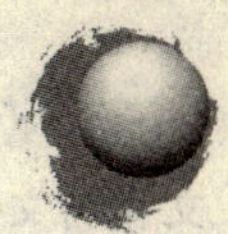

实现"，"自由是完善的文明社会的特征"[①]。理想的社会是一个经济进步、社会和谐、政治稳定、开放的可变社会。法国资产阶级的社会理想是建立一个同旧的封建制度完全不同的新社会。夺得政权的英国资产阶级的社会理想是发展经济，并使政治制度逐步完善化。而德国的势微力弱的资产阶级则只能在伦理的领域驰骋自己的遐思。康德所强调的进步"是道德的改善"[②]，以及人的潜能和天赋的充分发展。康德把进步看作是朝向"完美的民法"和"普遍的国际公约"这样的目标前进，并且把法律的完善程度视为社会进步的标准之一。

二、历史进步的目标及其统一性

（一）世界历史的统一性

社会进步思想作为18世纪解释历史的一个基本观点，是以人性论为出发点的。从笛卡儿、洛克以来流行的人性论，认为存在着一种共同的和不变的人性。所以受理性主义影响的史学家特别关心的不是某个国家或民族的历史，而是人类的历史、世界的历史、历史的整体性。伏尔泰的《风俗论》就是首先体现了这种思想的著作，这是一部以世界整体性的观点写出的世界史。

在他们看来，世界历史统一性表现在"人类，从它的起源来加以考虑……显现成一个巨大的整体，像单个人一样有其童年和成长的阶段"[③]。康德试图从世界公民的角度撰写世界通史。他认为"人类历史，看作整体，可以被视为是自然的隐秘计划（即进步）的实现"[④]。历史统一性和历史前进性因而具有联系。把世界历史看作是一个整体，在这个整体中，尽管个别民族的历史发展停滞了，倒退了，甚至夭折了，但整个人类历史却在这超越个别

---

① D. Forbes（福布斯），"Politics and History"（《历史和政治》），*The Historical Journal*, vol. 2, 1963, p. 292.

② J. O. Hertzler（赫芝勒），*Social Progress, A Theoretical Survey and Analysis*（《社会进步、理论观察和分析》），New York，1928，p. 51.

③ A. R. J. Turgot, *On the Progress of the Human Mind*, translated with notes and an appendix, by M. D. Grango, Hanover, NH, 1929, p. 5.

④ Immanuel Kant（康德），*Eternal Peace, and Other International Essays*（《永久和平论和其他论文》），ed. by E. D. Mead, Boston, 1914, p. 19.

民族的历史命运的情况下延续下来，并表现出一种进步的趋势。康德关于人的天然禀赋“只有在类中，而不能在个体中得到充分发展”的观点就是从这种角度来看问题的。

他们认为，世界历史的统一性还表现在各民族历史发展的道路的相同性，即都走在一条“理性从迷信和谬误中解放出来”的道路，各地区文明发展的高低不过是“统一的人性的不平衡发展”[①]，或理性获得解放的程度不同而已。“所有历史被记载下来的民族都能够在我们现在的文明程度和我们现在仍能在野蛮部落中看到的那种文明程度之间找到他们的位置”，它们“构成了一条从历史时期的开端到我们所生活的世纪的一条不间断的锁链”[②]。

（二）社会进步的目标

在历史进步论者如赫尔德看来，历史的进步主要表现为道德和精神的完善。历史进程的“命定目的地”就是人道境界的实现。人道源于美和善的和谐，包含了人类所有最高级的特征，包含了“幸福”、“理性”等等概念，是“清楚的真理，纯粹的美，自由和积极的爱”[③]。康德眼中的进步的目标是一个“具有普遍立法的公民社会”和各国人民的“国际联盟”。在这种状态中，人性得到全面发展，每个成员“享有最大的自由”，又不妨碍他人的充分自由。社会中将存在对抗，但是会受到“完善公正的民法”的限制；国与国之间将处于“永久和平”的状态，即使最小的国家，也可以依靠国联的集体力量和法律体现的意志，来获得自身的安全和权利。康德的世界历史和国际政治的理论对后世产生了深远的影响，其中可以“找到19世纪所有优秀政治和社会科学的基本原则”[④]。美国前国务卿基辛格的博士论文《历史的意义》中有四分之一的篇幅谈康德的历史观和道德理论。

孔多塞的著作中体现了对历史进步目标的最系统和最富理想色彩的描述。孔多塞断言法国革命将开创人类精神发展的最高阶段，即第十阶段。在这个阶段中，人类将达到其最终目的，建立完美的理性王国。各民族文明

---

① Ernst Breisach, *Historiography: Ancient, Medieval, and Modern*, Chicago: The University of Chicago Press, 1994, p. 206.

② M. J. A. Condorcet, "Sketch for a Historical Picture of the Progress of the Human Mind", in *Condorcet: Selected Writings*, London: Macmillan, 1979, p. 214.

③ F. Meinecke, *Historism, the Rise of a New Historical Outlook*, translated by T. E. Anderson, Routledge & K. Paul, p. 350.

④ Immanuel Kant, *Eternal Peace, and Other International Essays*, ed. by E. D. Mead, Boston, 1914, p. 14.

进步的差距将缩小，尊重彼此的“独立”、自由和安全，共同分享资源、财富。遵守“政治和道德准则”，战争永远消失。在一个民族内部不平等将缩小或消失。人人勤奋劳动找到可靠生活来源，履行自己的权利和义务。在这个自由国家中，科学研究将大规模、有组织地进行。技术进步引起生产力的巨大提高。人类“劳动得更少，生产得更多，需要得到更充分的满足”。法制同理性法则一致，人人按理性行动，自尊和友爱的情感充分发展。医疗卫生保健、食物住房、劳动条件以及人的体力、智慧、精神、道德乃至平均寿命极大改善。[①] 康德和孔多塞等人的这些思想就是后来被后现代主义称之为的“启蒙运动构想”。

三、历史进步的模式及其规律

(一)历史进步的模式

由于把世界历史看作是一个整体，认为其发展存在一致性，因而18世纪西方历史家认为有可能通过对不同民族的历史事实进行选择、比较、综合来探讨各民族历史发展的共同性和一致性，从而抽象出一个“单一的”或者“永恒的、理想的历史”[②]发展模式，这就是近现代历史研究中的“比较方法”和“综合方法”的萌芽。杜谷和孔多塞的关于历史发展的“三阶段”、“十阶段”的分期法就是在上述方法的指导下而提出的。

杜谷考察了“人类进步的一般运动”，提出了知识发展的三阶段理论：在第一阶段，人由于对自然的无知和恐惧使用假想的神来解释各种自然现象的发生。在第二阶段，哲学家认识到神学解释的荒谬，使用像“本质”和“功能”这样的“抽象术语”来解释现象的原因，但这只是用新的神性来代替旧的神性。到第三阶段，人们通过观察、数学演绎和经验验证的方法终于获得可靠知识。此时，人类知识的“确实性”到了“仅仅细节值得怀疑的地步”。杜

---

① Immanuel Kant, *Eternal Peace, and Other International Essays*, ed. by E. D. Mead, Boston, 1914, pp. 258－280.

② G. Vico(维科), *The New Science*, reprinted in P. Gardiner, *Theories of History*(《新科学》), London, 1959, p. 17.

谷这个“进步规律的真正发现者”[①]的人类知识发展三阶段的理论被圣西门和孔德继承和发展。[②] 孔多塞以文明的发展为主要线索，把从原始社会到法国革命以后的未来世界划分为十个阶段。从第九个阶段开始是笛卡儿开创的科学革命到法国革命时期，理性和科学的胜利为时代的特征；法国革命以后的第十阶段是完美的理性王国时期。他的设想反映了胜利了的资产阶级的乐观精神。

康德在18世纪80年代中期的一篇题为《人种的性质》的手稿中，认为目前人类的文化还主要是技能文化。此时，人压迫人，沉重的劳动和贫乏的享受是大多数人的命运，这是一种“外部的”、“技术的”文化，对抗和不平等是其机制；在以后的第二阶段，即教育文化阶段，意志摆脱了“欲望的独断专横”和对物的依赖，人不仅是手段，也是目的，这是一个无条件的道德性领域。[③] 康德的理论中含有后来黑格尔的“异化”概念的雏形。

（二）历史发展的规律

波丹以来西方思想家就试图探索人类社会发展的规律。康德表示，除非文明运动的规律被发现，任何有关进步的理论都不能成立。为了发现社会历史现象的必然联系和“一般原因”，理性主义史学家把自然规律的观念引进了历史领域。他们的关于历史运动的规律性的观点是建立在历史的整体性和前进性的理论基础上。

首先，在他们看来，是人类社会或世界整体而不是孤立的个人或地区，呈现出历史的规律性。康德就论证说，从表面上来看，每个人似乎都是“按照自己的那种往往不合理的并直接有损于他人的方式追求自己的目的”，但是如果我们“从通史的宏观角度来考察，人类的历史就表现为人的天赋和潜能的、持续的尽管是缓慢的进步”[④]。理性主义思想家也借用关于自然规律的概念来说明社会历史运动的连续性和必然性。伏尔泰就写道：“现在的每一事件都从过去诞生，并成为未来之母。……永恒的锁链既不能破坏，也不

① R. Nisbet(尼斯伯特), *History of the Idea of Progress*(《进步观念史》), New York, 1980, p. 206.

② A. R. J. Turgot, “Introduction”(序言), *On the Progress of the Human Mind*, *translated with notes and an appendix*, by M. D. Grango, Hanover, NH, 1929, pp. 22—23.

③ 参见[苏]阿尔森·古留加《康德传》，贾泽林等译，商务印书馆1981年版，第187～188页。

④ Immanuel Kant, *Eternal Peace, and Other International Essays*, ed. by E. D. Mead, Boston, 1914, p. 3.

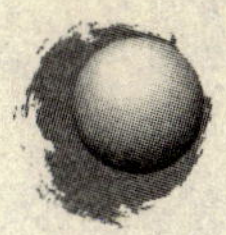

会错乱。……必然的命运是整个自然界的规律。”[①]他明确地肯定了社会现象有着如同自然现象一样的前后相续的规律性。在这种思想的影响下，史学家们搬用了力学、机械学、物理学等等的原理，更具体地提出了关于历史前进运动的一些规律。比如，杜谷就提出一条文明发展的加速度的规律。这种历史发展具有规律性的思想也为历史唯物主义所吸收。

结　语

了解停滞与运动是开始研究历史的根本范畴。而且，正如埃克顿所说：“我们必须承认人类事物中存在着一种进步是历史据以写作的科学假设。”[②]虽然20世纪上半叶西方史学界曾出现否认世界历史具有统一性和前进性的思潮，但是，60年代现代化研究的兴起以及90年代以日裔美国学者福山的《历史的终结》为代表的对世界历史运动作整体研究的思潮表明，历史进步观还是构成我们历史意识的基本框架。

（本文原载《史学集刊》2001年第2期）

① 转引自[俄]维・彼・沃尔金《十八世纪法国社会思想的发展》，商务印书馆1983年版，第58页。

② Lord Acton（埃克顿），“A Lecture on the Study of History”（《历史研究演讲稿》），in *Combridge Modern History*, Vol. I, Cambridge University Press, 1902, p. 4.

历史进步观与18世纪西方史学

我们正处在全球化的时代，全球化是现代性的高级阶段，它是欧洲在人与自然及社会的关系方面所首创的新制度和新观念在全球扩张的结果。现代性标志着人类新的反思模式的出现，不仅对经验，也对人类知识反思。现代思维方式的重要特征是寻找规则和模式。在这样的语境中，历史进步观形成了，人类历史在一种关于过去、现在和将来具有连续性的思维模式中被赋予秩序和前进性。而在今天，历史学家们更多地看到历史的非连续性以及现代与传统的决裂。如吉登斯所指出的，现代性的另一个重要维度是时空的分离和脱域，空间同地点相分离，时间被标准化。从前面的文章中，我们可以看出这样一种抽象的统一的时间坐标的出现如何使历史学家们把历史事件安排在想象的人类进步的序列表中。这篇文章则可以看出这种新的历史意识对西方历史写作的影响。

历史进步观是当代历史家观察解释人类历史的一基本观念。英国历史家卡尔在《历史是什么》一书中写道："历史就其本质而论就是变化……进步。""恰当地名之为历史的那种历史，只有由在历史本身找到了一种方向感，而且接受这种方向感的人来写作。""只有这种历史中的方向感才使我们能够（正确地）整理和解释过去的事件"，并在此基础上"以将来为目标"正确地制定现时社会的、政治的和经济的行动方针。[①] 历史进步观出现于17～18世纪的西方，标志着人类对社会历史发展过程性质认识的一个重要里程碑。

在历史编纂史上，历史循环论和历史宿命论—历史退化论曾一度是古代和中世纪编史家们借以观察、整理史料的指导性概念框架。20世纪上半叶，否认世界历史具有统一性和前进性的思潮曾出现于西方史学界。60年

---

① 参见[英]E. H. 卡尔《历史是什么》，吴柱存译，商务印书馆1981年版，第144、145、133页。

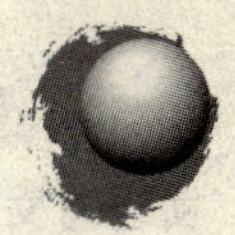

代现代化研究的兴起以及90年代以日裔美国学者福山的《历史的终结》为代表的对世界历史运动作整体研究的思潮表明，历史进步观仍构成我们历史意识的基本框架。

历史进步观念出现于何种背景？它是怎样被提出来的？其基本内容如何？回顾和分析这些问题在今天仍具有学术意义和现实意义。了解西方史学本体论的成就有助于我们建设现代中国史学理论。正如冯·马丁指出的，了解停滞与运动是开始研究历史的根本范畴。

一、历史进步观的产生及其背景

在古罗马，大多数历史著述者都认为历史是循环演化的。其中，最著名的是波利比阿(前200～前118)的政体循环论。在中国，至少从孔子的著述中已可看到历史退化论的端倪。在孔子看来，西周是中国社会文化的楷模，堪称完善。而孔子所处的时代则礼崩乐衰，文明退化。在其后的中国历史著述中，历史循环论根深蒂固，同中国自然哲学的阴阳五行理论、王朝周期性兴衰更迭的观察连在一起。在欧洲中世纪基督教编系史中，人类历史被按照圣经故事加以编排整理：从创世，亚当、夏娃伊甸园堕落，到末日审判，悔罪向善的人们被拯救入天堂止。宿命论同退化论混为一体。

奥古斯都的人类历史图和博绪埃的世界历史图式是基督教历史观的代表理论。奥古斯都的历史模式基本上是基督教圣经故事的年代记。博绪埃(1627～1704)对世界历史的描述则是“圣经故事”、“神话性质的事件”和“胡乱摘引的可靠的史事”的混合。基督教历史编纂学是用“世俗的事件来证明基督教义的真理性”和神的计划，对这种历史“我们必须忘记历史作为一门科学的水准……而记住圣经的权威”①。

早至中世纪末期，人文主义者如彼特拉克已向这种历史理论挑战。彼特拉克把历史粗分为三段：罗马时期、黑暗时期和复兴时期。到16世纪，对人文主义者的三分法又作了一点修正。把“黑暗时期”改称为“中间时代”(middle time，medium aevium)。C.塞拉瑞斯在《划分古代、中世纪和新时期的世界史》的著作中，正式把罗马帝国灭亡到文艺复兴之间这段时期称为“中世纪”。新历史分期虽比基督教历史分期大大前进了一步，但仍远不能

① Karl Lowith, *Meaning in History*(历史的意义), Chicago, 1949, pp. 166－173.

满足科学的历史分期的要求。因为这种历史的三分法实际上是建立在人文主义者否认文艺复兴时期向中世纪的历史发展的连续性基础之上的。[①]1583年，丁·斯卡里格试图解决基督教史学理论关于世界年龄的分歧，他根据天文学和教学的最新成就，把创世定为公元前4713年。这种做法同样是非科学的，而且仍然未能解决基督教史学理论的互相矛盾之处。

二、18世纪历史进步观

形成于自然科学、文学和哲学领域的进步观念所涉及的问题实际上与历史学的本体论密切相关，因此它就不能不引起历史学家的注意。社会进步观念对历史学的巨大意义最早就像伏尔泰和休谟这样的哲学家而兼历史家的大师们所认识。因此他们在一些论历史研究的论著中，积极主张用进步的观念来观察和追溯历史。伏尔泰(1694～1778)召号历史家着重研究人类精神文明和风习的进步。休谟在《论历史研究》的论文中，把用进步的眼光来考察人类在科学艺术和风习文明方面的发展历史规定为历史研究的首要任务。[②] 他还率先写出了《论世界历史及各民族的风俗与精神：从查理曼到路易十四时代》一书(以下简称《风俗论》)，这可以看作是宣扬社会历史进步观点的第一部经典著作。作者认为，历史就是理性和迷信不断进行斗争、理性战胜迷信从而推动历史进步的过程。宗教和迷信是时代没落的标志。人类的启蒙程度愈高，则时代愈伟大。他对未来满怀信心，深信人类能掌握自己的命运，历史的发展必将向着理性、公正、物质和精神不断完善的方向而迈进。

如果说伏尔泰在尝试用理性进步观来代替基督教神学史观，那么在稍后的杜谷(1727～1781)和孔多塞(1743～1794)那里，进步不仅被明确地作为其历史论著的标题，而且被看成"历史研究的具有根本意义的规律之一"[③]，完全取代了历史循环论和历史倒退论。在18世纪50年代所发表的两次关于世界历史的演说和《论人类精神进步》的著作中，杜谷用进步的自

---

① 人文主义者否认文艺复兴时期与中世纪的历史连续性，一方面是由于中世纪在科学艺术上的落后；另一方面也有政治原因，因为如果承认中世纪出现的诸帝国同罗马帝国的连续性，那就等于承认神圣罗马帝国对意大利城邦共和国有合法权益。

② D. Hume, "Of the Study of History", in David *Hume*, *Hume's Essays*, ed. Eugene F. Miller, Indianapolis: Liberty Fund, Inc., 1987, p. 398.

③ R. Nisbet, *History of the Idea of Progress*, New York, 1980, p. 207.

然规律代替神的超自然的意志和隐秘作用来解释历史运动，并试图通过过去的整个历史来证明存在着这样的进步。在杜谷的思想中，“进步的思想已作为历史的有机的原则”①。循着伏尔泰、杜谷的线索，孔多塞进一步在《人类精神进步史纲》中把社会进步看作是一个自然的规律，而且加以系统的论证，认为在此基础上将建立一门新的“历史科学”。② 他鲜明地提出历史学应当分析社会进步的不同阶段，揭示“变化的秩序”和“连续性”。③ 在他的思想中，社会进步的理论已经不仅成为标准的历史学的本体论，而且对于整个人类的未来都具有极为重要的意义。④

在英国，休谟不仅号召用社会进步的观念来考察历史，而且从理论上按照理性和“事物进步的必然性”来分析“科学艺术兴起和进步”的条件及原因。⑤ 他认为，英国的宪政自由和进步实际上是商业技艺的发展这些“一般原因”以及像岛国的地理位置、缺少一支常备军和宗教狂热这些“特殊的”和“偶然的”事件和条件所造成的结果。新历史观也强烈地影响了像罗伯逊（1721～1793）和弗格森（1723～1816）这样的苏格兰历史学家。罗伯逊于1759～1777年连续发表《苏格兰史》、《查理五世时代史》和《美洲史》。罗伯逊尽管也提出上帝有时用战争、愚蠢、残暴等手段来干预“人类事务”，但他并不认为人类历史发展是退化的。在《美洲史》中，他把古代多瑙河流域的日耳曼部落同美洲密西西比河流域的印第安部落加以比较，肯定人类各民族都具有完善自身、推动社会进步的能力。他认为，人类特别是欧洲各民族正走在从“野蛮通向文明”的进步道路上，目前的民族文明的差异仅是进步的程度不同而已。在《查理五世时代史》中，他刻意描绘了欧洲在查理五世时期的“商业、技艺”和“政治体系”的巨大进步的图景。

同属苏格兰历史学派的弗格森续承了休谟和伏尔泰、霍布斯和亚当·

---

① J. O. Hertzler, *Social Progress, A Theoretical Survey and Analysis*, New York, 1928, p. 40.

② 孔多塞写道：“如果有一门科学是预见、导引和加快人类进步的话，那么，已经达成的进步论史学必定是这门科学的基础。”（M. J. A. Condorcet, *Selected Writings*, ed. with an introduction by K. M. Baker, London: Macmillan, 1979, p. 207.）

③ M. J. A. Condorcet, *Selected Writings*, ed. with an introduction by K. M. Baker, London: Macmillan, 1979, p. 211.

④ 孔多塞认为：“只有通过审视进步及完善的规律，我们才能理解我们的希望的限度。”（M. J. A. Condorcet, *Selected Writings*, ed. with an introduction by K. M. Baker, London: Macmillan, 1979, p. 267）

⑤ David Hume, “Of the Study of History”, in David Hume, *Hume's Essays*, ed. Eugene F. Miller, Indianapolis: Liberty Fund, Inc., 1987, p. 84.

斯密等人的思想，试图用“完善化”这个概念来综合各派伦理哲学，以期发现文明进步的规律。他用进步的眼光考察人类从原始社会到18世纪的历史发展，肯定人类“臻于无限进步”，正走在一条进步的道路上。弗格森的一部关于罗马历史的著作以《罗马共和国的进步和终结史》为标题，表明进步的观念是如何影响了他对罗马历史的考察。

在奥古斯丁和博绪埃之类的神学史家眼中，基督教会是上帝借以推动历史运动的工具和拯救世人灵魂与道德的组织。然而，吉本(1737～1794)在他那被称为18世纪的“经典文献”的《罗马帝国衰亡史》中，把基督教和野蛮主义的胜利看作是使罗马的伟大文明崩溃的主要原因。吉本，正如汤普逊所评价的，是“第一位以宏大的视野、广博的知识抓住历史连续性概念的作者”[①]。而这种历史的连续性在吉本看来就是人类在“体力智慧和精神”逐渐进步，“财富、幸福、知识”和“道德”逐渐积累。在《罗马帝国衰亡史》第四章中吉本描述说，技艺的发明、战争、商业和宗教热情永远也不会丧失。我们因而可以愉快地默认这个结论，即世界历史上的每一个时代都增加了，并且还在增加真正的财富、幸福、知识，或许也提高了人类的道德。这表明进步观念也是吉本史学的指导思想之一。

启蒙进步观在英国影响了以经验论、政治渐进主义和优美文体著称的苏格兰历史学派和辉格派史学，在德国则促成了哥廷根大学史学研究的繁荣，以及以康德为首的德国古典历史哲学学派的形成。德国的启蒙进步论史学糅合了哲学先验论和生物成长的思想，并显示了宗教思想的残余影响。

1784～1791年，赫尔德(1744～1803)发表了《人类历史哲学要义》，该书把整个宇宙和人类历史看作是不断进化的过程，肯定人类历史是“向着更高方向的进步和发展”[②]。赫尔德把历史事件看作是自然事件，反对在历史中寻找“神的隐秘计划”。他有时谈到历史发展的原因时，认为“命运、机遇、神”导致“世界范围的大变化”以及“民族的诞生和进步”。但他所理解的神同基督教传统史观中的上帝有着本质的差别。赫尔德最终实际上是在生物学而不是在基督教神学中寻找到了人类历史发展的根本原因，他提出“遗传的力量”决定着各民族的成长和发展。

赫尔德的著作促进了康德(1724～1804)从哲学的角度探讨历史发展的

---

① J. W. Thompson, *A History of Historical Writing*, Peter Smith, 1967, Vol. Ⅱ, p. 90.

② Johann Herder, *Auch eine Philosophie der Geschichte zur Bildung der Menschheit*, Vol. 5, p. 512, quoted in J. Meinecke, *Historism*, *the Rise of a New Historical Outlook*, translated by J. E. Anderson, Routledge & K. Paul, p. 31.

尝试。在1784年他发表的《从世界公民的角度撰写世界历史的想法》的论文中，"进步的原则（被）看作是解释历史的主要原理"[①]。康德认为："作为一个整体，人类的命运是朝向持续的进步。"[②]1793年，康德又撰写《进步的原理》驳斥莱布尼茨的历史悲观论。康德写道："由于人类在文明和文化上持续前进，因此，人类也在其生活的道德目的上朝着更好的方向持续取得进步，而且，这种进步，尽管有时会被打断，但却绝不会全然断绝或停止。"[③]康德有时也提到神及人类历史发展中存在"前定的计划"和"目的"，但这种自然神论意义上的神实际上是"自然"的代名词。康德的人类历史的"前定计划"也不是上帝的计划，而是"自然的"计划。这是一种实际上认为历史现象背后存在严整的规律的猜想。康德认为，"从整体来看，人类历史可以被看作是自然的稳秘的计划的实现"，即在国际国内实现完美立法，从而使人在这唯一的状态中充分发展所有的天赋和潜能。[④] 在该书中，康德的《从世界公民的角度撰写世界通史的想法》被改名为"政治秩序的自然原则"。康德写道：自然"遵循着一条有规则的进程，带领我们人类从最低级的动物阶段上升到最高的人道境界"[⑤]。这就是康德心目中的人类历史运动的"计划"和最终目标。在康德的心目中，进步观念已完全能够作为一种新型的历史观，取代旧的基督教历史理论，他认为进步观念不仅能赋予由于旧的史学理论破产后而变得杂乱无章的世界历史以一种新的秩序和严整性，而且能提供给人们一种不是建立在基督教来世基础上的新信仰，同时也有助于推进人类社会的进步。[⑥]

文艺复兴时代以来，人文主义思潮的影响以及商业贸易、科学发展在社会生活中的比重日益增大，历史研究和写作越来越世俗化。但是人文主义思想重视的是孤立的个人，崇拜的是杰出的英雄人物，直到18世纪，西方历

---

① Edwin D. Mead, "Introduction", in Kant, *Eternal Peace, and Other International Essays*, Boston, 1914, p. xi.

② J. O. Hertzler, *Social Progress, A Theoretical Survey and Analysis*, New York, 1928, p. 51.

③ Immanuel Kant, "The Principle of Progress", in *Enternal Peace, and Other International Essays*, ed. by E. O. Mead, Boston, 1914, p, 59.

④ Immanuel Kant, *Eternal Peace, and Other International Essays*, ed. by E. O. Mead, Boston, 1914, p. 16.

⑤ Immanuel Kant, *Eternal Peace, and Other International Essays*, ed. by E. O. Mead, Boston, 1914, p. 16.

⑥ Immanuel Kant, *Eternal Peace, and Other International Essays*, ed. by E. O. Mead, Boston, 1914, pp. 22—24.

史编纂的范围仍很狭窄，战争、外交、宫廷、宗教事务、英雄伟人的活动等仍是历史的主要题材。到了18世纪中叶，随着社会环境的改变，特别是社会进步理论的影响[①]，历史家开始深刻地意识到传统历史编纂范围的狭窄以及传统历史研究内容的贫乏，感受到了从研究对象、研究方法到历史体例进行改革的迫切需要。伏尔泰在《风俗论》和《路易十四时代》中的实践以及法国和德国出现的"文化史"和"文明史"代表了这种思潮。这些著作所代表的文明史传统到19世纪得到了进一步的发展。

社会进步观和其他启蒙思想与历史发展的规律性、世界历史的整体性等观念结合在一起导致了历史认识和史学理论的更新，促进了历史研究和编纂重心的转移、范围的扩大、新型体裁（如文明史和世界史）和研究方法（如比较法、综合法）的出现，而且宣告了近代史学体系的确立。

三、19世纪历史进步观念

历史进步观念在19世纪获得进一步发展和传播。社会历史进步的原因、方式和阶段，以及特别是进步的规律的问题，不仅在像圣西门、孔德、黑格尔和斯宾塞这样的思想家的手中继续得到更深入的研究，而且进步的观念开始越过学者的书斋，深入于一般公众。到19世纪中叶，关于历史服从于总的进步规律的思想渗透于报纸、杂志、政治文件、诗歌等等，成为受过教育的人的世界观的组成部分。在美国、法国和美国，"几乎每一个就社会历史的题目进行写作的作家都提到它"[②]。

在法国，首先是圣西门，接着是孔德，提出了关于人类历史发展阶段的学说。自孔德以后，"进步的观念几乎成为常识"，几乎一切政治理论和运动都以进步的规律来论证自己的合法性。著名历史家密什勒和魁奈把文明进程看作是自由的逐渐胜利。路易·勃朗把自己的一本论述劳动组织的书取名为《进步的检阅》。勒农在1863年声称，历史研究的一个总的结论是人类

---

① 美国史家杜威曾经对这种重写历史的现象写道："随着文化的改变，在这种文化中占统治地位的观念也要改变，研究、评价和整理史料的出发点必然要产生，于是，历史也就要重新改写。过去没有重视的材料现在成了论据，因为新的观点要求解决新的问题，而新的问题又要求有新的事实材料来进行验证。"（转引自[苏]康恩《哲学唯心主义与资产阶级历史思想的危机》，乔工、叶文雄等译，三联书店1961年版，第136页）

② J. O. Hertzler, *Social Progress, A Theoretical Survey and Analysis*, New York, 1928, p. 58.

社会在科学、物质生活条件和道德等方面的不断进步。另一著名的历史家托克维尔在《美国的民主》中，把历史的过去、现在和将来都看作是平等的逐渐的进步，认为这个进步的过程宛如上帝操纵的时钟一样，人力既不能扭转，也不能阻止，所有的历史事件和人物都只能服务于这个发展过程。

在维多利亚时代的历史学界是如此信奉进步观念，以至于历史学家白芝浩把进步作为西方文明与其他文明相区别的本质特征。博克尔在《英国文明史导论》中谈到近三百年来科学知识的巨大进步时，认为这“足以解释欧洲近几个世纪连续取得的非凡进步”[①]。史学领域内居于主导地位的辉格派更是以赞扬英国的历史进步为其主要特征之一。辉格派史学大师马考莱写道：“英国的历史虽有偶尔的停顿或短暂的倒退，但潮流的总趋向明显地是进步的。”特别是近 160 年，即 1688 年以来的历史，“是物质道德和知识空前进步的历史”，可以说一部“英国史显然是进步的历史”[②]。维多利亚时代是有史以来最开明的民族中最开明的一代。埃克顿更把历史进步观提到近现代历史写作的基本范畴的地位。“我们必须承认人类事物中存在着一种进步，是历史据以写作的科学假设。”[③]

进步的观念同样在德国史学界获得广泛传播，亨利希·海涅在 1838～1837 年发表的《论德国宗教和哲学的历史》一书中宣称自己“相信进步”，肯定德国的子孙后代会比他生活得更幸福。经济史学派的代表人物威廉·罗雪尔号召“研究发表的规律”，李斯特在 1841 年的《政治经济学的国民体系》一书中提出了经济发展的四阶段理论。布鲁诺·希尔德布兰德则提出了国民经济发展的三阶段理论。19 世纪下半叶，德国出现了新史学流派，其领袖朗普莱希特在批判兰克史学忽视社会心理以及历史发展的统一性、连续性和前进性时，试图以“文化史学方法”建立“新史学”。他在《德国史》中按照社会集体心理和经济状况把德国历史分为六个阶段，认为历史发展的目标是“精神自由”。

社会进步观念也越过大洋，影响了 19 世纪美国史学的发展。德莱帕在《欧洲智慧发展史》中明确地表述了关于进步规律的思想。他认为，“社会进步像身体的成长一样完全受自然规律的控制”，各民族的历史进程“是一个预定的庄严的行进”，通过“不可避免的事件的系列”，“永远运动，不停止地进步”[④]。

---

① S. Pollard, *The Idea of Progress, History and Society*, Pelican Books, 1971, p, 146.

② 转引自谭英华《试论马考莱的史学》，载《世界历史》1983 年第 1 期。

③ Lord Acton, "A Lecture on the Study of History", in *Combridge Modern History*, Vol. I, Cambridge University Press, 1902, p. 4.

④ S. Pollard, *The Idea of Progress, History and Society*, Pelican Books, 1971, p. 147.

另一位美国史家费斯克在《宇宙哲学概要》中，社会进步的根本特点是自私性的削弱和同情心的持续加强。1867 年，美国思想界的领袖之一埃默森在哈佛大学作题为"文化的进步"的讲演，列举人类社会在科学技术、法制等方面的进步，赞扬 19 世纪优于历史上任何时代。M. A. Javary 在 1950 年出版的《进步观念》一书中声称，如果有任何一个观念是属于某一个世纪，至少是由于它被赋予的重要性，或者不管人们是否接受，但却全都熟悉它，那么这个观念就是进步的观念，它被认为是历史的总规律，是人类的未来。

由此可见，19 世纪形成的社会历史进步观念到 19 世纪已在史学领域取得了支配地位。历史进步观被看作是"历史的总规律"。

（本文原载《学术研究》2002 年第 1 期）

后　记

本书选编了我近十年间发表的部分文章。从这些文章中,读者可以看到我在英国牛津大学留学,受到那里的学术思潮特别是牛津语义分析哲学的影响。牛津的哲学氛围十分注重概念的准确性。牛津学者认为,对关键词和核心概念的清洗和准确定义是历史研究的必要的一步。语义分析哲学或逻辑实证主义是盎格鲁—撒克逊经验论哲学在当代发展的最新形式。16世纪起,培根的归纳法就强调认识必须建立在对经验材料的归纳上。当代牛津学派的历史认识论认为历史著述归根结底是对文本的分析和重构,因此概念作为分析的视角和历史话语(叙述)的词,它的性质和准确性就在很大程度上决定了一篇历史著述的质量。的确,概念的混淆不清和分析推理缺乏深度和逻辑严密性常是导致我们许多研究论文质量不高的原因之一。郎克强调历史著述必须依据原始档案文献,然而,一篇研究论文不可能全部由摘引文献档案来构成,一当涉及转述、评论和解释时,就要使用词和概念。

这本书的许多文章也涉及中西历史比较,这种研究的偏好同我在去牛津大学之前学习西方史学史、到牛津后从事比较史学研究的经历有关。世界史应该包括中国史在内,然而,长期以来,我们许多研究者却把中国史排除在世界史之外。缺少对中国史或者世界史(中国以外的历史)的知识和研究能力妨碍我们的知识视野。全球化使我们懂得一个国家的发展不可能孤立地进行。对历史进行比较研究常能帮助我们更清楚地认识许多历史问题。在国内从事世界史(中国以外的历史)的研究的一大缺陷或遗憾是我们基本上是利用别人用过的二手资料。这导致我们的世界史研究很难有较高的学术价值。但是,假如我们能够利用中国的资料,或者以比较的形式来研究问题,我们的世界史研究就更有价值。

历史研究总是与研究者对当代历史的思考分不开的。任何一个有社会责任感或人文主义精神的学者都不会对当代社会问题视而不见，一个纯粹的知识分子应当通过分析现实、运用自己的理性推理能力去理解社会，解读历史。学术的真谛在于它能够不受成见或权势的影响，依据事实和自己的理性推理能力去追求真知。我们都受到我们这个追求数量的时代的影响，然而，一个真正的知识分子所关心的是他能够为人类知识的宝库增加多少闪烁着真知灼见的新知识。如果本书中能有少数几篇文章经得起时间的考验，具有某种长久的价值，并且对我们这个社会的进步有所帮助，我就将为此感到欣慰。

最后，我要感谢陈启能先生，没有他多年来在史学理论研究领域的开拓性组织工作和多年来鼓励我发表文章，我们这些晚他一辈的学者的成就会更少。

何　平
2009 年 2 月